Analysis of Lovemark Consumer Behavior

감성소비 행동분석론

이 태 희 저

그동안 브랜드가 상품이나 서비스를 식별하게 하고, 경쟁자들과 차별화하는 역할을 수행하였다면, 러브마크는 식별과 차별 기능을 초월한 사랑받는 브랜드로 소비자로부터 '든든한 존재'로서의 존경과 복종적인 사랑을 받는 존재이다.

들면서

소비자들은 이제 더 이상 제품의 편익이나 기능이 주는 합리적인 제안에 귀 기울이지 않는다. 그보다는 브랜드에 담긴 이야기나 감성에 자극받아 그들의 마음을 움직일 수 있는 감성중심의 브랜드 면모나 서비스에 관심을 가지고 구매를 하고 있다. 소비자의 상품이나 브랜드 선택의 기준이 이성보다는 감성의 영향을 많이 받는 시대가 온 것이다.

브랜드 평가 시 소비자들이 브랜드에 대해 어떠한 느낌을 가지고 있으며, 브랜드와 자신들의 감성적 상호작용이 어느 정도 일어나는가에 따라 브랜드에 대한 충성도마저 결정되는 양상을 보이고 있다. 따라서 소비자의 기분과 감정에 영향을 미치는 감성적인 자극을 통해 브랜드와의 유대관계를 강화할 수 있는 감성적 영역에 대한 연구는 매우 중요하다.

관광의 영역에도 소비자의 감성적 영역이 중요하게 부각되고 있다. 저자가 관심을 기울여 수많은 연구를 진행해 온 러브마크 체험이나 러브마크 관리에 관한 연구는 감성소비행동 분석, 소비자와 브랜드의 관계 교감 분석, 그리고 브랜드 사랑 등 감성 관련 연구들로 이어지며 진행되고 있다. 기존 감성 관련 연구들은 브랜드를 수동적인 객체가 아니라 소비자와의 관계에서 능동적인 역할을 하는 존재로 확대하여 연구가 이루어졌다는 점이 의미 있는 내용으로 간주된다. 다만 이성적 차원의 브랜드 관련 연구들의 성과를 간과하고 오로지 감성적 영역에서 브랜드 연구를 수행하는 한계점을 극복해야 하는 과제를 남기기도 한다.

성과, 신뢰, 평판 등의 브랜드 존경을 기반으로 한 브랜드에 대한 감성적 사랑의 중요성을 강조하며, 이성적 차원과 감성적 차원의 브랜드를 통합적인 시각으로 보고자 저자는 기존 브랜드의 한계를 넘어선 '러브마크(Lovemarks)'를 여타 연구나 저서에 제시하였다. 그동안 브랜드가 상품이나 서비스를 식별하게 하고, 경쟁자들과 차별화하는 역할을 수행하였다면, 러브마크는 식별과 차별기능을 초월한 사랑받는 브랜드로 소비자로부터 '든든한 존재'로서의 존경과 복종적인 사랑을 받는 존재이다. 소비자와 장기적인 관계를 구축함과 동시에 소비자에게 감성적인 가치를 전달함으로써, 소비자와 브랜드 간의 감성적 관계형성을 가능하게 하는 원리는 제조업 분야 상품뿐만 아니라 관광분야에도 고스란히 적용된다.

이 책은 소비자가 갖는 이러한 감성적 태도와 브랜드의 단계를 넘어서 러브마크가 되기 위해 그 태도를 조절할 줄 알아야 하는 마케터의 입장을 관광분야의 테마파크, 축제, 힐링재화, 특급호텔의 소셜 커뮤니케이션, 어드벤처 관광, 스마트폰 애플리케이션, 관광정보지도, 관광개발 지지도, 직무만족도 등 다양한 분야에 적용하여 분석하고 검증해 본 시도들을 집합시켜 놓은 결과물이라 할 수 있다. 관광 러브마크 마케팅이나 커뮤니케이션 실무를 담당하는 실무자나 학부생, 대학원과정에 있는 대학원생들 그리고 관광분야의 연구를 새로운 트렌드에 맞게 추진하는 연구자들에게 조금이나마 도움이 되고자 집필한 내용이나 어쩔 수 없이 드러나는 부족한 면모를 독자들께서 너그러이 이해해 주시기 바란다. 또한 내용을 작성하는 데 도움을 주신 여러 손길에 큰 감사를 표하며 책의 원고를 마무리한다.

2014년 1월

저자 씀

차 례

제1장 감성 체험영역과 포지셔닝

제2장 감성적 체험 모듈

제3장 몰입경험과 감성 체험

제5장 감성적 힐링재화

제6장 반감성적 관광영향 평가

제7장 직무감성과 조직몰입

제1장 감성 체험영역과 포지셔닝

제1절 고객 감성 체험과 신규 콘텐츠 개발 지지의사: Pine과 Gilmore의 체험(4Es)요인

1 체험 요소의 적용

Pine과 Gilmore(1998)는 *Welcome to the experience economy*를 통해 경제는 범용품(commodity), 생산품(good), 서비스(service)의 단계를 거쳐 체험(experience)을 가장 가치 있는 소비로 여기는 체험경제의 단계에 진입했다고 제시하였다. 이후 후속연구(Gilmore & Pine, 2002)를 통해 체험을 활용한 환대(hospitality)산업의 차별화 전략을 제안하며 더 이상 서비스를 판매하는 것만으로는 부족하다고 강조했다. 또한 그들은 체험을 개인의 참여정도와 주위환경과의 관계 등 두 차원에 따라 엔터테인먼트 체험, 교육 체험, 현실도피 체험, 미적 체험의 4가지 영역으로 나누고 테마파크에서의 체험을 위의 4가지 체험영역을 모두 포함하는 'Sweet Spot'에 해당하는 예로 언급했다. 즉 테마파크에서 체험은 가치를 창출하고 차별화를 이룰 수 있게 하는 중요한 부분이라 할 수 있다.

테마파크의 궁극적 목적은 한번 방문하고 끝나는 것이 아닌 재방문의도를 갖게 하는데 있으므로(조방현 · 전형상 · 김준희, 2008), 고객에게 한번 체험한 것에 대한 식상함을 타개할 만한 즐거움과 신선함을 제공하는 것은 중요한 문제이다(손에스더, 2007). 이를 위해 새로운 시설의 도입은 좋은 대안이지만 대규모 투자가 필요하므로 경영상의 위험을 수반한다. 따라서 적은 예산으로 기존 테마파크의 자원에 새로운 이미지를 제공함과 동시에 빠르게 변화하는 관광객의 욕구에 대응(윤선영, 2005)하기 위해서는 관광객이 추구하는 체험 요소를 탐색하고, 그러한 체험 요소를 강화하려는 노력이 필요할 것이다.

특히 테마파크산업 동향에 따르면 수도권에 외국계 글로벌 테마파크 유치 경쟁이 과열되고 있고, 지자체 역시 지역밀착형 중소 테마파크 개발에 심혈을 기울이고 있는 가운데(경향신문, 2010), 우리나라의 인구는 2050년이면 4,410만 명으로 줄어들 것으로 예상되고 있다(UNFPA, 2010). 결국 과잉공급에 수요부족이라는 현상이 예견되는 가운데 테마파크 주고객의 재방문을 도모할 수 있는 요소들의 도입이 필요할 것이며, 이러한 도입에 대해 수요자들이 어떻게 생각하고 있는지를 파악하는 것은 현실적으로 중요한 문제라고 할 수 있다.

그러나 지금까지의 테마파크 관련 연구 중 체험에 주목한 연구는 거의 없다. 서비스에 만족해도 더 가치 있고 새로운 체험을 갈구하는 이 시대의 소비자들 특성을 고려할 때 '그들이 원하는 체험은 어떤 성격의 것인지?', 그리고 '그 체험이 구체적으로 만족도에 얼마나 영향을 미치고, 체험을 통한 만족이 재방문/추천의사와 같은 행동의도에 어떤 영향을 미치는지?', '체험만족을 통한 재방문/추천의사가 또 다른 신규 체험거리 개발에 대한 수요자들의 지지의사에 어떤 영향을 미치는지?'와 같은 의문들을 밝히는 것은 의미있는 연구가 될 것이다. 지금까지 관광의 여러 분야(예 농촌관광, 문화관광, 쇼핑 매장, 크루즈, 호텔 패키지 상품 등)에서 Pine과 Gilmore의 체험경제이론에 제시된 체험영역들을 탐구하였고, 일부 연구에서는 부분적이지만 체험과 만족도(예 서구원 · 민형철, 2009; 조태영 · 서태양, 2006; 하동현, 2009; Hosany & Witham, 2010) 간 영향관계를 검증하기도 하였다. 하지만 이후 체험 요소를 통한 방문객의 재방문/추천의사와 같은 행동의도를 설명하는 연구는 미흡한 가운데, 이제는 재방문 유치에 필요한 체험 요소를 찾는 것 이상으로 재방문객들이 신규 콘텐츠 개발을 어느 정도 원하는지, 그리고 어떠한 체험 요소가 중심이 되어서 개발되는 것이 필요할지를 발견하는 것은 재방문객 유치 이상으로 중요한 문제라고 볼 수 있다. 즉 관광개발 입장에서는 지역주민의 지지와 후원이 성공적 · 지속적 관광개발의 선행필수조건이라면(윤유식, 2009), 재방문객 유치가 중요한 테마파크 입장에서는 방문객이 테마파크 내 체험거리 증진에 대해 지지와 후원을 보내는지를 파악하는 것이 선행조건이 될 것이다.

따라서 Pine과 Gilmore의 4가지 체험영역(4Es)을 기반으로 테마파크 체험, 만족도, 재방문/추천의사, 신규 체험 콘텐츠 개발에 대한 지지의사 간 구조적 관계를 분석하였다.

이러한 접근을 통해 체험 요소가 방문객의 만족도, 재방문/추천의사, 지지의사에 미치는 영향에 대한 탐색과 확인은 관광객 행동에 대한 이해를 돕고 재방문 유도를 위한 체험 콘텐츠 개발 방향을 설정하는 데 기초자료로 활용될 수 있을 것으로 기대된다.

2 체험재화와 감성재화

1. 감성체험경제

체험은 일찍이 미래학자인 토플러에 의해 언급된 개념으로서, 그의 저서 『미래의 충격(Future Shock)』에도 체험 관련 산업은 포스트 서비스 산업의 한 축이 될 것으로 예견되었다. 이후 Pine과 Gilmore(1998)의 체험경제 관점을 포함하여 체험은 기업이 소비자의 만족과 충성도를 높이기 위한 마케팅 방안으로 지속적으로 추구되어 왔으며, 심리학, 교육, 관광 등의 분야와 결합하여 다양한 방면으로 연구가 진행되었다. 한국문화관광연구원(2010)은 『관광트렌드 변화와 향후 정책방향』에서 2010년 10대 핵심관광트렌드 중 하나로 '체험하는 관광소비자, 트라이투어슈머(trytoursumer)'의 부상을 꼽았다. 트라이투어슈머는 '시도하다(try)'와 '관광(tour)', 그리고 '소비자(consumer)'의 합성어이다(한국문화관광연구원, 2010). 즉 체험을 기반으로 하는 가치소비 관광(value-based tourism)이 확산되고 있다는 것을 의미한다. 이처럼 체험에 대한 관심은 과거부터 있었는데, 대표적으로 Pine과 Gilmore(1998)가 언급한 체험경제(experience economy)가 있다.

본 연구에서는 Pine과 Gilmore(1998)의 체험경제 관점을 테마파크에 적용하였다. 이들은 오늘날 소비자는 의심할 나위 없이 체험을 원하고 있으며, 기업은 점점 더 분명하게 체험을 설계하고 촉진시키려는 노력을 하고 있다고 하였다. 기억할 만한 경험이 연출자에 의해 연출되어져 손님이 체류하는 동안 직접 경험하게 된다. 사람들은 체험을 가장 가치 있는 것이라 여겨 서비스를 위해 소비하던 돈을 아껴 좀 더 기억에 남을 만한 체험을 경험하려고 한다. Pine과 Gilmore(1998)의 관점은 체험에 대한 대가를 받지 않는다면 체험경제의 단계로 여길 수 없다고 했다. 때문에 기업은 소비자가 지불할 만한 가치 있다고 판단할 만한 체험을 연출해야 하며 체험은 상품이나 서비스와 구별되는 성격과 품질이 있다고 주장한다.

Pine과 Gilmore(1998)는 개인의 체험을 참여정도와 주위환경과의 관계, 두 차원에 따라 엔터테인먼트(Entertainment) 체험, 교육(Education) 체험, 현실도피(Escape) 체험, 미적(Esthetic) 체험의 4가지 영역으로 구체화시켰고, 몇몇 연구에서는 이를 4Es라 부르고 있다(박수경 · 박지혜 · 최태훈, 2007; 송학준 · 최영준 · 이충기, 2011; Fiore, Niehm, Oh, Jeong, & Hausafus, 2007; Jeong, Fiore, Niehm, & Lorenz, 2009). Pine과 Gilmore(1998)의 4Es 관점에 의하면, 참여차원의 한쪽 편은 수동적 참여로 심포니 관람객처럼 고객이 퍼포먼스에 전혀 영향을 미치지 않는 단계이다. 다른 한편은 적극적 참여로 고객이 퍼포먼스에 참여해서 체험을 창출해 내는 데 핵심적인 역할을 수행하는 단계인데 이는 스키 타는 사람의 예를 들 수 있다(Pine & Gilmore, 1998).

두 번째 차원은 고객이 주변의 환경과 어떻게 관계를 맺고 있느냐에 따라 흡수와 몰입으로 나뉜다(Pine & Gilmore, 1999). 스탠드에 앉아서 경마를 보는 사람들은 눈 아래 펼쳐지는 이벤트에 흡수되겠지만, 실제 말이 뛰고 있는 내야에 서 있는 사람들은 그들을 둘러싼 광경, 소리, 냄새 등에 둘러싸여 몰입이 될 것이다. 물리학 강의를 들으며 정신없이 필기를 하면 책을 읽을 때보다 더 잘 흡수될 것이고, 영화관에서 큰 스크린에 스테레오 사운드를 통해 영화를 보면 집에서 비디오로 보는 것보다 훨씬 더 몰입될 것이다(Pine & Gilmore, 1998). 위의 두 차원 중 각각 어디에 속하느냐에 따라 체험을 네 가지 영역 중 하나로 분류할 수 있다. 많은 사람들이 엔터테인먼트라고 생각하는 TV시청이나 콘서트에 가는 것은 고객이 능동적이기보다는 수동적으로 참여하고 몰입되기보다는 흡수되는 정도라고 볼 수 있다. 스키 레슨을 받는 것과 같은 교육적 체험은 능동적으로 참여하지만 체험에 완전히 몰입하는 것보다는 흡수차원이라 할 수 있다(Pine & Gilmore, 1999).

현실도피 체험은 엔터테인먼트 체험처럼 즐거움도 주고 교육 체험처럼 가르침을 줄 수도 있는 영역으로서(Pine & Gilmore, 1998), 고객이 훨씬 더 적극적으로 행동하며 깊이 몰입하는 상태를 말한다(김성주, 2007). 가령 연극에서 연기를 한다거나 오케스트라에 속해 연주를 하고 그랜드캐니언을 따라 강하하는 체험은 능동적인 참여와 몰입의 상태를 함께 수반한다. 반면에 미적 체험은 고객의 참여는 해당 체험활동 또는 환경에 큰 영향을 미치지 못하는 최소화 상태이지만(Oh, Fiore, & Jeoung, 2007), 여전히 몰입된 상태다. 이는 그랜드캐니언의 가장자리에서 단지 경관을 감상한다거나 미술관을 관람하는 것처럼 환경에 몰입은 되지만 체험에 직접 개입하지는 않는 상태를 의미한다(Pine & Gilmore, 1998).

위 4가지 영역의 모든 체험을 동시에 경험하는 상태를 Sweet Spot(이상적인 공략점 또는 매력타점)이라 하는데, 디즈니랜드 같은 테마파크에 가거나 Las Vegas 카지노에서 게임을 하는 것 등이 그 예라고 할 수 있다(Pine & Gilmore, 1999).

2. 체험경제 관점의 만족

1) 체험(4Es) 요소와 만족도 간 영향관계

먼저 체험경제(4Es) 관점에서 체험과 만족은 긍정적인 영향관계가 예상되는데, 그에 대한 선행연구로 먼저 하동현(2009)은 경주의 신라시대 역사와 문화를 주제로 한 테마파크 이용객을 대상으로 4가지 체험 요인이 만족도에 미치는 영향을 분석하였고, 서구원 · 민형철(2009)은 복합문화공간으로서의 유통매장에서의 체험을 측정하면서 4가지 체험 요소가 체험 후 만족도에 영향을 미친다는 결과를 도출하였다. 조태영 · 서태양(2009)의 경우에도 문화관광지인 안동하회마을의 문화관광체험을 교육성, 심미성, 오락성, 일탈감(현실도피)의 4가지 요소로 구분하여 관광만족에 미치는 영향을 살펴보았으며, 권영미 등(2010)은 농촌관광에서의 체험품질을 체험경제 관점에서 살펴보았고, 모든 체험 요소가 고객만족도에 정(+)의 영향관계를 미친다는 실증분석결과를 제시하였다. 국외문헌에서 Hosany와 Witham(2010)은 크루즈 경험에 대한 연구를 통해 체험이 만족도에 영향을 미칠 것이라는 관계 설정을 한 바 있다. 이처럼 Pine과 Gilmore의 체험경제론에서 언급한 체험(4Es) 요인을 바탕으로 체험이 만족도에 미치는 영향은 다음과 같은 연구가설로 제시할 수 있겠다.

- **연구가설 1(H_1)**: 테마파크에서의 엔터테인먼트 체험은 만족도에 정(+)의 영향을 미칠 것이다.
- **연구가설 2(H_2)**: 테마파크에서의 현실도피 체험은 만족도에 정(+)의 영향을 미칠 것이다.
- **연구가설 3(H_3)**: 테마파크에서의 미적 체험은 만족도에 정(+)의 영향을 미칠 것이다.
- **연구가설 4(H_4)**: 테마파크에서의 교육 체험은 만족도에 정(+)의 영향을 미칠 것이다.

2) 만족도와 재방문/추천의사 간 영향관계

다음으로 방문객의 만족도와 재방문/추천의사 간 영향관계를 밝힌 연구들을 고찰해 보면, 먼저 만족도는 재구매나 긍정적 구전, 그리고 추천과 같은 미래에 대한 긍정적 행동의도를 도모하는 개념으로서(Ha & Jang, 2010), Han과 Ryu(2007)는 고객의 만족도 정도가 증가하는 것이 재방문과 추천의사가 증가하는 것에 필수적이라는 것을 발견하였다. 이외에 많은 연구자들은 재구매와 구전의사 같은 행동의도와 고객만족 간 긍정적 영향관계의 실증적 증거를 제공해 왔다(예 Jones, Reynolds, & Arnold, 2006; Ryu, Han, & Jang, 2010). 한편 Gibson(2005)은 환대산업과 관련된 연구에서 만족한 고객만이 상품이나 서비스의 재구매 및 재방문을 하고 본인들의 경험 또는 체험한 것에 대해 가족이나 친구들에게 긍정적인 피드백을 한다고 했다. 따라서 관련 선행연구를 토대로 다음과 같은 연구가설을 설정하였다.

연구가설 5(H_5): 테마파크 체험에 대한 만족도는 재방문/추천의사에 정(+)의 영향을 미칠 것이다.

3) 재방문/추천의사와 신규 체험 콘텐츠 개발에 대한 지속적인 지지의사 간 영향관계

재방문/추천의사와 같은 행동의도까지의 영향관계 이외에 체험을 만족하고 이후 체험 콘텐츠를 이용하기 위해 테마파크를 재방문하는 사람들이 실제 신규 체험 콘텐츠가 지속적으로 개발되는 것에 대해 어떠한 생각을 가지고 있는지를 지지의사(willingness to support)를 살펴보았다. 지지(support)는 카지노 개발(김영미 · 김민주 · 김성섭, 2010; 이충기 · 강수경, 2008; Lee, Kang, Long, & Reisinger, 2010)이나 관광지 개발(윤병국, 2010; Chen & Chen, 2010; Gursoy, Chi, & Dyer, 2010)과 같이 신규 개발에 따른 관광영향(즉 긍정적 또는 부정적인 사회 · 문화적, 경제적, 환경적 영향) 인식을 바탕으로 지역주민이나 관광객이 신규 개발에 대해 어떻게 지지하는지를 살펴보는 개념이다. 따라서 본 연구에서는 테마파크의 체험 요소의 확대 차원에서 신규 체험 콘텐츠가 지속적으로 개발되는 것에 대해 테마파크 재방문객들은 지속적인 지지의사를 가지고 있는지를 살펴보고자 한다.

이러한 논리적 구조를 뒷받침하는 학술적 · 실무적 사례를 살펴보면, 먼저 Milman(2001)

은 소비자는 점점 더 학력수준이 높고 복잡하고 요구사항이 많아질 것이며 그들은 상품을 넘어선 더 많은 체험을 요구할 것이라고 하면서, 테마파크 운영자는 이러한 소비자의 요구변화에 빠르게 적응해야만 한다고 강조했다.

예를 들면 에버랜드는 '초식 사파리 야간도보탐험' 프로그램을 운영하면서 단순히 사파리를 버스 안에서만 보는 것이 아니라 사육사와 함께 도보로 이동하면서 맹수들의 흔적을 관찰하거나 습성에 대해 설명을 듣는 등 더 많은 체험 요소를 제공하고 있는데, 이러한 변화는 전략적으로 체험 요소를 강화하려는 콘텐츠 도입의 노력이라고 할 수 있다. 초식 사파리의 경우 20,000원이라는 비교적 고가의 추가비용 이외에 이용 시 인원제한이라는 제약점이 있음에도 불구하고 2010년 기준으로 7,240명이 이용하였다. 또한 할로윈데이(10월 31일)를 맞이하여 개발된 에버랜드의 호러메이즈는 2011년 9월 오픈한 뒤 10월 30일까지 약 7만 명 정도가 이용하였고, 원래는 10월 말까지만 운영될 계획이었으나 지속적인 인기를 얻으면서 방문객들의 연장 요청으로 인해 11월 20일까지 연장운영을 하게 되었다(헤럴드경제, 2011). 호러메이즈의 경우 에버랜드 입장료와 별개로 5,000원의 이용요금이 있음에도 불구하고 많은 이용객이 찾고 있음을 알 수 있다.

한편 Lee, Bendle, Yoon과 Kim(2011)은 금강산 관광개발을 대상으로 가치, 만족도-재방문/추천의사-금강산의 미래 개발에 대한 지지의사 간 영향관계를 살펴보면서, 재방문/추천의사와 같은 사후 행동의도가 관광객의 금강산 지역 관광개발에 대한 지지의사에 긍정적인 영향을 미친다고 제시하였다. 즉 방문객들은 목적지에서 긍정적 경험을 가질 때 비로소 목적지에서의 개발을 지지하게 될 것이다. 이처럼 실무적 · 학술적 관점에서 보았을 때 재방문/추천의사와 같은 행동의도와 신규 체험 콘텐츠의 지속적인 개발을 지지하는 의사 간 영향관계를 다음과 같은 연구가설을 통해 실증분석을 해보았다.

연구가설 6(H_6): 테마파크에 대한 재방문/추천의사는 신규 체험 콘텐츠 개발에 대한 지속적인 지지의사에 정(+)의 영향을 미칠 것이다.

3 체험영역 모형의 전개

1. 체험영역별 행동의도

Pine과 Gilmore(1998)가 제안한 체험경제론의 4가지 체험영역(엔터테인먼트 체험, 현실도피 체험, 미적 체험, 교육 체험)을 바탕으로 테마파크의 신규 체험 콘텐츠 개발에 대한 지속적인 지지의사에 대한 방문객을 예측하기 위해 실시되었다. 이에 국내외 선행연구(권영미 등, 2010; 조태영 · 서태양, 2009; 하동현, 2009; Hosany & Witham, 2010; Jones et al., 2006; Lee et al., 2011; Ryu et al., 2010)의 관점을 토대로 테마파크에서의 체험 요소가 테마파크 방문객의 만족도에 어떤 영향을 미치는지, 그리고 이렇게 형성된 만족도가 실제 테마파크 재방문 및 추천의사에도 영향관계를 가지는지를 살펴보고자 한다. 또한 체험-만족도-재방문/추천의사 간 영향관계의 보편적 관계 설정 이외에 재방문/추천의사와 같은 행동의도가 긍정적일 때 신규 체험 콘텐츠 개발을 수요자들이 지속적으로 지지할 수 있는지의 순환구조를 추가적으로 살펴보고자 한다. 이에 앞의 2에서 설명한 구성개념 간 인과관계(즉 연구가설)를 토대로 〈그림 1〉과 같이 연구모형을 설정하였다.

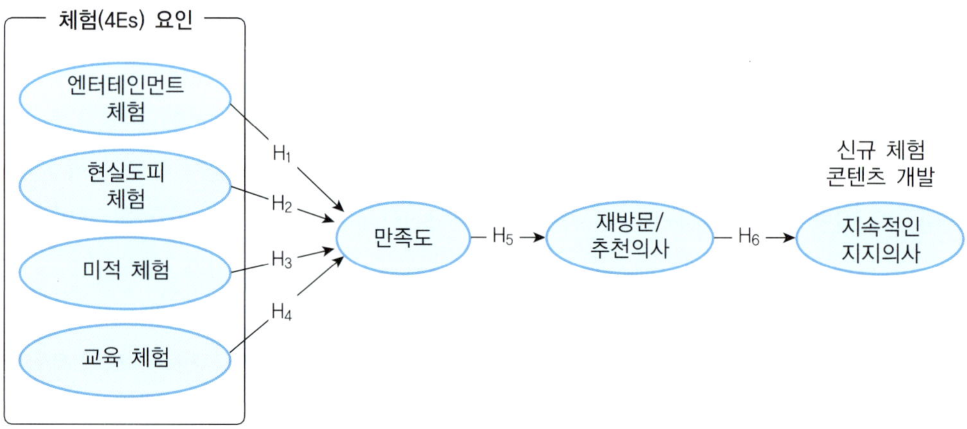

〈그림 1〉 연구모형

2. 체험재화의 측정

체험 요소 항목은 Pine과 Gilmore(1998)의 체험경제론에서 제시된 4가지 체험영역을 토대로 항목을 구체화시킨 Hosany와 Witham(2010), Jeong et al.(2009), 그리고 Oh et al.(2007)의 연구를 바탕으로 도출하였다. 이러한 체험 요소 항목은 국내 선행연구(김지희 · 김화진 · 한진수, 2010; 박수경 등, 2007; 하동현, 2009)의 측정항목과 혼합하여 총 16개 항목으로 구성하였고, 항목들이 테마파크 체험 요소를 적절히 측정할 수 있는지를 확인하기 위해 관광학 분야 실무진에게 평가를 의뢰하여 수정 · 보완하였다.

구체적으로 엔터테인먼트 체험은 '재미와 이벤트를 통해 만족감을 주는 체험 요소'로서(이태희, 2011), 설문지상에 공연관람, 음악감상, 독서 등의 사례로 표시하였고, 현실도피 체험은 '고객이 완전히 몰입되어 현실의 상황을 잊을 수 있게 만드는 요소'로서, 테마파크 내 탑승형 놀이시설(ride attraction)을 사례로 설명하였다. 미적 체험은 '테마파크 내 체험이 이루어지는 공간의 미적으로 뛰어난 물리적 환경'으로서, 계절별 축제나 주제별로 꾸며진 포토존 등을 사례로 언급하였으며, 교육 체험은 '지적 호기심을 자극하고 지식이나 능력을 향상시켜 주는 요소'로서, 도자기 만들기, 캐릭터 드로잉 스쿨 등의 DIY(do it yourself) 사례를 설명하였다. 이처럼 테마파크에서의 4가지 체험 요소는 각각의 사례(예 지문 및 사진)를 설문지에 제시하여 응답자가 테마파크 내 체험영역을 인지할 수 있도록 구성하였다. 만족도와 행동의도의 경우 기존 선행연구(Bigné, Andreu, & Gnoth, 2005; Boulding, Kalra, Staelin, & Zeithaml, 1993; Lin, Chang, Lin, Tseng, & Lan, 2009; Oliver, 1980; Wu & Liang, 2009)를 바탕으로 각각 4개 항목을 도출하였다. 지지의사의 경우 일반적으로 관광개발에 따른 지역주민의 지지의사를 묻는 선행연구(윤유식, 2009; 이충기 · 강수경, 2008; Gursoy, Jurowski, & Uysal, 2002; Ko & Stewart, 2002)를 토대로 본 연구의 목적에 맞게 테마파크 수요자들의 신규 체험 콘텐츠의 개발에 대한 지속적인 지지의사(즉 관광객의 기대와 동의 정도)가 반영될 수 있도록 측정항목의 내용을 변형한 후 전문가 검토를 토대로 수정 · 보완하여 4개 항목으로 구성하였다. 위의 모든 측정항목들은 Likert 5점 척도(1 = 전혀 그렇지 않다, 3 = 보통, 5 = 매우 그렇다)로 측정하였고, 이를 1년 이내에 테마파크를 방문한 경험이 있는 대학원생들을 대상으로 예비조사를 거쳐 최종 확정하였다. 한편 인구통계학적 특성은 성별, 연령, 결혼여부, 직업, 교육수준, 월평균소득 등 6개 항목을 명목척도와 비율척도로 측정하였다.

3. 체험영역 측정 자료수집

구체적인 연구모형을 제시하고, 타당성을 검증하기 위해 모집단으로 최근 1년 이내 테마파크를 방문한 경험이 있는 사람을 대상으로 설문조사를 실시하였다. 설문조사 연령은 20~30대로 국한하였는데, 이는 이들을 테마파크 주방문객으로 예측하였기 때문이다. 실제 시장조사기관인 트렌드모니터의 기획하에 리서치전문기업인 엠브레인이 직접 설문조사를 실시한 "놀이공원 이용현황 조사"의 결과를 보면 우리나라 주요 테마파크인 롯데월드와 에버랜드를 방문한 주연령대가 각각 20대와 30대로 나타났으며, 전체 응답자의 올해 테마파크 방문계획이 87.6%인 가운데 20~30대 연령층의 방문의향이 타 연령층에 비해 상대적으로 높았다(모모뉴스, 2010). 이에 20~30대 연령층을 대상으로 한 설문조사는 2010년 10월 25일~2010년 11월 10일까지 편의표본추출법을 이용하여 자기기입방식으로 실시했다. 구체적으로 대학가 및 업무단지 내 건물의 출입구에서 나오는 5번째 사람들에게 설문조사 목적을 설명하고 응답여부를 물어본 후 응답을 하겠다고 답변한 사람들에게 설문지를 배포한 후 입력하도록 하였고, 응답을 끝낸 사람들에게는 소정의 기념품을 배포하였다. 참고로 5번째 사람이 20~30대 연령에 해당되지 않으면, 다시 5번째 사람들에게 응답을 의뢰하였다. 이렇게 회수된 총 352부 중 응답내용의 정확도가 떨어지거나 불성실한 설문지 56부를 제외하고 최종적으로 296부의 유효표본을 확보하여 실증분석에 이용하였다.

한편 입력된 자료의 오류값 및 이상값을 확인·수정한 후 다음과 같은 분석들을 실시하였다. 첫째, 응답자의 기본 특성을 살펴보기 위해 빈도분석을 실시하였다. 둘째, 연속형 측정변수들의 기본적 특성 및 내적 일관성을 평가하기 위해 기술통계분석과 신뢰도분석을 실시하였다. 셋째, 구성개념에 대한 측정변수들의 수렴타당성과 판별타당성을 살펴보기 위해 확인적 요인분석을 실시하였다. 넷째, 이론적 모델에 의한 인과관계 검증을 위해 구조방정식모델링을 실시하였다. 또한 연구모형상 매개변수로 예상되는 만족도와 재방문/추천의사에 대한 매개효과를 판단하기 위해 x^2 차이검증을 실시하였고, 이후 Sobel(1982)의 공식을 통해 매개효과를 통계적으로 검증하였다.

4 체험 요소와 지지의사 분석

1. 유효표본의 기본적 특성

먼저 성별은 남성(180명)이 여성(116명)보다 더 조사되었고, 연령은 주로 20대(210명)가 많은 가운데 평균연령은 27.8세였다. 결혼여부는 주로 미혼(215명)임을 알 수 있었다. 교육수준은 주로 대학교(247명)로 나타났으며, 직업은 사무직(135명), 대학(원)생(81명)이 가장 많은 가운데 월평균소득은 400만 원대(118명), 200만 원대(91명) 순으로 나타났다.

표 1 유효표본(N=296)의 기본적 특성

구분		n(명)	%(비율)	구분		n(명)	%(비율)
성별	남성	180	60.8	연령 (M=27.8)[a]	20대	210	71.2
	여성	116	39.2		30대	85	28.8
결혼 여부	미혼	215	72.6	교육수준	고등학교 이하	1	.3
	기혼	81	27.4		전문대	11	3.7
직업	대학(원)생	81	27.4		대학교	247	83.4
	서비스직	11	3.7		대학원 이상	37	12.5
	전문직	25	8.4	월평균 소득	200만 원 미만	38	12.9
	사무직	135	45.6		200~299만 원	91	31.0
	주부	7	2.4		300~399만 원	38	12.9
	생산직/기술직	23	7.8		400~499만 원	118	40.1
	기타	14	4.7		500만 원 이상	9	3.1

주) [a] 비율척도로 조사된 항목의 평균값(M)

2. 측정항목의 기본적 특성 및 신뢰성 검증

구성개념 내 측정항목들의 기본적 특성을 기술통계분석(평균값, 왜도, 첨도)과 신뢰도분석을 통해 살펴보았다. 먼저 Likert 5점 척도로 측정된 변수들의 분포를 살펴보면, 대부분의 측정항목들이 보통(3점)을 상회하는 것으로 나타난 가운데 체험(4Es) 요인 중 교육체험의 일부 항목은 보통보다 낮은 평균값을 보이고 있었다. 정규분포성에서 기울기와 뾰족함을 의미하는 왜도(Zmean = −2.013)와 첨도(Zmean = −.144)는 ±2.58($p<.01$)을 초과

하지 않는 것으로 나타나 정규분포성의 가정을 위배하지는 않고 있음을 알 수 있다(Hair, Black, Babin, Anderson, & Tatham, 2006). 한편 신뢰도 분석결과(Cronbach's α 계수), 전체 항목에 대한 신뢰도는 각 구성개념별로 .7을 상회하는 것으로 나타났으나(Nunnally & Bernstein, 1994), 만족도의 4번째 항목(테마파크 방문은 내가 기대한 것보다 좋았음)은 구성개념의 신뢰도를 저해하는 항목으로 나타나 분석에서 제외하였다.

표 2 연속형 측정항목들에 대한 기술통계 및 신뢰도분석 결과

구분	최종항목 (제거항목)	평균[a]		왜도		첨도		신뢰계수 (α)
		최소	최대	Min.	Max.	Min.	Max.	
엔터테인먼트 체험	4(−)	3.69	4.13	−.585	−.198	−.486	.561	.810
현실도피 체험	4(−)	3.07	3.73	−.570	−.199	−.627	−.122	.806
미적 체험	4(−)	3.74	3.90	−.556	−.331	−.262	.885	.764
교육 체험	4(−)	2.39	3.16	−.166	.587	−.641	.323	.843
만족도	3(1)	3.51	3.96	−.333	.123	−.425	.625	.881
재방문/추천의사	4(−)	3.58	4.07	−.456	−.196	−.416	.052	.876
지지의사[b]	4(−)	4.22	4.38	−.771	−.395	−.663	.352	.887

주) [a] Likert 5점 척도
[b] 신규 체험 콘텐츠 개발에 대한 지속적인 지지의사를 의미함

3. 이론 모델에 대한 확인적 요인분석

모형의 적합도는 x^2 = 386.974(p<.001)로 다소 높게 분석되었으나 그 대안인 Q값(x^2/df)이 1.759로 3보다 작기 때문에 이론적 모델의 타당도는 적합함을 알 수 있다. 그 외 모형적합도 판단 기준인 GFI = .906, NFI = .912, CFI = .960, RMSEA = .034로 통계적 기준에 부합되는 수준을 보이고 있는 것으로 나타나 측정항목의 단일 차원성은 수렴됨을 알 수 있다(배병렬, 2009). 단, 이론적 모델 내 3개의 측정항목(현실도피 체험 4: 평소의 나와 다른 느낌이 들게 함, 미적 체험 4: 주위환경은 이색적임, 교육 체험 4: 현장지향적인 학습경험임)은 .4 미만의 설명력(R^2)을 보여(송지준, 2009) 이론적 모델의 정확성을 높이기 위해 삭제하였다. 한편 개념신뢰도(CR: composite reliability)와 평균분산추출값(AVE: average variance extracted)은 각각 .7 이상(Hair et al., 2006), .5 이상(Fornell & Larcker, 1981)이기

때문에 비교적 높은 내적일관성 및 수렴타당성을 확보하고 있으며, 표준화계수도 .5 이상(이학식 · 임지훈, 2009)으로 나타나 개념타당성도 확보됨을 알 수 있다.

표 3 측정모형에 대한 확인적 요인분석 결과와 모형적합도 분석

요인	변수명	표준화 계수	C.R.값	R^2	CR (AVE)
엔터테인먼트 체험	볼거리가 있어 즐거움	.659	10.355	.434	.889 (.668)
	내게 재미를 주는 요소가 있음	.791	12.205	.625	
	엔터테인먼트적 요소들을 가지고 있음	.729	11.382	.531	
	엔터테인먼트 요소들은 매혹적임	.725	–	.526	
현실도피 체험	일상생활을 잠시 동안 잊음	.673	8.377	.453	.772 (.534)
	현실에서 벗어난 느낌을 받음	.643	8.561	.414	
	시간 가는 줄 모름	.832	–	.692	
	평소의 나와 다른 느낌이 들게 함	삭제			
미적 체험	분위기는 매력적임	.747	10.852	.559	.813 (.593)
	주위환경은 나의 눈길을 끌게 함	.665	9.864	.443	
	테마파크 안에 있는 것만으로 기분이 좋음	.670	–	.449	
	주위환경은 이색적임	삭제			
교육 체험	나의 지식을 풍부하게 해줌	.907	11.518	.823	.881 (.714)
	많은 것을 배울 수 있음	.872	10.144	.761	
	새로운 것에 대한 호기심을 자극함	.704	–	.496	
	현장지향적인 학습경험임	삭제			
만족도	테마파크 방문에 대해 만족함	.869	17.733	.755	.953 (.872)
	테마파크 방문을 선택한 나의 결정에 만족함	.844	17.037	.713	
	테마파크 방문에 대한 나의 느낌은 좋음	.826	–	.682	
재방문/추천의사	다시 방문할 것	.741	12.802	.549	.919 (.741)
	다시 방문하기 위해 노력할 것	.716	13.306	.512	
	주변 사람들에게 긍정적으로 말할 것	.875	21.901	.766	
	주변 사람들에게 추천할 것	.895	–	.800	

요인	변수명	표준화 계수	C.R.값	R^2	CR (AVE)
지지의사[a]	신규 체험 콘텐츠의 지속적 개발을 지지함	.711	6.311	.506	.949 (.823)
	테마파크를 더 좋은 장소로 만들 것	.818	8.511	.670	
	테마파크를 위한 올바른 선택임	.880	10.281	.774	
	테마파크의 미래를 밝게 할 것	.857	–	.734	
Q(x^2 = 386.974/220) = 1.759, p = .000, GFI = .906, NFI = .912, CFI = .960, RMR = .034					

주) [a] 신규 체험 콘텐츠 개발에 대한 지속적인 지지의사를 의미함

다음으로 측정모형의 잠재변수에 대한 판별타당성을 확인하기 위해 본 연구에서는 3가지 방법(평균분산추출값, 잠재변수 간 상관계수의 신뢰구간, x^2 차이분석)을 이용하였다. 먼저 각 구성개념의 AVE값이 모든 구성개념의 상관자승치보다 크면 되는 것으로서, 본 연구에서는 일부 구성개념의 AVE값과 상관자승치를 제외한 나머지 구성개념은 AVE값이 상관자승치를 상회하는 것으로 나타났다. 이는 판별타당성을 보는 가장 엄격한 방법이기 때문에(Fornell & Larcker, 1981) 나머지 2가지의 판별타당성을 추가적으로 살펴볼 필요가 있다. 두 번째 방법은 구성개념 간 상관계수의 신뢰구간을 살펴보는 것으로서, 구성개념 간 상관계수가 가장 높은 만족도와 재방문/추천의사 간 상관계수의 신뢰구간($\Phi \pm (2 \times S.E)$) 값이 .917과 .785로 완전한 상관계수를 의미하는 1을 포함하지 않고 있기에 판별타당성 확보를 충족한다(Anderson & Gerbing, 1988). 마지막으로 앞선 첫 번째 방법을 충족시키지 못한 잠재변수들 간 관계들의 제약모델과 비제약모델을 이용한 x^2 차이분석을 실시하는데, 분석결과가 통계적으로 유의한 것(미적 체험–만족도: $\triangle x^2(1)$ = 121.969, 미적 체험–재방문/추천의사: $\triangle x^2(1)$ = 84.695, 만족도–재방문/추천의사: $\triangle x^2(1)$ = 118.099)으로 나타나 x^2 차이분석을 이용하는 측정모형의 잠재변수에 대한 판별타당성은 만족되는 것으로 분석되었다(Bagozzi & Phillips, 1982; Steenkamp & Trijp, 1991).

표 4 측정모형 내 구성개념 간 상관관계 행렬 및 판별타당도

구성개념	M(S.D)	구성개념 간 상관관계						
		①	②	③	④	⑤	⑥	⑦
① 엔터테인먼트 체험	4.00(.593)	(.668)	.292[a]	.590	.072	.421	.458	.132
② 현실도피 체험	3.40(.791)	.540[b]	(.534)	.398	.217	.392	.361	.074
③ 미적 체험	3.81(.613)	.768	.631	(.593)	.226	.691	.632	.158
④ 교육 체험	2.72(.788)	.268	.466	.475	(.714)	.154	.154	.026
⑤ 만족도	3.94(.546)	.649	.626	.831	.393	(.872)	.724	.144
⑥ 재방문/추천의사	3.82(.686)	.677	.601	.795	.393	.851	(.741)	.172
⑦ 지지의사[c]	4.30(.577)	.363	.272	.398	.162	.380	.415	(.823)

주) [a] 밑줄 친 자료는 상관자승치
[b] 모든 상관계수는 통계적($p < .01$)으로 유의함
[c] 신규 체험 콘텐츠 개발에 대한 지속적인 지지의사를 의미함. ( ): AVE값

4. 연구가설 검증

이론적 모델의 검증에 앞서 모형적합도를 살펴보면, 먼저 $x^2 = 406.319$($p < .01$)로 비교적 높게 나타났지만, 다른 적합 지수를 살펴보면 Q값 = 1.774, GFI = .902, NFI = .908, CFI = .957, RMR = .037로 나타나 이론적 모델에서 제시한 적합성은 비교적 우수하다고 볼 수 있다.

하지만 이론적 모델의 분석결과에서 수정지수(MI: Modification Index)를 통해 모형적합도가 증가하는 추가경로(엔터테인먼트 체험 → 재방문/추천의사)가 발견되었다. 수정지수의 경우 모형에 미지수를 하나 추가할 경우 모형적합도가 최소로 증가하는 것을 보여주는 값을 의미하는데(김계수, 2008), 통상적으로 연구모형에 대한 적합도 향상에 많이 활용된다. 그리고 연구모형에서 나타난 x^2값인 406.319(df = 229)와 수정모형에서 나타난 x^2값인 393.933(df = 228)의 차이가 통계적으로 유의($\triangle x^2 = 12.386$, △df = 1)한 것으로 보아 간명성을 유지한 모형보다 추가된 경로계수에 의한 모형이 더 적합하다는 것을 알 수 있다(김계수, 2006). 아울러 연구모형에서 나타난 모형적합도보다 수정모형에서 나타난 모형 적합도(Q값 = 1.728, GFI = .904, NFI = .910, CFI = .960, RMR = .036)가 더 좋아진 것을 알

수 있다. 이에 수정모형을 토대로 연구가설에 대한 영향관계를 검증해 보았다.

수정모형에 의한 구조적 영향관계를 살펴보면, 체험(4Es) 요인과 만족도 간 영향관계에서 현실도피 체험(표준화계수=.187)과 미적 체험(표준화계수=.765)만이 만족도에 정(+)의 영향을 미치는 것으로 나타나 H_2와 H_3은 채택된 반면에 H_1과 H_4는 기각되었다. 즉 테마파크 체험 요소 중 현실도피 체험과 미적 체험이 만족도에 긍정적인 영향을 미치고, 이 두 구성요소가 만족도를 72.5% 정도 설명하고 있음을 확인할 수 있다. 특히 현실도피 체험보다는 미적 체험 요소가 만족도를 설명하는 데 있어서 더 기여하는 변인으로 나타났다.

다음으로 추가경로로 도출된 엔터테인먼트 체험과 재방문/추천의사 간 영향관계는 엔터테인먼트 체험(표준화계수=.219)이 재방문/추천의사에 정(+)의 영향을 미치는 것으로 나타난 가운데, 만족도와 재방문/추천의사 간 영향관계 역시 만족도(표준화계수=.716)가 재방문/추천의사에 정(+)의 영향을 미치는 것을 알 수 있다. 따라서 연구가설 5는 채택되었다. 즉 테마파크에서의 엔터테인먼트 체험 요소와 만족도가 재방문/추천의사를 76.4% 정도 설명함을 의미하며, 그중에서도 만족도가 엔터테인먼트 체험 요소보다 재방문/추천의사를 설명함에 있어서 더 의미있는 잠재변인임이 도출되었다. 마지막으로

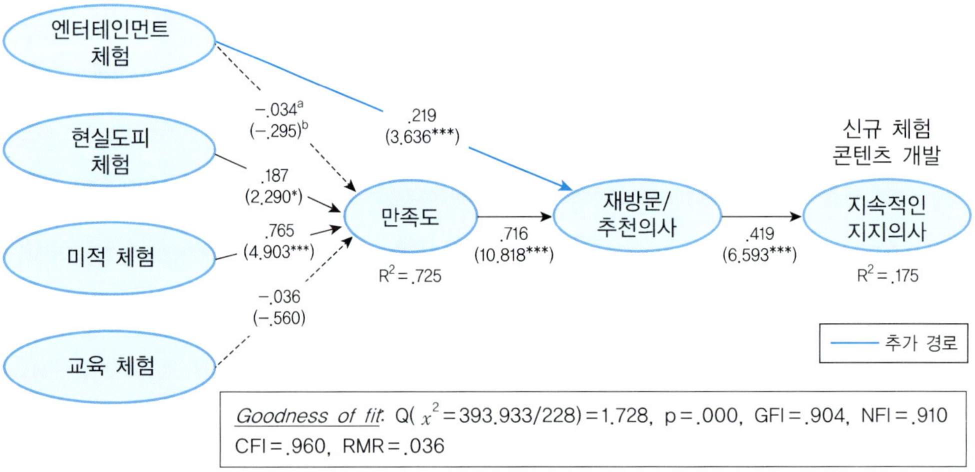

〈그림 2〉 수정모형에 의한 추정결과

주) *p<.05, **p<.01, ***p<.001, [a] 표준화계수, [b] C.R.값

연구가설 6인 재방문/추천의사(표준화계수=.419)가 신규 체험 콘텐츠 개발에 대한 지속적인 지지의사에 미치는 영향관계도 정(+)의 유의미한 영향을 미치는 것으로 도출되었고, 17.5% 정도의 설명력을 확인할 수 있다.

5. 수정모형의 매개효과 검증

마지막으로 수정모형의 구성개념 간 매개효과(매개변수: 만족도, 재방문/추천의사)를 검증해 보았다. 구체적으로 수정모형에서 통계적으로 유의한 관계(현실도피 체험 · 미적 체험–만족도, 엔터테인먼트 체험 · 만족도–신규 체험 콘텐츠 개발에 대한 지속적인 지지의사)와 직접적인 경로를 추가한 모델(예 현실도피 체험 · 미적 체험–재방문/추천의사, 엔터테인먼트 체험 · 만족도–신규 체험 콘텐츠 개발에 대한 지속적인 지지의사) 간 통계적 차이검증을 통해 매개효과를 살펴보았다.

매개변수(만족도, 재방문/추천의사)를 기준으로 추가한 경로는 통계적으로 유의하지 않은 것(현실도피 체험–재방문/추천의사: C.R.값=1.160, 미적체험–재방문/추천의사: C.R.값=1.697, 엔터테인먼트 체험–신규 체험 콘텐츠 개발에 대한 지속적인 지지의사: C.R.값=1.755, 만족도–신규 체험 콘텐츠 개발에 대한 지지의사: C.R.값=.819)을 알 수 있다. 이는 매개변수인 만족도와 재방문/추천의사를 바탕으로 독립변인과 종속변인의 관계를 직접적으로 설정한 추가경로가 통계적으로 유의한 차이가 없음을 의미하는 것으로, 완전매개모형을

표 5 매개효과 검증 결과

계수값(a), 표준오차(SE_a)	계수값(b), 표준오차(SE_b)	Z값	결과
현실도피 체험 → 만족도(.125, .054)	만족도 → 재방문/추천의사 (.960, .089)	2.263*	완전매개
미적 체험 → 만족도(.685, .140)		4.456***	완전매개
엔터테인먼트 체험 → 재방문/추천의사 (.254, .070)	재방문/추천의사 → 신규 체험 콘텐츠 개발에 대한 지속적인 지지의사(.396, .060)	3.180**	완전매개
만족도 → 재방문/추천의사(.960, .089)		5.630***	완전매개

주) *$p<.05$, **$p<.01$, ***$p<.001$
a=독립변수와 매개변수 간 비표준화 경로계수, SE_a=a의 표준오차
b=매개변수와 종속변수 간 비표준화 경로계수, SE_b=b의 표준오차

채택하는 것이 바람직하다는 것을 의미한다(김계수, 2006). 이후 매개효과의 통계적 유의성은 Sobel(1982)의 공식을 이용하여 〈표 5〉와 같이 도출하였고, 검정통계량(Z)값은 0(ab≠0)이 아닌 것으로 나타나 매개효과가 있음을 알 수 있다.

5 체험영역과 지지의사와의 관계 확인

테마파크는 다양한 체험을 동시에 할 수 있는 곳으로서, 어린이를 동반한 가족이나 청소년, 대학생들이 여가를 보내기 위해 즐겨 찾는다. 범세계적인 출산율 저하와 함께 디지털 네이티브(Digital Native)라고 불리는 젊은 세대들이 여가를 즐기는 방식이 온라인으로 옮겨가면서 최근 5년간 테마파크의 입장객은 감소추세를 보이고 있다. 이 같은 상황에서 테마파크가 입장객과 매출을 늘리고 성장세로 돌아서기 위해서는 변화가 필요하다. 그 변화의 방향은 새로운 체험을 원하는 소비자들의 욕구를 충족시켜야만 실효를 거둘 수 있다. 이러한 관점에서 볼 때, 지속적으로 신규 체험 콘텐츠를 개발하는 것에 대한 지지 정도까지 개념을 확장하여 Pine과 Gilmore(1998)의 4가지 체험영역, 만족도, 재방문/추천의사, 신규 체험 콘텐츠 개발에 대한 지속적인 지지의사 간 구조적 관계를 밝혀내기 위해, 실증분석을 토대로 몇몇 결과 및 시사점을 도출할 수 있었다.

첫째, 4Es 중 미적 체험과 현실도피 체험이 만족도에 긍정적 영향을 미치는 것으로 나타났다. 이는 4가지 체험영역 모두가 만족도에 영향을 미친다는 선행연구(권영미 등, 2010; 서구원 · 민형철, 2009)의 결과와 일부 일치함을 알 수 있다. 그중에서도 미적 체험이 만족도에 미치는 영향이 큰 것으로 나타났는데, 이는 중요도-성취도 분석을 통해 테마파크에서의 4가지 체험 요소 중 심미적 요소는 유지되어야 함을 밝힌 윤설민 · 이태희(2011)의 연구결과를 지지해 준다.

테마파크의 미적 체험은 일상과 테마파크를 차별화시키는 물리적 환경을 눈으로 보고, 그 환경 속에 몰입하는 것을 말한다. 결국 미적 체험이란 수동적이면서 몰입할 수 있는 요소가 강조되는 영역으로서, 인간의 감각기관에 의해 발생하는 수동적 체험을 의미하는데(Jurowski, 2009), 미적 체험에 영향을 받는 고객들은 이벤트나 환경에 스스로 몰입을 시키면서 단순히 그곳에 존재하고픈 마음을 가지게 된다(권영미 등, 2009). 따라서 주변

환경의 변화, 즉 공간적 배치와 기능성, 사인/심벌, 인공적 유형물 등을 감상(서구원 · 민형철, 2009)할 수 있도록 배치하는 것이 중요하다. 테마파크는 이러한 환경 연출을 위해 테마존(theme zone)별로 특정한 시대와 장소를 설정하고 그 주제에 맞도록 건축물, 도로, 경관, 시설물, 근무자의 의상과 음악 등의 모든 요소를 일치시키는 방법을 사용하곤 한다.

이렇게 색다른 물리적 환경을 연출하기 위해 오래된 느낌을 가질 수 있도록 고의로 때나 얼룩을 입히는 에이징(aging) 기법, 공간에 현실 이상의 높이와 깊이를 부여하여 스케일감을 강조하는 원근법, 프랑스 영화 기법을 응용하여 정교하게 묘사된 배경화를 사용해 색다른 공간감을 연출하는 트럼프레이유 기법, 건축물의 외관이나 바위, 나무 등을 콘크리트나 FRP(Fiber Reinforced Plastics: 유리섬유강화플라스틱) 등의 재료를 사용하여 정교하게 재현해 내는 락웍(Rock Work) 기법 등을 활용한다.

아무리 일상과 차별화되는 테마성이 뛰어난 미적 환경을 조성했다 할지라도 오랫동안 조성된 환경에 변화가 없다면 재방문 욕구를 자극하기에는 한계가 있을 것이다. 따라서 미적 요소들이 테마파크의 다양한 체험 요소 중 만족도와의 관계를 설명하는 데 가장 기여하는 체험 요인이라는 결과는, 즉 방문객이 테마파크에 대해 가지고 있는 본질적 기대인 비일상성을 느끼도록 하는 데 있어 미적 체험이 큰 역할을 한다는 것이다. 따라서 테마파크는 더욱 차별화되고, 일상에서 볼 수 없으며, 눈길을 사로잡고 그 공간 속에 있다는 사실만으로도 일상을 벗어난 느낌을 갖게 만드는 환경 조성을 위해 지금보다 더 집중해야 할 것이다.

현실도피 체험의 경우 기여도는 미적 체험보다 낮은 것으로 나타났지만 방문객의 성향에 따라 차이가 분명할 것으로 보인다. 스릴 있는 어트랙션 타는 것을 즐기는 계층과 그렇지 않은 계층이 구분되기 때문에 스릴을 즐기는 고객층의 만족과 행동을 유도하고자 한다면 이 역시 등한시할 수 없는 체험 요인이라고 말할 수 있다. 이처럼 4가지 체험영역은 실제 사람들이 살아가는 환경 속에서 경계를 넘나들면서 발생되지만, 중요한 것은 4가지 체험을 어떻게 연출하느냐에 따라 단조로운 공간이 특징 있는 장소로 변모될 수 있다는 점일 것이다(권영미 등, 2009). 결국 테마파크에서의 체험은 앞서 언급한 현실도피를 체험할 수 있는 심미적 연출이 하드웨어 개발보다 우선으로 중요시될 필요가 있음을 알 수 있다.

한편 엔터테인먼트 체험은 만족도에 직접적인 영향을 미치지는 못하지만 재방문/추천의사와 같은 행동의도에는 정(+)의 영향을 미치는 것으로 나타났다. 이는 Hosany와 Witham(2010)의 연구결과에서 엔터테인먼트 체험과 행동의도 간 영향관계가 유의하게 나타난 것에서 통계적으로 유의미한 관계성을 찾아볼 수 있겠다. 다만 차이가 있다면, 크루즈 대상의 Hosany와 Witham(2010)의 연구는 엔터테인먼트 체험이 만족도와 행동의도 모두에게 영향을 주는 반면에 테마파크 대상의 본 연구는 엔터테인먼트 체험이 만족도에는 영향을 미치지 못하고, 재방문/추천의사에만 영향을 미치는 것으로 나타났다는 점이다.

이는 테마파크 방문객의 입장에서 엔터테인먼트 요소는 기본적으로 충족되어야 하는 요소이기 때문에 만족도 발생에 필수요소가 되었음을 간접적으로 유추해 볼 수 있는 대목으로서, 만족도에 영향을 미치지 않았다고 중요하지 않다는 것이 아니라 엔터테인먼트는 테마파크를 위한 당연한 요소로서 대신에 향후 지속적인 방문에는 중요하다는 것을 간과해서는 안 될 것이다. 따라서 기존의 테마파크는 심미적 체험에 대한 강화와 더불어 엔터테인먼트 체험을 더 풍부하게 만들기 위한 노력도 고려해야 할 것이다.

한편 Pine과 Gilmore의 체험경제 관점에서 만족도와의 영향관계를 살펴본 연구들(권영미 등, 2010; 서구원 · 민형철, 2009; 조태영 · 서태양, 2009; 하동현, 2009; Hosany & Witham, 2010)의 공통점은 4개의 체험 요소가 모두 만족도에 영향을 미치는 결과가 도출되지 않는다는 것이다. 예를 들면 농촌관광을 대상으로 한 권영미 등(2010)과 유통매장을 대상으로 한 서구원 · 민형철(2009)의 연구에서는 모든 체험 요소가 만족도에 영향을 미쳤지만, 테마파크를 대상으로 한 본 연구는 미적 체험과 현실도피 체험만이 만족도에 영향을 미쳤다. 그 외에 문화관광지를 대상으로 한 조태영 · 서태양(2009)의 연구는 현실도피 체험과 교육 체험, 그리고 역사 · 교육 테마파크를 대상으로 한 하동현(2009)의 연구는 교육 체험, 엔터테인먼트 체험, 미적 체험, 마지막으로 크루즈를 대상으로 한 Hosany와 Witham(2010)의 연구는 미적 체험과 엔터테인먼트 체험만이 만족도에 영향을 미치는 것으로 나타났다. 결국 관광체험의 대상이 어떠한 유형에 속하는지, 그리고 어떠한 특성을 가지고 있는지에 따라 체험의 다양한 요소가 반응할 수 있음을 유추해 볼 수 있다. 이에 관광체험의 영역에 대한 깊은 고찰을 토대로 체험 요소들을 적용하는 것이 현실적으로 중요함을 확인해 볼 수 있다.

둘째, 만족도는 재방문/추천의사에 긍정적인 영향을 미치는 것으로 나타났는데, 이는 만족도가 재방문의사, 추천의사와 같은 행동의도에 직접적인 영향을 미친다는 일반론적 선행연구(예 Ha & Jang, 2010; Han & Ryu, 2007; Jones, Reynolds, & Arnold, 2006; Ryu, Han & Jang, 2010)의 결과와 일치한다. 즉 테마파크 체험에 만족한 방문객일수록 재방문, 구전, 추천 등의 긍정적 행동의도를 보인다는 것을 의미한다. 결국 어떻게 하면 방문객의 체험을 극대화시켜 만족하게 만들 것인지가 행동의도로 이어질 수 있음을 시사하는 대목이다. 일반적으로 관광객들은 한번 방문한 관광목적지를 재방문하지 않고, 오히려 가보지 않은 곳을 찾기 마련이다. 따라서 테마파크 역시 1년을 기준으로 보았을 때 지속적인 재방문율이 그렇게 높지 않은 관광목적지라는 점에서 꾸준히 관광객을 모집할 수 있는 방법(예 PR, 이벤트 등)을 모색해야 할 것이다.

셋째, 재방문/추천의사는 신규 체험 콘텐츠 개발에 대한 지속적인 지지의사에 긍정적 영향을 미치는 것으로 나타났다. 이는 재방문/추천의사와 같은 행동의도가 자발적인 의사에 해당하는 지지의사에 영향을 미친다는 선행연구(Lee et al., 2011)의 결과와 일치하는 것으로서, 관광객의 경우 테마파크에서 경험할 수 있는 다양한 체험에 대해 중요하게 생각하고, 가치 있다고 지각할수록 테마파크에서의 경험이 다양해지기를 희망한다는 것이다.

국내에서 연간 가장 많은 사람들이 방문하는 에버랜드의 경우 입장료 외에 체험에 대해 별도의 요금이 부과되는 체험 콘텐츠를 도입하였는데, 추가지불금액이 1만 5천 원부터 최대 15만 원까지 다양하면서도 한정된 인원만이 체험이 가능하다는 한계점이 있음에도 불구하고 미리 예약하지 않으면 체험이 힘들 정도로 각광받고 있다. 이처럼 입장료 외에 비용을 지불해야 하는 체험 콘텐츠들이 인기를 얻고 있는 것은 비용 이상의 가치를 고객들이 인지하기 때문이며, 이러한 프로그램은 오히려 변화 없는 하드웨어 때문에 재방문의지가 약해질 수 있는 고객들을 불러들이는 유인책으로 작용하기도 한다.

따라서 테마파크는 체험을 통해 만족하고 긍정적 행동의지를 갖게 된 고객들이 비용을 지불하더라도 가치 있는 체험을 할 수 있는 콘텐츠의 개발을 지지하고 있다는 연구결과에 주목하여 체험 콘텐츠 개발에 힘써야 하는 것은 물론이고, 높은 만족도와 재방문/추천의사를 보이는 고객들을 중심으로 마케팅 노력을 기울여야 할 것이다. 아울러 만족도와 재방문/추천의사가 선행변인(미적 · 현실도피 · 엔터테인먼트 체험)과 결과변인(신규 체험 콘텐츠 개발에 대한 지속적인 지지의사)을 이어주는 완전매개효과를 나타냈다는 점에서 방문객의 긍정적인 심리 현상을 도모하기 위해서는 체험 요소가 지속적으로 유지·확대되는 것이 필요함을 알 수 있다.

특히 앞선 체험과 만족도 간 영향관계에서도 알 수 있듯이 미적 체험 요소가 테마파크 체험에서 가장 중요한 영역으로 나타났기 때문에 신규 체험 콘텐츠 기획 시 심미성의 극대화는 충분히 고려되어야 할 것이다. 결국 테마파크는 탑승놀이시설만을 체험하는 공간이 아니라 주변의 심미적 체험을 토대로 구성되는 관광목적지이기 때문에 아름다운 요소들에 대한 탐구는 현대사회에서의 테마파크 산업에는 중요한 요소임을 잊지 말아야 할 것이다.

이 연구는 Pine과 Gilmore(1998, 1999)가 제시한 체험(4Es) 요소를 토대로 테마파크 체험을 살펴봄과 동시에 기존 만족도, 재방문/추천의사 간 영향관계를 포함하여 신규 체험 콘텐츠의 확장 차원에서의 방문객의 지속적인 지지의사까지의 구조적 관계를 살펴보았다는 점에서 학술적·실무적 시사점을 제공하였다.

하지만 만족도, 재방문/추천의사 간 영향관계 이외에 지지의사까지의 확장된 구조를 뒷받침하는 학술적인 선행연구가 다소 부족하다는 점과 함께 연구대상을 20~30대로 한정하여 모든 연령층을 통한 일반화가 불가능하였다는 점은 향후 연구를 통해 충분히 고려되어야 할 것이다.

신규 체험 콘텐츠 개발에 대한 지지의사를 살펴볼 수는 있었지만, 구체적으로 어떠한 종류의 테마 콘텐츠 육성이 중요한지를 판단할 수 있는 접근까지는 불가능하였다. 이에 향후연구에서는 테마파크 내 체험을 보다 다각도로 적용함과 동시에 이를 다양한 연구대상에 적용하여 이들의 심리적 구조를 파악해 볼 필요가 있다.

참고문헌

경향신문(2010). 아리송한 테마파크 청사진. 1월 27일자 기사.

권영미 · 박종희 · 양주환 · 서상윤(2010). 체험품질이 고객만족에 미치는 영향: 농촌관광 체험품질 측정도구 개발을 중심으로. 문화산업연구. 제10권 제3호 : 51-72.

김계수(2006). 성공적인 논문작성을 위한 Amos/Lisrel 이용 인과분석 연구방법론. 서울: 청람.

_____(2008). AMOS 16.0 구조방정식모형 분석. 서울: 한나래출판사.

김성주(2007). 테마파크 기념품 구매자의 체험과 소비가치. CERI 엔터테인먼트연구. 제8권: 31-52.

김영미 · 김민주 · 김성섭(2010). 카지노 개발 이전의 기대, 지역사회에 미치는 영향 인식, 장소애착심, 카지노 개발에 대한 지속적인 지지의사 간의 관계. 관광학연구. 제34권 제5호: 307-330.

김지희 · 김화진 · 한진수(2010). 호텔패키지 상품의 체험(Experience)요소와 즐거움, 만족도, 행동의도 간의 관계에 관한 연구. 소비문화연구. 제13권 제1호: 39-60.

모모뉴스(2010). 어린이날 어디 갈까? 트렌드모니터 조사. 4월 30일자 기사.

박수경 · 박지혜 · 차태훈(2007). 체험 요소(4Es)가 체험즐거움, 만족도, 재방문에 미치는 영향. 광고연구. 가을 제76호: 55-78.

배병렬(2009). AMOS 17.0 구조방정식 모델링(제2판). 서울: 청람.

서구원 · 민형철(2009). 복합문화공간형 유통매장에서의 체험과 소비자 태도. 서울도시연구. 제10권 제4호: 143-158.

손에스더(2007). 테마파크 이용자들의 이벤트 만족도에 관한 연구: 테마파크 전체 이용만족도와 재방문의도에 미치는 영향을 중심으로. 단국대학교 석사학위논문.

송지준(2009). SPSS/AMOS 통계분석방법. 서울: 21세기사.

송학준 · 최영준 · 이충기(2011). 4Es 이론에 따른 축제 방문객의 충성도 연구: 보령머드축제를 중심으로. 관광연구. 제25권 제6호: 179-198.

윤병국(2010). 태안관광레저도시 개발에 따른 지역주민의 영향요인 및 개발지지도에 관한 연구. 제24권 제4호: 23-41.

윤선영(2005). 중요도-성취도 분석을 이용한 테마파크 이벤트프로그램 개선방안에 관한 연구. 관광경영학연구. 제9권 제1호: 235-255.

윤설민 · 이태희(2011). IPA와 선호분석(MDPREF)을 이용한 테마파크 체험의 포지셔닝 연구. 관광연구저널. 제25권 제4호: 277-294.

윤유식(2009). 농촌관광마을 사회자본에 따른 관광개발태도 및 관광개발 지지도에 관한 연구. 농촌관광연구. 제16권 제3호: 41-61.

이충기 · 강수경(2008). 애향심과 카지노 영향 · 혜택 · 지지도간 상호관계 규명. 호텔경영학연구. 제17권 제1호: 235-248.

이태희(2011). 러브마크감성행동론. 서울: 도서출판 새로미.

이학식 · 임지훈(2009). 구조방정식 모형분석과 AMOS 16.0. 서울: 법문사.

조방현 · 전형상 · 김준희(2008). 국내 테마파크의 서비스품질이 이용객의 만족과 충성도에 미치는 영향. 한국여가레크리에이션학회지. 제32권 제4호: 211-221.

조태영 · 서태양(2009). 안동 하회마을 문화관광체험이 관광만족과 행동의도에 미치는 영향. 한국콘텐츠학회논문지. 제9권 제7호: 361-370.

하동현(2009). 테마파크에서의 체험 요소에 관한 연구: Pine과 Gilmore의 체험경제이론을 중심으로. 한국사진지리학회지. 제19권 제1호: 37-47.

한국문화관광연구원(2010). 최근 관광 트렌드 변화와 향후 정책방향. 서울: 한국문화관광연구원.

헤럴드경제(2011). 에버랜드 '호러메이즈' 기획자 황재훈 "제대로 된 공포체험, 5가지 비법 있죠. 10월 31일자 기사.

Anderson, J. C., & Gerbing, D. W. (1988). Structural equation modeling in practice: A review and recommended two-step approach. *Psychological Bulletin*. Vol. 103 No. 3: 411-423.

Bagozzi, R., & Phillips, L. (1982). Representing and testing organizational theories: A holistic construal. *Administrative Science Quarterly*. Vol. 27 No. 3: 459-490.

Bigné, J. E., Andreu, L., & Gnoth, J. (2005). The theme park experience: An analysis of pleasure, arousal and satisfaction. *Tourism Management*. Vol. 26 No. 6: 833-844.

Boulding, W., Kalra, A., Staelin, R., & Zeithaml, V. A. (1993). A dynamic process model of service quality: From expectations to behavioral intentions. *Journal of Marketing Research*. Vol. 30 No. 1: 7-27.

Chen, C. F., & Chen, P. C. (2010). Resident attitudes toward heritage tourism development. *Tourism Geographies*. Vol. 12 No. 4: 525-545.

Fiore, A. M., Niehm, L., Oh, H. M., Jeong, M. Y., & Hausafus, C. (2007). Experience economy strategies : Adding value to small rural businesses. *Journal of Extension*. Vol. 45 No. 2. Article number 21AW4: 1-13.

Fornell, C., & Larcker, D. (1981). Evaluating structural equation models with unobservable variables and measurement error. *Journal of Marketing Research*. Vol. 18 No. 1: 39-50.

Gibson, S. (2005). The hospitality industry: Hostility and inhospitableness in Britain. Conference Abstracts, Mobilising hospitality: The ethics of social relations in a mobile world. Lancaster University.

Gilmore, J. H., & Pine, B. J. II. (2002). Differentiating hospitality operation via experience: Why selling service is not enough. *Cornell Hotel and Restaurant Administration Quarterly*. Vol. 43 No. 3: 87-96.

Gursoy, D., Chi, C. G., & Dyer, P. (2010). Locals' attitudes toward mass and alternative tourism: The Case of Sunshine Coast, Australia. *Journal of Travel Research*. Vol. 49 No. 3: 381-394.

Gursoy, D., Jurowski, C., & Uysal, M. (2002). Resident attitudes: A structural modeling approach. *Annals of Tourism Research.* Vol. 29 No. 1: 79-105.

Hair, J. F., Black, W. C., Babin, B. J., Anderson, R. E., & Tatham, R. L. (2006). *Multivariate data analysis* (6th ed.). Upper Saddle River. NJ: Prentice Hall.

Ha, J., & Jang, S. (2010). Perceived values, satisfaction, and behavioral intentions: The role of familiarity in Korean restaurant. *International Journal of Hospitality Management.* Vol. 29 No. 1: 2-13.

Han, H. S., & Ryu, K. (2007). Moderating role of personal characteristics in forming restaurant customers' behavioral intentions: An upscale restaurant setting. *Journal of Hospitality and Leisure Marketing.* Vol. 15 No. 4: 25-54.

Hosany, S., & Witham, M. (2010). Dimensions of cruisers' experiences, satisfaction, and intention to recommend. *Journal of Travel Research.* Vol. 49 No. 3: 351-364.

Jeong, S. W., Fiore, A. M., Niehm, L. S., & Lorenz, F. O. (2009). The role of experiential value in online shopping: The impacts of product presentation on consumer responses towards an apparel web site. *Internet Research.* Vol. 19 No. 1: 105-124.

Jones, M. A., Reynolds, K. E., & Arnold, M. J. (2006). Hedonic and utilitarian shopping value: Investigating differential effects on retail outcomes. *Journal of Business Research.* Vol. 59 No. 9: 974-981.

Jurowski, C. (2009). An examination of the four realms of tourism experience theory. International CHRIE Conference-Refereed Track. Paper 23 (July 29, 2009). http://scholarworks.umass.edu/refereed/Sessions/Wednesday/23

Ko, D. W., & Stewart, W. P. (2002). A structural equation model of residents' attitudes for tourism development. *Tourism Management.* Vol. 23 No. 5: 521-530.

Lee, C. K., Bendle, L. J., Yoon, Y. S., & Kim, M. J. (2011). Thanatourism or peace tourism: Perceived value at a North Korean resort from an indigenous perspective. *International Journal of Tourism Research.* Published online in Wiley Online Library (wileyonlinelibrary.com) DOI: 10.1002/jtr.836.

Lee, C. K., Kang, S. K., Long, P., & Reisinger, Y. (2010). Residents' perceptions of casino impacts: A comparative study. *Tourism Management.* Vol. 31 No. 2: 189-201.

Lin, K. M., Chang, C. M., Lin, Z. P., Tseng, M. L., & Lan, M. L. (2009). Application of experiential marketing strategy to identify factors affecting guests' leisure behaviour in Taiwan hot-spring hotel. *WSEAS Transactions on Business and Economics.* Vol. 5 No. 6: 229-240.

Milman, A. (2001). The future of the theme park and attraction industry: A management perspective. *Journal of Travel Research.* Vol. 40 No. 2: 139-147.

Nunnally, J. C., & Bernstein, I. H. (1994). *Psychometric theory* (3rd ed.). New York: McGraw-Hill.

Oh, H., Fiore, A. M., & Jeoung, M. (2007). Measuring experience economy concepts: Tourism applications. *Journal of Travel Research.* Vol. 46 No. 2: 119–132.

Oliver, R. L. (1980). A cognitive model of the antecedent and consequences of satisfaction decisions. *Journal of Marketing Research.* Vol. 17 No. 4: 460–469.

Pine, B. J. II, & Gilmore, J. H. (1998). Welcome to the experience economy. *Harvard Business Review.* Vol. 76 No. 4: 97–105.

________ (1999). *Experience economy: Work is theater and every business a stage.* Boston, MA: Harvard Business School Press.

Ryu, K., Han, H., & Jang, S. (2010). Relationships among hedonic and utilitarian values, satisfaction and behavioral intentions in the fast-casual restaurant industry. *International Journal of Contemporary Hospitality Management.* Vol 22 No. 3: 416–432.

Sobel, M. E. (1982). Asymptotic confidence intervals for indirect effects in structural equation models. In Leinhardt, S. (Eds.). *Sociological Methodology* (Vol. 13: 290–312), Washington DC: American Sociological Association.

Steenkamp, J., & Trijp, H. (1991). The use of LISREL in validating marketing constructs. *International Journal of Research in Marketing.* Vol. 8 No. 4: 283–299.

UNFPA (2010). *State of world population 2010: From conflict and crisis to renewal-generations of change.* NY: United Nations Population Fund.

Wu, C. H. J., & Liang, R, D. (2011). The relationship between white-water rafting experience formation and customer reaction: A flow theory perspective. *Tourism Management.* Vol. 32 No. 2: 317–325.

제2절 감성적 상호작용성과 만족도 행동의도

1 감성적 상호작용성

국내에 축제가 난립하여 제 역할을 다하지 못하는 축제가 양산되는 가운데 기존 축제를 활성화시키는 데 큰 관심을 두는 새로운 국면을 맞고 있다. 비슷한 주제, 개최시기의 편중현상, 독창성 부족 등 축제의 질적 발전에 문제가 발생하여, 정작 성공적이라고 부를 수 있는 축제는 소수에 국한되고 있는 실정인 것이다(박재관 · 조태영 · 이준엽, 2011). 지역의 무분별한 과당경쟁 상황에 놓인 지역축제에게 요구되는 것은 바로 차별화된 마케팅 전략 수립인데 지역축제가 국내외 관광객을 유치하고, 아울러 재방문객을 확보하기 위해서는 무엇보다도 감성 체험을 통해 즐거움을 극대화시키는 것이 중요한 과제라고 할 수 있다(이태희, 2011).

이 때문에 많은 지역축제 관계자들은 관광객들의 집객을 위해 축제 내 다양한 체험 프로그램 구성(input)에 주목하고 있다. 여기서 말하는 감성 체험은 사람마다 상이하게 경험하게 되고, 스스로 생성되는 것이 아닌 유도되는 것이기 때문에 고객 경험을 유발하기 위한 자극 제공이 필요하다(송경숙 · 박계영, 2009). 즉 축제 내 다양한 프로그램의 제공을 통해 축제가 방문객과 소통할 수 있는지를 의미하는 것으로, 이를 본 연구에서는 상호작용성(interactivity)이라는 개념으로 접근하였다.

상호작용성이란 인간에게 주어진 특정 환경에서 대상 간 모든 상호 행위를 의미하는 개념으로(Lombard & Snyder-Duch, 2001), 크게 상호작용성의 존재는 사용자-사용자, 사용자-콘텐츠, 사용자-미디어, 미디어-미디어 등 네 가지 정도로 언급된다(McMillan, 2002). 이에 상호작용성과 관련된 연구는 주로 인터넷과 뉴미디어 등의 분야에서 매체 특성의 기계적 관점에 주목하여 연구가 진행되어 왔으며(Novak, Hoffman, & Yung, 2000; Lombard & Snyder-Dutch, 2001), 상호작용성을 만족도에 중요한 영향을 미치는 요소로 언급하고 있다(Davis & Sajtos, 2008).

하지만 상호작용성을 단순히 매체 특성으로 국한하여 이해하는 것보다는 고객과의 장기적 감성관계 형성에 중요한 전략적 수단으로 살펴볼 필요성이 제기되면서(Rayport &

Jaworski, 2005), 다양한 분야 및 대상 간 상호작용성의 효과 및 영향력을 파악하려는 시도가 이어지고 있으며, 이는 관광 분야 역시 예외가 아니다.

가령 템플스테이 체험 효과의 원인 변인으로 상호작용성을 주목한 윤설민 · 정희진(2012)은 관광객의 경험을 유발시키는 구성개념으로 상호작용성과 즐거움을 사용하여 만족도 및 행동의도와의 영향관계를 살펴본 바 있으며, 뮤지컬 관람객과 무형적 요소 간 상호작용성을 중심으로 관람객의 플로우 경험을 구조적으로 검증한 지주은 · 김소영(2009)의 연구, 그리고 프로야구 관람객과 무형적 요소 간 상호작용성의 중요성을 언급한 김종백 · 하제현 · 김석주(2010)의 연구 등이 상호작용성의 대상으로 무형적 부분을 고려하였다. 즉 상호작용성의 개념은 주로 매체(컴퓨터)–사용자 간 연결 관점에서 연구되어 왔지만, 유 · 무형의 요소가 복합적으로 구성된 관광과 같은 환경에서의 특징을 고려한 관점에서 연구될 필요가 있음을 의미한다. 따라서 축제에서 제공되는 체험 프로그램과 관광객 간 상호작용성의 관계를 살펴보는 것은 방문객의 만족도 및 행동의도와의 선순환 고리를 이어주는 원인이 된다는 점에서 중요할 것이다. 이처럼 축제와 같은 무형적 대상의 프로그램을 통한 체험과 관광객 간 상호작용성을 파악하는 것은 축제 운영상 중요한 문제임에도 불구하고 이에 대한 관광분야의 검증 노력은 부족하였다.

분명 고객과의 상호작용을 도모하지 못한다면 관계 형성은 불가능할 것이고(최용길 · 최동춘 · 이성수, 2007), 지속적인 축제 발전을 도모하는 데 어려움을 겪게 될 것이다. 아울러 지속적 축제 발전을 모색하기 위해서는 무엇보다 축제를 방문하는 관광객의 방문의도가 어떻게 형성되는지를 과정적으로 이해할 필요가 있다(송학준 · 이충기 · 부숙진, 2011)는 점에서 본 연구는 겨울철 대표적 체험형 축제인 화천산천어축제를 방문한 관광객을 대상으로 축제 프로그램을 통한 관광객과 축제의 상호작용성이 지속적 축제 개최에서의 관광객 행동 반응에 어떠한 영향을 미치는지를 살펴보고자 실시되었다. 구체적으로 축제 내 프로그램의 체험을 통해 축제가 제공하는 프로그램과 관광객 간 상호작용성을 중심으로 즐거움, 만족도, 그리고 행동의도 간 영향관계가 어떻게 성립되는지를 검증하여 축제 내 프로그램 구성에서의 체험에 대한 발전 방안을 전략적으로 모색해 보고자 했다.

2 상호작용성 선행연구

1. 상호작용성

상호작용성이란 개인과 특정 사물 또는 특정 상황과 연관된 개체 간 유기적인 커뮤니케이션 정도를 의미하는 개념으로서(Hoffman & Novak, 1996), 소비자들이 서로의 정보, 생각, 경험 등을 교류할 수 있게 하는 역할을 한다(Liang & Lai, 2002).

즉 인간에게 주어진 환경 속에서 인간 대 인간, 인간 대 사물 간에 주고받는 모든 행위를 상호작용이라고 하며(Lombard & Snyder-Duch, 2001), 인터넷 마케팅 커뮤니케이션 관점에서 정의되고 있지만, 그 개념이 너무 범용적이고, 또한 명확하지 않다(박영아, 2009). 따라서 어느 수준에서의 상호작용성을 말하는지, 또 어떤 대상 간 상호작용성을 논의하는지 불분명하다고 할 수 있다(Kim & McMillan, 2008). 그러다 보니 유·무형의 상품이 복합적으로 묶여진 관광 현상에 대한 상호작용성 연구보다는 대인적 요소와 기계적 요소로 구성된 컴퓨터 및 인터넷 환경에서의 상호작용성 연구가 활발하게 진행되어 왔다.

인터넷의 경우 사용자가 거리와 시간에 구애받지 않고 상호 의사소통 관계를 형성할 수 있기에 상호작용성은 인터넷의 고유한 성격(Churchill, Girgensohn, Nelson, & Lee, 2004)으로서 연구의 대상이 되어 왔고, 연구결과에 따르면 정보시스템을 사용하는 사람의 지각된 상호작용성은 사용자의 태도에 긍정적인 영향을 미치는 것으로 나타났다(Johnson, Bruner, & Kumar, 2006). 예를 들면, 플로우의 개념적 모델을 제시한 Hoffman과 Novak(1996)의 연구에서는 상호작용성을 텔레프레전스(telepresence)와 함께 플로우 경험을 유발하는 2차 선행변인으로 제시하였고, 이후 Novak, Hoffman과 Yung(1998)은 상호작용성을 웹 매체의 고유한 내용 특성이라고 언급하면서, 상호작용성이 플로우 상태의 주관적인 강도를 강화시키는 역할을 한다고 제시하였다. 한편 e-learning 시스템에서 학생들의 사용을 플로우 이론과 기술수용모델(TAM: Technology Acceptance Model)을 토대로 검증한 Davis와 Wong(2007)은 플로우 경험구조를 설명하기 위해 e-learnig 시스템의 상호작용적인 속도에 주목하였다. 이처럼 상호작용성은 고객관계를 구축함에 있어서 마케팅 성공의 핵심요소로 주목받아 왔다(Bezjian-Avery, Calder, & Iacobucci, 1998).

하지만 상호작용성은 고객과의 관계 형성의 토대가 되며, 상호작용성 없이 고객과의 원활한 관계를 형성한다는 것은 불가능하다(Sheth & Parvatiyar, 1995). 인터넷이라는 매체와 사용자 간 관계(즉 매체-사람)에서만 상호작용성이 일어나는 것은 아니다. 고객은 서비스를 이용하는 사람이면서 회사의 파트너라고 할 수 있기 때문에(Chen, Huang, & Chou, 2008) 고객에게 어떠한 서비스를 제공해서 기업 또는 서비스에 대해 긍정적인 상호관계를 형성시키는 것이 중요하다.

예를 들면 관광객-프로그램 간 상호작용성을 살펴본 윤설민 · 정희진(2012)의 연구, 뮤지컬 관람객-관람객, 관람객-콘텐츠 간 상호작용성을 살펴본 지주은 · 김소영(2009)의 연구, 호텔 고객-종업원 간 상호작용성을 살펴본 김정승(2003)의 연구, 그리고 프로야구 관람자-무형적 요소(예 응원팀, 선수, 다른 관람자) 간 공감대 및 유대감 형성의 주요요인으로서 상호작용성을 살펴본 김종백 등(2010)의 연구를 보더라도 인터넷과 같은 매체와 사람 간 관계에서만 상호작용성이 형성되는 것은 아니라는 것을 확인할 수 있다.

즉 유형(예 매체) 간, 또는 무형(예 사람) 간 상호작용성이 형성될 수도 있고, 유 · 무형이 결합되어 상호작용성이 발생할 수도 있기 때문에 특정 대상 간 상호작용성만을 논의한다는 것은 바람직하지 않음을 알 수 있다. 따라서 활동형 프로그램이 많이 구축된 축제의 경우에도 축제에서 제공되는 프로그램과 관광객 간 상호작용성이 형성되어 관광객들의 태도 변화에 중요하게 작용할 것이다. 활동형 축제들은 참가자들이 능동적으로 참여할 수 있게끔 프로그램을 구성하기 때문에 프로그램의 다양성이나 체험을 위한 회전율은 중요한 부분으로 작용한다. 이에 축제 개최 환경에서의 프로그램 제공을 통한 관광객과의 상호작용성을 파악하고, 축제에서의 상호작용성이 방문객 태도에 어떠한 영향을 미치는지 파악하는 것은 축제 프로그램 구성 및 운영에 중요할 것이다.

한편 Steur(1992)는 미디어 영역에서 상호작용성에 영향을 미치는 요소로 속도(speed), 범위(range), 조작반응(mapping)을 언급하였다. 여기서 말하는 속도는 반응까지 걸리는 시간을 의미하고, 범위는 사용자의 조작 · 변형할 수 있는 커뮤니케이션 미디어의 수 내지는 정도를 말한다. 조작반응은 사용자 행동이 커뮤니케이션 미디어 환경에서 그대로 적용되는 정도라고 할 수 있다.

이 연구에서는 축제 상황에서의 상호작용성으로 속도, 범위, 그리고 조작반응을 적용 · 변형하였다. 예를 들면 축제 프로그램 참여에 대한 대기시간이나 축제 내 체험을 하는 시간 동안의 느리고 지루한 느낌 등은 속도 및 조작반응과 관련된 상호작용성을 말하고, 반면에 축제 체험을 위한 다양한 프로그램이나 축제 환경이 다루고 있는 영역 등은 범위와 관련된 상호작용성이라고 할 수 있겠다.

2. 상호작용성, 즐거움, 만족도, 그리고 행동의도 간 영향관계

축제 체험을 통한 축제와 관광객 간 상호작용성과 즐거움 이외에 만족도 및 행동의도와의 영향관계를 살펴보면 다음과 같다. 공통적으로 즐거움과 만족도에 영향을 미칠 것으로 판단되는 상호작용성은 주로 인터넷과 관련된 연구에서 많이 이루어진 것이 특징이다(예 Chung & Tan, 2004; Hoque & Lohse, 1999; Novak et al., 1998).

하지만 주어진 환경 속에서 특정 사물 또는 사람들 간 관계를 통해 상호작용성은 형성된다(Lombard & Snyder-Dutch, 2001). 즉 인터넷이라는 환경이 사람-사람, 사람-기계 간 상호작용성이 잘 발생하기 때문에 주로 인터넷 분야에서 연구되어 왔지만, 유·무형의 대상들이 공존하는 관광분야 역시 사람-사람, 사람-대상 간 상호작용성이 발생할 수 있음을 알 수 있다.

사람들은 사물-사물, 사물-사람, 사람-사람 등에서 행해지는 여러 관계 속에서 상호작용성을 경험하게 되고, 이는 사람들의 즐거움이나 호기심을 유발하게 만들어 결국 긍정적 감정을 형성토록 만든다는 것이다(Novak et al., 2000). 이러한 관점에서 무형적인 대상과 유형적인 대상 간 상호작용을 통해 즐거움이라는 감정적 반응이 발생한다는 것을 감안해 선행연구들을 바탕으로 연구가설을 제시하면 다음과 같다.

연구가설 1(H_1): 축제 프로그램과 관광객 간 상호작용성은 즐거움에 정(+)의 영향을 미칠 것이다.

많은 선행연구에서 상호작용성은 만족도에 영향을 미치는 구성개념으로 접근하고 있다. 즉 사용 환경(예 사람-사람, 사람-기계)에서의 높은 상호작용성은 만족과 같은 성과를 이루는 데 중요함을 의미한다. 구체적으로 김정승(2003)은 호텔의 관계마케팅 관점에서 고객-종업원 간 상호작용이 신뢰나 만족감에 영향을 미친다고 언급하였다.

윤설민·정희진(2012)은 템플스테이 내 체험형 콘텐츠는 방문객들과 긍정적 커뮤니케이션 작용을 할 수 있게 만들며, 이는 즐거움뿐만 아니라 만족과 같은 감정 변화에 크게 영향을 미친다고 제시한 바 있다. 따라서 상호작용성은 어떤 활동에 깊게 몰두하게 만드는 최적 경험인 플로우 현상을 활성화시키는 데 있어서 중요한 역할을 수행한다(Hoffman & Novak, 1996). 다만 상호작용성을 적용한 환경은 연구자들마다 다소 상이하나 공통적으로 사용 환경(예 웹 사이트–사람, 사람–사람)에서의 상호작용성이 만족도를 향상시키는 요소임을 알 수 있다. 또한 상호작용성의 시간이 짧든 길든 간에 분명 긍정적 소비 행동을 도모하는 것은 사실이다(Schlosser, 2000). 이에 다음과 같은 연구가설을 제시해 보고자 한다.

연구가설 2(H_2): 축제 프로그램과 관광객 간 상호작용성은 만족도에 정(+)의 영향을 미칠 것이다.

즐거움과 만족도의 관계를 살펴보면, Ahn, Ryu와 Han(2007)은 구매에 따른 고객만족은 외적 보상 내지는 구매 상품 및 서비스 자체에서만 발생하는 것이 아니라 개인적·감정적 감정인 즐거움에서도 온다고 제시하였고, 윤설민·이태희(2012)는 테마파크(Bigné, Andreu, & Gnoth, 2005)와 쇼핑(Yüksel & Yüksel, 2007) 같은 유희적 영역에서의 방문객 즐거움은 만족도 극대화에 무엇보다 중요한 요소라고 언급한 바 있다. 이처럼 즐거움은 개인이나 대상에 따라 다소 상이하게 발생하겠지만, 공통적으로 감정적 경험은 만족의 형성과정이나 반응에 지대한 역할을 하는 것을 알 수 있다(Babin & Darden, 1996). 따라서 즐거움과 만족도 간 영향관계를 제시한 선행연구들을 토대로 다음과 같은 연구가설을 제시하였다.

연구가설 3(H_3): 축제에서의 즐거움은 방문객 만족도에 정(+)의 영향을 미칠 것이다.

다음은 만족도와 행동의도 간 긍정적 영향관계로서, 고객만족이 재구매나 재방문을 하게 만들고, 자신이 경험한 것에 대해 타인에게 긍정적 피드백을 제공하게 만든다는 것을 살펴볼 수 있다(Gibson, 2005). 이에 많은 관광/환대산업 분야의 연구에서 만족도는 행동의도(예 재방문/재구매, 추천, 긍정적 구전)를 이끌어낸다고 밝히고 있다(Chen & Tsai, 2008). 가령 김홍렬·이광옥(2012)의 연구를 보더라도 축제 구성 환경이나 체험은 만족도를 도모하고, 이렇게 형성된 만족도는 방문객의 행동의도를 이끌게 된다고 제시한 바 있다. 이처럼 만족도와 관련된 문헌은 행동의도를 예측하는 데 있어서 만족도의 역할을 지지하고 있기에(Bigné et al., 2005) 아래와 같은 연구가설을 제시해 보고자 한다.

연구가설 4(H_4): 축제 방문객의 만족도는 행동의도에 정(+)의 영향을 미칠 것이다.

마지막으로 즐거움과 행동의도 간 영향관계를 긍정적으로 규명한 연구들을 살펴보면, 먼저 Bigné와 Andreu(2004)는 관광레저 및 서비스 분야의 소비자들이 느끼는 감정 중 즐거움은 만족도 수준을 높이고, 이어서 긍정적 행동의도에 영향을 미친다고 언급하였으며, 김지희 · 김화진 · 한진수(2010)는 호텔패키지 상품이 주는 즐거움은 행동의도에 긍정적 영향을 미친다고 제시하였다. 기타 윤설민 · 정희진(2012)의 연구에서도 제품 또는 서비스, 그리고 소비행동에 있어서의 소비자의 평가 및 감정적 반응은 재방문이나 추천과 같은 미래행동 계획 형성에 중요하다고 언급하였다. 또한 김홍렬 · 이태희 · 윤설민(2010)은 테마파크 방문의사에 대한 모델의 단계별 영향력 검증을 위해 추가적 역할 변수로 즐거움을 주목하였고, 즐거움이 테마파크에 대한 행동의도에 긍정적 영향을 미쳤음을 밝혀냈다. 이처럼 즐거움과 행동의도 간 영향관계를 살펴본 여러 선행연구들은 두 구성개념 간 긍정적인 관계를 규명하였고, 이에 다음과 같은 연구가설을 검증해 보고자 한다.

연구가설 5(H_5): 축제에서의 즐거움은 행동의도에 정(+)의 영향을 미칠 것이다.

3 영향관계의 분석

1. 연구모형 설정

이 연구는 체험형 축제를 방문한 관광객을 대상으로 축제에서의 체험에 대한 즐거움을 상호작용성, 만족도, 행동의도와의 개념 간 영향관계를 통해 살펴보았다. 구체적으로 축제는 개인이 직접적으로 참여하여 긍정적인 감정을 얻는 능동적 참여의 대상이지만, 그러한 참여를 위해서는 축제 무대를 이루는 환경적인 부분이 중요하다.

감정적인 변수인 즐거움과 만족도의 선행조건으로 본 연구에서는 상호작용성을 살펴보았다. 즉 긍정적인 상호작용성이 실제 체험형 축제에서 방문객의 즐거움과 만족도에 긍정적인 영향을 미치고, 이는 곧 향후 축제 개최에 대한 직접적인 관광객의 반응으로 이어질 것이라는 것이 본 연구의 흐름으로서, 〈그림 1〉과 같은 연구모형을 제시할 수 있겠다.

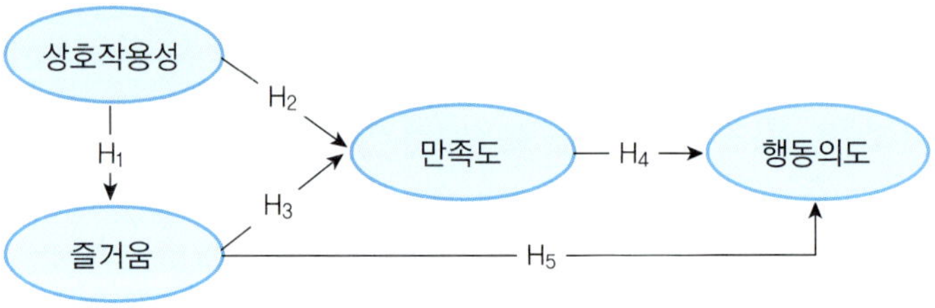

〈그림 1〉 연구모형

2. 측정항목 도출

먼저 상호작용성은 '축제 내 체험을 위해 관광객이 반응하는 정도'라고 정의하고, 인터넷 관련 선행연구(두정완, 2003; 유철우 · 최영찬, 2009; 최환진, 2000; Ahn et al., 2007; Davis & Wong, 2007; Ding, Hu, Verma, & Wardell, 2010; Novak et al., 1998)의 문항들(예 나의 행동과 컴퓨터의 반응 간 대기시간이 적다, 인터넷 웹과의 상호작용은 느리고 지루하다, 쇼핑몰 사이트가 나의 요구에 빠르게 대응한다, 이 사이트에서 조작할 수 있는 범위는 협소하다, 이 사이트에는 내가 할 수 있는 많은 다양한 행동들이 있다 등)을 1차적으로 도출한 후 상호작용성의 3요소(Steur, 1992)인 속도, 범위, 조작반응을 고려하여 축제에서의 상호작용성을 의미하도록 문장을 수정하였다.

축제 관계자 및 전문 교수진에 의뢰하여 측정항목을 축제 내 프로그램이 관광객과 상호작용하는 내용으로 수정 · 보완하여 4개 문항으로 구성(예 속도–축제 내 체험을 위한 대기시간, 범위–축제 내 체험 범위, 많은 체험가능 프로그램, 조작반응–체험 동안의 지루한 느낌)하였다.

즐거움은 '축제 체험을 통해 느끼는 전반적인 즐거운 마음 상태'로 정의하고, 상호작용성과 마찬가지로 인터넷 관련 선행연구(Davis & Wong, 2007; Novak et al., 2000)의 문항들(예 제품 또는 웹 사이트를 사용할 때 독창적임을 느낌, 상상력이 풍부하다고 느낌, 창의력이 풍부하다고 느낌, 유연하다고 느낌 등)을 1차적으로 도출한 후 축제 프로그램에 대한 즐거움을 의미하도록 수정하였다.

상호작용성과 동일하게 전문가들에게 의뢰하여 축제 환경에서의 즐거움과 관련한 측정항목으로 수정·보완 후 4개 항목을 도출하여 사용하였다. 만족도는 '축제 체험을 통해 느낀 총체적 만족의 상태'라고 정의하고, 기존 선행연구(Lee, Yoon, & Lee, 2007; Lee, Lee, Lee, & Babin, 2008)를 토대로 5개 항목으로 구성하였고, 행동의도는 '축제 체험 후 느끼는 향후 능동적 행동 의사'라고 정의하고, 이충기·김홍미·안대희(2008), Lee et al.(2007), Zeithaml, Berry와 Parasuraman(1996)의 연구를 참고하여 5개 항목을 도출하였다. 이렇게 구성된 측정항목들은 Likert 5점 척도(1 = 전혀 그렇지 않다, 3 = 보통, 5 = 매우 그렇다)로 측정하였다. 기타 응답자의 인구통계학적 특성 관련 변수들은 성별, 연령, 결혼여부, 직업 등 4개 항목을 사용하였고, 이는 명목척도로 측정하였다.

3. 자료수집 및 분석방법

설문조사는 체험형 축제에 해당하는 화천산천어축제를 방문한 20대 이상의 성인남녀를 대상으로 2012년 1월 7일~8일까지 1박 2일 동안 대인면접법에 의해 진행되었다. 화천산천어축제 내 주요 체험 행사장(예 스노우펀파크, 산천어맨손잡기, 아이스펀파크, 얼음썰매광장, 낚시터 등)은 공간적으로 밀집되어 있지 않아 6명의 대학생과 3명의 대학원생이 조사원으로 선발되어 각각 구역을 분담하여 설문조사를 진행하였다. 조사원들의 경우 설문조사 전에 본 연구의 목적·방법·내용 등을 충분히 숙지시킨 후 현장에 투입하였다. 조사방법은 편의표본추출법을 사용하였고, 작성방법은 자기기입식과 개별면접방식을 병행하여 진행하였다. 이러한 과정을 거쳐 총 400부의 설문지를 배포하였고, 이 중 350부의 설문지를 회수하였으며, 이후 불성실한 응답자의 설문지, 그리고 구성개념별 정규성 및 구성개념 간 이상값을 보인 설문지를 제외하고, 최종적으로 300부의 유효표본을 가지고 다음과 같은 실증분석을 실시하였다.

첫째, 응답자의 기본적인 정보를 파악하기 위해 빈도분석을 실시하였다. 둘째, 구성개념에 대한 이론모델의 타당성 및 내적 일관성을 검증하고자 확인적 요인분석과 신뢰도

분석(Cronbach's α 계수 활용)을 실시하였다. 셋째, 구성개념 간 영향관계를 검증하기 위해 공분산구조분석을 실시하였다. 아울러 즐거움과 만족도의 매개효과 검증을 위해 Sobel (1982)의 Z검증을 추가적으로 실시하였다.

4 상호작용성 분석결과

1. 응답자의 기본적 특성

먼저 300명의 유효표본에 대한 기본적인 특성을 살펴보면, 성별은 여성이 58.7%(176명)로 남성의 41.3%(124명)보다 더 조사되었고, 연령은 20대(43.0%), 30대(34.3%), 40대(21.0%) 순으로 분포되었다. 한편 결혼여부에서는 미혼이 161명(53.7%)으로 기혼의 139명(46.3%)보다 조금 더 많았고, 직업은 전문직/사무직이 101명(33.7%)으로 가장 많은 가운데 다음으로 학생(52명, 17.3%), 주부(48명, 16.0%) 순으로 나타났다.

표 1 유효표본에 대한 빈도분석 결과

구분		n(명)	%(비율)	구분		n(명)	%(비율)
성별	남성	124	41.3	직업	전문직/사무직	101	33.7
	여성	176	58.7		서비스직	30	10.0
연령	20대	129	43.0		학생	52	17.3
	30대	103	34.3		공무원/교직원	23	7.7
	40대	63	21.0		자영업	11	3.7
	50대 이상	5	1.7		주부	48	16.0
결혼여부	미혼	161	53.7		생산/기술직	16	5.3
	기혼	139	46.3		기타	19	6.3

2. 측정모형의 요인구조, 신뢰성 및 타당성 분석

이론모델에 대한 집중타당성을 파악하기 위해 확인적 요인분석을 실시한 결과, 먼저 전반적인 모형적합도는 x^2 = 198.917(p＜.001), Q값(x^2/df) = 1.931, GFI = .930, NFI = .960,

CFI = .980, RMR = .028로 대부분 권장할 만한 기준치를 충족시키는 것으로 나타나 측정모형이 본 자료에 잘 부합되고 있음을 알 수 있다. 이후 집중타당성을 살펴본 기준은 표준화계수, 다중상관자승치(SMC: R^2), 구성개념신뢰도(CCR), 평균분산추출값(AVE)에 의해 수행되었는데, 먼저 모든 측정항목들의 표준화계수가 $p < .001$ 수준에 통계적으로 유의하고, 표준화계수 또한 .5를 상회하는 것으로 나타났다.

또한 다중상관자승치는 상호작용성의 첫 번째 변수(축제 내 나의 활동에 대한 대기시간 거의 없음)만이 .4를 상회하지 못해 측정모형의 설명력을 저해한다고 볼 수 있어 삭제를 하였고, 나머지 측정항목들은 .4 이상으로 나타났다. 즉 상호작용성의 첫 번째 변수를

표 2 측정모형에 대한 확인적 요인분석과 모형적합도 분석

요인 (α 계수)	변수명	표준화 계수	C.R값	R^2	CCR (AVE)
상호 작용성 (α = .842)	축제 내 체험을 위해 대기하는 시간은 거의 없음	삭제			.852 (.658)
	프로그램 체험 동안 느리고 지루한 느낌이 들지 않음	.736	13.058	.542	
	축제에서 다루어질 수 있는 체험 범위는 넓음	.882	15.361	.778	
	언제라도 체험이 가능한 많은 프로그램이 있음	.823	–	.677	
즐거움 (α = .916)	축제가 독창적이라고 느낌	.832	16.249	.693	.934 (.780)
	축제가 상상력이 풍부하다고 느낌	.910	18.325	.829	
	축제가 창의력이 풍부하다고 느낌	.901	18.084	.812	
	축제가 나긋나긋하다(유연함)고 느낌	.793	–	.628	
만족도 (α = .952)	축제 방문에 대한 나의 결정에 만족함	.880	21.023	.774	.964 (.842)
	이번 축제 방문은 사전 기대에 비해 만족함	.911	23.789	.830	
	투자시간-노력에 비해 축제 방문에 대해 만족함	.908	23.730	.825	
	이번 축제 방문에 대한 나의 느낌은 좋음	.900	27.834	.809	
	이번 축제 방문은 전반적으로 만족스러움	.888	–	.789	
행동의도 (α = .933)	다음에도 방문할 것임	.876	18.951	.767	.945 (.774)
	여러 축제가 동시에 열릴 경우 우선 방문할 것임	.829	16.836	.687	
	축제에서의 경험을 오랫동안 간직할 것임	.845	18.226	.715	
	주변 사람들에게 축제 방문을 추천할 것임	.876	24.585	.767	
	주변 사람들에게 긍정적으로 말할 것임	.846	–	.716	
Q(x^2 = 198.917/103) = 1.931, $p < .001$, GFI = .930, NFI = .960, CFI = .980, RMR = .028					

포함했을 때의 모형적합도를 보면 x^2 = 264.028(p＜.001), Q값(x^2/df) = 2.219, GFI = .914, NFI = .950, CFI = .972, RMR = .045로 삭제 후 모형적합도가 더 좋아졌기에 상호작용성의 4개 항목 중 1개 항목을 삭제한 후 측정모형에 대한 확인적 요인분석을 실시한 것은 타당함을 알 수 있다. 그리고 본 연구에 적용된 CCR값은 .852～.964, AVE값은 .658～.842로 수용수준인 .7과 .5 이상임을 알 수 있다. 한편 모든 구성개념의 신뢰계수(Cronbach's α 계수) 역시 .7 이상으로 비교적 높은 내적 일관성을 확보하고 있음을 확인할 수 있다. 이러한 결과를 토대로 선행연구를 토대로 추출한 측정변수들이 이론변수를 지지하고 있고, 요인구조가 타당함을 알 수 있다.

3. 구성개념 간 판별타당성 검증

먼저 가장 엄격한 방법으로 알려져 있는 각 구성개념의 AVE값이 모든 구성개념의 상관자승치를 상회하는지를 비교하였는데, 본 연구에서는 모든 구성개념의 AVE값(.658～.842)이 상관자승치(.343～.635)를 상회하는 것을 알 수 있다. 두 번째로 구성개념 간 상관계수의 신뢰구간을 비교하는 방법으로서, 구성개념 간 상관계수의 신뢰구간에 대한 공식[$\Phi \pm (2 \times S.E)$]에 따라 도출된 값이 완전한 상관계수(Φ = 1.0)를 포함하는지 여부를 판단하였다. $\Phi - (2 \times B)$의 최대값은 .762, $\Phi + (2 \times B)$의 최대값은 .946으로 1을 포함하지 않고 있기에 판별타당성 확보의 기준을 충족한다(Anderson & Gerbing, 1988). 마지막으로 구성개념 간 상관계수가 가장 높은 만족도와 행동의도(r = .797) 간 제약모델과 비제약모델 간 x^2 차이분석 결과를 비교하는 방법으로서, 두 모델 간 유의한 차이가 있으면 판별타당성을 충족하는 것으로 판단할 수 있다(Steenkamp & van Trijp, 1991). 본 연구에서는 만족도와 행동의도 간 제약모델과 비제약모델 간 차이($\triangle x^2$ = 57.903, $\triangle$df = 1)가 유의한 것으로 나타났다. 이러한 검증결과를 토대로 연구 구성개념들 간에 판별타당성이 확보되어 있음을 알 수 있다.

표 3 구성개념 간 상관관계 행렬 및 판별타당성 검증

구성개념	M(S.D)	상호작용성	즐거움	만족도	행동의도
상호작용성	3.94(.816)	(.658)	.372[a]	.406	.343
즐거움	3.72(.883)	.610**	(.780)	.468	.460
만족도	3.60(.770)	.637**	.684**	(.842)	.635
행동의도	3.11(.883)	.586**	.678**	.797**	(.774)

주) *p＜.05, **p＜.01, (　): AVE값

4. 구성개념 간 영향관계 검증

다음으로 이론적 모델의 인과관계를 파악하기 위해 공분산구조분석을 실시하였다. 우선 인과관계 모델이 적합한지를 파악해 보았는데, x^2값(200.274)이 통계적으로 유의한 것(p＜.001)으로 보아 모형이 적합하다는 귀무가설을 기각하지만, 이는 표본수가 클수록 모델이 적합함에도 불구하고 통계적으로 유의하게 도출되기 때문에 다른 적합도 지수들을 함께 고려할 필요가 있다. 즉 Q값은 1.926, GFI는 .930, NFI는 .960, CFI는 .980, RMR은 .028로 나타나 이론적 모델에서 제시한 적합성은 우수한 편이라고 할 수 있겠다.

구체적으로 인과관계에 관한 분석결과를 토대로 가설을 검증하면, 모든 구성개념 간 영향관계는 통계적으로 유의한 것으로 나타나 연구가설(H_1~H_5)은 모두 채택되었다. 먼저 상호작용성은 즐거움에 정(+)의 영향을 미치고 있고, 그 설명력은 47.4%로 나타났다. 또한 상호작용성은 즐거움과 함께 만족도에 긍정적인 영향을 미치는 것을 알 수 있다. 즉 두 구성개념은 만족도를 58.8% 정도 설명하고 있으며, 즐거움(표준화계수=.435)이 상호작용성(표준화계수=.399)보다 만족도를 설명하는 데 더 기여하는 구성개념임을 알 수 있다. 또한 만족도와 즐거움은 행동의도에 정(+)의 영향을 미치고 있고, 그 설명력은 75.5%임을 알 수 있다. 특히 즐거움(표준화계수=.221)보다는 만족도(표준화계수=.698)가 행동의도를 설명하는 데 더 중요한 구성개념으로 나타났다.

표 4 구성개념 간 공분산구조분석의 영향관계 검증결과

가설	가설경로	경로계수	표준화계수	S.E	R^2	C.R값	p값	결과
H_1	상호작용성 → 즐거움	.640	.688	.061	.474	10.450	.000***	채택
H_2	상호작용성 → 만족도	.387	.399	.066	.588	5.859	.000***	채택
H_3	즐거움 → 만족도	.454	.435	.070		6.482	.000***	채택
H_4	만족도 → 행동의도	.657	.698	.058	.755	11.410	.000***	채택
H_5	즐거움 → 행동의도	.217	.221	.054		4.031	.000***	채택
Q(x^2 = 200.274/104) = 1.926, p<.001, GFI = .930, NFI = .960, CFI = .980, RMR = .028								

주) *p<.05, **p<.01, ***p<.001

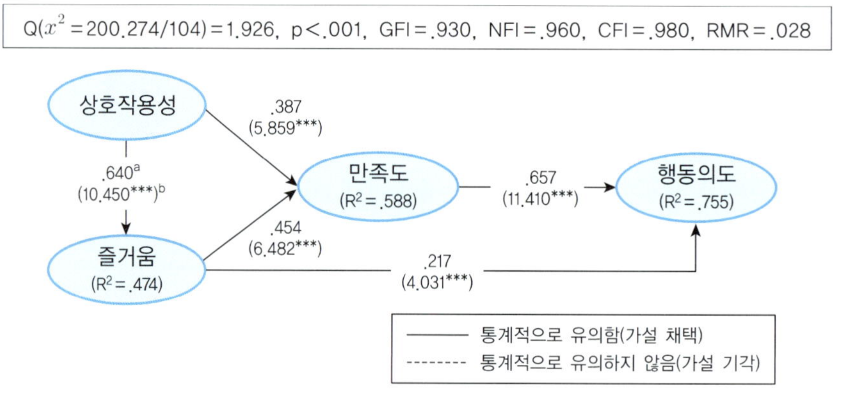

〈그림 2〉 이론적 모델에 의한 연구모형의 추정결과

주) [a] 표준화계수, [b] C.R값, *p<.05, **p<.01, ***p<.001

5. 매개효과 검증

다음으로 연구가설에 의해 설정한 방향성을 토대로 매개효과를 검증하였다. 본 연구에서 구성개념 간 부분매개효과가 있는지 완전매개효과가 있는지를 두 모형 간 x^2 차이 검증을 통해 살펴볼 수 있는데, x^2 차이가 통계적으로 유의하다면 귀무가설(부분매개모형과 완전매개모형 간 적합도는 같다)이 기각되어 부분매개모형을 채택하게 된다. 즉 일반적으로 간명한 모델의 채택이 바람직하기 때문에 귀무가설이 채택되면, 경로계수가 작은 완전매개모형을 선택하는 것이 올바르다는 것을 의미한다.

연구모형 그대로 상호작용성 → 만족도 → 행동의도의 관계는 완전매개효과가 되는 것이고, 상호작용성 → 즐거움 → 만족도, 행동의도, 그리고 즐거움 → 만족도 → 행동의도의 관계는 부분매개효과가 성립됨을 알 수 있다. 이러한 매개효과가 실제 통계적으로 유의한지를 Sobel(1982)의 Z검증을 통해 확인하였다. 즉 직접적인 관계의 경로계수 간 곱(a×b)이 간접효과라고 할 수 있는데, 각각 .254(상호작용성 → 만족도 → 행동의도), .291(상호작용성 → 즐거움 → 만족도), .139(상호작용성 → 즐거움 → 행동의도), .298(즐거움 → 만족도 → 행동의도)로 나타났으며, Sobel(1982)의 Z값이 0(a×b ≠ 0)이 아닌 것으로 나타나 매개효과가 있다고 볼 수 있다.

표 5 부분매개모형과 완전매개모형 간 모형적합도 지수 비교 및 매개역할 검증결과

구분	$x^2(\Delta x^2)$
완전매개모형(상호작용성 → 즐거움 → 만족도 / 상호작용성 → 만족도 관계 미설정)	235.227(34.953***)
완전매개모형(즐거움 → 만족도 → 행동의도 / 즐거움 → 행동의도 관계 미설정)	216.628(16.354***)
부분매개모형(상호작용성 → 만족도 → 행동의도 / 상호작용성 → 행동의도 관계 설정)	198.917(1.357)
연구모형	200.274

계수값(a), 표준오차(SE_a)	계수값(b), 표준오차(SE_b)	간접효과(a×b)	Z값	결과
상호작용성 → 만족도 (.387, .066)	만족도 → 행동의도 (.657, .058)	.254	5.207***	완전매개
상호작용성 → 즐거움 (.640, .061)	즐거움 → 만족도 (.454, .070)	.291	5.517***	부분매개
	즐거움 → 행동의도 (.217, .054)	.139	3.753***	부분매개
즐거움 → 만족도 (.454, .070)	만족도 → 행동의도 (.657, .058)	.298	5.628***	부분매개

주) *p＜.05, **p＜.01, ***p＜.001

5 상호작용성과 만족도 관계

이 연구는 즐거움의 선행변인으로 축제 프로그램과 관광객 간 상호작용성, 즐거움의 결과변인으로, 만족도와 행동의도를 적용하여 상호작용성, 즐거움, 만족도, 행동의도 간 영향관계를 살펴보았고, 정량적 통계분석을 통해 다음과 같은 몇몇 시사점을 도출하게 되었다.

첫째, 상호작용성이 즐거움에 영향을 미치는 관계를 제시한 연구가설 1(H_1)은 통계적으로 유의한 것으로 나타났으며, 상호작용성이 만족도에 영향을 미치는 관계를 제시한 연구가설 2(H_2) 또한 통계적으로 유의한 것으로 나타났다. 이는 웹 사이트 관련 선행연구(Davis & Wong, 2007; Novak et al., 2000) 및 관광분야에서 연구된 윤설민 · 정희진(2012)의 결과와 동일하게 도출되었다.

인터넷의 경우 이용자가 인터넷을 수용하기 위해서는 상호작용성과 같은 웹 사이트 특성이 필요하고(Chung & Tan, 2004), 웹 사이트에서 대부분의 소비자들은 긍정적 감정(예 즐거움, 호기심)을 얻기 위해 웹 사이트와 같은 매체에 적극적으로 상호작용을 하게 된다(Hoque & Lohse, 1999). 다만 웹 사이트 관련 선행연구에서의 상호작용성은 주로 사물(예 인터넷)이나 도구와 같은 유형적인 요소가 인간이라는 무형적인 대상과 상호관계를 형성하지만, 관광과 같은 서비스 분야의 경우 무형적 요소 간의 결합이 주를 이루기 때문에 웹 사이트의 상호작용성과는 다소 차이가 있다. 가령 지주은 · 김소영(2009)의 연구를 보면 뮤지컬 관람 시 발생하는 배우, 음악 등의 무형적인 프로그램이 관람객과 상호작용하여 즐거움을 생산한다고 제시하였고, 김종백 등(2010)의 경우에도 프로야구 관람 중 발생하는 다른 사람들(예 선수, 응원단, 관람자)과의 상호작용성이 경기 관람의 재미를 극대화시킨다고 제시하고 있다.

또한 기존 연구에서도 위와 비슷하게 템플스테이 체험을 위해 준비된 프로그램이 방문객과 상호작용을 통해 심리적 최적감을 경험할 수 있도록 유발한다고 제시하고 있다. 즉 뮤지컬 관람, 프로야구 관람, 템플스테이 체험은 모두 다른 대상들이지만 공통적으로 공급자가 제공하는 프로그램의 체험을 통해 소비자들은 이들과 상호작용을 하고 감정적 반응을 한다는 것이다. 따라서 축제 환경에서도 프로그램 운영이라는 무형성이 강조되기 때문에 축제 프로그램과 관광객 간 상호작용성이 원활하게 발생할 수 있도록 관리하는 방안이 강구되어야 한다. 특히 산천어축제의 경우 환경 및 개최시기로 인해 프로그램 공급이 원활하게 이루어지지 않는다면 관광객의 심리적 반응은 부정적으로 나타날 수밖에 없을 것이다.

따라서 인기 있는 프로그램을 분산시켜 관광객의 동선을 겹치지 않게 하는 것이 중요하며, 아울러 프로그램의 체험까지 걸리는 대기시간에 대한 정확한 안내가 관광객에게 제공되어야 할 것이다. 또한 추운 환경으로 인해 관광객의 신체 활동에 제약을 줄 수 있는 위험 요소들이 많기 때문에 수용력을 고려하여 프로그램 체험 공간을 적절하게 확보하여 운영해야 할 것이다.

이외에 관광객과의 가장 중요한 상호작용성 수단은 바로 다양한 프로그램 제공이기 때문에 매년 다양한 축제 프로그램이 운영될 수 있도록 현재의 지역주민에 의한 운영시스템을 운영하면서, 산 · 관 · 학 전문가로 구성된 축제 아카데미 등을 운영하는 것을 충분히 고려해야 할 것이다. 2011년 발생한 구제역, 그리고 조류인플루엔자(AI: Avian Influenza)의 전국적 확산 및 지역 내 대단위 목장에서의 구제역 추가발생 등의 외생변인으로 인해 화천산천어축제는 취소의 아픔을 겪은 바가 있기에 더 이상의 부정적 이미지 사례를 남기지 않기 위한 전문가의 손길이 필요하다. 따라서 축제 프로그램의 다양성 및 원활한 제공을 통해 관광객과 축제가 상호작용할 수 있도록 전문적 관리 체계 확보가 중요할 것으로 판단된다.

둘째, 즐거움이 만족도에 미치는 영향 간의 관계를 제시한 연구가설 3(H_3)은 통계적으로 유의한 것으로 나타났고, 이는 기존 선행연구(윤설민 · 이태희, 2012; 윤설민 · 정희진, 2012; Bigné et al., 2005; Yüksel & Yüksel, 2007)의 결과를 지지해 준다. 즐거움은 더 느끼거나 덜 느낄 수 있는 지극히 개인적인 상황으로서(Lin, Wu, & Tsai, 2005), 즐거움은 긍정적 감정(예 만족도)과 같은 주관적 경험에 영향을 미치게 된다(Webster, Trevino, & Ryan, 1993). 결국 사람들의 감정 상태를 의미하는 즐거움과 만족도는 선순환 구조를 이루기 때문에 축제 참여 속에서 즐거움을 지속적으로 줄 수 있는 요소를 개발 · 보급하는 것이 가장 중요한 점이라는 것을 잊지 말아야 할 것이다.

화천산천어축제는 계절성을 충분히 활용한 축제로서 약 1달간 개최된다. 따라서 산천어를 중심으로 얼음, 눈, 추위 등 겨울과 관련된 다양한 소재를 어떻게 프로그램화하여 관광객들에게 지속적으로 제공할지가 핵심이라고 할 수 있다. 매년 다양한 체험 프로그램들이 운영되고 있지만, 소재의 고갈성이라는 위협 요소가 존재하는 만큼 학계 및 업계 전문가들과의 교류를 통해 새로운 프로그램에 대한 개발을 목록화(inventory)할 필요가 있으며, 사전 응모를 통해 구성된 프로그램을 제공하여 참여 관광객의 현장 평가를 받아 보완·운영하는 방식도 고려해볼 필요가 있다.

셋째, 만족도가 행동의도에 영향을 미치는 관계를 제시한 연구가설 4(H_4)는 통계적으로 유의한 것으로 나타나 만족도와 행동의도 간 영향관계는 기존의 서비스 관련 선행연구(예 Ryu, Han, & Jang, 2010; Ryu, Han, & Kim, 2008)의 결과를 지지한다. 또한 즐거움이 행동의도에 영향을 미치는 관계를 제시한 연구가설 5(H5)도 통계적으로 유의한 것으로 나타나 즐거움과 행동의도 간 영향관계를 살펴본 기존 선행연구(김지희 등, 2010; 김홍렬 등, 2010; Ahn et al., 2007, Bigné & Andreu, 2004)의 결과와 일치함을 알 수 있다.

여러 선행연구에서 발견된 일반적인 의견일치는 만족한 방문객은 다시 돌아오고, 그들은 우호적이거나 비우호적인 경험에 대해 다른 사람들에게 이야기하게 되고(Prayag, 2009), 자신의 관광경험을 더욱더 추천하게 된다는 것이다(Um, Chon, & Ro, 2006). 또한 사람들이 지각하는 즐거움은 태도나 만족도뿐만 아니라 행동의도에도 긍정적인 영향을 미치게 된다(Ahn et al., 2007). 따라서 축제를 방문하는 고객을 즐겁게 만들고, 만족하게 만드는 것 이상으로 재방문객 유치가 중요하며, 재방문객 유치를 위해서는 선결과제가 관광객을 또 오게 만드는 흡입력(pull factor)이 있어야 한다는 것이다.

축제는 1년에 한번 정기적으로 개최되는 비상시성 이벤트이기 때문에 매년 개최되는 축제를 방문하는 사람들의 기대를 충족시켜 줄 수 있는 요소가 충분히 갖추어져 있어야 한다. 즉 처음 방문한 관광객에게는 모든 축제의 프로그램이 신기성(novelty)과 독특성(uniqueness)을 가진 대상이지만, 이들이 재방문할 때 과거 경험했던 동일한 프로그램이 그대로 제공되고 있다면 이는 더 이상 신기하고 독특한 대상이 될 수 없음을 의미한다. 축제 역시 라이프사이클이 존재하기 때문에 지속적인 매력물을 제공하는 것이 중요한데, 2003년 처음 개최된 화천산천어축제는 2011년을 제외하고 매년 개최되면서 100만 명 이상의 관광객을 유치하는 국내외 정상급 축제로 발돋움하였다. 즉 라이프사이클로 보았을 때 성숙기에 접어든 만큼 국내외 관광객들의 많은 참여를 유발할 수 있도록 만족도 제고가 가장 중요할 수 있음을 축제 관리자들은 기억해야 할 것이다.

매년 개최되는 축제를 통해 화천산천어축제는 많은 운영상의 노하우를 확보하였고,

매년 증가하는 관광객을 통해 인지도 또한 높였으며, 겨울철 성수기 자원인 스키나 스노보드 참여가 아닌 축제로 지역의 활성화를 도모했다는 점에서 틈새시장의 성공사례로 꼽힌다. 따라서 미래를 위해 화천산천어축제는 다양한 프로그램 개발에 따른 신속한 체험 제공이 기반이 되어 즐거움과 만족의 요소를 극대화시키는 전략이 핵심사항이 되어야만 할 것이다.

참고문헌

김정승(2003). 호텔 고객과 종업원의 상호작용이 관계마케팅의 성과에 미치는 영향. 관광·레저연구. 14(3): 105-122.

김종백·하제현·김석주(2010). 프로야구 관람자의 각성, 기술, 도전, 상호작용, 관여도가 플로우 경험에 미치는 영향. 한국체육학회지. 49(6): 415-424.

김지희·김지흔·윤설민(2010). 지역축제의 체험 요소, 즐거움, 플로우의 결과변수 간 영향관계 및 관광객 특성에 관한 연구. 고객만족경영연구. 12(2): 165-184.

김지희·김화진·한진수(2010). 호텔패키지 상품의 체험(Experience)요소와 즐거움, 만족도, 행동의도 간의 관계에 관한 연구. 소비문화연구. 13(1): 39-60.

김홍렬·이광옥(2012). 지역축제 환경단서와 체험이 만족도와 행동의도에 미치는 영향 연구: 금산세계인삼엑스포 방문객 중심으로. 관광연구저널. 26(2): 73-86.

김홍렬·이태희·윤설민(2010). 확장된 계획행동이론을 통한 테마파크 방문에 대한 행동의도 연구: 즐거움(playfulness)의 역할 탐색. 관광연구저널. 24(2): 5-23.

두정완(2003). Flow 개념과 인터넷상의 소비자 구매의도와의 관계 및 Flow유형에 따른 구매행동 차이 분석. 경영학연구. 32(1): 87-118.

박영아(2011). 박물관의 정보기술 용이성, 상호작용, 즐거움이 방문객의 만족도 및 재방문에 미치는 구조적 영향관계에 관한 연구: 국립 중앙박물관을 중심으로. 관광학연구. 35(9): 183-202.

박재관·조태영·이준엽(2011). 지역축제의 환경단서와 관광체험이 축제개최효과에 미치는 영향 연구. 호텔관광연구. 13(1): 22-35.

송경숙·박계영(2009). 패밀리레스토랑 체험마케팅이 브랜드 이미지와 신뢰도 및 충성도에 미치는 영향: 20~30대 소비자를 대상으로. 관광연구저널. 23(3): 199-218.

송학준·이충기·부숙진(2011). 계획행동이론을 이용한 자연기반 축제의 방문행동 이해: 환경친화적 관광 소비행동의 추가적 역할을 중심으로. 관광연구저널. 25(4): 21-38.

유철우·최영찬(2009). 인터넷 쇼핑몰에서 충성도와 동일시, 지각된 즐거움, 신뢰, 상호작용의 구조적 관계에 관한 연구. e-비즈니스연구. 10(3): 3-24.

윤설민 · 김지희 · 오선영(2011). 축제에서의 체험이 러브마크에 미치는 영향에 관한 연구: Schmitt의 전략적 체험 모듈(SEMs)을 중심으로. 고객만족경영연구. 13(2): 179-199.

윤설민 · 오선영 · 하진영(2011). 지역축제 방문객의 지각된 가치, 만족도, 태도, 그리고 행동의도 간 영향관계 분석: 안동탈춤페스티벌 방문객 사례. 호텔관광연구. 13(4): 82-97.

윤설민 · 이태희(2012). 테마파크에서의 체험이 감정과 만족도에 미치는 영향관계: 체험마케팅 관점을 중심으로. 관광 · 레저연구. 24(2): 289-308.

윤설민 · 정희진(2012). 플로우 경험의 구성요소, 만족도, 그리고 행동의도 간 구조적 관계: 템플스테이 방문객을 중심으로. 관광연구. 26(6): 227-246.

이충기 · 김홍미 · 안대희(2008). 한국관광에 대한 일본관광객의 지각된 가치가 방문객 만족도와 재방문의사에 미치는 영향 연구. 관광 · 레저연구. 20(4): 69-85.

이태희 (2011). 러브마크감성행동론. 서울: 도서출판 새로미.

지주은 · 김소영(2009). 뮤지컬 관객의 플로우(Flow)경험구조모델에 관한 연구. 문화경제연구. 12(2): 87-114.

최용길 · 최동춘 · 이성수(2007). 온라인 커뮤니티의 상호작용성 구성요인이 관계품질과 고객충성도에 미치는 영향에 관한 연구. 품질경영학회지. 35(4): 123-139.

최환진(2000). 웹사이트의 상호작용성을 중심으로 본 인터넷광고의 효과과정. 광고연구. 47: 61-89.

Ahn, T., Ryu, S., & Han, I.(2007). The impact of Web quality and playfulness on user acceptance of online retailing. *Information & Management*. 44(3): 263-275.

Anderson, J. C., & Gerbing, D. W.(1988). Structural equation modeling in practice: A review and recommended two-step approach. *Psychological Bulletin*. 103(3): 411-423.

Babin, B. J., & Darden, W. R.(1996). Good and bad shopping vibes: Spending and patronage satisfaction. *Journal of Business Research*. 35(3): 201-206.

Bezjian-Avery, A., Calder, B., & Iacobucci, D.(1998). New media interactive advertising vs. traditional advertising. *Journal of Advertising Research*. 38(4): 23-32.

Bigné, J. E., & Andreu, L.(2004). Emotions in segmentation: An empirical study. *Annals of Tourism Research*. 31(3): 682-696.

Bigné, J. E., Andreu, L., & Gnoth, J.(2005). The theme park experience: An analysis of pleasure, arousal and satisfaction. *Tourism Management*. 26(6): 833-843.

Chen, C. F., & Tsai, M., H.(2008). Perceived value, satisfaction, and loyalty of TV travel product shopping: Involvement as a moderator. *Tourism Management*. 29(6): 1166-1171.

Chen, W. K., Huang, H. C., & Chou, S. C. T.(2008). Understanding consumer recommendation behavior in a mobile phone service context. Proceedings of the 16th European Conference on Information Systems (Galway, Ireland), 1022-1033.

Chung, J., & Tan, F. B.(2004). Antecedents of perceived playfulness: An exploratory study on user acceptance of general information-searching websites. *Information & Management.* 41(7): 869–881.

Churchill, E., Girgensohn, A., Nelson, L., & Lee, A.(2004). Blending digital and physical spaces for ubiquitous community participation. *Communications of the ACM.* 47(2): 38–44.

Davis, R., & Sajtos, L.(2008). Conceptualizing and measuring consumer interactivity in response to campaigns-coupling the mobile and television media. *Journal of Advertising Research.* 48(3): 375–391.

Davis, R., & Wong, D.(2007). Conceptualizing and measuring the optimal experience of the eLearning environment. *Decision Sciences Journal of Innovative Education.* 5(1): 97–126.

Ding, D. X., Hu, P. J. H., Verma, R., & Wardell, D. G.(2010). The impact of service system design and flow experience on customer satisfaction in online financial services. *Journal of Service Research.* 13(1): 96–110.

Gibson, S.(2005) The hospitality industry: Hostility and inhospitableness in Britain. Conference Abstracts, Mobilising hospitality: the ethics of social relations in a mobile world. Lancaster University.

Hoffman, D. L., & Novak, T. P.(1996). Marketing in hypermeida computer-mediated environments: Conceptual foundation. *Journal of Marketing.* 60(3): 50–68.

Hoque, A., & Lohse, G. L.(1999). An information search cost perspective for designing interfaces for electronic commerce. *Journal of Marketing Research.* 36(3): 387–394.

Johnson, G. J., Bruner II, G. C., & Kumar, A.(2006). Interactivity and its facets revisited. *Journal of Advertising.* 35(4): 35–52.

Kim, J., & McMillan S.(2008). Evaluation of internet advertising research: A bibliometric analysis of citations from key sources. *Journal of Advertising.* 37(1): 99–112.

Lee, C. K., Yoon, Y. S., & Lee, S. K.(2007). Investigating relationships among perceived value, satisfaction and recommendations: the case of the Korean DMZ. *Tourism Management.* 28(1): 204–214.

Lee, Y. K., Lee, C. K., Lee, S. K., & Babin, B. J.(2008). Festivalscapes and patrons' emotions, satisfaction, and loyalty. *Journal of Business Research.* 61(1): 56–64.

Liang, T., & Lai, H.(2002). Effect of store design on consumer purchases: An empirical study of online bookstores. *Information & Management.* 39(6): 431–444.

Lin, C. S., Wu, S., & Tsai, R. J.(2005). Integrating perceived playfulness into expectation-confirmation model for web portal context. *Information & Management.* 42(5): 683–693.

Lombard, M., & Snyder-Duch, J.(2001). Interactive advertising and presence: A framework. *Journal of Interactive Advertising.* 1(2): 56–65.

McMillan, S. J.(2002). A four-part model of cyber-interactivity: Some cyber-places are more interactive than others. *New Media & Society*. 4(2): 271-291.

Novak, T. P., Hoffman, D. L., & Yung, Y. F.(1998). Measuring the flow construct in online environments: A structural modeling approach. Owen Graduate School of Management, Vanderbilt University, working paper, http://www2000.ogsm.vanderbilt.edu/

Novak, T. P., Hoffman, D. L., & Yung, Y. F.(2000). Measuring the customer experience in online environments: A structural modeling approach. *Marketing Science*. 19(1): 22-44.

Prayag, G.(2009). Tourists' evaluations of destination image, satisfaction, and future behavioral intentions: The case of Mauritius. *Journal of Travel & Tourism Marketing*. 26(8): 836-853.

Rayport, J. F., & Jaworski, B. J.(2005). *Best face forward: Why companies must improve their service interfaces with customers*. Boston, MA: Harvard Business School Press.

Ryu, K., Han, H., & Jang, S.(2010). Relationships among hedonic and utilitarian values, satisfaction and behavioral intentions in the fast-casual restaurant industry. *International Journal of Contemporary Hospitality Management*. 22(3): 416-432.

Ryu, K., Han, H., & Kim, T. H.(2008). The relationships among overall quick-casual restaurant image, perceived value, customer satisfaction, and behavioral intentions. *International Journal of Hospitality Management*. 27(3): 459-469.

Schlosser, A.(2000). Harnessing the power of interactivity: Implications for consumer behavior in online environments. *Advances in Consumer Research*. 27(1): 79.

Sheth, J. N., & Parvatiyar, A.(1995). Relationship marketing in consumer markets: Antecedents and consequences. *Journal of Academy of Marketing Science*. 23(4): 255-271.

Sobel, M. E. (1982). Asymptotic confidence intervals for indirect effects in structural equation models. In Leinhardt, S. (eds.), *Sociological methodology* (Vol. 13: 290-312), Washington DC: American Sociological Association.

Steenkamp, J., & van Trijp, H.(1991). The use of LISREL in validating marketing constructs. *International Journal of Research in Marketing*. 8(4): 283-299.

Steur, J.(1992). Defining virtual reality: Dimensions determining telepresence. *Journal of Communication*. 42(4): 73-93.

Um, S., Chon, K., & Ro, Y.(2006). Antecedents of revisit intention. *Annals of Tourism Research*. 33(4): 1141-1158.

Webster, J., Trevino, L., & Ryan, L.(1993). The dimensionality and correlates of flow in human computer interactions. *Computers in Human Behavior*. 9(4): 411-426.

Yüksel, A., & Yüksel, F.(2007). Shopping risk perceptions: Effects on tourists' emotions, satisfaction and expressed loyalty intentions. *Tourism Management*. 28(3): 703-713.

Zeithaml, V. A., Berry, L. L., & Parasuraman, A.(1996). The behavioral consequences of service quality. *Journal of Marketing*. 60(2): 31-46.

제3절 감성 체험과 감정 만족도: 감성 체험마케팅 관점

1 감성적 체험 요소

체험은 이미 관광 · 레저분야에서 관리적 차원의 관심 대상이자 연구주제로 주목되어져 왔다(허문경, 2006). 이는 오늘날 소비자들에게 강한 기억을 남기기 위한 방법 중 직 · 간접적 체험이 가장 효율적임을 의미한다. 테마파크 역시 예외는 아니다. 소비자들은 테마파크라는 상품 이상의 더 많은 체험을 요구하게 될 것이고, 이러한 소비자들의 요구변화에 운영자들은 빠르게 적응해야만 한다(Milman, 2001). 따라서 테마파크에서 고객체험은 가장 중요한 요소로서(김성주, 2007), 테마파크의 환상적 분위기 연출은 방문객의 감정 변화와 밀접한 연관이 있기 때문에(김창수, 2009) 다양한 체험 요소를 통해 테마파크만의 분위기를 형성할 필요가 있다.

이처럼 테마파크에서의 체험 요소는 중요하게 다루어져야 하지만, 실제 테마파크 체험에 대한 연구는 활발히 진행되지 않았다. 국내 연구에서 하동현(2009)과 이태희 · 김지희 · 윤설민(2011)이 Pine과 Gilmore(1998)가 제시한 체험경제론 관점에서 테마파크 체험을 살펴보고 있지만, 이는 감성 중심적 행동으로 체험을 바라보고 있기 때문에 총체적 체험으로의 접근에는 한계가 있다. 테마파크는 총체적 체험영역으로 구성된 관광매력물로서, 유형적 체험(예 놀이시설)에서부터 무형적 체험(예 공연, 이벤트)까지 테마파크 내에서 체험할 수 있는 요소들은 다양하다. 결국 개인이 어떻게 지각하고 해석하느냐에 따라 상이한 경험이 될 수 있다는 점에서 체험의 제공 범위를 충분히 고려하여 총체적 관점에서의 체험을 살펴보는 것이 중요하다.

이에 총체적 관점에서 체험을 살펴본 Schmitt(1999)의 체험마케팅(experiential marketing)을 테마파크 체험에 적용해 보는 것은 의미있는 시도라고 본다. 체험마케팅은 실무적 필요성에 의해 마케팅 전략으로 비교적 빠르게 도입되었지만, 이후 이론화나 학문적 연구로 많이 진행되지 않았기에 연구의 필요성은 매우 높은 편이다(박성연 · 황정은, 2005). 또한 대부분의 체험마케팅 연구들은 그 유형별 사례를 분석하는 연구에 치우친 경향을 보이기 때문에(문희강 · 윤초롱 · 박지은 · 이유리, 2008) 총체적 체험 요소를 바탕으로 한 체계적 실증연구 적용이 현실적으로 필요하다.

한편 기능적 측면의 체험 요소 이외에 감정적 부분 또한 적극적으로 관리하게 된다면, 모방할 수 없는 경쟁우위를 차지할 수 있을 것이다(Berry, Carbone, & Lewis, 2002). 즉 신규 방문객 유치 노력을 기울이는 개장 초기를 벗어나 재방문객 확보가 중요한 시기에 접어든 오늘날 테마파크의 경우 방문객이 자발적으로 각종 콘텐츠를 통해 즐거움을 느낄 수 있도록 구비되어 있어야 한다(유석환, 2009). 이처럼 체험은 방문객의 긍정적 감정에 영향을 미친다는 것을 예상해 볼 수 있지만, 대부분은 방문에 의한 체험을 통해 형성된 만족도만을 중요한 성과 변인으로 인식하고 있다. 분명 만족도를 이해하기 위한 감정의 중요성이 선행연구자들에 의해 지지를 얻어왔다(Caro & Garcia, 2007)는 점에서 총체적 체험에 의해 수반되는 감정과 이에 따른 성과인 만족도를 함께 파악하는 것은 중요한 과제라고 볼 수 있다.

이 연구는 총체적 체험에 의한 체험마케팅의 체험 요소를 바탕으로 테마파크의 체험, 즐거움, 만족도 간 영향관계를 살펴보고자 한다. 결국 테마파크를 방문한 관광객에게 극대화된 체험 요소를 어떻게 제공할지 고민하기 위해 테마파크의 총체적 체험 요소를 도출한 후 감정과의 관계를 통해 소비자들의 다양한 행동을 이해하고, 예측하는 것이 이 연구의 궁극적인 목적이라고 할 수 있다. 세부적 목표로 본다면, 첫째로 재방문객 유치 강화를 위한 기업의 비즈니스 노력을 도모하기 위해 정서적 반응에 영향을 미치는 주요 체험 요소를 발견하고, 둘째로는 이에 따른 총체적 체험영역의 이해를 도모하면서 적용 범위 확장의 가능성을 가늠해 보며, 마지막으로는 감성의 중요성을 파악하여 테마파크 방문객의 행동 결과를 이해해 보고자 한다.

2 감성 체험마케팅

전통적 마케팅 전략은 소비자의 구매 당시 선택에 초점을 맞추고 있는 반면에 체험적 마케팅 전략은 구매뿐만 아니라 이용 당시의 소비 행위 자체에 의미를 부여하기 때문에 마케팅 효과 역시 체험마케팅과 전통적 마케팅은 차이가 있다(문희강 등, 2008). 즉 체험 마케팅의 핵심은 제품의 특성이나 편익/서비스만을 판매하는 것이 아니라 소비경험을 판매하는 것을 의미한다.

감성 체험마케팅은 소비자는 이성적이면서 감성적인 존재이기 때문에 감성적 측면에 대한 강조가 필요하다고 Schmitt(1999)에 의해 처음으로 언급되었다. 그는 경험적 수레바퀴(experiential wheel)라는 용어를 사용하여 소비자의 체험은 원래 고유한 구조 및 과정을 가지고 있고, 체험의 효율성 및 극대화 방안을 도출하기 위해서 소비자가 총체적(holistic)으로 경험하게 만드는 것이 필요하다고 제시하였다(Schmitt, 1999).

체험마케팅의 궁극적 목적인 소비자의 총체적 체험 제공은 감각, 감성, 인지, 행동, 관계와 같은 전략적 체험 모듈(SEMs: strategic experiential modules)을 통해 형성될 수 있다. 또한 Schmitt(1999)는 각각의 체험 요소를 이용하는 독자적 마케팅기법이 존재(㉰ 감성 체험-감성마케팅, 관계 체험-관계마케팅 등)하기 때문에 체험은 마케팅 전략의 일부로 활용하는 것이 바람직하다고 제시하였다. 다시 말해서 총체적 체험의 조화 속에 소비자-브랜드 간 지속적 · 호의적 관계가 형성될 수 있다는 것이 Schmitt(1999)가 제안한 체험마케팅의 핵심이다. 따라서 전략적 체험 모듈을 구성하는 각각의 요소들을 소비자가 경험하는 것을 총체적 체험이라 할 수 있고, 이를 소비자에게 제공하는 전략이 체험마케팅이다.

감성 체험마케팅의 구성요소를 살펴보면, 감각(sense) 체험은 제품의 예쁘고 세련된 정도로서, 인간의 5가지 감각기관을 통해 체험되는 것을 의미한다. 따라서 와인, CD 등과 같이 정서적 제품을 통해 감각적 체험의 창출을 유도하는 기업들은 감각적인 요소를 강조하면서, 모든 제품을 감각화시키는 데 주력한다(Pine & Gilmore, 1998). 즉 감각 체험은 심미적 · 감각적 특성들이 포함된다(Bloch, Brunel, & Arnold, 2003).

두 번째로 감성(feel) 체험은 제품이 마음에 들어 언젠가는 꼭 구매해 보고 싶은 느낌을 의미한다. 예를 들면 스타벅스는 상품에 대한 경쟁력을 확보하고 있으면서도 감성적 자극을 통해 새로운 경험을 제공하여 고객과의 유대관계를 강화시킨다(Gobé, 2002). 이러한 감성 체험은 소비자와 브랜드 간 상호작용에 의해 발생되는 것으로, 이것이 장기적으로 발생하게 되면 브랜드에 대한 정서적 유대관계가 형성된다(Thomson, MacInnis, & Park, 2005).

세 번째로 인지(think) 체험은 배움이 있는 체험으로서 사람들의 사고적 호기심을 자극하여 생각하도록 유도하는 체험을 의미한다. 예를 들면 애플 매장은 소비자들이 애플社

의 제품을 체험할 수 있도록 진열하여 창조적 · 인지적 과정을 통해 창의적 사고를 할 수 있도록 유도한다.

네 번째로 행동(act) 체험은 제품을 직접 만져보고 편리함과 라이프스타일의 변화를 실감하도록 유도하는 것을 의미한다. 예를 들면 스포츠 선수의 간접 체험(예 나이키-Just Do It, Air Jordan 등)을 통해 제품을 착용하고 구매하도록 유도한다. 마지막으로 관계(relate) 체험은 앞서 언급한 4가지를 모두 포함하고 있는 개념으로서, 사회적 집단과 연결되는 것을 의미한다(Schmitt, 1999). 예를 들어 할리 데이비슨이라는 오토바이 브랜드는 유형적 제품에 그치지 않고, 사용자 간 동질감, 관심, 상징, 전통 등을 공유할 수 있는 단단한 커뮤니티가 형성되어 있고, 이는 할리 데이비슨에 소속된 사람들과의 체험을 가능하게 해준다.

이처럼 체험마케팅은 체험을 체계적으로 분류하였다는 점에서 주목받아왔다(박수경 · 박지혜 · 차태훈, 2007). 즉 기존 소비가 기능적 · 인지적 · 합리적 과정을 우선시하였다면, 총체적 체험은 감성, 감각, 인지, 행동, 관계 등이 상호작용하여 통합적 체험의 시너지 효과가 나타남을 의미한다(문은아, 2004).

특히 관광과 같은 무형적 서비스의 경우 사전 체험이 불가능하기 때문에 총체적인 체험이 강조되어야 할 것이다. 예를 들면, 싱가포르 항공사는 시각적으로는 세련되고 우아하면서(감각), 친절과 정성이 담긴 서비스를 제공하고(감성), 혁신적 · 창조적이며(인지), 서비스 및 행동지향적이고(행동), 싱가포르적이면서도 국제적인 것으로서(관계)의 목표를 가지고 있는데, 이는 완전히 총체적 체험을 제공하고 있다고 할 수 있다(최지원 · 김현칠, 2010).

마케팅 관점에서 총체적인 체험영역을 충분히 활용했을 때, 체험을 제공하는 수단에 따라 소비자가 느끼는 호감은 상이할 수 있기 때문에(오선영 · 강해상, 2011) 마케팅적 관점에서 총체적 체험을 활용하는 것이 중요하다. 한편 체험마케팅은 소비자에게 풍부한 체험 요소를 제공하기 위해 두 개 이상의 체험 요소들이 혼합되는 것이 일반적이며, 이렇게 혼합되어 제공되는 복합적 체험만이 진정한 소비상황에서의 소비자 체험에 대한 자극 반응을 파악할 수 있다(이지연, 2005). 이 연구는 테마파크에서의 소비자 체험의 복합적 상황을 고려하여 Schmitt(1999)가 제안한 5가지 구성개념(감각, 감성, 인지, 행동, 관계)을 토대로 테마파크에서의 체험을 살펴보고자 했다.

3 감성 체험 모형의 설계

1. 조사설계

테마파크에서의 체험이 즐거움과 만족도에 어떠한 영향을 미치는지를 확인해 보기 위해 〈그림 1〉과 같은 연구모형을 제안하였다.

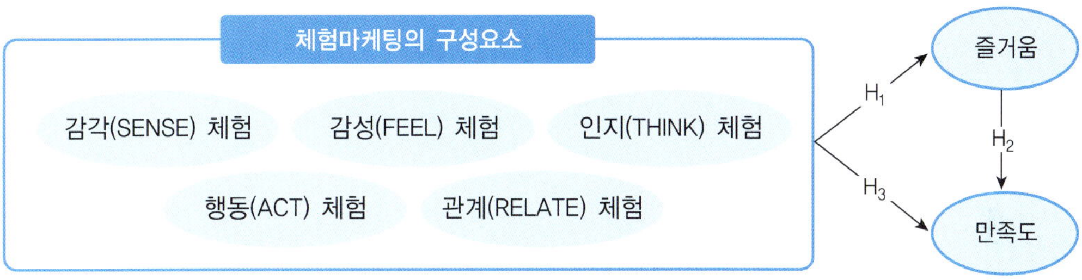

〈그림 1〉 연구모형

이에 따른 연구가설을 살펴보면 다음과 같다. 먼저 체험과 즐거움 간 관계를 살펴보면, 박성연 · 배현경(2006)은 매장에서의 감각적 체험 요소가 소비자 감정에 영향을 미친다는 결과를 제시하였고, 황윤용 · 최수아(2008)는 체험이 축제방문객의 감정반응에 긍정적 역할을 하는 활력소라고 제시하였다. 또한 권유홍 · 김형철 · 양승훈(2009)은 테마 레스토랑에서의 체험 요소가 즐거움 형성에 긍정적 영향을 미친다고 제시하였다. 이에 다음과 같은 연구가설을 설정하였다.

연구가설 1(H_1): 테마파크의 체험 요소는 즐거움에 정(+)의 영향을 미칠 것이다.

다음으로 de Rojas와 Camarero(2008)는 유적지를 방문하는 관광객의 체험, 감정, 만족 간 구조적 관계를 파악하면서 즐거움이 만족도에 정(+)의 영향을 미친다는 것을 확인하였고, Bigné, Mattila와 Andreu(2008)는 체험 소비에 대한 감정적 요소인 즐거움이 만족도에 영향을 미친다는 분석결과를 제시하였다. 이외에 Ladhari(2007a, 2007b)의 연구에서도 쾌락적 상품인 영화에 있어서 정서적 요소인 즐거움은 만족도에 영향을 미친다고 하였다. 이에 다음과 같은 가설을 수립하였다.

연구가설 2(H_2): 테마파크에서의 즐거움은 만족도에 정(+)의 영향을 미칠 것이다.

한편 Schmitt(2001)는 구매과정에서의 체험이 소비자-브랜드 관계에서 만족도 형성에 직접적 영향을 미친다고 하였고, 이정민(2011)은 화장품 이용 소비자를 대상으로 체험마케팅과 브랜드 만족, 애착 및 충성도 간 영향관계를 살펴보았다. 그리고 Brakus, Schmitt와 Zarantonello(2009)는 체험마케팅 관점에서 브랜드 체험과 만족도 간 정(+)의 영향관계를 확인하였다. 이에 다음과 같은 연구가설을 도출하였다.

연구가설 3(H_3): 테마파크의 체험 요소는 만족도에 정(+)의 영향을 미칠 것이다.

2. 측정항목 도출

체험마케팅의 구성개념은 Schmitt(1999)의 관점에서 접근한 선행연구(Brakus et al., 2009; Chang & Chieng, 2006; Zarantonello & Schmitt, 2010)를 바탕으로 15개 항목을 도출하였고, 즐거움의 경우 감정 차원을 연구한 선행연구(de Rojas & Camarero, 2008; Fiore, Jin, & Kim, 2005; Ryu & Jang, 2008)를 바탕으로 3개 항목을 사용하였다. 만족도 역시 소비자의 만족도를 적용한 선행연구(Kim, Chung, & Lee, 2010; Taylor & Hunter, 2003; van Dolen, Ruyter, & Lemmink, 2004)를 바탕으로 4개 항목을 활용하였다. 한편 체험마케팅의 구성개념, 즐거움, 만족도 모두 연구진이 1차 번역한 후 테마파크 방문 경험이 있는 대학원생들을 대상으로 예비조사를 실시하여 응답자가 이해하기 어렵거나 모호한 항목들을 수정 · 보완하였다. 마지막으로 인구통계학적 특성은 성별, 연령, 교육수준, 직업 등 4개 항목을 명목척도로 구성하여 측정하였다.

3. 자료수집 및 분석방법

모집단은 국내 테마파크에서 여러 체험을 한 성인 남 · 여로서, 구체적으로 지난 1년 사이에 수도권에 위치한 테마파크를 방문하여 여러 체험 요소를 경험한 사람들을 대상으로 2010년 10월 18일부터 30일까지 약 2주 동안 설문조사를 실시하였다. 지난 1년을 기준으로 선정한 이유는 12개월이라는 기간이 일반적인 행동 관련 연구에서 흔히 적용되는 기간이기 때문이다(Lam & Hsu, 2006). 설문은 테마파크의 주요 타깃인 20~30대 연령층이 많은 대학가와 업무중심가에서 실시하였고, 설문조사를 위해 조사원 6명이 사전에 조사목적 · 방법 · 내용 등을 충분히 숙지한 후 투입되었다. 설문은 편의표본추출방법에 의해 표본을 선정하였고, 설문작성방법은 주로 자기기입식과 개별면접방식을 병행하였다. 이러한 과정을 통해 350부의 설문지를 배포 · 회수하였고, 이 중 불성실하거나 측정변수의 정규성 및 이상치가 발견된 설문지를 제외한 302부를 실증분석에 사용하였다. 한편 테마파크의 여러 체험 요소(감각, 감성, 인지, 행동, 관계)에 대한 응답자의 이해를 돕고자 설문지에 체험 요소의 사례(사진) 및 정의를 제시 · 설명하였다. 이는 응답자로 하여금 테마파크 체험에 대한 이해를 도모하고, 과거 시점의 체험에 대한 회상을 돕기 위함이다.

설문조사를 통해 획득된 자료는 통계 패키지를 이용하여 다음과 같은 분석방법에 의해 실증분석을 실시하였다. 첫째, 응답자의 인구통계학적 특성을 알아보기 위해 빈도분석을 실시하였다. 둘째, 연속형 측정변수들의 기본적 특성 및 내적 일관성을 파악하기 위해서 기술통계분석 및 신뢰도분석을 실시하였다. 셋째, 구성개념에 대한 측정항목의 타당성을 평가하기 위해 측정모형에 대한 확인적 요인분석을 실시하였다. 넷째, 이론모델의 영향관계를 검증하기 위해 구조방정식모델링을 실시하였다. 추가적으로 즐거움의 매개효과 검증을 위해 완전매개모형과 부분매개모형 간 x^2 차이분석을 실시하였고, 그 효과를 Sobel의 Z-test로 살펴보았다.

4 감성 체험의 분석결과

1. 응답 표본의 기본 특성

빈도분석 결과 성별은 남성이 182명으로 여성(120명)보다 더 조사되었고, 연령은 주로 20대(203명)가 많았다. 이들의 교육수준은 대부분이 대학교(248명)인 것으로 나타났고, 직업은 사무직(137명)과 학생(83명)의 응답비율이 많음을 알 수 있다.

표 1 유효표본에 대한 인구통계학적 특성

구분		n(명)	%(비율)	구분		n(명)	%(비율)
성별	남성	182	60.3	직업	학생	83	27.5
	여성	120	39.7		서비스직	9	3.0
연령 (결측: 1)	20대	203	67.4		공무원	2	.7
	30대	98	32.6		전문직	24	7.9
교육 수준	고등학교 이하	1	.3		사무직	137	45.4
	전문대	11	3.6		주부	10	3.3
	대학교	248	82.1		생산직/기술직	26	8.6
	대학원 이상	42	13.9		기타	11	3.6

2. 기술통계 및 신뢰도 분석

기술통계분석 결과, 체험 요소의 일부 항목이 보통(3점)보다 낮은 평균값을 보인 가운데, 측정항목들의 정규분포성 검정결과에서 왜도와 첨도의 값은 유의수준 5%(Z = ±1.960)에서 통계적으로 유의하기 때문에 정규분포성에 대한 가정을 충족하고 있다(Hair, Black, Babin, Anderson, & Tatham, 2006). 한편 측정 문항 간 내적 일관성을 살펴보기 위해 실시한 신뢰도 분석결과(α 계수), 체험마케팅의 구성개념 중 1개 항목(관계 3: 테마파크와 관련된 기념품을 구매함)이 신뢰도를 저해하는 것으로 나타나 이 항목을 제거한 후 다시 신뢰도분석을 실시하였다. 그 결과 구성개념별 전체 신뢰도는 .839~.898로 높은 신뢰 수준을 보이고 있다.

표 2 측정변수에 대한 기술통계량 값 및 신뢰도 분석결과

구분	항목 수	평균		왜도 (Zmean = −1.849)		첨도 (Zmean = .366)		α
	최초(최종)	Min	Max	Min	Max	Min	Max	
체험마케팅의 구성개념	15(14)*	2.54	4.12	−.820	.307	−.881	1.785	.882
즐거움	3(3)	3.78	4.08	−.626	−.298	−.031	1.049	.898
만족도	4(4)	3.20	3.94	−.392	−.128	−.319	.580	.839

주) Likert 5점 척도(1 = 전혀 그렇지 않다, 5 = 매우 그렇다)
* 신뢰도 저해 항목은 이후 실증분석에서 제외

3. 확인적 요인분석 결과

측정모형에 대한 신뢰도 및 타당도를 파악하기 위해 실시한 확인적 요인분석 결과의 모형적합도는 x^2값(p값), Q값(x^2/df), GFI, NFI, CFI, RMR 등으로 판단하였다. 분석결과, '인지 체험'과 '행동 체험'의 구성개념 내 일부 항목은 낮은 설명력(R^2)을 보였기 때문에 모형의 적합도를 고려하여 삭제하였다. 이후 확인적 요인분석 결과를 살펴보면, 먼저 유의수준은 $p < .01$로서 통계적으로 유의하기 때문에 귀무가설(H_0: 모형이 적합하다)을 기각하였기에 그 대안인 Q값을 통해 살펴보았다. Q값은 2.165로 3 이하로 나타나 측정모형이 적합함을 알 수 있고(이학식·임지훈, 2009), 다른 적합지수 역시 GFI = .910, NFI = .926, CFI = .959(기준: ≥.9), RMR = .031(기준: ≤.05)로 적합한 수준으로 나타나 측정모형에 포함된 구성개념의 단일 차원성은 수렴하고 있다(배병렬, 2009). 한편 개념신뢰도(CR)와 평균분산추출(AVE)값은 .818~.942, .673~.845로 각각 기준치인 .7과 .5 이상으로 내적일관성과 수렴타당성을 확보하고 있으며, 표준화계수도 .692~.970으로 .6 이상의 값을 보이기 때문에 개념타당도 역시 확보되고 있음을 알 수 있다(Hatcher, 2003).

표 3 측정모형에 대한 확인적 요인분석 결과

요인	변수명	표준화계수	C.R.값	R^2	CR	AVE
감각 체험	오감을 자극함	.885	13.859	.783	.908	.769
	오감을 통한 흥미를 제공함	.915	14.086	.837		
	오감을 압도하는 강한 인상을 줌	.692	–	.479		
감성 체험	신나는 기분을 느끼도록 도움	.785	14.650	.616	.883	.715
	감성적 반응을 하도록 도움	.757	14.004	.573		
	특별한 기분을 선사함	.806	–	.650		
인지 체험	나의 호기심을 유발함	삭제			.818	.693
	새로운 사실을 알 수 있음	.900	9.770	.810		
	테마파크를 접할 때, 많은 생각을 함	.755	–	.570		
행동 체험	테마파크 내 경험을 생활에 적용하고 싶음	삭제			.897	.815
	테마파크 내 육체적 활동에 참여하는 편	.805	11.391	.648		
	테마파크는 육체적·능동적 활동을 유발함	.970	–	.940		

요인	변수명	표준화계수	C.R.값	R^2	CR	AVE
관계 체험	테마파크 방문객들로부터 친근함을 느낌	.842	11.488	.709	.804	.673
	다른 사람과 유대관계를 형성할 수 있음	.803	-	.644		
즐거움	테마파크 방문은 내게 기쁨을 선사함	.887	20.772	.788	.942	.845
	테마파크 방문은 내게 행복을 선사함	.838	18.826	.703		
	테마파크 방문은 내게 즐거움을 선사함	.873	-	.763		
만족도	전반적으로 만족함	.890	11.220	.793	.913	.725
	나의 결정에 대해 만족함	.794	11.278	.631		
	테마파크 방문은 옳은 일이라고 확신함	.735	12.206	.540		
	테마파크 방문은 필요했던 욕구를 채워줌	.716	-	.513		
Goodness of fit: Q(x^2/df: 274.924/127) = 2.165, p = .000, GFI = .910, NFI = .926, CFI = .959, RMR = .031						

4. 측정모형에 대한 판별타당성 검증

먼저 AVE값과 상관자승치 간 비교를 통해 AVE값이 모든 구성개념의 상관자승치보다 큰지를 비교해 보았는데, 몇몇 관계에서 상관자승치가 AVE값을 상회하는 것으로 나타났다. 일반적으로 AVE값과 상관자승치 비교는 가장 엄격한 판별타당성 검증 방법으로서(Fornell & Larcker, 1981), 모든 관계에서 성립되지 않았기에 추가적 검증이 필요하다.

두 번째는 구성개념 간 상관계수의 신뢰구간을 살펴보는 방법으로서, 각 구성개념 간 95% 표준오차 추정구간의 상관계수가 완전한 상관계수(Φ = 1)를 포함하는지를 비교하였다. 즉 95% 신뢰구간에서 $\Phi \pm (2 \times$ S.E)가 1이 아니면 판별타당성이 있다고 할 수 있는데(Anderson & Gerbing, 1988), 본 연구에서는 $\Phi + (2 \times$ S.E)의 값(.328~.930)과 $\Phi - (2 \times$ S.E)의 값(.180~.786) 모두 1을 포함하고 있지 않기에 판별타당성 확보에 문제가 없음을 알 수 있다. 마지막으로 상관계수가 가장 높은 두 구성개념(감성체험-즐거움) 간 제약모델과 비제약모델에 대한 x^2 차이분석을 살펴보았는데, 모델 간 통계적으로 유의한 차이($\triangle x^2$ = 90.750, $\triangle$df = 1)가 나타났기에 판별타당성은 확보되었다(Steenkamp & van Trijp, 1991).

표 4 구성개념 간 상관관계 행렬 및 판별타당도

구성개념	M(S.D)	감각	감성	인지	행동	관계	즐거움	만족도
감각 체험	3.53(.710)	(.769)	.517	.174	.065	.125	.419	.331
감성 체험	3.92(.681)	.719**	(.715)	.128	.131	.135	.736	.601
인지 체험	2.70(.898)	.417**	.358**	(.693)	.089	.253	.121	.188
행동 체험	3.26(.883)	.254**	.362**	.298**	(.815)	.259	.156	.110
관계 체험	2.91(.923)	.353**	.367**	.503**	.509**	(.673)	.233	.182
즐거움	3.92(.676)	.647**	.858**	.348**	.395**	.483**	(.845)	.572
만족도	3.64(.619)	.575**	.775**	.434**	.331**	.427**	.756**	(.725)

주) *p<.05, **p<.01
밑줄 친 higher-half matrix의 투입자료는 상관자승치를 의미함. (　): AVE값

5. 이론모델에 대한 구조방정식모델링 결과

인과관계에 관한 분석결과를 토대로 가설을 검증하면, 먼저 연구가설 1인 "테마파크의 체험 요소는 즐거움에 정(+)의 영향을 미칠 것이다."의 경우 체험 요소 5가지 중 감성 체험(C.R.값=8.773, p<.001)과 관계 체험(C.R.값=.3229, p<.01)만이 즐거움에 정(+)의 영향을 미치는 것으로 나타났다. 아울러 이 두 구성개념이 즐거움을 77.1% 정도 설명하는 것을 알 수 있는데, 그중 감성 체험(표준화계수=.765)이 관계 체험(표준화계수=.203)의 즐거움 설명에 더 기여하는 것으로 나타났다.

연구가설 2인 "테마파크에서의 즐거움이 만족도에 정(+)의 영향을 미칠 것이다."의 경우 통계적으로 유의한 것을 알 수 있다(C.R.값=2.371, p<.05). 또한 연구가설 3인 "테마파크의 체험 요소는 만족도에 정(+)의 영향을 미칠 것이다."의 경우 감성 체험(C.R.값=3.331, p<.001)과 인지 체험(C.R.값=2.621, p<.01)만이 통계적으로 유의한 것을 알 수 있다. 한편 즐거움과 체험의 두 구성개념(감성 체험, 인지 체험)이 만족도를 65.8% 정도 설명하고 있음이 발견되었고, 감성 체험(표준화계수=.483), 즐거움(표준화계수=.299), 인지 체험(표준화계수=.154) 순으로 만족도를 설명하는 데 기여하고 있음을 확인하였다.

표 5 이론모델에 대한 영향관계 검증결과 및 인과효과

가설	가설경로	경로계수	표준화계수	표준오차	R^2	C.R.값	p값
H_1	감각 체험→즐거움	.042	.042	.073	.771	.568	.570
	감성 체험→즐거움	.734	.765	.084		8.773	.000***
	인지 체험→즐거움	−.041	−.051	.045		−.927	.354
	행동 체험→즐거움	.013	.019	.035		.376	.707
	관계 체험→즐거움	.152	.203	.047		3.229	.001**
H_2	즐거움→만족도	.303	.299	.128	.658	2.371	.018*
H_3	감각 체험→만족도	−.044	−.043	.075		−.593	.553
	감성 체험→만족도	.470	.483	.141		3.331	.000***
	인지 체험→만족도	.126	.154	.048		2.621	.009**
	행동 체험→만족도	−.017	−.025	.036		−.468	.640
	관계 체험→만족도	.043	.056	.053		.801	.423
Goodness of fit: Q(x^2/df: 274.924/127) = 2.165, p = .000, GFI = .910, NFI = .926, CFI = .959, RMR = .031							

구분		감각 체험	감성 체험	인지 체험	행동 체험	관계 체험	즐거움	만족도
총 효과	즐거움	.042	.765*	−.051	.019	.203**	−	−
	만족도	−.031	.711**	.139*	−.019	.117	.299*	−
직접 효과	즐거움	.042	.765*	−.051	.019	.203**	−	−
	만족도	−.043	.483*	.154*	−.025	.056	.299*	−
간접 효과	즐거움	−	−	−	−	−	−	−
	만족도	.012	.229*	−.015	.006	.061*	−	−

주) *p<.05, **p<.01, ***p<.001

한편 총효과, 직접효과, 간접효과에 대한 요인별 인과효과를 살펴보면, 인지 체험은 만족도에만 직접적 영향을 미치는 것으로 나타난 반면에 감성 체험과 관계 체험은 즐거움에 직접적 영향을 미치고, 즐거움은 만족도에 영향을 미치는 간접적 관계를 형성하고 있음이 발견되었다. 특히 감성 체험의 경우 즐거움에도 직접적으로 영향을 미치고, 만족도에도 직접적인 영향관계를 보이고 있는 것이 특징이다. 결국 정서적 부분(예 감성 체험, 즐거움)이 실제 만족도에 중요한 역할을 하며, 실질적 정보 및 객관적 사실을 의미하는 인지 체험은 즐거움이라는 감정적 변화를 일으키지는 않지만, 테마파크 경험에 있어

서 만족감을 높이는 중요 요인임을 알 수 있다.

6. 매개효과 검증

인과효과에서 체험 요소 중 '감성 체험'과 '관계 체험'은 만족도에 간접적인 영향을 미치는 것을 알 수 있었기에 즐거움이 매개변수로서 역할을 하는지를 추가적으로 완전매개모형과 부분매개모형 간 x^2 차이 검증을 통해 살펴보았다. 먼저 감성 체험-즐거움-만족도의 경우 부분매개모형(x^2 = 274.924, df = 127)과 완전매개모형(x^2 = 286.860, df = 128) 간 차이(△11.936, △df = 1, p＜.001)가 통계적으로 유의하기 때문에 부분매개효과 관계라고 할 수 있다. 반면에 관계 체험-즐거움-만족도는 부분매개모형(x^2 = 274.924, df = 127)과 완전매개모형(x^2 = 275.548, df = 128) 간 차이(△x^2 = .624, △df = 1, p＞.05)가 통계적으로 유의하지 않기 때문에 완전매개효과 관계라고 볼 수 있지만, 매개효과의 유의성검증을 위해 사용된 Sobel의 Z값에 의하면 관계 체험 → 즐거움 → 만족도 간 관계에서 즐거움의 매개효과는 .050(.152×.303)으로 유의하지 않은 것으로 나타났다(ab = 0). 결과적으로 감성 체험 → 즐거움 → 만족도 간 관계에서 즐거움(ab = .222)은 부분매개효과가 있는 반면에 관계 체험 → 즐거움 → 만족도 간 관계에서 즐거움은 매개효과가 없는 것을 알 수 있다.

표 6 매개효과 검증결과

계수값(a), 표준오차(SE_a)	계수값(b), 표준오차(SE_b)	매개효과	Sobel의 Z값	매개관계
감성 체험 → 즐거움 (.734, .084)	즐거움 → 만족도 (.303, .128)	.222	2.285*	부분매개효과
관계 체험 → 즐거움 (.152, .047)		.050	1.910	-

주) *p＜.05, **p＜.01, ***p＜.001

5 감성 체험의 가치확인

테마파크를 방문한 경험(1년 내)이 있는 사람들을 대상으로 테마파크 내 체험 요소가 즐거움 및 만족도에 영향을 미치는지를 파악해 보고, 감정적 변수인 즐거움이 체험 요소와 만족도 사이에서 매개 역할을 하는지를 정량적 분석기법을 통해 검증한 결과 몇몇 시사점을 도출해 보면 다음과 같다.

첫째, 테마파크의 체험 요소가 즐거움에 미치는 영향관계(H_1)에서 체험마케팅 요소 중 '감성 체험'과 '관계 체험' 요인이 즐거움에 정(+)의 영향을 미치는 것으로 나타났다. 이는 Schmitt(1999)의 체험마케팅 요소인 5가지(감각, 감성, 인지, 행동, 관계)를 사용한 연구의 결과를 대변해 준다. 예를 들면 Yuan과 Wu(2008)의 연구에서 감성(feel) 체험이 즐거움(enjoyment)과 같은 감정적 가치에 긍정적 영향을 미친다는 결과, 그리고 Tsaur, Chiu와 Wang(2006)의 연구에서 감성(feel)과 관계(relate)가 즐거운(enjoyable) 감정에 정(+)의 영향을 미친다는 결과가 도출되었다.

결국 체험 요소는 긍정적인 감정을 도출(Berry et al., 2002; Schmitt, 1999)하는 선행변수임을 확인할 수 있다. 즉 테마파크 내에서 경험할 수 있는 모든 상황들은 특정 기분이나 감정을 느끼게 하기 때문에 적절한 감성 마케팅이 필요하다는 것이다. 이에 감성적 체험 요소들을 제공하여 테마파크에 대한 특별한 느낌을 유발시키는 것이 중요함을 의미한다. 한편 테마파크 측면에서 관계(relate) 체험을 살펴보면, 테마파크의 서비스를 제공해 주는 사람과의 연결을 통해 관계적 체험을 유도하는 관계마케팅이 필요하다는 것이다. 테마파크는 다양한 어트랙션을 제공하는 유형적 자산이 대부분이지만, 그러한 유형적 자산을 관리하는 것은 서비스를 제공하는 인적 자원이다.

따라서 이들과의 긍정적인 관계 형성은 방문객의 적극적인 참여나 동반자 또는 타인과의 친분 및 유대감 형성에 도움을 제공해 주기 때문에 중요하다. 추가적으로 '관계 체험'보다 '감성 체험' 요인이 즐거움을 설명하는 데 더 중요한 변수임을 알 수 있었다. 즉 테마파크 현장에서 방문객들의 기호를 파악하여 방문객이 좋아하는 정보 내지는 자극을 적절히 제공해 주는 것이 테마파크 내 체험을 더 즐겁게 인식하게 만들게 된다는 것을 의미한다.

둘째, 테마파크에서의 즐거움이 만족도에 영향을 미친다는 연구가설 2는 통계적으로 유의한 것으로 나타났다. 이는 Bigné, Andreu와 Gnoth(2005), Bigné et al.(2008), Eroglu, Machleit와 Davis(2003), Ladhari(2007a, 2007b), Yüksel과 Yüksel(2007)의 결과와 일치하는 부분이다. 위의 연구들은 쇼핑(Eroglu et al., 2003; Yüksel & Yüksel, 2007), 영화(Ladhari, 2007a, 2007b), 테마파크(Bigné et al., 2005; Bigné et al., 2008) 등 유희적 대상의 만족도를 극대화하기 위해서는 즐거움을 끌어올리는 것이 무엇보다 중요하다는 것을 확인할 수 있다. 테마파크의 경우 빈번히 방문하는 관광목적지가 아니고, 주로 1회성 방문이 많기 때문에 어트랙션 이외에 즐길거리를 보강하는 작업이 필수적이다. 따라서 월별, 분기별, 연도별 다양한 고객 체험 프로그램의 구성 · 홍보와 함께 기존 가격에 제공되는 상품에 선택형 체험 상품을 결합하는 것도 중요하다.

셋째, 테마파크에서의 체험이 만족도에 미치는 영향관계(H_3)에서 체험 요소 중 '감성 체험'과 '인지 체험' 요인이 만족도에 정(+)의 영향을 미치는 것으로 나타났다. 이는 감성적 부분이 만족도에 영향을 미친다는 권유홍 등(2009)의 연구결과, 인지적 부분이 만족도에 영향을 미친다는 손선미(2010)의 연구결과, 그리고 브랜드 체험 요소(감각, 감성, 인지, 행동)가 만족도에 영향을 미친다는 Brakus et al.(2009)의 연구결과와 일치한다. 이는 체험 요소 중 정서적 자극이 정서적 반응으로 이어진다는 것을 대변해 준다. 반면에 인지적 체험은 즐거움에 영향을 미치지는 않았지만, 만족도에는 영향을 미치는 것으로 나타났다.

인지적 체험은 지성에 호소하는 요소로서, 테마파크 방문객들의 창의적 사고를 유도하는 확산적 사고의 기능을 맡는다. 즉 박물관, 유적지 등과 같은 유형의 목적지는 이성적 사고와 정신 집중을 요구하는 수렴적 사고 영역인 반면에 테마파크는 객관적인 분석적 사고 없이 자유분방하게 즉흥적으로 따라가며 다양한 방향으로 생각의 폭을 넓히는 것에 적합한 유희적인 목적지이다.

따라서 즐거움을 유발하지는 않지만 생각과 활동을 자유롭게 유도하기 위한 정보 제공 및 마케팅 프로그램 수립이 중요하다. 결국 방문객들에게 놀라움을 줄 수 있는 요소(예 전자동 대기시간 제공 시스템 및 스마트폰 애플리케이션 제공) 또는 시청각 자료(예 대기시간 동안 제공되는 영상물) 등 이용 편의를 제공하는 서비스가 필요할 것이다. 한편 만족도를 설명함에 있어서 기여하는 바를 살펴보면, 감성 체험, 즐거움, 인지 체험 순으로 나타났다. 결국 어떠한 체험 요소가 방문객의 긍정적 정서 형성에 기여하는지를 지속적으로 발견하는 것이 중요함을 확인할 수 있는 대목이다.

넷째, 즐거움의 매개효과를 살펴본 결과, 체험 요소 중 감성 체험과 만족도를 설명함에 있어서 즐거움은 부분매개효과를 가지는 것으로 나타났다. 이는 사찰체험이라는 자극(stimulus)과 만족도라는 반응(response)의 영향관계에서 감정의 중개변수(organism) 역할을 살펴본 전병길 · 정윤조(2008)의 연구 및 즐거움의 매개효과를 검증한 선행연구(김지희 · 김지흔 · 윤설민, 2010; 윤설민, 2010)의 결과를 대변해 준다.

테마파크에서의 감성 체험은 유희적 경험이지만, 다소 수동적인 활동을 통해 즐거움이 생산된다. 탑승놀이시설을 예로 들면, 특별히 놀이기구를 타기 위한 방문객의 기술수준이 필요하지 않고, 기구에 단지 몸을 맡길 뿐이다. 그렇기 때문에 즐거움을 발생시키는 선행변인을 탐구하는 것은 중요한 문제일 것이다.

이 연구에서는 복합적 · 혼합적 체험 요소를 적용하였고, 그중 '감성 체험'이 즐거움을 불러일으키고, 이는 곧 테마파크 방문의 만족도로 이어지는 것을 알 수 있었다. 결국 감성을 극대화시키는 체험마케팅 전략을 지속적으로 수립하는 것이 필요함을 유추할 수 있다. 현대사회의 소비자들은 감성적인 편이기 때문에 최신 유행하거나 다른 테마파크에서 추구하는 체험 요소를 추구하지 않고, 오히려 개성적 체험을 희망한다. 따라서 체험 요소의 다각화를 통해 다양한 메시지, 상징 등의 환경 변화 내지 물리적 자극을 제공해야 할 것이다.

이러한 시사점에도 본 연구는 테마파크에서 직접 조사한 것이 아닌 1년 이내 테마파크 방문경험자의 회상을 통해 조사하였기 때문에 테마파크 체험-감정-만족도 간 영향관계의 일반화 접근에 한계점을 가지고 있다. 이와 비슷하게 몇몇 선행연구(정형식 · 최수아 · 박현우, 2006; 황윤용 · 최수아, 2008; Jeong, Fiore, Niehm, & Lorenz, 2009)에서 현재 시점이 아닌 과거를 회상하여 체험-감정 간 영향관계를 살펴보았고, 정형식 등(2006)과 황윤용 · 최수아(2008)는 시기적 접근의 한계를 제시하면서 기억에 의한 상기 조사를 연구의 한계점으로 제시한 바 있다.

이 연구 역시 테마파크가 생소하지 않은 보편적이면서 인기 있는 관광목적지이지만, 테마파크가 제공하는 물리적 여건(예 위치, 규모, 유형자산 등)에 따라 제공되는 체험의 정도 역시 다르다는 것을 감안하여 한 곳의 테마파크가 아닌 국내 테마파크를 연구범위로 삼았기 때문에 현재 시점의 조사가 어려웠다. 하지만 현장조사에서의 체험 효과가 더 높게 나타날 것이 예상되기 때문에(정형식 등, 2006; 황윤용 · 최수아, 2008) 향후 연구에서는 현재 시점에서 테마파크의 체험 효과가 어떠한 감정 반응을 도모하는지를 파악하는 것이 중요할 것이며, 이는 이 연구 결과와 비교가 가능하다는 점에서 그 유용성을 기대해 본다.

참고문헌

권유홍 · 김형철 · 양승훈(2009). 테마 레스토랑에서의 체험이 방문자 만족 및 행동의도에 미치는 영향: 'K' 테마 레스토랑을 사례로. 관광 · 레저연구. 21(4): 273-293.

김성주(2007). 테마파크 기념품 구매자의 체험과 소비가치. CERI 엔터테인먼트연구. 8: 31-52.

김지희 · 김지흔 · 윤설민(2010). 지역축제의 체험 요소, 즐거움, 플로우의 결과변수 간 영향관계 및 관광객 특성 비교에 관한 연구. 고객만족경영연구. 12(2): 165-184.

김창수(2009). 테마파크 환경 지각이 방문객 감정반응 및 사후행동에 미치는 영향. 관광경영연구. 13(3): 43-65.

문은아(2004). 문화콘텐츠 산업의 상품화에 감각적 체험 마케팅활용에 관한 연구. 시각디자인 학술지(한국디자인포럼). 9: 179-197.

문희강 · 윤초롱 · 박지은 · 이유리(2008). 의류 브랜드의 체험마케팅 활동에 대한 지각이 소비자 브랜드 태도에 미치는 영향. 한국의류산업학회지. 10(2): 181-190.

박성연 · 배현경(2006). 매장 내 감각적 체험이 매장태도와 애호도에 미치는 영향: 소비감정과 만족의 매개적 영향을 중심으로. 마케팅관리연구. 11(3): 1-13.

박성연 · 황정은(2005). 매장 내 체험적 경험이 브랜드 태도 및 구매의도에 미치는 영향: 디지털 체험관을 중심으로. 경영논총. 23(2): 69-93.

박수경 · 박지혜 · 차태훈(2007). 체험 요소(4Es)가 체험즐거움, 만족도, 재방문에 미치는 영향: Pine과 Gilmore의 체험경제이론(Experience Economy)을 중심으로. 광고연구. 가을(76): 55-78.

배병렬(2009). AMOS 17.0 구조방정식 모델링(제2판). 서울: 청람.

손선미(2010). 레크리에이션 이벤트 참가 대학생의 체험, 만족, 후속태도의 영향관계. 호텔관광연구. 12(2): 136-149.

오선영 · 강해상(2011). 축제에서의 체험이 브랜드 태도, 만족도 및 행동의도에 미치는 영향: 이천 쌀 문화축제를 중심으로. 관광 · 레저연구. 23(3): 7-22.

유석환(2009). 테마파크 매력물 구성요소 변화추이에 관한 연구. 경기관광연구. 14: 149-185.

윤설민(2010). 계획행동이론의 확장을 통한 모험적 여가활동 추구 관광객의 행동지속성에 관한

연구: 플로우(Flow), 애착도, 과거행동의 역할 탐색을 중심으로. 경희대학교 박사학위논문.
이정민(2011). 화장품 체험마케팅이 브랜드 만족, 애착 및 충성도에 미치는 영향. 건국대학교 박사학위논문.
이지연(2005). 탄산음료 웹 프로모션 사이트에서 감성적 체험이 브랜드이미지에 미치는 영향과 디자인 전략 연구. 홍익대학교 석사학위논문.
이태희 · 김지희 · 윤설민(2011). 테마파크의 체험(4Es)과 만족도 · 행동의도 · 지지도 간 구조적 관계 분석: 신규 체험 콘텐츠 개발을 중심으로. 제70차 한국관광학회 학술대회 발표논문집: 253-266.
이학식 · 임지훈(2009). 구조방정식 모형분석과 AMOS 16.0. 서울: 법문사.
전병길 · 정윤조(2008). 템플스테이 체험과정에서 사찰환경이 참가자의 감정 · 만족 및 행동의도에 미치는 영향. 관광 · 레저연구. 20(2): 7-27.
정형식 · 최수아 · 박현우(2006). 지역축제 요인이 방문자 감정과 만족에 미치는 영향: 체험과 참여의 조절변수적 역할. 한국마케팅과학회 학술대회 발표논문집: 661-684.
최지원 · 김현칠(2010). 체험마케팅(Experiential Marketing)의 오해와 진실: SK 관계사 브랜드 캠페인 사례를 중심으로. 마케팅. 44(1): 15-26.
하동현(2009). 테마파크에서의 체험 요소에 관한 연구: Pine과 Gilmore의 체험경제이론(Experience Economy)을 중심으로. 한국사진지리학회지. 19(1): 37-47.
허문경(2006). 관광체험의 연구동향. 세리엔터테인먼트연구. 5: 151-175.
황윤용 · 최수아(2008). 축제에서 체험 요소가 참여자감정반응과 애호행동에 미치는 영향. 산업경제연구. 21(5): 2113-2131.

Anderson, J. C., & D. W. Gerbing (1988). Structural equation modeling in practice: A review and recommended two-step approach. *Psychological Bulletin*. 103(3): 411-423.
Berry, L. L., L. P. Carbone, & S. H. Haeckel (2002). Managing the total customer experience. *MIT Sloan Management Review*. 43(3): 85-89.
Bigné, J. E., L. Andreu, & J. Gnoth (2005). The theme park experience: An analysis of pleasure, arousal and satisfaction. *Tourism Management*. 26(6): 833-844.
Bigné, J., A. S. Mattila, & L. Andreu (2008). The impact of experiential consumption cognitions and emotions on behavioral intentions. *Journal of Services Marketing*. 22(4): 303-315.
Bloch, P. H., F. F. Brunel, & T. J. Arnold (2003). Individual differences in the centrality of visual product aesthetics: Concept and measurement. *Journal of Consumer Research*. 20(3): 551-565.
Brakus, J. J., B. H. Schmitt, & L. Zarantonello (2009). Brand experience: What is it? How is it measured? Does it affect loyalty? *Journal of Marketing*. 73(3): 52-68.
Caro, L. M., & J. A. M. Garcia (2007). Cognitive-affective model of consumer satisfaction: An exploratory study within the framework of a sporting event. *Journal of Business Research*.

60(2): 108–114.

Chang, P., & M. Chieng (2006). Building consumer-brand relationship: A cross-cultural experience view. *Psychology & Marketing*. 23(11): 927–959.

de Rojas, C., & C. Camarero (2008). Visitors' experience, mood and satisfaction in a heritage context: Evidence from an interpretation center. *Tourism Management,* 29(3): 525–537.

Eroglu, S. A., K. A. Machleit, & L. M. Davis (2003). Empirical testing of a model of online store atmospherics and shopper responses. *Psychology & Marketing*. 20(2): 139–150.

Fiore, A. M., H. J. Jin, & J. Kim (2005). For fun and profit: Hedonic value from image interactivity and responses toward an online store. *Psychology & Marketing*. 22(8): 669–694.

Fornell, C., & D. F. Larcker (1981). Evaluating structural equation models with unobservable variables and measurement error. *Journal of Marketing Research*. 18(1): 39–50.

Gobé, M. (2002). Citizen brand: 10 commandments for transforming brands in a consumer democracy. NY: Watson-Guptil.

Hatcher, L. (2003). A step by step approach to using SAS for factor analysis and structural equation modeling. NC: SAS Publishing.

Hair, J. F., W. C. Black, B. J. Babin, R. E. Anderson, & R. L. Tatham (2006). *Multivariate data analysis* (6th ed.). Upper Saddle River, NJ: Prentice Hall.

Jeong, S. W., A. M. Fiore, L. S. Niehm, & F. O. Lorenz (2009). The role of experiential value in online shopping: The impacts of product presentation on consumer responses towards an apparel web site. *Internet Research*. 19(1): 105–124.

Kim, M. J., N. H. Chung, & C. K. Lee (2010). The effect of perceived trust on electronic commerce: Shopping online for tourism products and services in South Korea. *Tourism Management*. 32(2): 256–265.

Ladhari, R. (2007a). The movie experience: A revised approach to determinants of satisfaction. *Journal of Business Research*. 60(5): 454–462.

______ (2007b). A study on the determinants of satisfaction with hedonic products. *International Business Management*. 1(3): 47–53.

Lam, T., & C. H. C. Hsu (2006). Predicting behavioral intention of choosing a travel destination. *Tourism Management*. 27(4): 589–599.

Milman, A. (2001). The future of the theme park and attraction industry: A management perspective. *Journal of Travel Research*. 40(2): 139–147.

Pine II, B. J., & J. H. Gilmore (1998). Welcome to the experience economy. *Harvard Business Review*. 76(4): 97–105.

Ryu, K., & S. Jang (2008). Influence of restaurants' physical environments on emotion and behavioral intention. *The Service Industries Journal*. 28(8): 1151-1165.

Schmitt, B. H. (1999). Experiential marketing: How to get customers to sense, feel, think, act and relate to your company and brand. NY: Free Press.

______ (2001). *Customer experience management*. Hoboken, NJ: John Wiley & Son, Inc.

Steenkamp, J., & H. van Trijp (1991). The use of LISREL in validating marketing constructs. *International Journal of Research in Marketing*. 8(4): 283-299.

Taylor, S. A., & G. Hunter (2003). An exploratory investigation into the antecedents of satisfaction, brand attitude, and loyalty within the (B2B) eCRM industry. Journal of Consumer Satisfaction, *Dissatisfaction and Complaining Behavior*. 16: 19-31.

Thomson, M., D. J. MacInnis, & C. W. Park (2005). The ties that bind: Measuring the strength of consumers' emotional attachment to brands. *Journal of Consumer Psychology*. 15(1): 77-91.

Tsaur, S. H., Y. T. Chiu, & C. H. Wang (2006). The visitors behavioral consequences of experiential marketing. *Journal of Travel & Tourism Marketing*. 21(1): 47-64.

van Dolen, W., K. de Ruyter, & J. Lemmink (2004). An empirical assessment of the influence of customer emotions and contact employee performance on encounter and relationship satisfaction. *Journal of Business Research*. 57(4): 437-444.

Yuan, Y. H., & C. Wu (2008). Relationships among experiential marketing, experiential value, *and customer satisfaction. Journal of Hospitality & Tourism Research*. 32(3): 387-410.

Yüksel, A., & F. Yüksel (2007). Shopping risk perceptions: Effects on tourists' emotions, satisfaction and expressed loyalty intentions. *Tourism Management*. 28(3): 703-713.

Zarantonello, L., & B. H. Schmitt (2010). Using the brand experience scale to profile consumers and predict consumer behaviour. *Journal of Brand Management*. 17(7): 532-540.

제4절 감성 체험의 포지셔닝

1 감성 체험관리의 필요성

엔터테인먼트적 요소를 한곳에 모아놓은 사업인 테마파크는 일상 탈출을 통해 다양한 경험을 제공할 수 있다. 또한 교육 · 상업 · 홍보 등이 포괄적으로 집적된 복합적 위락시설로서, 그 숫자는 계속 증가하고 있는 추세이다(박길영 · 김주연 · 황용섭, 2009). 현재는 외국계 글로벌 테마파크가 유치되기 시작하면서 우리나라 내에서도 지자체 주도의 지역 밀착형 중소 테마파크가 다수 개발되고 있다(경향신문, 2010). 국내 테마파크 시장은 시간이 지날수록 재방문객 확보가 주요 사안으로 떠올라 지속적으로 방문객을 유치하기 위한 전략마련이 필수요소다(임명재, 2003). 그러나 국내 테마파크 산업은 대규모 테마파크 시장의 포화 및 젊은 소비자들의 감소로 인해 그 성장세가 감소할 것이라는 예상이 점쳐지고 있다(하나금융경영연구소, 2008).

결국 테마파크의 경쟁은 경쟁사 제품과의 차별화를 통해 우위를 차지하거나 특정 세분시장에 초점을 맞춘 포지셔닝 전략이 필요하다(Olhager, 2003). 국내외 포지셔닝 관련 연구들은 속성, 서비스품질, 이미지 등을 토대로 포지셔닝 전략을 수립하였는데, 이를 테마파크에 적용하게 되는 경우 테마파크의 방문객이 즐길 수 있는 활동 자체를 고려한 접근과는 거리가 있다(이태희 · 김홍렬 · 윤설민, 2009). 이러한 관점에서 본 연구는 테마파크 경쟁력 파악을 관광객의 활동을 고려하여 체험 측면에서 접근해 보고자 했다.

3차 산업인 서비스 산업은 체험을 파는 시대가 도래했기 때문에 체험을 얼마만큼 잘 연출할 수 있느냐가 새로운 경쟁력 확보차원에서 중요하다(김성주, 2007). 이는 테마파크도 예외일 수 없다. 전국의 테마파크는 다양한 마케팅 전략을 활용하여 관광객의 요구에 맞는 신규 유 · 무형의 관광매력물 도입을 통해 경쟁력 강화를 도모하고 있다(이애주 · 김희진, 2000). 그러나 신규 하드웨어 도입의 경우 공급자 입장에서 높은 투자비용에 대해 부담이 되고 이로 인해 도입주기를 단축시키는 한계를 가지고 있다.

따라서 테마파크 운영기업은 하드웨어 도입에 비해 저렴한 투자로 기존시설의 매력도를 제고하고, 지속적으로 방문객을 유치하기 위한 방법으로 체험을 주목할 필요가 있다.

즉 전반적 체험을 통한 감각 · 감성 속성이 제품 · 서비스에 의한 유형적 속성보다 소비자 선호도에 더 큰 영향을 미치므로 체험관리가 고객 선호도 형성에 중요한 역할을 하기 때문이다(Zaltman, 2003).

이 연구는 Pine과 Gilmore가 제시한 체험경제론(Experience Economy)의 4가지 체험영역을 토대로 수도권에 위치한 국내 테마파크별 상대적 위치를 도출하여 강 · 약점 및 선호도를 파악해 보고자 실시되었다.

2 체험관련 선행연구

1. 감성 체험의 영역

테마파크는 신규시설 또는 이벤트의 지속적인 개발 및 발굴 등을 통해 이용객을 만족시켜야만 한다(최정수, 2002). 테마파크는 탑승물(ride 또는 attraction)로 대변되는 하드웨어 요소와 쇼 이벤트로 대변되는 소프트웨어 요소로 구분된다(양승훈 · 최문용 · 김민철, 2009). 따라서 바람직하고 이상적인 테마파크의 형태가 갖춰지기 위해서는 하드웨어 개발에서 탈피하여 콘텐츠 개발, 독창성 있는 연출 및 분위기 창출, 그리고 고객만족의 극대화를 위한 서비스 등의 소프트웨어적 발상이 중심이 되어야 한다(이승정 · 장정하, 2009). 이러한 관점에서 문화관광부(2006)의 테마파크 트렌드에 대한 분석자료를 살펴보면, 본연의 하드웨어 기능은 기본적으로 유지해야 하는 가운데, 하드웨어보다는 소프트웨어(예 이벤트, 퍼레이드, 가족중심 체험, 엔터테인먼트와의 융합, 엔터테인먼트 강화 등)의 기능이 더 중요함을 알 수 있다.

이처럼 테마파크에서의 체험은 질적인 측면으로서, 감동과 흥분을 느낄 수 있도록 주제 속에 다양한 이야깃거리를 치밀하게 연출해 둔 공간이자 주제의 체험적 소비를 통해 끊임없는 상상력을 발휘할 수 있게 하는 엔터테인먼트의 집합체라고 할 수 있다(한국관광학회, 2009). 이러한 테마파크의 체험은 일찍이 Pine과 Gilmore(1998)가 제시한 체험경제론의 관점에서도 찾아볼 수 있다. 이들은 테마파크가 체험의 4가지 영역(엔터테인먼트 체험, 교육 체험, 일탈 체험, 심미적 체험)을 모두 포함하는 'Sweet Spot'에 해당한다고 제시하였고(Gilmore & Pine, 2002), 몇몇 국내 연구에서도 테마파크에서의 체험을 4가지 요소로 살펴보았다.

먼저 김성주(2007)는 테마파크 체험에 있어서 교육 체험은 학습대상의 다양성, 전시물의 교육성, 학습의 유용성, 학습시간으로 살펴보았고, 미적 체험은 디자인, 심미적 관찰, 미적 경험의 소유, 심미적 관찰시간 등을 적용하였으며, 엔터테인먼트 체험은 이용의 재미, 대기시간의 능동적 노력, 기분전환, 종업원의 재미있는 서비스, 마지막으로 현실도피 체험은 스릴 추구, 신기성, 이국적 분위기, 적극적 노력 등으로 구성하였다. 하동현(2009)은 경주신라밀레니엄파크를 4가지 체험 요소로 살펴보았고, 분석결과를 토대로 교육, 엔터테인먼트, 심미적 순으로 체험이 방문객의 만족도에 영향을 미쳤다고 제시하였다.

한편 체험경제론에서 제시한 4가지 체험영역의 특징을 살펴보면 다음과 같다. 첫 번째로 엔터테인먼트 체험은 가장 오래되고 가장 발달된 체험이지만 적극적인 영역은 아닌 것으로(김성주, 2007), 공연관람, 음악감상, 독서 등을 통해 흡수되는 체험을 의미한다(Pine & Gilmore, 1999). 이를 테마파크 내 체험으로 보면, 퍼레이드, 동물 주제의 공연, 서커스, 마술쇼, 음악공연, 3D 또는 4D 상영관, 인형극 등을 관람하는 것이라고 할 수 있다(김지희, 2011).

두 번째로 교육 체험은 정보 및 지식을 제공하고 이에 대한 능력을 향상시키는 체험을 의미하는 것으로(박수경 · 박지혜 · 차태훈, 2007), 배운다는 것 자체가 스스로의 탐색과 참여가 필요하기 때문에 현실도피 체험과 함께 적극성을 가지고 있는 영역이라고 할 수 있다(김성주, 2007). 이를 테마파크 내 체험으로 보면, 주로 입장료 외 추가 금액을 부과하는 경우가 많은데, 주로 연간회원을 대상으로 실시되는 환경아카데미, 도자기 만들기, 캐릭터 드로잉 스쿨 등을 사례로 제시할 수 있다(김지희, 2011).

세 번째로 일탈 체험은 공연 관람과 같은 소극적 상태를 넘어 실제 발생하는 이벤트에 영향을 미치는 요소로서(Pine & Gilmore, 1998), 다른 체험영역(엔터테인먼트 체험, 교육 체험)과 비교해 보았을 때 훨씬 더 몰입의 강도가 강한 체험적 행동과 관련이 있다(김성주, 2007). 이를 테마파크 내 체험으로 보면, 탑승형 놀이시설을 들 수 있다(김지희, 2011). 심미적 체험은 주변 환경에 인위적 요소를 가미하지 않은 그대로의 상태를 의미하며(김성주, 2007), 이를 테마파크 내 체험으로 보면, 계절별 연출되는 축제나 가든, 할로윈이나 크리스마스와 같은 주제에 맞춰 연출된 포토존 내지 거리 감상 등이 심미적 체험의 사례라고 할 수 있다(김지희, 2011).

2. 포지셔닝 관점에서의 중요도-성취도 분석과 선호분석

경쟁 시장 간 소비자의 선호 정도와 경쟁 상대의 위치를 파악하기 위해 작성된 것을 지각도(perceptual map)라 하고, 지각도 위에 위치화시키는 것을 포지셔닝이라고 한다(이훈영, 2009). 이에 포지셔닝은 브랜드와 속성, 이미지 등을 지각도에 표시하고, 소비자 선호 정도를 나타내기 위해 요인분석, 판별분석, 컨조인트분석, 다차원척도법 등의 다변량 분석기법을 활용하고 있지만(신수연 · 조정아, 2009), 분석기법별로 강 · 약점을 지니고 있는 것 또한 사실이다(유도재 · 김성혁, 2005). 이에 본 연구에서는 여러 분석 방법들을 혼합하여 포지셔닝 전략을 도출하기 위해 중요도-성취도 분석과 선호분석을 함께 사용하였다.

이러한 관점은 기존 선행연구(김지희 · 임철환 · 이문주 · 한진수, 2010)에서도 접근한 방식으로서, 일반적으로 IPA는 중요도-성취도 간 평균차이를 토대로 결과해석이 용이하다는 점에서 실무적 관점의 접근인 반면에 선호분석(MDPREF)은 다차원척도법 중 하나로서, 선호도 및 이상점을 동시에 고려하여 인지도를 도출할 수 있다는 점에서 응답자(관광객) 관점이라고 할 수 있다. 따라서 실무자들을 위한 용이한 적용과 응답자들의 인지도를 함께 파악할 수 있다는 점에서 IPA와 MDPREF를 혼합한 방식의 적절성을 찾아볼 수 있다.

1) 중요도-성취도 분석(IPA: Importance-Performance Analysis)

IPA는 속성별 중요도와 성취도 간 측정된 값의 차이의 크기를 바탕으로 전략적 우선순위를 판단하는 접근방법으로서(Deng, 2007), Martilla와 James(1977)의 연구에서 처음 제안된 이래로 관광분야에서 전략적 경영의 맥락에서 넓게 적용되어 왔다(Lai & To, 2010). 이렇게 널리 적용된 IPA 기법은 분석의 간편성, 적용의 용이성, 저비용 등의 여러 장점들이 있으나(Hawes & Rao, 1985), 가장 큰 유용성은 가장 우선적으로 개선해야 할 항목을 도출할 수 있다는 점에 있다(김성우, 2008). 이에 최근까지도 IPA 관련 연구들은 제품이나 서비스의 고객만족 형성에 있어서 기여하는 결정적 요인을 도출하기 위해 많은 연구 관계자들(예 실무자, 연구자)에 의해 활용되고 있다(Lee & Lee, 2009).

IPA의 과정은 크게 4단계로 이루어지는데, 첫 번째는 중요 속성을 선별하는 단계, 두 번째는 설문조사 단계, 세 번째는 실행격자 도출 단계, 네 번째는 실행격자 해석 단계로 구분할 수 있겠다(최정우, 2008). 이러한 과정 속에서 IPA의 핵심은 두 가지로 구분할 수 있는데, 하나는 중요도와 성취도가 교차하도록 중심점을 선정하는 방법을 정하는 것이고, 다른 하나는 중심점에 의해 도출된 4개 사분면의 해석을 위해 의미를 부여하는 것이다.

먼저 중심점을 선정하는 것은 평가항목의 위치를 결정함과 동시에 위치에 따른 전략 방안을 제시하는 기준이 된다는 점에서 중요한데(Oh, 2001), 선행연구에 의하면 척도의 중앙값을 활용하는 방법, 표준편차에 의한 계산방법, 평가항목에 대한 평균값의 최대값과 최소값의 중앙값을 활용하는 방법, 전체적 분포를 고려한 임의적 방법 등 4가지가 중심점을 설정하는 방법으로 알려져 있다(Deng, Kuo, & Chen, 2008). 지금까지 IPA와 관련된 대부분의 연구들은 평균값을 중요도-성취도의 격자 선택의 중심축으로 추천하고 있고(O'Neill & Palmer, 2004), Martilla와 James(1977)도 평균값과 중앙값이 비슷한 값을 이룬다면 IP 매트릭스의 격자로 평균값을 사용하는 것이 바람직하다고 제시하였다.

이후 중심점을 선정하게 되면 중요도와 성취도를 교차하게 되는데, 먼저 높은 중요도와 높은 성취도를 의미하는 I 사분면(유지: Keep up the Good Work)은 강점 항목으로 볼 수 있고, II사분면(집중: Concentrate Here)은 높은 중요도와 낮은 성취도로서 I 사분면과 반대로 약점 항목이라고 할 수 있다. 한편 저우선순위(Low Priority)에 해당하는 III사분면은 낮은 중요도, 낮은 성취도로 나타나며, IV사분면(불필요 강점: Possible Overkill)은 낮은 중요도, 높은 성취도로 도출된다. 이렇게 도출된 결과는 정해진 자원(예 인력, 예산)하에 우선적 해결이 필요한 사항을 결정하는 데 유용한 자료를 제공해 주는데, 그중 II사분면에 위치한 항목들이 우선적 개선이 필요한 대상이 된다(표성수, 2009; Zhang & Chow, 2004).

2) 다차원척도법과 선호분석(MDPREF)

다차원척도법(MDS: Multi-Dimensional Scaling)은 대상에 대해 관광객이 인지한 친숙함 정도를 풀이하고 대상에 대한 속성과 결합된 포지셔닝 전략을 도출하기 위해 응용되고 있는 분석기법으로서(오민재, 2007), 자사 브랜드와 경쟁사 브랜드 간 비교의 포지셔닝을 매니저들이 이해하도록 제공하는 인지도(perceptual mapping) 분석의 전형적 방법이다.

다차원척도법은 크게 PC-MDS에 의한 방법들(예 KYST, PROFIT, INDSCAL, MDPREF, PREFMAP)과 SPSS에 의한 방법들(ALSCAL, PROXSCAL)로 분류할 수 있지만, 보통은 분석

의 목적에 따라 위의 여러 방법들이 상이하게 사용된다(윤설민 · 이소윤, 2011). 보통은 KYST, PROFIT, MDPREF, PREFMAP 등이 많이 이용되지만(최소연 · 고언정, 2010), 절대적인 것은 아니기 때문에 분석을 위해 준비한 데이터의 특성이나 연구자가 세운 연구목적 등을 충분히 고려하여 적절한 방법을 선택하는 것이 바람직하다.

이 연구는 수도권 내 테마파크별, 그리고 테마파크 내 체험별 선호도에 초점을 두어 PC-MDS의 기법 중 선호분석(MDPREF)을 적용하였다. MDPREF(Multi Dimensional PREFerence)는 단순히 선호도를 측정한 자료(즉 서열척도)만을 통해 하나의 지각도에 표현할 수 있는 방법으로서(이훈영, 2008), 평가 대상들(예 테마파크, 체험 요소 등)과 응답자 선호 벡터를 한 공간에 표시하여 하나의 그림 형태로 보여주는 선호분석 프로그램을 의미한다(김충련, 2003). MDPREF에 사용되는 서열척도는 일반적으로 그 순위를 소비자가 직접 비교하여 입력하기 때문에 신제품에 대한 新포지셔닝(또는 리포지셔닝), 마케팅 믹스 전략수립 등의 정보를 제공해 줄 수 있다는 장점을 가진다(이태희 · 김홍렬 · 윤설민, 2008).

MDPREF는 평가대상에 대한 행과 열의 매트릭스 자료를 통한 주성분 분석으로서, 흔히 벡터모델이라고도 하는데, 이는 응답자와 분석대상들을 인지도로 표현하는 것을 목적으로 한다. 벡터모델은 응답자의 벡터 끝부분이 최대의 선호도가 되는 점을 의미하기 때문에 벡터의 원점에서 각 응답자의 벡터를 나타내기 위해서는 원점에서 각 응답자의 벡터 끝부분까지 선을 연결하고, 평가 대상의 점들이 응답자 벡터 위에 표시되게 된다(김충련, 2003). MDPREF는 응답자와 대상 간 선호관계 파악에 유용하지만, 이상점(IP: Ideal Point)을 도출하지 못한다는 약점이 있다(윤유식 · 오정학 · 박경연, 2009). 이에 본 연구에서는 추가적으로 이상점을 도출하였다. 즉 선호분석에 의해 작성된 지각도에 소비자들이 가장 이상적이라고 생각하는 제품 · 속성을 발견할 수 있음을 의미한다. 만약 현재의 제품(예 테마파크) · 속성(예 체험 요소)이 이상점과 멀리 떨어져 있다면 상대적으로 매력이 없다는 것을 의미하기에 제품 · 속성을 개선하여 이상점과 최대한 가까이 위치시키는 것이 중요하다.

3 포지셔닝 전개방법

1. 조사설계

테마파크에서의 체험을 기준으로 국내 테마파크별 경쟁력을 파악하고, 테마파크와 테마파크의 체험에 대한 선호도를 도출하고자 했다. 한국문화관광연구원의 2010년 10대 핵심적인 관광 트렌드 중 하나로 트라이투어슈머(trytoursumer)를 제시하였는데(심원섭, 2010), 이는 체험이 바탕이 된 가치지향적 소비 관광이 확산되고 있음을 의미한다. 테마파크는 유희적인 놀이시설과 화려한 퍼포먼스를 무기로 관광객의 체험과 밀접하게 관련된 관광목적지로서, 국내 주요 테마파크의 경쟁력과 선호도를 체험의 관점에서 파악하는 것은 본질적으로 중요한 문제이다. Gilmore와 Pine(2002)에 의하면, 환대산업에서는 더 이상 서비스를 판매하는 것으로는 부족하기 때문에 체험의 활용이 필수적임을 강조하였다. 따라서 수도권에 위치한 국내 주요 테마파크를 대상으로 Pine과 Gilmore(1998)가 제시한 체험(엔터테인먼트 체험, 교육 체험, 일탈 체험, 심미적 체험)의 관점을 적용하여 테마파크별 경쟁력을 IPA를 통해 살펴보고, 이후 테마파크와 테마파크 내 체험 활동의 선호도를 MDS의 기법 중 MDPREF 분석을 실시하여 도출하는 순으로 연구를 진행하였다. 이처럼 테마파크에서의 체험을 기준으로 한 것은 테마파크 산업의 가치 창출 및 차별화 전략 수립에 체험이 중요하기 때문으로 해석할 수 있다.

2. 설문 구성 및 변수의 정의

설문은 체험의 중요도와 성취도 평가, 테마파크와 체험별 선호순위, 그리고 인구통계학적 특성 등으로 구성하였다. 구체적으로 체험의 중요도는 "테마파크 내 체험 요소에 대해 중요하다고 인지하는 정도"로서, Pine과 Gilmore(1998)가 제시한 4가지 체험영역에 대한 중요도 정도를 Likert 5점(1 = 전혀 중요하지 않다~5 = 매우 중요하다) 척도로 측정하였고, 이에 따른 성취도는 "체험 요소별 테마파크에서의 체험에 대해 만족하는 정도"로서, 테마파크별로 평가하도록 구성하였으며, Likert 5점(1 = 전혀 그렇지 않다~5 = 매우 그렇다) 척도로 측정하였다. 또한 선호도는 테마파크(에버랜드, 롯데월드, 서울랜드, 어린이대공원),

체험(엔터테인먼트, 교육, 일탈, 심미적)별 상대적 선호 순위를 서열척도(각각 1~4순위)로 기입하도록 구성하였다. 다음으로 인구통계학적 특성은 성별, 연령, 결혼여부, 교육수준, 직업, 월평균가계소득 등 6개 문항을 명목척도와 비율척도로 조사하였다.

한편 설문내용은 비교적 단순하게 작성되었기 때문에 연구결과를 정확하면서도 효율적으로 도출하기 위하여 2가지 주안점을 토대로 설문지를 구성하였다. 첫 번째는 설문 응답자가 연구에 적합한지를 선별하기 위해 스크리닝(screening) 문항을 사용하였다. 즉 설문내용의 응답에 앞서 스크리닝 문항을 통해 방문경험이 있는 테마파크를 체크하도록 질문하였고, 4개의 테마파크를 모두 경험하지 않은 응답자는 이후 설문 응답을 받지 않도록 하였다. 두 번째는 테마파크에서의 체험 종류에 대한 이해를 돕고자 〈표 1〉과 같은 설명과 함께 테마파크 내 체험 관련 사례를 사진으로 설문지에 제시하였다.

표 1 테마파크 내 체험에 대한 정의 및 종류

체험 구분	내용
엔터테인먼트	• 정의: 공연 관람, 음악 감상, 독서 등 감각을 통해 소극적으로 흡수하는 체험 • 종류: 퍼레이드, 동물 주제의 공연/서커스, 마술쇼, 음악공연, 인형극 등
교육	• 정의: 정보 및 지식을 제공하여 배울 수 있도록 하는 체험 요소로서, 적극적 참여에 의해 흡수되는 체험 • 종류: 도자기 만들기, 캐릭터 드로잉, 환경아카데미 등 주로 연간회원 대상
일탈	• 정의: 몰입이 강한 상태로 방문객을 이끄는 체험으로 현실의 상황을 잊게 만드는 영역 • 종류: 탑승형 놀이시설
심미적	• 정의: 인위적 요소를 가미하지 않은 심미적 요소를 체험하고 감상하는 것 • 종류: 계절별 꽃 주제 축제/가든, 특정 주제의 포토존/거리

〈엔터테인먼트 체험〉

[서울랜드 아찔입체관]

〈교육 체험〉

[에버랜드 동물사랑단]

〈일탈 체험〉

[롯데월드 자이로드롭]

〈심미적 체험〉

[어린이대공원 음악분수]

3. 표본과 자료수집

모집단은 국내 테마파크 방문 경험이 있는 성인 남·여로 정의하였고, 구체적인 연구 표본은 국내 테마파크 방문 경험(1년 내)이 있고, 수도권에 위치한 4개 테마파크(에버랜드, 롯데월드, 서울랜드, 어린이대공원)를 모두 가본 적이 있는 사람들로 국한시켰다. 즉 스크리닝 문항을 이용하여 4개의 테마파크를 모두 방문한 사람에게만 설문지 응답을 하도록 배포하였다. 이에 설문조사는 2010년 10월 18일부터 30일까지 약 2주 동안 대학가 및 업무중심가(예 강남)에서 편의표본추출방법에 의해 실시되었다. 조사원들은 6명이 조사목적·방법·내용 등을 충분히 교육받은 후 설문조사를 진행하였고, 자기기입식과 개별면접방식을 병행하여 설문을 작성하도록 하였다. 이러한 과정을 통해 350부의 설문지를 배포·회수하였고, 불성실하게 응답한 설문지를 제외한 293부를 유효표본으로 구성하여 실증분석에 사용하였다.

설문조사를 통해 획득된 자료는 먼저 자료 입력 시 발생할 수 있는 오류 등의 시스템적 문제를 해결한 후 다음과 같은 실증분석을 실시하였다. 첫째, 응답자의 기본특성을 파악하기 위해 빈도분석을 실시하였다. 둘째, 체험에 대한 성취도 항목의 평균값 및 내적 일관성을 파악하기 위해 기술통계분석 및 신뢰도분석(Cronbach's α계수)을 실시하였다. 셋째, 테마파크별 체험의 중요도-성취도 간 차이를 살펴보기 위해 대응표본 t-검증을 실시하였고, 이를 IP Matrix로 제시하였다. 넷째, 테마파크와 테마파크 내 체험 활동에 대한 응답자의 선호도 및 개별/전체 이상점을 도출하기 위해 선호분석(MDPREF)과 다중회귀분석을 실시하였다.

이 연구는 테마파크 체험에 대한 포지셔닝을 IPA와 MDPREF 분석을 병행하여 사용하였는데, 이는 실무자의 입장을 고려함과 동시에 응답자의 선호 인지를 복합적으로 고려하였다는 점에서 의의가 있다. 즉 포지셔닝을 위한 분석기법에는 다양한 다변량 분석들이 사용되는 가운데 중요도-성취도 분석은 한정된 자원 내에서 성취도 극대화 방안에 적합한 자원배분에 활용하기 위해 많이 사용되는데(박승식, 2008), 이는 실무자들이 정해진 시간과 비용을 가지고 우선순위를 두고 집중할 요소에 대한 정보를 얻을 수 있다는 장점을 가진다(박종진·김창수, 2008). 반면에 선호분석(MDPREF)은 중요도-성취도 분석 결과를 통한 유지 또는 개선사항에 대해 테마파크별 경쟁관계 이외에 미래 테마파크 산업의 발전 방향을 수립하는 데 기초가 될 수 있는 응답자의 선호 정도를 인지도로 도출하였기 때문에 응답자 중심의 관계를 파악할 수 있다는 장점을 가진다. 따라서 중복된 의미가 아닌 경우라면 여러 포지셔닝 기법을 병행하는 것은 또 다른 마케팅적 · 실무적 제안이 가능하다는 점에서 장점이 될 수 있을 것으로 판단된다.

4 감성 체험 포지셔닝 분석결과

1. 응답자 특성에 대한 빈도분석 결과

먼저 성별은 남성(182명)이 여성(111명)보다 더 조사되었고, 연령은 20대가 216명으로 가장 많은 분포를 나타냈다. 교육수준은 주로 대학교(248명)인 것으로 나타났고, 주로 미혼(220명)임을 알 수 있다. 직업은 전문직/사무직(126명), 학생(96명) 순으로 나타났으며, 월평균가계소득은 400만 원 이상(122명), 200만 원대(84명)가 많음을 알 수 있다. 설문조사 장소가 대학가와 업무중심지구에서 실시되었던 점에서 20대는 주로 대학교 재학이나 대학교 졸업이 많았음을 가늠해 볼 수 있고, 월평균가계소득이 400만 원대와 200만 원대가 많은 것은 업무중심지구 내 직장인들이 유효표본에 많이 포함되었음을 의미한다.

표 2 유효표본에 대한 빈도분석 결과

구분		빈도(n)	비율(%)	구분		빈도(n)	비율(%)
성별	남성	182	62.1	연령	20대	216	73.7
	여성	111	37.9		30대 이상	77	26.2
교육 수준	고등학교 이하	1	.3	결혼 여부	미혼	220	75.1
	전문대	11	3.8		기혼	73	24.9
	대학교	248	84.6	직업	학생	96	32.8
	대학원 이상	33	11.3		서비스직	11	3.8
월평균 가계 소득	200만 원 미만	43	14.8		전문직/사무직	144	49.1
	200~299만 원	84	28.9		생산직/기술직	22	7.5
	300~399만 원	42	14.4		기타	20	6.8
	400만 원 이상	122	41.9	합계(N)		293	100.0

2. 연속형 측정변수의 기본적 특성

테마파크별 체험 요소에 대한 성취도 정도를 평가한 항목들을 토대로 기술통계분석과 신뢰도분석을 실시하였다. 먼저 평균값은 에버랜드와 롯데월드가 보통(3점) 이상으로 나타난 반면에 서울랜드는 심미적 체험, 어린이대공원은 교육 체험만이 보통을 약간 상회하였고, 나머지 항목들은 보통 이하로 나타났다. 한편 테마파크별 체험의 구성개념의 내적 일관성을 살펴본 Cronbach's α 계수에서 모두 .7 이상으로 나타났고, 전체 신뢰계수(α = .783)를 저해하는 항목이 없기 때문에 측정항목들의 신뢰성은 확보되고 있음을 확인할 수 있다.

표 3 테마파크별 측정변수의 기술통계량 값 및 신뢰계수

테마파크명	변수명	평균[a]	표준편차	신뢰계수(α)	
				항목제거 시	전체
에버랜드	엔터테인먼트 체험	3.69	.981	.779	.783
	교육 체험	3.63	1.096	.770	
	일탈 체험	4.11	.901	.773	
	심미적 체험	4.20	.986	.780	
롯데월드	엔터테인먼트 체험	3.47	1.061	.763	
	교육 체험	2.52	1.075	.773	
	일탈 체험	4.06	.965	.773	
	심미적 체험	3.39	1.053	.768	
서울랜드	엔터테인먼트 체험	2.71	.943	.760	
	교육 체험	2.82	.950	.766	
	일탈 체험	2.83	.868	.777	
	심미적 체험	3.01	1.000	.762	
어린이대공원	엔터테인먼트 체험	2.30	1.057	.773	
	교육 체험	3.08	1.172	.776	
	일탈 체험	2.08	.947	.775	
	심미적 체험	2.60	1.060	.775	

주) [a] Likert 5-point scale(1 = 전혀 그렇지 않다, 3 = 보통, 5 = 매우 그렇다)

3. 중요도 - 성취도 분석결과

테마파크별 체험 항목에 대한 IP 매트릭스를 작성하기 전에 체험 항목별 중요도와 성취도 간 평균값의 차이가 있는지를 대응표본 t-검증을 통해 살펴보았다. 대응표본 t-검증 결과, 에버랜드와 롯데월드는 교육 체험과 심미적 체험에서 중요도와 성취도 간 평균값의 차이가 통계적으로 유의한 것으로 나타났고, 서울랜드는 모든 체험 항목이 중요도와 성취도 간 평균값의 차이가 발견되었다. 반면에 어린이대공원의 경우 교육 체험만이 통계적으로 유의하지 않고, 나머지 체험 항목들은 통계적으로 유의한 것을 알 수 있다.

이에 〈그림 1~4〉와 같이 IP 매트릭스를 살펴보면, 심미적 체험은 모든 테마파크가 지속적으로 유지해야 할 부분인 것으로 나타난 가운데, 에버랜드는 일탈 체험, 롯데월드는 엔터테인먼트 체험, 일탈 체험이 심미적 체험과 함께 유지되어야 할 항목으로 나타났다. 반면에 롯데월드만이 II사분면(집중)에 해당하는 항목이 없었고, 나머지 테마파크는 엔터테인먼트 체험의 개선이 필요함을 알 수 있으며, 서울랜드와 에버랜드의 경우에는 엔터테인먼트 체험 이외에 일탈 체험의 개선도 필요함으로 나타났다. 마지막으로 교육 체험은 어린이대공원을 제외하고는 모두 저순위에 위치하였는데, 이는 유희적 목적지인 테마파크에서의 인지적 성향을 의미하는 교육 부분은 관광객 입장에서는 크게 중요하지 않음을 알 수 있다. 다만 어린이대공원만이 IV사분면(과잉)에 위치하였는데, 이는 어린이대공원이 나머지 테마파크에 비해 교육적 부분의 성격을 갖추고 있음을 유추해 볼 수 있는 대목이다.

표 4 테마파크별 대응표본 t-검증 결과 및 IPA 결과

구분	No.	변수명	중요도		성취도		평균 차이	t값	p값
			M	S.D	M	S.D			
에버랜드	1	엔터테인먼트 체험	3.65	1.034	3.69	.981	-.03	-.497	.620
	2	교육 체험	3.08	1.114	3.63	1.096	-.55	-7.076	.000***
	3	일탈 체험	3.98	1.080	4.11	.901	-.14	-1.957	.051
	4	심미적 체험	3.71	1.068	4.20	.986	-.50	-7.544	.000***
	평균(중앙값)		3.60(3.75)		3.91(4.00)				

구분	No.	변수명	중요도 M	중요도 S.D	성취도 M	성취도 S.D	평균차이	t값	p값
롯데월드	1	엔터테인먼트 체험	3.65	1.034	3.47	1.061	.18	2.435	.015*
	2	교육 체험	3.08	1.114	2.52	1.075	.56	6.832	.000***
	3	일탈 체험	3.98	1.080	4.06	.965	−.09	−1.325	.186
	4	심미적 체험	3.71	1.068	3.39	1.053	.31	3.927	.000***
	평균(중앙값)		3.60(3.75)		3.36(3.00)				
서울랜드	1	엔터테인먼트 체험	3.65	1.034	2.71	.943	.94	12.519	.000***
	2	교육 체험	3.08	1.114	2.82	.950	.26	3.316	.001**
	3	일탈 체험	3.98	1.080	2.83	.868	1.15	15.365	.000***
	4	심미적 체험	3.71	1.068	3.01	1.000	.70	8.682	.000***
	평균(중앙값)		3.60(3.75)		2.84(3.00)				
어린이대공원	1	엔터테인먼트 체험	3.65	1.034	2.30	1.057	1.35	16.807	.000***
	2	교육 체험	3.08	1.114	3.08	1.172	.00	−.037	.970
	3	일탈 체험	3.98	1.080	2.08	.947	1.89	22.079	.000***
	4	심미적 체험	3.71	1.068	2.60	1.060	1.11	12.593	.000***
	평균(중앙값)		3.60(3.75)		2.52(2.50)				

주) *p<.05, **p<.01, ***p<.001

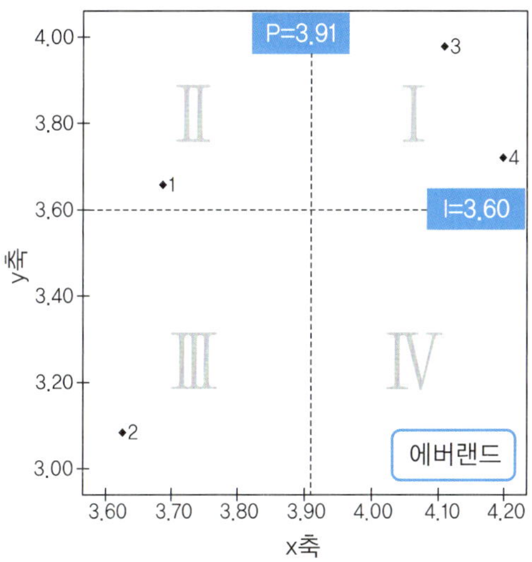

〈그림 1〉 에버랜드의 IP 매트릭스

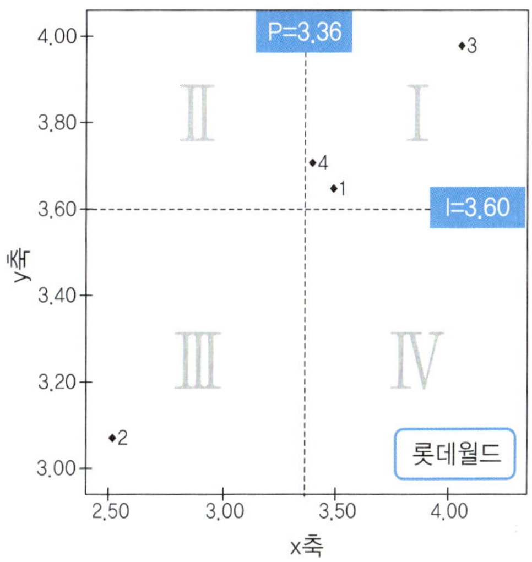

〈그림 2〉 롯데월드의 IP 매트릭스

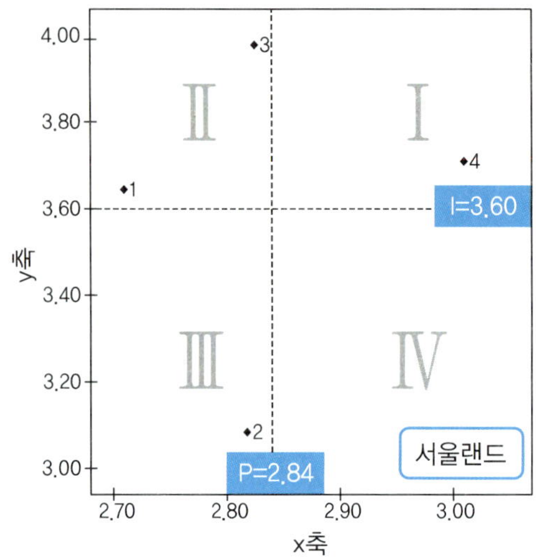

〈그림 3〉 서울랜드의 IP 매트릭스

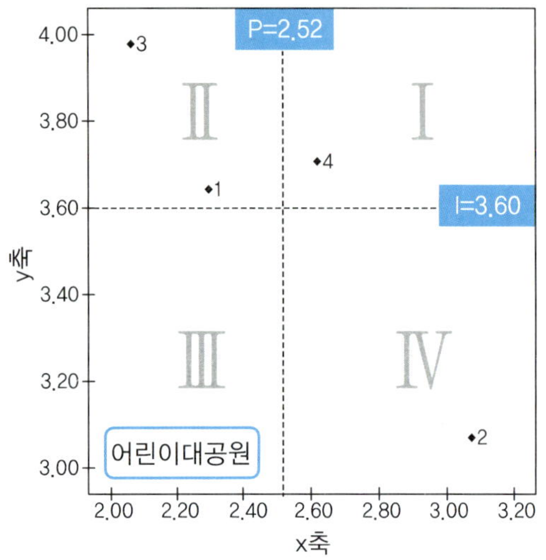

〈그림 4〉 어린이대공원의 IP 매트릭스

4. 테마파크와 테마파크 내 체험에 대한 선호분석 결과

다음으로 서열자료만을 입력하여 4개의 테마파크에 대한 응답자들의 선호 벡터(subject vector)를 하나의 공간 위에 나타내주는 선호분석(MDPREF)을 실시하였다. 분석결과를 해석하기에 앞서 2차원상에 도출된 모형의 적합도를 의미하는 STRESS값을 살펴보아야 하는데, 본 연구에서는 STRESS값이 .043, 설명력(R^2)은 99.8%로 나타나 테마파크에 대한 선호도 모형은 높다고 할 수 있다.

구체적으로 4개의 테마파크를 theme1~4로 좌표점을 표시하였고, 개별 응답자 293명의 이상점은 「◆」로 지각도상에 표시하였다. 결과적으로 theme1(에버랜드)과 theme2(롯데월드)에 응답자들이 많이 분포되어 있어 선호하는 테마파크라고 볼 수 있다. 하지만 이는 객관적인 기준이 모호하기 때문에 추가적으로 전체 응답자의 이상점을 도출할 필요가 있다. 따라서 전체 이상점 도출을 위해 4개 테마파크에 대한 2차원(X, Y)의 좌표값, 그리고 이를 자승하여 합한 자승합 값(X^2+Y^2)을 독립변수로 사용하고, 선호순위의 평균값을 종속변수로 하는 다중회귀분석을 실시하여 전체 이상점 위치를 도출하였고, 그 결과 전체 이상점은 X좌표가 −.037, Y좌표가 .036으로 나타났고, 종속변수를 서열척도로 조사한 선호순위를 사용하였기 때문에 작은 숫자의 서열이 높은 선호를 의미한다. 따라서 전체 이상점과 가장 가까운 theme1(에버랜드)이 가장 선호되는 테마파크임을 확인할 수 있다.

다음으로 테마파크에서의 체험 요소 4개에 대한 선호분석을 실시하였는데, 먼저 STRESS값은 .043, 설명력(RSQ) = .998로 2차원상에 도출된 좌표값에 의한 모형적합성은 높다고 할 수 있다. 4개의 체험 요소는 exp1~4로 좌표점을 표시하였고, 개별 응답자의 이상적 위치는 「◆」로 맵에 표시하였다. 분석결과 전체 이상점과 가장 가까운 좌표가 가장 선호되는 테마파크에서의 체험으로 해석할 수 있고, 이에 이상점과의 거리가 1.687로 가장 가까운 일탈 체험이 엔터테인먼트 체험(d = 1.860), 심미적 체험(d = 1.949), 교육 체험(d = 2.236)보다 더 선호되는 테마파크에서의 체험 활동임을 알 수 있다.

표 5 테마파크와 테마파크 내 체험별 선호 포지션과 응답자 개별 및 전체 이상점 좌표

좌표점	변수명	독립변수			종속변수	이상점과의 거리
		X	Y	X^2+Y^2	선호순위	
theme1	에버랜드	1.268	.830	2.297	1.311	1.526
theme2	롯데월드	−2.408	−1.281	7.439	1.973	2.714
theme3	서울랜드	−.219	4.247	18.085	3.140	4.212
theme4	어린이대공원	−1.678	4.439	22.520	3.577	4.696
STRESS = .046, RSQ = .998		이상점	X좌표값	−.037	Y좌표값	.039

좌표점	변수명	독립변수			종속변수	이상점과의 거리
		X	Y	X^2+Y^2	선호순위	
exp1	엔터테인먼트 체험	1.541	−1.099	3.582	2.273	1.860
exp2	교육 체험	1.780	1.473	5.338	3.157	2.236
exp3	일탈 체험	−1.596	−.248	2.609	2.137	1.687
exp4	심미적 체험	.671	1.889	4.019	2.430	1.949
STRESS = .043, RSQ = .998		이상점	X좌표값	.067	Y좌표값	.036

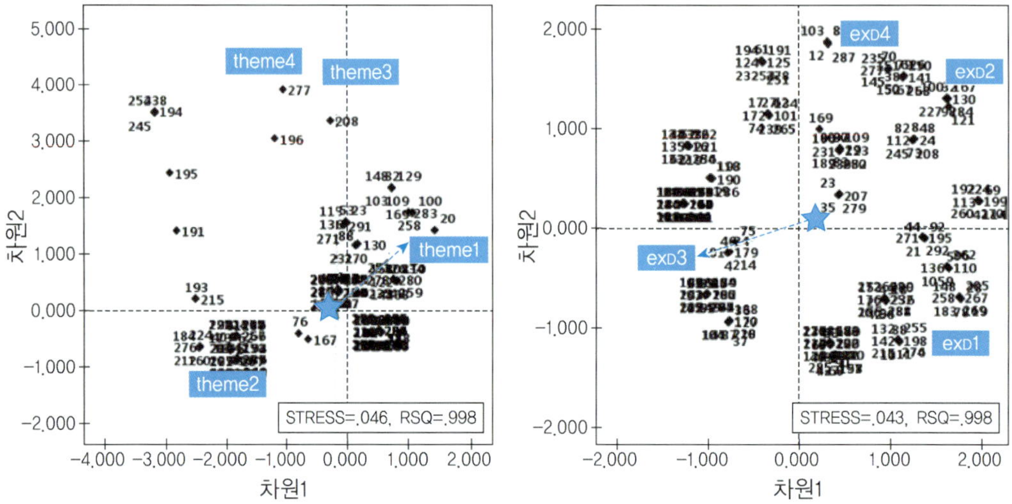

5 감성 체험과 경쟁력

이 연구는 수도권에 위치한 4개의 테마파크를 대상으로 체험 활동에 따른 테마파크의 경쟁력을 확인하고, 이후 테마파크와 테마파크 내 체험 활동에 대한 선호도를 확인해 보기 위해 실시되었다. 이러한 경쟁력 및 선호도 파악은 향후 테마파크 산업뿐만 아니라 체험적 마케팅 활동에 시사점을 줄 수 있다는 점에서 의의가 있겠다. 이에 실증분석을 통해 몇몇 시사점을 도출하면 다음과 같다.

첫째, 테마파크별 체험에 대한 중요도-성취도 분석결과, 모든 테마파크에서 공통적으로 심미적 체험에 대한 유지가 필요함을 확인할 수 있었다. 심미성은 주변 환경에 방문객을 더 몰입하게 돕는 요소로서, 다소 수동적이면서 소극적인 체험이라고 할 수 있다. 결국 테마파크는 어트랙션만을 탑승해서 체험을 하는 것이 아니라 주변 여건에 대한 아름다운 요소들 또한 현대사회의 테마파크 산업에서는 중요하다는 것을 알 수 있다. 한편 에버랜드와 롯데월드는 이외에 일탈 체험 또한 지속적인 유지가 필요한 것으로 나타났는데, 이는 서울랜드나 어린이대공원에 비해 상대적으로 다양한 어트랙션이 많이 제공되고 있고, 체험을 제공해 주는 많은 이벤트들이 존재하고 있음을 단편적으로 보여주는 결과이다.

일반적으로 탑승시설과 같은 물리적 환경은 많은 투자비용이 들기 때문에 탑승시설의 확대는 빠른 시간 안에 해결할 수 있는 부분이 아니다. 따라서 주변 환경의 개선이나 이벤트, 또는 테마파크 내 직원들의 복장 등을 현실과 차이가 있는 모습으로 꾸며야 할 것이다. 그 외에 롯데월드만이 엔터테인먼트 체험이 잘 갖춰진 것으로 판단할 수 있는데, 이는 다른 테마파크와 달리 실내와 실외 환경을 모두 갖추고 있기 때문에 기후적 변화에 실내 환경은 크게 영향을 받지 않고, 엔터테인먼트 체험 요소를 제공할 수 있음을 의미한다.

롯데월드의 경우 실내 테마파크의 구성은 다른 테마파크와 크게 차이가 없지만, 실외는 인공 호수에 인공 섬을 만들어 그곳에 체험 요소를 제공하고 있기 때문에 어트랙션을 타는 즐거움의 환경이 다른 곳과 차이가 있고, 도심이라는 환경에 호숫가를 배경으로 건설된 실외 테마파크는 오히려 다양한 엔터테인먼트 체험에 시너지 효과를 주고 있는 것으로 해석할 수 있다.

반면에 롯데월드만이 4개의 체험 요소 중 개선이 필요한 요소가 없는 것으로 나타난 가운데 에버랜드, 서울랜드, 어린이대공원은 공통적으로 엔터테인먼트 체험에 대한 개선이 필요한 것을 알 수 있다. 이는 앞서 언급한 것처럼 롯데월드가 위치한 장소의 특수성에서 이런 결과가 도출되었다고 볼 수 있다. 롯데월드는 실내·외 환경을 다 갖추고 있어 기후적 변화라는 외생변수에 가장 적극적으로 대처하여 체험 요소를 제공할 수 있고, 도심에 위치하여 접근성에서 우수하다는 장점이 있으며, 테마파크 이외에 백화점, 아이스링크, 시네마 등 복합적인 유희 요소가 있는 것이 테마파크 체험에 영향을 미치는 것으로 볼 수 있다.

다른 세 곳의 테마파크는 엔터테인먼트 체험에 대한 개선이 필요하다고 나타났는데, 이는 어트랙션의 개선도 중요하지만 테마파크로서의 물리적 환경에 대한 부분에 더 초점을 맞추어야 함을 의미한다. 롯데월드의 경우 사건·사고로 인해 잠시 휴장을 하고 리모델링하는 시기를 거치면서, 환경적인 개선을 하게 되었는데, 이와 마찬가지로 테마파크의 환경은 최대한 일탈적이면서, 유희적인 요소도 갖추어야 할 것이다. 한편 서울랜드와 어린이대공원은 이외에도 일탈 체험이 상대적으로 부족한 것으로 나타났는데, 이는 에버랜드와 롯데월드가 가진 규모에 비해 두 곳이 큰 영향력을 갖추지 못하기 때문으로 오히려 적합한 테마를 정해 틈새시장을 노리는 것이 필요함을 의미한다. 그런 점에서 에버랜드, 롯데월드, 서울랜드는 교육 체험이 Ⅲ사분면(저순위)에 속했지만, 어린이대공원은 Ⅳ사분면(과잉)에 속하고 있다는 점에서 어린이대공원은 어트랙션 위주가 아닌 교육성이라는 고유 영역이 존재함을 확인할 수 있다.

둘째, 테마파크 선호도에서는 에버랜드가 다른 테마파크에 비해 압도적인 선호도를 보이고 있었다. 결국 롯데월드를 비롯한 나머지 테마파크가 에버랜드와 경쟁하기 위해서는 무엇보다도 적극적인 방문객 유치가 필요함을 알 수 있다. 결국 롯데월드를 비롯한 나머지 테마파크가 에버랜드와 경쟁하기 위해서는 무엇보다도 적극적인 방문객 유치가 필요함을 알 수 있다.

셋째, 4가지 체험 요소에 대한 선호도 결과에서는 일탈 체험, 엔터테인먼트 체험, 심미적 체험, 교육 체험 순으로 나타났다. 테마파크에서의 체험 요소 중 일탈적인 부분이 선호되는 것은 테마파크의 본질적인 특성 중 비일상성에 기인한 것으로 판단할 수 있다. 즉 비일상성은 방문객이 일상생활과 차단된 곳이자 테마를 통해 연출된 공간에서 비일상적인 경험을 얻게 되는 것을 말하는데(이정화 · 김준기, 1996), 테마파크에서의 다양한 체험의 시작점은 현실탈피임을 기억해야 할 것이다.

테마파크의 기본구성요소는 탑승시설에서부터 관람시설, 공연시설, 식음시설, 상품시설, 게임시설, 편의시설 등이 있는데, 이러한 물리적 환경에서 최대한의 일탈성을 강조해야 할 것이다. 한편 일탈 체험과 함께 엔터테인먼트 체험 역시 선호되는 요소 중 하나였는데, 이는 탑승놀이기구 이외에 다양한 유희적 체험거리의 제공이 중요함을 의미한다. 주로 테마파크는 수동적인 참여로 이루어지는 경우가 많기 때문에 직접 손으로 만지고, 만들 수 있는 직접적 체험 요소를 갖추는 것이 필요하다. 예를 들면 테마파크의 이미지에 부합하는 DIY 제품을 만들 수 있게 하거나 특별한 미션을 직접 수행하는 프로그램 등의 운영을 놀이기구라는 수동적 체험과 함께 병행한다면 다양한 체험의 연출이 가능할 것이다. 반면에 교육 체험은 월등히 낮은 수준을 보이고 있는데, 이는 어린이대공원과 같은 어린이들의 교육적 요소가 강한 테마파크를 제외하고는 특별히 부각되는 요소가 아님을 확인할 수 있다.

이 연구는 Pine과 Gilmore의 체험경제론을 바탕으로 4가지 체험(엔터테인먼트, 교육, 일탈, 심미적) 요소에 따른 국내 수도권에 위치한 주요 테마파크의 경쟁력과 선호도를 파악할 수 있었다는 점에서 의의를 찾을 수 있지만, 몇 가지 한계점도 가지고 있다. 먼저 체험의 4가지 요소를 응답자들에게 단일 항목으로 물었기에 다항목에 따른 다차원으로의 정확한 접근을 하지 못하였다는 점이다. 또한 테마파크의 유형에 대한 고려가 부족하였다. 분명 어린이대공원과 같은 테마파크는 다른 테마파크에 비해 교육적 요소에 초점을 많이 맞춘 경우처럼 테마파크 내 구성요소의 차이가 있다면, 체험 요소의 선호도나 경쟁력에도 다소 차이가 나타날 수 있을 것이다. 향후 연구에서는 테마파크 유형을 충분히 고려하여 체험에 대한 연구가 적용되어야 할 것이며, 다른 유희적 관광목적지와의 비교를 통한 테마파크의 체험 특징을 도출하는 등 다각도의 체험 연구가 시도되는 것을 기대해 본다.

참고문헌

경향신문(2010). 아리송한 테마파크 청사진. 1월 27일자 기사.

김성우(2008). 중요도-성취도 분석(IPA)을 이용한 관광지 매력성 평가: 금강산 관광을 대상으로. 관광연구논총. 20(1): 101-115.

김성주(2007). 테마파크 기념품 구매자의 체험과 소비가치. CERI 엔터테인먼트연구. 8: 31-52.

김지희(2011). 테마파크의 체험(4Es)요인과 만족도 및 행동의도 간 영향관계 연구: 체험 콘텐츠 개발에 대한 지불의향을 중심으로. 경희대학교 석사학위논문.

김지희 · 임철환 · 이문주 · 한진수(2010). 한식레스토랑의 메뉴유형별 유사성 및 선호도 평가 연구: 메뉴선택속성을 중심으로. 외식경영연구. 13(5): 297-317.

김홍렬 · 윤설민(2010). 다차원척도법(MDS)을 이용한 테마파크 포지셔닝에 관한 연구. 관광연구. 25(2): 197-216.

김충련(2003). SAS를 이용한 다차원척도법과 결합분석. 서울: 자유아카데미.

문화관광부(2006). 국내 테마파크 수요 예측 및 트렌드 분석. 서울: 문화관광부.

박길영 · 김주연 · 황용섭(2009). 빛의 시퀀스에 따른 테마파크 경관 조명 조형 기법에 관한 연구: E 테마파크를 사례로. 기초조형학연구. 10(4): 75-85.

박수경 · 박지혜 · 차태훈(2007). 체험 요소(4Es)가 체험즐거움, 만족도, 재방문에 미치는 영향. 광고연구. 가을(76): 55-78.

박승식(2008). 항공사 기내식 서비스 속성의 중요도와 만족도에 관한 비교연구: 국내 K사와 A사를 중심으로. 외식경영연구. 11(2): 7-26.

박종진 · 김창수(2008). 사회교환이론 관점에서 전시박람회 참관자의 중요도-성과분석(IPA). 관광연구저널. 22(1): 101-119.

신수연 · 조정아(2009). 국내 여성 캐릭터 · 커리어 브랜드의 리포지셔닝에 관한 연구: 수입 매스

티지 브랜드와의 비교 분석을 중심으로. 복식문화연구. 17(1): 120-131.

심원섭(2010). 최근 관광트랜드 변화와 향후 정책방향. 서울: 한국문화관광연구원.

양승훈 · 최문용 · 김민철 (2009). 테마파크의 쇼 이벤트의 스토리텔링 분석: 에버랜드의 야간 멀티미디어 쇼의 내러티브를 중심으로. 호텔관광연구. 11(4): 32-46.

오민재(2007). 테마파크 이용자의 선택속성에 따른 포지셔닝 연구. 관광연구저널. 21(1): 113-127.

유도재 · 김성혁(2005). 호텔 포지셔닝 분석에 있어 다차원척도법의 적용. 관광연구저널. 19(1): 99-111.

윤설민 · 이소윤(2011). 선호분석(MDPREF)을 이용한 템플스테이 프로그램의 포지셔닝 연구. 고객만족경영연구. 13(1): 151-167.

윤유식 · 오정학 · 박경연(2009). 호텔선택속성 포지셔닝 분석을 통한 서울지역 특급호텔 경쟁력 비교: 서울지역 내국인의 평가를 중심으로. 호텔경영학연구. 18(3): 23-44.

이승정 · 장정하(2009). 테마파크 방문객의 만족도 결정요소에 관한 연구. 한국디자인문화학회지. 15(1): 245-258.

이애주 · 김희진(2000). 추구편익에 따른 주제공원 방문객의 시장세분화에 관한 연구. 관광학연구. 24(1): 93-114.

이정화 · 김준기(1996). 테마의 시대. 서울: 세진사.

이태희 · 김홍렬 · 윤설민(2008). 20-30대 멀티플렉스 영화관 이용자 조사에 따른 포지셔닝 연구: 서울시 4개 멀티플렉스 영화관을 대상으로. 관광연구저널. 22(1): 243-260.

________(2009). 테마파크 방문에 대한 플로우 구성개념 간 영향관계 및 특성에 관한 연구. 서비스경영학회지. 10(4): 143-171.

이훈영(2008). 연구조사방법론. 서울: 청람.

______(2009). 마케팅조사론(제2판). 서울: 청람.

임명재(2003). 주제공원 이벤트가 방문객만족 결정요인에 미치는 영향: 대전엑스포과학공원을 중심으로. 배재대학교 석사학위논문.

최소연 · 고언정(2010). 다차원척도법(MDS)을 활용한 사회복지관 · 장애인복지관 · 노인복지관의 이미지에 대한 탐색적 연구. 한국사회복지조사연구. 24: 183-208.

최정수(2002). 테마파크 에버랜드의 혁신시스템. 한국경제지리학회지. 5(2): 277-291.

최정우(2008). 중요도-성취도 분석을 활용한 한강공원 관리운영방안. 도시행정학보. 21(3): 135-155.

표성수(2009). 중요도-수행도 분석연구의 개선에 관한 연구. 관광학연구. 33(4): 227-251.

하나금융경영연구소(2008). 국내 레저산업 현황 및 성장성 전망. 서울: 하나금융경영연구소.

하동현(2009). 테마파크에서의 체험 요소에 관한 연구: Pine과 Gilmore의 체험경제이론을 중심으로. 한국사진지리학회지. 19(1): 37-47.

한국관광학회(2009). 55인의 관광학 전문인이 집필한 관광학총론. 서울: 백산출판사.

Deng, W. (2007). Using a revised importance-performance analysis approach: The case of Taiwanese hot spring tourism. *Tourism Management*. 28(5): 1274–1284.

Deng, W., Kuo, Y., & Chen, W. (2008). Revised importance-performance analysis: Three-factor theory and benchmarking. *The Service Industries Journal*. 28(1): 37–51.

Gilmore, J. H., & Pine, B. J., II (2002). Differentiating hospitality operations via experiences: Why selling services is not enough. *The Cornell Hotel and Restaurant Administration Quarterly*. 43(3): 87–96.

Hawes, J. M., & Rao, C. P. (1985). Using importance performance analysis to develop health care marketing strategies. *Journal of Health Care Marketing*. 5(4): 19–25.

Lai, L. S. L., & To, W. M. (2010). Importance-performance analysis for public management decision making: An empirical study of China's Macao special administrative region. *Management Decision*. 48(2): 277–295.

Lee, G. H., & Lee, C. K. (2009). Cross-cultural comparison of the image of Guam perceived by Korean and Japanese leisure travelers: Importance-performance analysis. *Tourism Management*. 30(6): 922–931.

Martilla, J. A., & James, J. C. (1977). Importance-performance analysis. *Journal of Marketing*. 41(1): 77–79.

Oh, H. (2001). Revisiting importance-performance analysis. *Tourism Management*. 22(6): 617–627.

Olhager, J. (2003). Strategic positioning of the order penetration point. *International Journal of Production Economics*. 85(3): 319–329.

O'Neill, M. A., & Palmer, A. (2004). Importance-performance analysis: A useful tool for directing continuous quality improvement in higher education. *Quality Assurance in Education*. 12(1): 39–52.

Pine, B. J., II, & Gilmore, J. H. (1998). Welcome to the experience economy. *Harvard Review*, July-August: 97–105.

________ (1999). *The experience economy: Work is theatre and every business a stage*. Boston, MA: Harvard Business School Press.

Zaltman, G. (2003). *How customers think: Essential insights into the mind of the market*. MA: Harvard Business School Publishing.

Zhang, H. Q., & Chow, I. (2004). Application of importance-performance model in tour guides' performance evidence from Mainland Chinese outbound visitors in Hong Kong. *Tourism Management*. 25(1): 81–91.

제2장 감성적 체험 모듈

제1절 전략적 체험 모듈 및 환경단서에 따른 러브마크(Lovemarks) 형성

1 감성적 영역의 중요성

소비자들은 제품의 편익이나 기능이 주는 합리적인 제안보다는 제품에 담긴 이야기나 감성을 자극하여 마음을 움직일 수 있는 감성중심의 제품이나 서비스에 관심을 가지고 구매하고 있다(이태희, 2011; 박인수, 2006). 이는 소비자의 상품선택 기준이 이성보다 감성에 의해서 영향을 많이 받고 있는 것으로 브랜드 평가 시 자신들이 기업에 대해 어떠한 느낌을 가지고 있으며, 브랜드와 자신들의 감성적 상호작용이 어느 정도 일어나는가에 따라 브랜드 충성도가 결정되는 중요한 기준이 되고 있다(허은아, 2008). 따라서 소비자의 기분과 감정에 영향을 미치는 감성적인 자극을 통해 브랜드와 유대관계를 강화할 수 있는 감성적 영역에 대한 연구는 매우 중요하다(Gobe, 2002).

소비자의 감성적 영역이 중요하게 부각되면서 최근 브랜드 관리에 관한 연구는 감성 브랜드, 소비자와 브랜드의 관계, 그리고 브랜드 사랑 등 감성 관련 연구들이 진행되고 있다. 기존 감성 관련 선행연구들은 브랜드를 수동적인 객체가 아니라 소비자와의 관계에서 능동적인 역할을 하는 존재로 브랜드를 확대하여 연구가 이루어졌다는 점이 의미있는 내용으로 간주된다. 그러나 이는 이성적 차원의 브랜드 관련 연구들의 성과를 간과하고 오로지 감성적 영역에서 브랜드 연구를 수행했다는 데서 한계점이 발견되고 있다.

이에 Roberts(2004, 2006)는 성과, 신뢰, 평판 등의 브랜드 존경을 기반으로 한 브랜드 사랑의 중요성을 강조하며, 이성적 차원과 감성적 차원의 브랜드를 통합적인 시각으로 보고자 기존의 브랜드를 한계를 넘어선 '러브마크(Lovemarks)'를 제시하였다. 그동안 브랜드가 상품이나 서비스를 식별시키고, 경쟁자들과 차별화하는 역할을 수행하였다면(Aaker, 1991), 러브마크는 식별과 차별기능을 초월한 사랑받는 브랜드로 소비자로부터의 존경을 통해 소비자와 장기적인 관계 구축과 함께 소비자에게 감성적인 가치를 전달함으로써(Roberts, 2006), 소비자와 브랜드 간의 감성적 관계형성을 가능하게 한다.

관광분야에서도 지금까지의 브랜드에 관한 연구는 대부분 브랜드자산 구성요소로서 브랜드 이미지, 브랜드 인지도, 브랜드 연상 등을 다루고 있는데, 이러한 접근은 최근 중요한 요소로 나타나는 소비자와 브랜드 간의 감성적 관계에 대한 중요성을 충분히 다루지 못하고 있다. 또한 최근 정서적 반응에 대한 인식이 증대되면서(김계석, 2004), 축제관련 연구에서도 방문객의 감정반응에 관한 연구가 이루어지고 있으나 대부분의 연구가 기존 감정모델인 PAD(Pleasure-Arousal-Dominance)감정을 통한 축제 방문객의 감정반응만을 측정하고 있어 이는 방문객이 가질 수 있는 다양한 감정유형을 설명하기에는 한계점이 있다(오선영, 2010). 따라서 축제브랜드에서의 러브마크 적용은 기존의 축제브랜드 관련 연구의 한계점을 극복할 수 있을 것으로 보인다.

아울러 최근에는 축제를 통해 다양한 프로그램을 방문객이 체험하게 함으로써 축제개최를 통한 지역의 브랜드화를 꾀하고 있는 가운데 체험과 브랜드와의 관계를 수행한 연구(박성연 · 황정은, 2005; 양년화, 2005; 양영순, 2003; 오수희, 2005; 이보람, 2005)를 살펴보면, 고객의 체험이 브랜드에 대해 긍정적인 영향을 미친다는 결과를 제시하고 있다. 결국 축제와 같이 공간적인 분위기 연출상의 특성이 부각되는 상품의 경우 대부분 직접 체험하기 전에는 정확한 평가나 만족도를 취득하기 어려운 경험재(experience good)라고 볼 때(김남정, 2005), 축제에서의 체험은 방문객과 축제브랜드 간의 관계 형성에 있어 중요한 선행요인이 될 수 있다. 또한 축제에서의 다양한 경험과 함께 축제장 주변의 환경적인 요인들은 축제의 전반적인 인상을 형성할 수 있는 단서가 될 수 있다. 기존의 축제관련 연구(홍경완, 2007; Lee, Lee, Lee, & Babin B. J., 2008)에서는 환경단서가 축제의 체험과 함께 방문객의 정서적 반응에 영향을 미치는 중요한 요인임을 밝히고 있다. 축제 방문객들이 미흡한 행사프로그램, 부족한 편의시설, 청결하지 못한 축제장, 낮은 품질의 서비스, 무능한 행사요원으로부터 불만족을 경험한다면 방문객과 축제브랜드와의 감성적 관계형성은 미약해질 수밖에 없다는 점에서 환경단서가 중요시되어야 하는 것이다. 따라서 축제에서의 감성적인 가치를 전달할 수 있는 다양한 체험성과 축제의 환경단서에 대한 긍정적인 인식은 방문객과 축제브랜드 간의 감성적인 관계형성을 가져다주며 즉 방문객은 축제브랜드를 러브마크로 인식할 수 있을 것으로 판단된다.

축제의 러브마크 형성은 최근 지역 간 경쟁이 치열해지고 있는 지역축제에 지속가능한 우위의 원천을 제공하고 무엇보다 중요한 자산이 될 수 있을 것이다. 이러한 관점에서 Roberts(2004, 2006)의 러브마크 이론에 근거하여 방문객과 축제브랜드의 감성적 관계를 측정할 수 있는 러브마크 측정항목을 도출하여 축제 러브마크의 평가척도를 제시하고, 이를 통해 체험과 환경단서에 의한 러브마크 형성이 축제 방문객의 만족도와 행동의도에 어떠한 영향을 미치는지 살펴보고자 한다.

2 전략적 체험 모듈과 환경단서

1. 전략적 체험 모듈

체험(體驗)은 사전적인 의미로는 '실제로 보도 듣고 겪는 일 또는 그 과정에서 얻는 지식이나 기능'을 총체적으로 가리킨다. 결국 축제에서의 체험은 축제에 참여한 관광객들이 축제 현장에서 겪는 부분으로서 실제로 보고 듣고 겪은 일 또는 그 과정에서 얻은 지식이나 기능을 총체적으로 나타낸다고 할 수 있다(오정근, 2008). 축제 방문객이 축제에 참여하는 동안 즐거움이나 재미 등을 겪게 되면 자기 경험에 대해 만족하게 되고 그것은 다시 참여하고자 하는 태도를 형성하기도 하는데(고동우, 2000), 축제는 여타 관광 형태와 마찬가지로 체험적인 측면이 강조되고 있으며, 그동안 축제 체험에 대한 연구들이 (손선미, 2005; 이효선, 2005; 이훈, 2006; 임명재, 2007; 이범재, 2009) 활발히 수행되어 왔다.

체험이 기존 마케팅의 대안으로 떠오르기 시작하면서(임명재 · 정강환, 2008), 마케팅적 관점에서 체험에 관한 연구가 수행되기 시작하였다. 그중 Schmitt(1999)는 전략적 체험 모듈(Strategic Experiential Modules: SEMs)을 통하여 체험마케팅의 구성요인을 규명하였다. 그는 소비자의 다양한 인식반응에 대한 심리학적 특성을 근간으로 감각, 감성, 인지, 행동, 관계 등 체험마케팅의 다섯 가지 경험 유형을 전략적 체험 모듈(SEMs)로 제시하고 있다. 체험 당사자들이 체험을 이해하고 평가하는 것은 각각의 전문화되고 기능적인 부분으로 구성되었다는 견해를 중심으로 체험을 서로 다른 유형으로 세분화한 것이다. Schmitt(1999)는 감각, 감성, 인지, 행동, 관계 등 다섯 가지 유형이 관장하는 총체적 체험의 틀을 통해 체험마케팅이 극대화될 수 있음을 주장하였다. 이런 전략적 체험 모듈(SEMs)은 소비자의 감성적인 영역을 중요시하고 있으며, 소비자의 이성적인 영역만 다루었던 기존의 체험 연구보다 다양한 접근이 이루어질 수 있다는 장점으로 최근 체험마케팅에서 중요한 핵심으로 강조되고 있다(고경순, 2004; Schmitt, 1999).

마케팅관점에서 체험 마케터들은 고객 체험을 유도하는 자극을 제공해야 하며, 어떤 체험 제공수단을 선택하여 어떤 분위기 속에서 실행하느냐에 따라 소비자들이 브랜드에 대해 느끼는 호감과 매력의 정도가 다르게 나타날 수 있다. 축제에서도 마케팅 관점에서의 체험영역을 활용한다면 체험 제공수단에 따라 축제브랜드에 대해 느끼는 호감의 정도가 다르게 나타날 수 있다. 체험과 브랜드와의 관계를 수행한 연구(박성연 · 황정은, 2005; 양년화, 2005; 오수희, 2005; 이보람, 2005)에서는 체험은 브랜드에 대한 소비자의 태도에 긍정적인 영향을 미치고 있음을 밝히고 있다. 축제에서의 긍정적인 체험은 방문객과 축제브랜드 간에 호의적인 관계가 형성될 수 있는 것이며, 특히 감성적인 체험을 통해 방문객의 감성을 자극한다면 축제의 러브마크 형성이 가능할 것이다. 이에 본 연구에서는 Schmitt(1999)가 제시한 감각, 감성, 인지, 행동, 관계 등 다섯 가지 체험마케팅을 구성하는 요소를 적용하여 축제 러브마크 형성에 대한 실증연구를 수행하였다.

2. 환경단서

고객은 최종 구매환경하에서 많은 의사결정이 이루어지기 때문에 고객들에게 얼마나 효율적으로 환경여건을 제공하느냐 하는 것은 매우 중요하다(김정희, 2002). 소비자의 행동을 둘러싸고 있는 환경은 구체적인 물리적 · 공간적 측면에서 시각, 청각, 후각, 촉각 등의 감각기관을 통하여 고객의 지각에 영향을 주게 된다. 즉 소비자들은 경험한 제품이나 서비스를 범주화하고 또 추론하는 데 있어 외부 및 내부 환경 단서를 자주 이용한다(Zeithaml, 1988). 특히 무형적인 속성의 서비스에서는 바로 이러한 환경단서가 매우 중요한 역할을 하는데, 서비스는 무형적이므로 구매 전에 그것을 사전평가할 수 없기 때문이다. 따라서 소비자들은 서비스기업이 제공하는 것을 예측할 유형적인 단서를 추구하게 된다(Shostack, 1977; Parasuraman, Zeithaml & Berry, 1988).

고객이 전체 물리적 환경의 전반적인 그림을 형성하도록 돕는 것이 다양한 환경단서와 물리적 요소이며(Lin, 2004), 고객의 인상형성에서 긍정적이고 부정적인 측면 모두에 중요한 역할을 한다(Bitner, 1992). 이는 환경단서가 방문객이 축제에 대한 전형적 인상을 형성하는 단서로 사용될 수 있다는 것을 시사해 준다. 이용기 · 이덕우 · 이충기(2003)는 지역축제 환경단서는 서비스경험에 대한 소비자의 지각에 강력한 영향을 미치며 역량, 품질(Shostack, 1997)과 함께 핵심요인이 될 수 있다고 하였으며, 오정근(2008)은 축제의 환경단서를 '방문객의 축제 만족도와 행동의도에 영향을 줄 수 있는 축제 프로그램을 둘러싼 유 · 무형의 단서로서 축제의 본질적 요소인 축제 체험속성과 유기적 연관관계가 있는 물리적 · 환경적 요소'로 정의하였다. Bitner(1992)는 종사원들의 도움이 없는 환경에서는 공간적 배치와 기능성은 중요하다고 지적하고 있다. 따라서 축제에 사용되고 있는 보조물이나 상설전시장, 서비스 장소, 통로, 화장실의 위치, 기념품 판매점과 공간적 관계와 시설물들의 디자인이나 프로그램 성격 등은 방문객들이 축제를 인식하는 데 크게 기여할 수 있으며(홍경완, 2007), 환경단서가 축제의 체험과 함께 방문객의 정서적 반응에 영향을 미친다는 기존의 연구(홍경완, 2007; Lee, Lee, Lee, & Babin B. J., 2008)결과에 따라 환경단서는 축제의 러브마크 형성에 중요한 선행요소라 할 수 있다. 이에 본 연구에서는 이용기 · 이덕우 · 이충기(2003), 오정근(2008), 조태영 · 서태양(2008), Lee(2008) 등의 연구를 참고하여 환경단서를 구성하는 15개 요인을 도출하여 축제 러브마크 형성에 대한 실증연구를 수행하였다.

3. 러브마크 연구

소비 감성화가 진행되고 경쟁이 가중되면서 브랜드 관리의 목표가 소비자의 마음을 사로잡는 사랑의 영역으로 확장되고 있다. 실제로 글로벌 기업은 신뢰와 존경 등 이성적이고 논리적인 평판에 만족하지 않고 소비자의 마음을 사로잡을 수 있는 사랑의 영역으로 브랜드 관리의 지평을 넓히고 있다(삼성경제연구소, 2006). 브랜드 사랑은 Roberts(2004)가 제시한 러브마크(lovemarks)를 통해 구체적으로 살펴볼 수 있는데, Roberts(2004)는 소비자와 브랜드의 감성적 관계의 중요성과 함께 브랜드 사랑을 러브마크 이론으로 정립하고 있다. 그는 소비자와 안정되고 감성적인 관계를 사랑으로 규정하고, 사랑이 의미 있는 관계를 창출하는 감성이라고 주장한다.

소비자와 브랜드의 감성적 관계에서 소비자는 브랜드에 가족이나 친구, 연인 등과 같은 다양한 형태의 감정을 가지는데, 브랜드에 대해 소비자가 느낄 수 있는 최상의 감정이 사랑이다. Buchholz & Wordemann(2000)은 수많은 브랜드들이 감성적 요인으로 승부를 걸다가 실패한 이유로 그들이 너무 미미한 감정, 즉 호감을 불러일으키는 데 그쳤기 때문이라고 분석했다. 그들은 호감은 결코 독점적인 감정이 아니며 여러 브랜드에 대해 동시에 가질 수 있는 감성이기 때문에 하나의 브랜드에 대해 강렬한 감성이 필요하며 이것이 바로 브랜드 사랑이라고 주장한다(최원주, 2008).

브랜드에 대한 사랑은 일시적 호감이나 반복 구매 등 행동에 초점을 맞춘 충성도를 초월한 절대적 감정으로 이성적이고 논리적인 평판인 신뢰나 존경을 넘어선 감성적 관계이다. 브랜드 사랑은 소비자와 지속적으로 접촉하고 그들을 이해하며, 그들과 함께 시간을 보내는 끊임없는 과정이라고 할 수 있다.

러브마크의 핵심 정의는 충성심을 고무하는 제품, 서비스 또는 존재로서 소비자들은 그들 자신의 러브마크를 가지고 있으며, 러브마크인 브랜드와 독특한 관계를 가지고 있다는 것이다(이태희, 2010). 그들이 의미하는 러브마크는 단순히 브랜드를 의미하는 단어라기보다는 브랜드에 대한 소비자의 친밀하고 감성적인 반응관계를 나타내는 하나의 연결고리로 사용된다(이태희, 2011). 최근 감성경제시대에서 러브마크는 소비자와 브랜드의 감성적 관계를 중심으로 이루어지는 브랜드 전략에 매우 의미 있는 이론으로 평가되고 있다.

축제에서도 축제브랜드의 러브마크화는 방문객과 축제브랜드 간의 장기적인 관계 구축과 러브마크의 선행요인인 체험성과 환경단서의 상대적 영향을 검증하여 최근 지역간 경쟁이 치열해지고 있는 지역축제에 차별화 전략으로 활용될 수 있을 것이다. 이 연구는 Roberts(2004, 2006)의 러브마크 이론에 근거하여 방문객과 축제브랜드의 감성적 관계를 측정할 수 있는 러브마크 측정항목을 도출하여 축제 러브마크의 평가척도를 제시하고자 했다.

3 감성적 영향관계 측정

1. 연구모형

〈그림 1〉과 같이 축제의 체험성 및 환경단서와 러브마크 간의 영향관계 그리고 러브마크와 만족도 및 행동의도 간의 영향관계를 살펴보기 위해 축제 체험성과 환경단서에 대한 선행연구와 Roberts(2004, 2006)의 러브마크 이론에 근거하여 방문객과 축제브랜드 간의 감성적 관계를 측정할 수 있는 주요 변수를 도출하여 각 구성개념의 영향관계를 선행연구를 토대로 설정하였다.

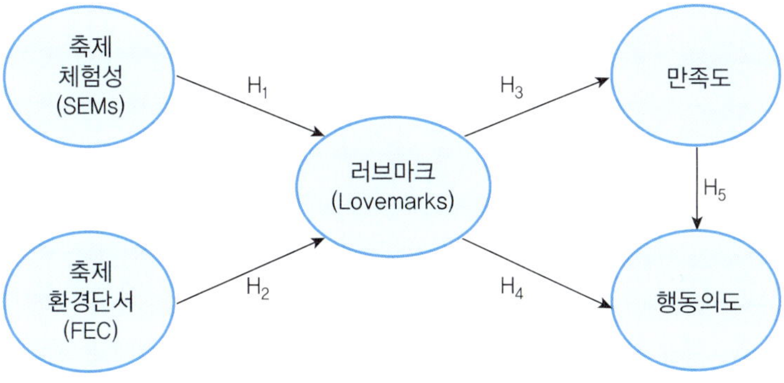

〈그림 1〉 연구모형

2. 가설설정

전체적인 구성개념의 영향관계는 다음의 선행연구를 바탕으로 설정되었다. 먼저 기존의 축제 연구에서는 소비자와 브랜드 간의 감성적 관계에 관한 연구가 미흡한 실정이어서 기존 선행연구와 함께 관련이론을 살펴보았다.

홍경완(2007)의 지역축제 물리적 환경이 방문객 감정과 만족에 미치는 영향에서는 축제의 물리적 환경 구성요소들은 모두 방문객의 감정에 유의한 영향을 미치고, 방문객의 감정은 만족에 유의한 영향을 미친다는 분석결과를 제시하고 있다. 또한 성현선 · 임재국(2008)은 지역축제 서비스품질 중 경험적 품질이 방문객의 감정과 만족에 부분적으로 영향을 미치고, 감정이 만족에, 감정과 만족이 행동의도에 영향을 미친다는 결과를 제시하였다. 황윤용 · 최수아(2008)의 연구에서는 축제의 체험은 참여자의 감정형성에 큰 영향을 미치고, 체험을 통해 형성된 참여자의 감정이 애호행동에 긍정적 영향을 미친다는 결과를 규명하였다. Lee, Lee, Lee, & Babin B. J.(2008)은 축제스케이프(festivalscape)와 방문객의 감정, 만족, 충성도의 영향관계를 분석하고자 하였으며, 분석결과 축제스케이프가 방문객의 감정, 만족에 부분적으로 영향을 미치고, 긍정적인 감정과 만족은 충성도에 영향을 미친다는 분석결과를 바탕으로 다음과 같이 가설을 설정하였다.

- **연구가설 1**: 축제 체험성은 러브마크에 영향을 미칠 것이다.
- **연구가설 2**: 축제 환경단서는 러브마크에 영향을 미칠 것이다.
- **연구가설 3**: 축제 러브마크는 만족도에 영향을 미칠 것이다.
- **연구가설 4**: 축제 러브마크는 행동의도에 영향을 미칠 것이다.
- **연구가설 5**: 만족도는 행동의도에 영향을 미칠 것이다.

3. 설문지 구성

설문지는 〈표 1〉과 같이 축제의 체험, 러브마크, 행동의도와 응답자의 일반적인 특성으로 구성되었다. 설문지의 측정변수 요인항목은 선행연구를 토대로 축제 체험 25문항, 러브마크 26문항, 행동의도 4문항, 만족도 3문항, 인구통계적 특성 7문항으로 구성하였다.

표 1 설문지 구성

구분	측정변수	문항 수	선행연구자	측정방법
축제 체험성 (SEMs)	감각	6	박성연 · 배현경(2006)	리커트 5점 척도
	감성	5	임명재(2007)	
	인지	5	황윤용 · 최수아(2008)	
	행동	4	Bitner(1992)	
	관계	5	Schmitt(1999)	
환경단서	행사내용/정보	4	이용기 · 이덕우 · 이충기(2003) 이훈(2005), 오정근(2008) Lee et al.(2008)	
	교통/편리성	4		
	시설/청결	3		
	음식/기념품	4		

구분	측정변수	문항 수	선행연구자	측정방법
러브마크 (Lovemarks)	신비감 오감 친밀감 성과 신뢰 평판	6 4 4 5 4 3	한은경 · 유재하(2003) 이태희(2010) Roberts(2004, 2006)	리커트 5점 척도
만족도	전반적 만족, 만족수준, 기대이상	3	홍경완(2007), 김경희(2010)	
행동의도	재방문 구전	2 2	이용기 · 이덕우 · 이충기(2003), 이정란 · 권영린 · 고재용(2009)	
인구통계적 특성	성별, 연령, 결혼여부, 직업, 학력, 월소득, 거주지	7	명목척도	

4. 조사설계 및 분석방법

연구의 모집단은 축제 방문객을 대상으로 규정하였으며, 2009년 문화체육관광부가 선정한 문화관광축제 중 최우수축제인 금산인삼축제, 우수축제인 이천쌀문화축제, 유망축제인 김해분청도자기축제, 그리고 예술축제인 부산국제영화제를 조사대상 축제로 선정하여 총 4곳에서 설문조사를 실시하였고, 각 축제의 축제 방문객을 표본으로 선정하였다.

표본의 추출방법은 편의적 표본추출 방식을 적용하되 성별, 연령별 인원 비율을 고려하여, 각 축제마다 210부씩, 총 840부를 배포 · 회수하였고, 측정변수의 정규성 및 이상치를 확인하여 최종적으로 788부(금삼인삼축제: 192부, 이천쌀문화축제: 198부, 김해분청도자기축제: 197부, 부산국제영화제: 201부)를 실증분석에 사용하였다. 설문조사는 4개 축제의 개최기간인 2009년 9월 26일부터 11월 1일(금산인삼축제: 9월 26일, 이천쌀문화축제: 10월 24~25일, 부산국제영화제: 10월 14~16일, 김해분청도자기축제: 10월 31일~11월 1일)까지 진행되었으며, 설문방법은 응답자에게 설문조사의 내용을 사전에 충분히 숙지시킨 후, 자기기입식방법으로 응답하게 하였다. 표본의 전반적인 특성과 분포를 파악하기 위해 기술통계분석을 실시하였으며, 체험성, 환경단서, 러브마크, 만족도 그리고 행동의도에 대한 신뢰성 및 타당성을 검증하고 관계와 방향성을 파악하기 위해 신뢰도분석, 확인적 요인분석, 정준상관분석을 실시하였고 구성개념 간 인과관계 및 가설검증을 위해 구조방정식모형(SEM)을 실시하였다.

4 감성적 영향 측정의 결과

1. 설문 응답자의 특성

설문 응답에 참여한 표본의 인구통계적 특성은 〈표 2〉와 같다.

표 2 표본의 인구통계적 특성

구분		빈도	백분율	구분		빈도	백분율
성별	남성	328	41.6	결혼 여부	기혼	495	62.8
	여성	460	58.4		미혼	293	37.2
연령	20대	261	33.1	최종 학력	고졸 이하	200	25.4
	30대	275	34.9		전문대	178	22.6
	40대	179	22.7		대학교	344	43.7
	50대 이상	73	9.3		대학원	66	8.4
거주지	서울	80	10.2	직업	전문직/사무직	215	27.3
	인천/경기도	208	26.4		서비스직	74	9.4
	강원도	29	3.7		생산/기술직	73	9.3
	대전/충청도	89	11.3		자영업	56	7.1
	광주/전라도	25	3.2		공무원/교직원	57	7.2
	부산/대구/경상	337	42.8		학생	125	15.9
	기타	20	2.5		주부	160	20.3
월평균 소득	100만 원 미만	235	29.8		기타	28	3.6
	100만 원대	178	22.6	합계(N)		788	100.0
	200만 원대	192	24.4				
	300만 원대	103	13.1				
	400만 원대	58	7.4				
	500만 원 이상	22	2.8				

2. 측정도구의 타당성 및 신뢰성 분석

측정항목의 내적일관성을 살펴보기 위해 신뢰도분석(Cronbach's α 계수 활용)을 실시하였으며, 구성요인에 대한 개념적 타당성을 확보하기 위해 확인적 요인분석(Confirmatory Factor Analysis: CFA)을 실시하였다. 신뢰성 검증 결과 Cronbach's α 계수는 .8 이상의 신뢰도를 보이고 있어 측정문항의 내적일관성은 유지되었으며, 항목 제거 시 전체 신뢰도를 저해하는 항목은 없는 것으로 나타났다. 다음으로 축제 체험성, 환경단서, 러브마크, 만족도, 그리고 행동의도 각각에 대해 확인적 요인분석을 실시한 결과, 체험성의 측정항목에 따른 확인적 요인분석결과는 x^2값이 273.192($p<.01$)로 다소 높게 분석되었으나 그 외 모형적합도를 판단하는 기준인 다른 적합도 지수가 일반적으로 논의되는 수준을 충족하고 있으므로 구조모형을 분석하는 데 무리가 없는 것으로 나타났다(〈표 3〉 참조).

체험성 항목의 개념신뢰도(CR: Composite Reliability)와 평균분산추출값(AVE: Average Variance Extracted)을 측정한 결과 개념신뢰도(CR)는 .842~.910, 평균분산추출값(AVE)은 .587~.646으로서 각각 .7, .5 이상일 때 신뢰성 및 수렴타당성을 확보한다고 볼 수 있는데, 분석결과에서는 모두 임계치 이상으로서 구성개념의 수렴타당성과 내적일관성이 확보되었음을 알 수 있었다. 또한 표준화계수도 모두 .5 이상으로 나타나 개념타당성도 확보되었음을 알 수 있었다.

환경단서의 측정항목에 따른 확인적 요인분석결과 x^2값이 78.790로 다소 높게 분석되었으나 다른 적합도지수를 살펴보면 GFI = .981, AGFI = .953, CFI = .989, RMR = .028, NFI = .981, IFI = .989 등으로 대부분의 적합도 지수 수준을 충족시키고 있다. 또한 모든 요인에 대한 개념신뢰도와 평균분산추출값은 각각 .7, .5 이상으로 임계치 이상으로 나타났기 때문에 내적 일관성과 수렴타당성이 확보되었다고 할 수 있다.

러브마크의 측정항목 확인적 요인분석결과 x^2값이 471.244($p<.01$)이나 그 대안인 Q값(x^2/df)은 2.958로 모델이 적합함(Carmines & Mclver, 1981)을 알 수 있다. 그 외 모형적합도를 판단하는 기준인 다른 적합도 지수를 살펴보면 적합도 지수가 일반적으로 논의되는 구조모형을 분석하는 데 적합한 수준을 충족하고 있다(〈표 3〉 참조). 해당문항들을 대상으로 개념신뢰도(CR)와 평균분산추출값(AVE)을 측정한 결과 개념신뢰도는 .849~.940으로서 내적 일관성이 확인되었고, 평균분산추출값은 .570~.840으로서 수렴타당성이

확보되었다고 할 수 있다. 또한 표준화계수도 모두 .5 이상으로 개념타당성도 인정되었다. 마지막으로 만족도의 경우 2문항으로 측정되어 독립적으로 확인적 요인분석이 불가능하기 때문에 행동의도 4문항과 함께 확인적 요인분석을 실시하였다. 확인적 요인분석 결과 x^2값이 14.649(df=5)이고, 대부분의 적합도 지수가 일반적으로 논의되는 수준을 충족하고 있으므로 구조모형을 분석하는 데 무리가 없는 것으로 나타났다.

표 3 구성개념별 확인적 요인분석 및 신뢰도분석 결과

<table>
<tr><th colspan="2">구성개념</th><th>CFA 전(후)</th><th>x^2/df</th><th>p값</th><th>GFI</th><th>CFI</th><th>IFI</th><th>RMR</th><th>α</th><th>CCR</th><th>AVE</th></tr>
<tr><td rowspan="5">체험성</td><td>감각</td><td>6(3)</td><td rowspan="5">273.192 /94</td><td rowspan="5">.000</td><td rowspan="5">.954</td><td rowspan="5">.971</td><td rowspan="5">.972</td><td rowspan="5">.031</td><td>.786</td><td>.842</td><td>.646</td></tr>
<tr><td>감성</td><td>5(3)</td><td>.823</td><td>.871</td><td>.694</td></tr>
<tr><td>인지</td><td>5(4)</td><td>.848</td><td>.910</td><td>.718</td></tr>
<tr><td>행동</td><td>4(2)</td><td>.803</td><td>.874</td><td>.776</td></tr>
<tr><td>관계</td><td>5(5)</td><td>.872</td><td>.876</td><td>.587</td></tr>
<tr><td rowspan="5">환경단서</td><td>행사/정보</td><td>4(2)</td><td rowspan="5">78.790 /31</td><td rowspan="5">.000</td><td rowspan="5">.981</td><td rowspan="5">.989</td><td rowspan="5">.989</td><td rowspan="5">.028</td><td>.780</td><td>.865</td><td>.762</td></tr>
<tr><td>교통/편리</td><td>4(3)</td><td>.774</td><td>.754</td><td>.506</td></tr>
<tr><td>시설/청결</td><td>3(3)</td><td>.743</td><td>.761</td><td>.502</td></tr>
<tr><td>음식</td><td>2(2)</td><td>.805</td><td>.807</td><td>.677</td></tr>
<tr><td>기념품</td><td>2(2)</td><td>.882</td><td>.898</td><td>.815</td></tr>
<tr><td rowspan="6">러브마크</td><td>신비감</td><td>6(4)</td><td rowspan="6">471.244 /159</td><td rowspan="6">.000</td><td rowspan="6">.940</td><td rowspan="6">.964</td><td rowspan="6">.964</td><td rowspan="6">.028</td><td>.857</td><td>.865</td><td>.616</td></tr>
<tr><td>오감</td><td>4(2)</td><td>.729</td><td>.849</td><td>.741</td></tr>
<tr><td>친밀감</td><td>5(5)</td><td>.855</td><td>.880</td><td>.595</td></tr>
<tr><td>성과</td><td>5(5)</td><td>.830</td><td>.869</td><td>.570</td></tr>
<tr><td>신뢰</td><td>4(2)</td><td>.844</td><td>.858</td><td>.753</td></tr>
<tr><td>평판</td><td>3(3)</td><td>.916</td><td>.940</td><td>.840</td></tr>
<tr><td colspan="2">만족도</td><td>2(2)</td><td rowspan="2">14.649 /5</td><td rowspan="2">.000</td><td rowspan="2">.993</td><td rowspan="2">.996</td><td rowspan="2">.996</td><td rowspan="2">.008</td><td>.809</td><td>.872</td><td>.773</td></tr>
<tr><td colspan="2">행동의도</td><td>4(4)</td><td>.875</td><td>.908</td><td>.715</td></tr>
</table>

이 경우에도 표준화계수가 모두 .5 이상이기 때문에 개념타당성도 확보되었다고 할 수 있으며, 개념신뢰도(CR)와 평균분산추출값(AVE)을 측정한 결과 개념신뢰도는 만족도는 .872, 행동의도는 .908로서 내적 일관성이 확보되었으며, 평균분산추출값은 만족도는

.773, 행동의도는 .715로서 수렴타당성이 확보되었다고 할 수 있다.

3. 연구모형의 분석과 가설검증

전체 연구모형 검증의 경우, 다수의 독립, 종속 변수들 간의 인과관계를 알아보기 위한 모델이므로 모델의 경로들을 검증하기 위하여 구조방정식(Structural Equation Modeling, SEM)을 실시하였다(〈표 4〉).

전체 연구모델의 적합도 지수는 x^2값이 306.626(df = 105, p<0.01)으로 기준치를 벗어나고 있지만, 표본 수의 크기가 커질수록 x^2값의 유의확률은 민감하기 때문에 그 대안으로 활용되는 Q값을 살펴보았는데, 2.920으로 비교적 적합한 모형적합도 지수를 보여주었다. 그 외의 적합도 지수는 모두 적합도 지수가 일반적인 권고수준을 상회하여 〈그림 2〉와 같은 최적의 모형이 도출되었으며, 연구단위들 간의 인과관계를 설명하는 데 무리가 없을 것으로 판단된다.

한편 외생변수가 내생변수에 의해서 설명되는 설명력(R^2)을 살펴본 결과, 러브마크의 경우 R^2값이 .953(95.3%), 만족도는 .562(56.2%), 행동의도는 .677(67.7%)로 나타났다.

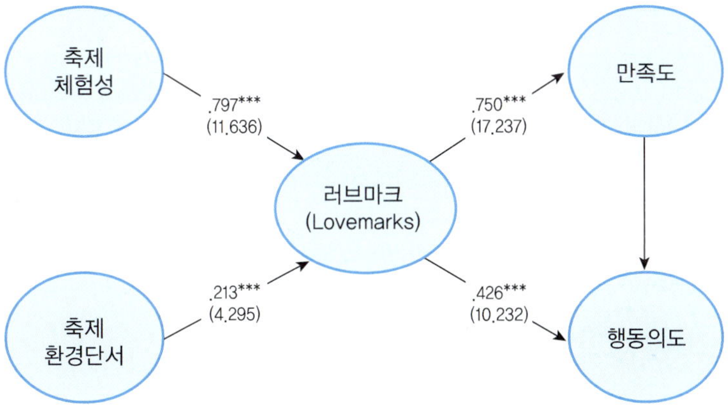

〈그림 2〉 연구모형 분석결과

구체적으로 인과관계에 관한 분석결과를 통해 가설검증 결과를 〈표 4〉와 같이 살펴보면, 연구가설 1은 '체험성이 러브마크에 정(+)의 영향을 미칠 것이다'라는 가설로서 경로계수가 .797(C.R값=11.636, p<.01)로 통계적으로 유의한 것으로 나타나 지지되었다. 연구가설 2는 '환경단서가 러브마크에 정(+)의 영향을 미칠 것이다'라는 가설로서 경로계수가 .213(C.R값=4.295, p<.01)으로 통계적으로 유의한 것으로 나타나 지지되었다. 연구가설 3은 '러브마크가 만족도에 정(+)의 영향을 미칠 것이다'라는 가설로서 경로계수가 .750(C.R값=17.237, p<.01)으로 통계적으로 유의한 것으로 나타나 가설이 지지되었다. 연구가설 4는 '러브마크가 행동의도에 정(+)의 영향을 미칠 것이다'라는 가설로서 경로계수가 .426(C.R값=10.232, p<.01)으로 통계적으로 유의한 것으로 나타나 지지되었다. 연구가설 5는 '만족도가 행동의도에 정(+)의 영향을 미칠 것이다'라는 가설로서 경로계수가 .447(C.R값=12.709, p<.01)로 통계적으로 유의한 것으로 나타나 H_5는 지지되었다.

표 4 연구모형의 가설검증결과

가설	경로	표준화계수	S.E	C.R값	p값	가설결과
H_1	축제체험성 → 러브마크	.797	.065	11.636	.000***	채택
H_2	환경단서 → 러브마크	.213	.044	4.295	.000***	채택
H_3	러브마크 → 만족도	.750	.063	17.237	.000***	채택
H_4	러브마크 → 행동의도	.426	.056	10.232	.000***	채택
H_5	만족도 → 행동의도	.447	.033	12.709	.000***	채택
Q(x^2=306.626/105)=2.920, p=.000, GFI=.953, AGFI=.923, CFI=.976, RMR=.016, NFI=.964, TLI=.965						

주) *p<.05, **p<.01, ***p<.001

5 감성소비환경과 감성차원의 중요성

최근 감성소비환경에 따른 소비자의 감성적인 차원의 중요성을 반영하여 전략적 체험모듈(SEMs)과 러브마크라고 하는 감성적 영역에서 축제의 체험성을 개념화하였으며 축제의 체험성과 환경단서가 축제의 러브마크를 형성하고, 축제의 러브마크의 형성이 방문객 만족과 행동의도에 전이되는 일련의 과정을 검증하고자 하였다. 여기서 제시된 연구 틀과 실증분석 검증을 통해 확보된 영향관계를 토대로 한 축제 분석 및 평가는 지역 축제 마케팅전략의 기초가 되는 토대를 마련할 수 있을 것이다.

분석의 결과를 통해 제시되는 시사점을 정리해 보면 다음과 같다. 첫째, 축제의 체험성과 러브마크의 영향관계를 살펴보면, 체험은 축제의 러브마크 형성에 가장 큰 영향을 미치는 요인으로 축제 참가를 통하여 감각, 감성, 인지, 행동, 관계와 같은 전략적 체험 모듈(SEMs)의 구성요인들을 체험하는 방문객은 러브마크를 형성하게 된다.

러브마크가 형성된 참여자가 자신의 경험을 타인에게 긍정적으로 전달하고, 향후 재방문할 수 있도록 축제 방문객이 경험하고자 하는 다양한 욕구와 감성소비성향을 충분히 반영한 축제 체험기획이 강화되어야 한다. 따라서 축제 방문객과 축제브랜드 간의 장기적인 관계를 유도할 수 있는 축제의 러브마크 형성을 위해서 축제 현장 공간의 연출이 필요하다.

인테리어, 색채, 분위기 등 감각요소와 즐거움, 기쁨, 신나는, 흥분된 기분을 자극할 수 있는 감성요소, 흥미와 호기심을 유발할 수 있는 인지요소, 일상에 변화를 줄 수 있는 행동요소, 다른 방문객들과 같이 동화될 수 있는 관계요소 등을 감성적 접근을 통해 기획하고 축제마케팅전략의 차별화요소로 활용함으로써 각 축제의 특성을 부각시키고, 경쟁력을 강화할 수 있을 것이다.

문화관광축제로서 대표적인 축제로 거듭나기 위해 금산인삼축제와 이천쌀문화축제는 축제의 체험적 요소에 대해 보완과 강화를 모색해야 하며, 상대적으로 점수가 낮은 부산국제영화제와 김해분청도자기축제는 프로그램 기획 시 프로그램의 성격에 맞는 체험적 요소를 다양하게 포함시켜야 할 것이다.

둘째, 축제의 환경단서는 러브마크 형성에 영향을 미치는 요인이며, 러브마크를 매개로 하는 만족도와 행동의도에 영향을 미친다는 연구결과로 볼 때 축제의 체험성과 함께 러브마크 형성에 관계하는 환경단서의 중요성을 파악할 수 있다.

축제장의 안내시설과 청결, 내부동선, 진행요원의 친절, 음식 및 기념품 등의 요소의 강화와 보완으로 축제의 러브마크 형성과 만족도를 높일 수 있을 것이다. 예를 들면 음식과 기념품에서 낮은 점수를 보인 부산국제영화제는, 다양한 먹거리와 부산지역의 특성과 축제의 성격을 반영한 기념품의 세심함 기획이 시급하다고 하겠다. 특히 부산축제영화제는 관람형 축제로 축제의 특성상 체험 요소를 강조할 수 있는 환경단서 요소들을 강화하는 방안을 모색해야 할 것이다.

셋째, 방문객이 지각한 축제의 러브마크를 순위별로 살펴보면, 만족도와 행동의도의 순위와도 같은 결과가 도출되어 이는 그동안 많은 연구에서 다루었던 축제의 성과로서 만족요인과의 측정결과가 다르지 않다는 것을 보여준다. 또한 2010년 문화관광체육부에서 선정한 문화관광축제의 등급인 최우수축제(금산인삼축제), 우수축제(이천쌀문화축제), 유망축제(김해분청도자기축제)의 등급 순위와 본 연구에서 조사된 러브마크의 평점 순위가 일치함을 보여주고 있어, 초점을 두고 진행하였던 러브마크가 축제브랜드로서의 가치를 평가함에 있어 충분히 활용될 수 있을 것으로 보인다. 이는 그동안 서비스 및 물리적 환경에 한정되었던 평가기준에서 범위를 확대하여 축제의 평가를 다원화할 수 있는 차별화된 평가방안이 제시될 수 있다는 데 의의를 지닌다.

마지막으로 축제의 러브마크 인식 정도를 평가함으로써 현존하는 축제브랜드로 충족되지 않는 방문객의 프로파일을 발견할 수 있으며, 이를 근거로 차별화된 축제의 기획이 가능할 것이다. 또한 축제의 체험과 환경단서의 적절한 균형과 일부 속성들에 대한 강화와 보완으로 방문객과 축제브랜드 간의 관계를 지속적으로 강화하는 전략으로 충분히 활용될 수 있을 것이다.

이와 같이 전략적 체험 모듈(SEMs)과 러브마크 축제에서의 적용을 위한 개념화와 측정항목 도출은 기존의 관광분야의 연구에서 갖는 감성적인 부분의 한계를 극복할 수 있는 기회를 제공하였다고 판단된다. 이는 앞으로 축제의 감성적 영역의 체험과 축제의 감성브랜드로서의 가치를 연구하는 데 이론적 근거가 될 것이다.

참고문헌

고경순(2004). 경험마케팅. 서울: 도서출판 대명.

고동우(2000). 기획 축제 참가자의 여가 경험: 내재적 동기론을 중심으로. 한국심리학회. 1(2): 187-203.

김남정(2005). 도시브랜드 이미지의 구성요소와 영향에 관한 연구. 경원대학교 박사학위논문.

김정희(2002). 점포선택행동과 소매업종별 고객만족도 비교연구. 마케팅관리학회. 7(1): 123-152.

박성연 · 배현경(2006). 매장 내 감각적 체험이 매장태도와 애호도에 미치는 영향: 소비감정과 만족의 매개적 영향을 중심으로. 마케팅관리연구. 11(3): 1-13.
박성연 · 황정은(2005). 매장내 체험적 경험이 브랜드 태도 및 구매의도에 미치는 영향: 디지털 체험관을 중심으로. 경영논총. 23(2): 69-93.
박인수(2006). 마케팅 환경 변화에 따른 브랜드 아이덴티티 개발 프로세스에 관한 연구: 마케팅 환경 분석에 소비자 감성 분석기법을 도입하여. 상명대학교 예술디자인대학원 석사학위논문.
삼성경제연구소(2006). 소비자의 브랜드 사랑. 서울: 삼성경제연구소.
손선미(2007). 연구논문: 체험지향성과 관광축제이벤트의 프로그램, 물리적 요소, 방문의도의 관계. 이벤트컨벤션연구. 6: 1-23.
양년화(2005). 제품 유형에 따른 경험 마케팅이 브랜드 로열티에 미치는 영향에 관한 연구: 고관여 이성제품과 감성제품의 비교를 중심으로. 경희대학교 석사학위논문.
양영순(2003). 체험마케팅이 브랜드인식에 미치는 영향에 관한 실증연구: 여성화장품 소비자를 중심으로. 서경대학교 석사학위논문.
오수희(2005). 감각, 감성, 인지 체험간 관계가 경험적 가치와 브랜드태도에 미치는 영향에 관한 연구. 이화여자대학교 석사학위논문.
오정근(2008). 축제의 체험속성과 환경단서가 방문객 만족에 미치는 영향. 관광학연구. 32(4): 301-324.
유재하(2004). 브랜드 자산의 구성 요소에 관한 연구: 소비자와 브랜드간의 감성-관계를 중심으로. 성균관대학교 박사학위논문.
이범재(2009). 축제 방문객의 체험동기와 프로그램의 체험몰입, 축제성과 간의 영향관계. 세종대학교 박사학위논문.
이보람(2005). 체험마케팅과 브랜드 퍼스낼리티의 적합성이 브랜드 로열티에 미치는 영향에 관한 연구. 부산대학교 석사학위논문.
이용기 · 이덕우 · 이충기(2003). 지각된 환경단서가 방문객 만족과 충성도에 미치는 영향. 관광학연구. 27(1): 85-104.
이태희(2010). 러브마크이론을 적용한 전북 관광체험 가치의 평가 틀 도출 및 러브마크 가치 상향화 전략. 한국관광학회 제68차 학술연구 발표논문집. 845-863.
______(2011). 러브마크감성행동론. 서울: 도서출판 새로미.
이효선(2005). 개인가치와 관광체험추구성향이 관광체험상품 선정에 미치는 영향: 일본인 Inbound 시장 세분화를 중심으로. 경희대학교 박사학위논본.
이훈(2006). 축제체험의 개념적 구성모형. 관광학연구. 30(1): 29-42.
임명재 · 정강환(2008). 관광이벤트의 체험이 관광목적지 브랜드 인지 및 태도에 미치는 영향. 관광학연구. 32(4): 255-275.
최원주(2008). 소비자-브랜드 감성적 관계에 대한 사랑의 삼각이론적 접근. 한국언론정보학보. 44: 8-18.
허은아(2008). 브랜드매너의 구성차원 및 고객기반의 브랜드자산에 미치는 영향. 성균관대학교 박사학위논문.
홍경완(2007). 지역축제 물리적 환경이 방문객 감정과 만족에 미치는 영향. 관광연구저널. 21(1): 41-54.
성현선 · 임재국(2008). 지역축제 서비스품질이 방문객의 감정, 만족 및 행동의도에 미치는 영향. 호텔경영학연구. 17(4): 247-263.
황윤용 · 최수아(2008). 축제에서 체험 요소가 참여자감정반응과 애호행동에 미치는 영향. 한국산업경제학회. 21(5): 2113-2131.

Aaker, D. A. (1991). *Managing Brand Equity*. San Francisco: Free Press.
Bitner, M. J. (1992). Servicecapes the Impact of Physical Surroundings on Customers and Employees. *Journal of Marketing*. 56(1): 57-71.
Buchholz, A., & Wordemann, W. (2000). *What makes winning brands different*. New York: John & Sons.
Gobe, M. (2001). *Emotional Branding: The new paradigm for connecting brands to people*. New York, NY: Allworth Press.
______ (2002). *Emotional Branding*. 이상민 역. 감성디자인 감성브랜딩. 서울: 김앤김북스.
Lee, Y. K., Lee, C. K., Lee, S. K., & Babin, B. J. (2008). Festivalscapes and patrons' emotions, satisfaction, and loyalty. *Journal of Business Research*. 61(1): 56-64.
Parasuraman, A., Zeithaml, V., & Berry, L. (1988). SERVQUAL a Multi-Item Scale for Measuring Perspectives of Service Quality. *Journal of Retailing*. 64(1): 12-40.
Robert, K. (2003). Gotta find a way. Lovemark Speeches to the 10th International Snack Food Exhibition & Conference.
______ (2004). Lovemarks: the future beyond brands. 양준희 역(2005). 브랜드의 미래. 러브마크. 서울: 서돌.
______ (2006). Lovemarks effect: winning in the consumer revolution. 이상민 역(2007). 러브마크 이펙트. 서울: 서돌.
Schmitt, B. H.(1999). *Experiential Marketing*. New York: Simon & Schuster.
Zeithaml, V. A.(1998). Consumer Perceptions of Price Quality and Value: A Means-End Model and Synthesis of Evidence. *Journal of Marketing*. 52: 2-22.

제2절 전략적 체험 모듈(SEMs)과 감정만족도

1 체험마케팅의 중요성

테마파크 운영자들을 대상으로 진행된 Milman(2001)의 연구에 의하면, 소비자들은 테마파크라는 상품 이상의 더 많은 체험을 요구하게 될 것이고, 이러한 소비자들의 요구변화에 운영자들은 빠르게 적응해야만 한다고 강조하였다. 테마파크가 속한 영역에서 고객체험은 가장 중요한 요소로서(김성주, 2007), 테마파크의 환상적인 분위기 연출은 방문객의 감정 변화와 밀접하게 연관되어 있기 때문에(김창수, 2009) 다양한 체험을 바탕으로 테마파크만의 분위기를 형성할 필요가 있음을 의미한다.

어떤 브랜드는 소비자에게 1~2가지 영역만을 제공하기도 하고, 때로는 총체적 체험을 포함하기도 한다(고순화 · 이영선, 2008). 일반적으로 체험은 특정 자극을 통한 개인의 반응으로서, 지극히 개인적 상황에서 발생하는 사건을 의미한다(Schmitt, 1999). 따라서 개인이 어떻게 지각하고 해석하느냐에 따라 상이한 경험이 될 수 있기 때문에 체험의 제공 범위를 충분히 고려해야 한다. 테마파크의 경우 총체적 체험영역으로 구성된 관광매력물로서, 유형적 체험(예 놀이시설)에서부터 무형적 체험(예 사파리투어)까지 테마파크 내에서 체험할 수 있는 요소들은 다양하기 때문에 총체적 관점에서의 체험을 살펴보는 것은 중요할 텐데, 이는 일찌감치 Schmitt(1999)에 의해 '체험마케팅'이라는 개념으로 연구되어져 왔다. 체험마케팅은 실무적 차원에서 필요성이 높은 개념으로서 마케팅 전략으로 비교적 빠르게 도입되었지만, 이후 이론화나 학문적 연구가 많이 이루어지지 않아 이에 대한 연구의 필요성은 매우 높은 편이며(박성연 · 황정은, 2005), 대부분이 체험마케팅의 유형별 사례를 분석하는 연구에 치우친 경향을 보이기 때문에(문희강 · 윤초롱 · 박지은 · 이유리, 2008) 체계적인 실증연구에 대한 적용이 필요하다.

또한 체험마케팅과 같이 기존의 체험을 구성하는 요인들은 관광객 감정을 자극하고, 긍정적 감정반응을 유도하기 위한 전략 수립 차원에서 한계점을 보이고 있다. 분명 관광에서 방문객의 체험은 긍정적인 감정에 영향을 미침에도 불구하고, 대부분은 방문에 의한 체험을 통해 형성된 만족도만을 중요한 성과 변인으로 인식하고 있다. 즉 어떤 체험들을 제공할 것인지, 체험을 제공하는 수단은 무엇인지, 그리고 체험을 어떻게 실행시킬지에 따라 소비자가 회사와 브랜드에 대해 느끼는 호감이나 매력 정도는 상이할 것이라는 점을 고려했을 때(신상무 · 김도훈, 2010), 분명 총체적 체험에 의해 수반되는 감정과 이에 따른 성과인 만족도를 함께 파악하는 것은 중요한 과제일 것이다.

이 연구는 테마파크에서의 총체적 체험을 Schmitt(1999)의 체험마케팅 관점에서 적용하여 체험, 즐거움, 만족도 간 구조적 관계를 모색해 보고자 한다. 이러한 접근은 체험이라는 소비자 중심의 사고를 통해 소비자들의 다양한 행동을 예측할 수 있을 뿐만 아니라 고객만족을 도모할 수 있는 체험마케팅 강화전략 수립에 도움이 될 것으로 기대해본다.

2 체험 모듈 이론고찰

1. 체험마케팅과 전략적 체험 모듈

Schmitt(1999)에 의해 처음으로 언급된 체험마케팅은 감성적 측면을 강조한 개념으로서, 그는 소비자들이 이성적이자 감성적 존재라고 가정하였다. 결국 이성적 · 감성적 소비 모두를 고려한 다각적 방법인 체험마케팅은 고객의 체험에 중점을 두고, 소비의 총체적 경험을 다루는 것이 특징이다(황부영, 2006).

전통적 마케팅 전략은 소비자의 구매 당시 선택에 초점을 맞추고 있는 반면에 체험적 마케팅 전략은 구매뿐만 아니라 이용 당시의 소비 행위 자체에 의미를 부여하기 때문에 마케팅 효과 역시 체험마케팅과 전통적 마케팅은 차이가 있다(문희강 등, 2008). 즉 체험마케팅의 핵심은 제품의 특성이나 편익/서비스만을 판매하는 것이 아니라 소비경험을 판매하는 것을 의미한다.

총체적인 체험의 제공이라는 점에서 Schmitt(1999)는 체험의 구성요소를 감각(sense), 감성(feel), 인지(think), 행동(act), 관계(relate) 등으로 분류하였고, 이를 전략적 체험 모듈(SEMs: Strategic Experiential Modules)이라고 표현하였다. 또한 각각의 체험 요소를 이용하는 독자적 마케팅기법이 존재(예 감성 체험–감성마케팅, 관계 체험–관계마케팅 등)하기 때문에 체험은 마케팅 전략의 일부로 활용하는 것이 바람직하다고 제시하였다.

전략적 체험 모듈의 구성요소를 살펴보면, 먼저 감각(sense)은 제품의 예쁘고 세련된 정도로서, 인간의 5가지 감각기관을 통해 체험되는 것을 의미한다. 예를 들면 코카콜라가 가진 병의 촉감, 탄산음료의 소리, 빨간 색상을 이용한 강력한 로고 등은 소비자 오감을 자극시켜 브랜드를 경험할 수 있도록 유도하게 된다.

두 번째로 감성(feel)은 제품이 마음에 들어 언젠가는 꼭 구매해 보고 싶은 느낌을 의미하는데, 예를 들어 스타벅스와 같은 공간은 커피만 소비하는 곳이 아니라 휴식, 로맨스 등을 즐길 수 있도록 감성적 테마를 창출하여 소비자들에게 애정과 감정 등을 체험할 수 있도록 한다.

세 번째로 인지(think)는 배움이 있는 체험으로서 사람들의 사고적 호기심을 자극하여 생각하도록 유도하는 체험을 의미한다. 예를 들면 애플 매장은 소비자들이 애플社의 제품을 체험할 수 있도록 진열하여 창조적 · 인지적 과정을 통해 창의적 사고를 할 수 있도록 유도한다.

네 번째로 행동(act)은 제품을 직접 만져보고 편리함과 라이프스타일의 변화를 실감하도록 유도하는 것을 의미한다. 예를 들면 스포츠 선수의 간접 체험(예 나이키-Just Do It, Air Jordan 등)을 통해 제품을 착용하고 구매하도록 유도한다. 이외에 소니 쇼룸의 경우에도 제품을 직접 사용해 보면서 편리한 기능을 알 수 있게 구성되어 있다.

마지막으로 관계(relate)는 자신의 이상적 모습 내지는 특정 문화그룹에 속하고픈 감각을 의미하는데, 예를 들어 할리 데이비슨이라는 오토바이 브랜드는 유형적 제품에 그치지 않고, 사용자 간 동질감, 관심, 상징, 전통 등을 공유할 수 있는 단단한 커뮤니티가 형성되어 있고, 이는 할리 데이비슨에 소속된 사람들과의 체험을 가능하게 해준다.

이처럼 체험마케팅은 체험을 체계적으로 분류하였다는 점에서 주목받아 왔다(박수경 · 박지혜 · 차태훈, 2007). 즉 기존 소비가 기능적 · 인지적 · 합리적 과정을 우선시하였다면 전략적 체험 모듈에 의해 형성된 총체적 체험은 감성, 감각, 인지, 행동, 관계 등이 상호작용하여 통합적 체험의 시너지 효과가 나타나며(문은아, 2004), 이는 사람의 삶에 깊게 영향을 미치는 역할을 한다(Gobé, 2001).

따라서 1990년대 후반부터 본격적으로 이론화된 체험마케팅은 전 산업영역에 포괄적으로 적용될 수 있으며, 무형적 서비스에 적용되기에도 적합한 마케팅 기법이라고 할 수 있다(최지원 · 김현칠, 2010). 특히 관광과 같은 무형적 서비스의 경우 사전 체험이 불가능하기 때문에 총체적인 체험이 강조되어야 할 것이다. 예를 들면 싱가포르 항공사는 시각적으로는 세련되고 우아하면서(감각), 친절과 정성이 담긴 서비스를 제공하고(감성), 혁신적·창조적이며(인지), 서비스 및 행동 지향적이고(행동), 싱가포르적이면서도 국제적인 것으로서(관계)의 목표를 가지고 있는데, 이는 완전히 총체적인 체험을 제공하고 있다고 할 수 있다(최지원·김현칠, 2010).

2. 체험, 즐거움, 만족도 간 영향관계

어떤 자극이 특정 감정을 유발할 수 있는지를 연구하는 것은 관광매력물을 기획하는 입장에서 활용할 가치가 있을 것이다. 이 연구는 자극 요소로서 총체적 체험에 주목하였다. 또한 감정에 대한 접근은 연구자마다 다양한 관점에서 제시되고 있지만, 공통적으로 감정적 반응은 소비경험에 있어서 만족도에 유의한 영향을 미치며(이정학, 2008), 아울러 즐거운 환경은 소비자의 만족도를 증가시킨다(Wright, Newman, & Dennis, 2006).

먼저 체험과 즐거움 간 관계를 살펴보면, 박성연·배현경(2006)은 매장에서의 감각적 체험 요소가 소비자 감정에 영향을 미치고, 소비자 감정은 또한 만족도에도 영향을 미친다는 결과를 제시하였고, 황윤용·최수아(2008)는 체험이 축제방문객의 감정반응에 긍정적 역할을 하는 활력소라고 제시하였다. 또한 권유홍·김형철·양승훈(2009)은 테마 레스토랑에서의 체험 요소를 Schmitt(1999)의 관점에서 살펴보았고, 분석결과를 토대로 체험이 즐거움 형성에 긍정적 영향을 미친다고 제시하였다. 이러한 선행연구에 따라 이 연구는 다음과 같은 연구가설을 설정하였다.

연구가설 1(H_1): 테마파크에서의 체험은 즐거움에 정(+)의 영향을 미칠 것이다.

다음으로 de Rojas와 Camarero(2008)는 문화관광으로서 유적지를 대상으로 방문객의 체험, 감정, 그리고 만족 간 구조적 관계를 파악하면서 즐거움이 만족도에 긍정적인 영향을 미치는 변인이라는 것을 밝혔고, Bigné, Mattila와 Andreu(2008)는 체험 소비에 대한 인지적 감정적 과정을 두 가지 대상(박물관, 테마파크)에 적용하는 연구를 통해 감정적 요소인 즐거움이 만족도에 영향을 미친다는 분석결과를 제시하였다. 이외에 Ladhari(2007a, 2007b)의 연구에서도 쾌락적 상품인 영화에 있어서 정서적 요소인 즐거움은 만족도에 영향을 미친다고 하였다. 이처럼 즐거움과 만족도 간 영향관계를 제시한 선행연구를 토대로 다음과 같은 가설을 수립하였다.

연구가설 2(H_2): 테마파크에서의 즐거움은 만족도에 정(+)의 영향을 미칠 것이다.

한편 Schmitt(2001)는 구매과정에서의 체험이 소비자-브랜드 관계에서 만족도 형성에 직접적인 영향을 미친다고 제시하였고, 이정민(2011)은 화장품 이용 소비자를 대상으로 체험마케팅을 적용하여 체험마케팅과 브랜드 만족, 애착 및 충성도 간 영향관계를 살펴보았다. 또한 Brakus, Schmitt와 Zarantonello(2009)는 브랜드 체험을 Schmitt(1999)의 체험마케팅을 바탕으로 4가지 차원(감각, 감성, 인지, 행동)을 도출하였고, 분석결과를 토대로 브랜드 체험이 만족도에 긍정적으로 작용함을 제시하였다. 이에 다음과 같은 연구가설을 도출하였다.

연구가설 3(H_3): 테마파크에서의 체험은 만족도에 정(+)의 영향을 미칠 것이다.

3 연구모형의 전개

1. 조사설계

테마파크는 유희적인 관광목적지로서 재방문의도를 갖게 하는 것이 궁극적인 목적이라고 할 수 있다(조방현 · 전형상 · 김준희, 2008). 따라서 똑같은 체험에 대한 식상함을 없애줄 즐거움과 신선함을 제공해 주는 것이 핵심문제로서(손에스더, 2007), 테마파크 입장에서는 관광객이 추구하는 체험 요소에 맞춰 이를 강화하려는 노력을 시도해야 할 것이다. 특히 방문객 만족에 앞서 테마파크에서의 만족의 과정에 나타나는 영향관계를 더 체계적으로 연구할 필요가 제기되고 있으므로(권순홍 · 임양환 · 이동욱, 2009) 〈그림 1〉과 같은 연구모형을 토대로 테마파크의 체험, 즐거움, 만족도 간 영향관계를 살펴보았다.

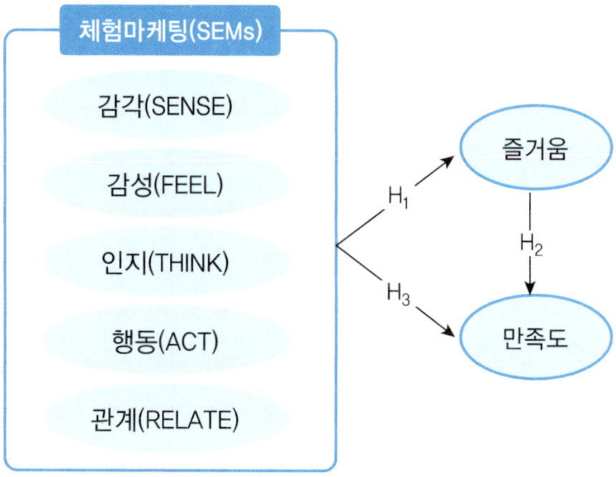

〈그림 1〉 연구모형

2. 변수의 조작적 정의 및 설문지 구성에 사용된 선행연구

설문은 크게 연속형 측정변수로 구성된 부분과 인구통계학적 특성 관련 변수로 구분할 수 있는데, 먼저 체험, 즐거움, 만족도는 각각 15개, 3개, 4개 항목 등 총22개 항목을 〈표 1〉과 같은 국내외 선행연구를 바탕으로 추출하였고, Likert 5점 척도(1 = 전혀 그렇지 않다, 3 = 보통, 5 = 매우 그렇다)에 의해 측정하였다. 한편 인구통계학적 특성 변수들은 성별, 연령, 교육수준, 직업 등 4개 항목을 추출하여 명목척도로 측정하였다.

표 1 변수의 조작적 정의 및 선행연구

구분(항목 수)	조작적 정의	선행연구	척도
체험(SEMs) (15)	테마파크 내에서 유·무형의 서비스를 통해 얻게 된 직접적 경험의 총체	Brakus et al.(2009), Schmitt(1999), Chang & Chieng(2006), Zarantonello & Schmitt(2010)	Likert 5점
즐거움(3)	테마파크에 내 경험을 통해 얻은 전반적인 즐거운 감정 정도	Floyd(1997), Fiore, Jin, & Kim(2005), de Rojas & Camarero(2008), Ryu & Jang(2008)	
만족도(4)	테마파크 내 경험을 통해 얻은 종합적인 느낌	Taylor & Hunter(2003), van Dolen, Ruyter, & Lemmink(2004), Kim, Chung, & Lee(2010)	
기타(4)	성별, 연령, 교육수준, 직업		명목

3. 자료수집 및 분석방법

연구의 모집단은 테마파크 경험이 있는 성인 남·여로서, 구체적으로 지난 1년 사이에 테마파크를 방문한 경험이 있는 사람들을 대상으로 2010년 10월 18일부터 30일까지 약 2주 동안 설문조사를 실시하였다. 지난 1년을 기준으로 선정한 이유는 12개월이라는 기간이 일반적인 행동 관련 연구에서 흔히 적용되는 기간이기 때문이다(Lam & Hsu, 2006). 설문은 테마파크의 주요 타깃인 20~30대 연령층이 많은 대학가와 업무중심지구(예 강남)에서 실시하였고, 설문조사를 위해 조사원 6명이 사전에 조사목적·방법·내용 등을 충분히 숙지한 후 투입되었다. 설문은 편의표본추출방법에 의해 표본을 선정하였고, 설문작성방법은 주로 자기기입식과 개별면접방식을 병행하였다. 이러한 과정을 통해 350부의 설문지를 배포·회수하였고, 이 중 불성실한 설문지는 제거한 후 측정변수의 정규성 및 이상치를 확인하여 최종적으로 302부를 실증분석에 사용하였다.

설문조사를 통해 획득된 자료는 통계 패키지를 이용하여 다음과 같은 분석방법에 의해 실증분석을 실시하였다. 첫째, 응답자의 인구통계학적 특성을 알아보기 위해 빈도분석을 실시하였다. 둘째, 연속형 측정변수들의 기본적 특성 및 내적 일관성을 파악하기 위해서 기술통계분석 및 신뢰도분석을 실시하였다. 셋째, 구성개념에 대한 측정항목의 타당성을 평가하기 위해 측정모형에 대한 확인적 요인분석을 실시하였고, 확인적 요인분석에서 도출된 상관관계 행렬을 이용하여 측정모형 간 판별타당성을 평가하였다. 넷째, 이론모델의 영향관계를 검증하기 위해 구조방정식모델링을 실시하였다. 또한 추가적으로 즐거움의 매개효과 검증을 위해 완전매개모형과 부분매개모형 간 x^2 차이분석을 실시하였고, 그 효과를 Sobel의 Z-test로 살펴보았다.

4 감정적 요소와 만족도 간의 영향관계 분석결과

1. 응답자의 인구통계학적 특성

응답자 302명의 기본적인 특성을 살펴본 빈도분석 결과에서 성별은 남성이 182명으로 여성(120명)보다 더 조사되었고, 연령은 주로 20대(203명)가 많았다. 이들의 교육수준은 대부분이 대학교(248명)인 것으로 나타났고, 직업은 사무직(137명), 학생(83명)이 대부분을 차지하고 있었다.

표 2 유효표본에 대한 인구통계학적 특성

구분		n(명)	%(비율)	구분		n(명)	%(비율)
성별	남성	182	60.3	직업	학생	83	27.5
	여성	120	39.7		서비스직	9	3.0
연령 (결측: 1)	20대	203	67.4		공무원	2	.7
	30대	98	32.6		전문직	24	7.9
교육 수준	고등학교 이하	1	.3		사무직	137	45.4
	전문대	11	3.6		주부	10	3.3
	대학교	248	82.1		생산직/기술직	26	8.6
	대학원 이상	42	13.9		기타	11	3.6

2. 측정변수의 기술통계 및 신뢰도 분석결과

Likert 5점 척도로 조사된 연속형 변수들에 대한 기본적 특성을 살펴보기 위해 기술통계분석과 신뢰도분석을 실시하였다. 먼저 기술통계분석에서 체험의 일부 영역이 보통(3점)보다 낮은 평균값을 보였고, 나머지 측정항목들은 모두 보통 이상이었다. 정규분포성을 검정하기 위해 분포의 기울기를 의미하는 왜도(Z_{mean} = −1.849)와 분포의 뾰족함을 의미하는 첨도(Z_{mean} = .366)는 유의수준 5%($Z = \pm 1.960$, $p < .05$)에서 통계적으로 유의하기 때문에 정규분포성에 대한 가정을 충족하고 있다(Hair, Black, Babin, Anderson, & Tatham, 2006). 한편 측정 문항 간 내적 일관성을 살펴보기 위해 실시한 신뢰도 분석결과, 구성개념별 전체 신뢰도는 .839~.898로 높은 신뢰 수준을 보이고 있다. 다만 체험(SEMs)의 1개 항목(관계 3: 테마파크와 관련된 기념품을 구매함)은 전체 신뢰도를 저해하기 때문에 삭제 후 전체 신뢰도를 도출하였고, 이후 실증분석에서도 포함시키지 않았다.

표 3 측정변수에 대한 기술통계량 값 및 신뢰도 분석결과

구분	항목 수	평균		왜도		첨도		신뢰계수 (α)
	최초(최종)	Min.	Max.	Min.	Max.	Min.	Max.	
체험(SEMs)	15(14)	2.54	4.12	-.820	.307	-.881	1.785	.882
즐거움	3(3)	3.78	4.08	-.626	-.298	-.031	1.049	.898
만족도	4(4)	3.20	3.94	-.392	-.128	-.319	.580	.839

주) Likert 5-point scale(1 = 전혀 그렇지 않다, 3 = 보통, 5 = 매우 그렇다)

3. 측정모형에 대한 확인적 요인분석 결과

다음은 측정모형에 대한 신뢰성 및 타당성을 파악하기 위해 실시한 확인적 요인분석 결과로서, 모형적합도는 x^2값(p값), Q값(x^2/df), GFI, NFI, CFI, RMR 등으로 판단하였다. 분석결과, 유의수준이 $p<.01$로서 통계적으로 유의하기 때문에 귀무가설(H_0: 모형이 적합하다)을 기각하였기에 그 대안인 Q값을 통해 살펴보았다.

표 4 측정모형에 대한 확인적 요인분석 결과

요인	변수명	표준화 계수	C.R.값	R^2	CR	AVE
감각	감각 1(오감을 자극)	.885	13.859	.783	.908	.769
	감각 2(오감을 통한 흥미 제공)	.915	14.086	.837		
	감각 3(오감을 압도하는 강한 인상)	.692	-	.479		
감성	감성 1(신나는 기분을 느끼도록 도움)	.785	14.650	.616	.883	.715
	감성 2(감성적 반응을 하도록 도움)	.757	14.004	.573		
	감성 3(특별한 기분을 선사함)	.806	-	.650		
인지	인지 1(나의 호기심을 유발함)	삭제			.818	.693
	인지 2(새로운 사실을 알 수 있음)	.900	9.770	.810		
	인지 3(테마파크를 접할 때, 많은 생각을 함)	.755	-	.570		
행동	행동 1(테마파크 내 경험을 생활에 적용하고 싶음)	삭제			.897	.815
	행동 2(테마파크 내 육체적 활동에 참여하는 편)	.805	11.391	.648		
	행동 3(테마파크는 육체적·능동적 활동을 유발함)	.970	-	.940		

요인	변수명	표준화계수	C.R.값	R^2	CR	AVE
관계	관계 1(테마파크 방문객들로부터 친근함을 느낌)	.842	11.488	.709	.804	.673
	관계 2(다른 사람과 유대관계를 형성할 수 있음)	.803	-	.644		
즐거움	즐거움 1(테마파크 방문은 내게 기쁨을 선사함)	.887	20.772	.788	.942	.845
	즐거움 2(테마파크 방문은 내게 행복을 선사함)	.838	18.826	.703		
	즐거움 3(테마파크 방문은 내게 즐거움을 선사함)	.873	-	.763		
만족도	만족도 1(전반적으로 만족함)	.890	11.220	.793	.913	.725
	만족도 2(나의 결정에 대해 만족함)	.794	11.278	.631		
	만족도 3(테마파크 방문은 옳은 일이라고 확신함)	.735	12.206	.540		
	만족도 4(테마파크 방문은 필요했던 욕구를 채워줌)	.716	-	.513		
Goodness of fit: Q(x^2 =274.924/127) = 2.165, p = .000, GFI = .910, NFI = .926, CFI = .959, RMR = .031						

Q값은 2.165로 3 이하로 나타나 모델이 적합함을 알 수 있고(이학식 · 임지훈, 2009), 다른 적합지수에서 GFI = .910, NFI = .926, CFI = .959(기준: ≥.9), RMR = .031(기준: ≤.05)로 적합한 수준으로 구성개념의 단일 차원성을 수렴하고 있다. 한편 내적 일관성을 의미하는 개념신뢰도(CR)는 .818~.942로 나타났고, 개념 설명에 대한 분산의 크기를 의미하는 평균분산추출값(AVE)은 .673~.845로 각각 기준 .7과 .5 이상으로 내적 일관성과 수렴타당성을 확보하고 있으며, 표준화계수도 .692~.970으로 .5 이상으로 개념타당성도 확보되고 있음을 알 수 있다. 단, 인지와 행동 각각 1개씩의 측정항목에서 낮은 설명력(R^2)을 보여 삭제한 후 확인적 요인분석을 실시하였다.

4. 측정모형에 대한 판별타당성 검증

측정모형 간 상관관계 분석을 살펴보면, 모든 구성개념 간 상관계수는 유의수준 1%에서 통계적으로 유의한 정(+)의 상관관계가 성립되고 있음이 확인되었다. 이러한 상관관계를 토대로 측정모형 간 판별타당성을 살펴보았다. 먼저 AVE값과 상관자승치 간 비교를 통해 AVE값이 모든 구성개념의 상관자승치보다 큰지를 비교해 보았는데, 몇몇 관계에서 상관자승치가 AVE값을 상회하는 것으로 나타났다. 일반적으로 AVE값과 상관자승치 비교는 판별타당성을 가장 엄격하게 검증하는 방법으로서(Fornell & Larcker, 1981), 모든 관계에서 성립되지 않았기 때문에 나머지 방법을 통해 판별타당성을 검증하였다. 두 번째로는 구성개념 간 상관계수의 신뢰구간을 살펴보는 방법으로서, 각 구성개념 간 95% 표준오차 추정구간의 상관계수가 구성개념 간 완전한 상관계수인 1을 포함하는지를 비교하는 것이다. 즉 95% 신뢰구간에서 $\Phi \pm (2 \times S.E)$가 1이 아니면 판별타당성이 있다고 할 수 있는데(Anderson & Gerbing, 1988), 본 연구에서는 $\Phi + (2 \times S.E)$의 값(.328~.930)과 $\Phi - (2 \times S.E)$의 값(.180~.786) 모두 1을 포함하고 있지 않기에 판별타당성 확보를 충족한다.

표 5 구성개념 간 상관관계 행렬 및 판별타당도

구성개념	M(S.D)	구성개념 간 상관관계						
		감각	감성	인지	행동	관계	즐거움	만족도
감각	3.53(.710)	(.769)	.517	.174	.065	.125	.419	.331
감성	3.92(.681)	.719**	(.715)	.128	.131	.135	.736	.601
인지	2.70(.898)	.417**	.358**	(.693)	.089	.253	.121	.188
행동	3.26(.883)	.254**	.362**	.298**	(.815)	.259	.156	.110
관계	2.91(.923)	.353**	.367**	.503**	.509**	(.673)	.233	.182
즐거움	3.92(.676)	.647**	.858**	.348**	.395**	.483**	(.845)	.572
만족도	3.64(.619)	.575**	.775**	.434**	.331**	.427**	.756**	(.725)

주) *p<.05, **p<.01
밑줄 친 Higher-Half Matrix의 투입자료는 상관자승치를 의미함. ( ): AVE값

마지막으로 상관계수가 가장 높은 두 구성개념(감성-즐거움) 간 제약모델과 비제약모델에 대한 x^2 차이분석을 살펴보았는데, 두 구성개념의 모델 간 통계적으로 유의한 차이($\triangle x^2$ = 90.750, △df = 1)가 나타났기에 판별타당성은 확보되었다(Steenkamp & van Trijp, 1991).

5. 이론모델에 대한 구조방정식모델링 결과

이 연구에서 제시된 이론적 모델을 검증해 보기 위해 구조방정식모델링을 실시하였는데, 모형적합도는 앞선 확인적 요인분석 결과와 동일하게 도출되었기에 비교적 이론적

모델은 적합하다고 할 수 있다. 이후 인과관계에 관한 분석결과를 토대로 가설을 검증하면 다음과 같다. 먼저 연구가설 1인 "테마파크에서의 체험이 즐거움에 정(+)의 영향을 미칠 것이다."의 경우 체험의 5가지 요소 중 감성(C.R.값=8.773, p<.001)과 관계(C.R.값=.3229, p<.01)만이 즐거움에 정(+)의 영향을 미치는 것으로 나타났다. 아울러 이 두 구성개념이 즐거움을 77.1% 정도 설명하는 것을 알 수 있는데, 그중 감성(표준화계수=.765)이 관계(표준화계수=.203)보다 즐거움을 설명하는 데 더 기여하는 것으로 나타났다.

표 6 이론모델에 대한 영향관계 검증결과 및 인과효과

가설	가설경로	경로계수	표준화계수	표준오차	R^2	C.R.값	p값
	감각 → 즐거움	.042	.042	.073		.568	.570
	감성 → 즐거움	.734	.765	.084		8.773	.000***
H_1	인지 → 즐거움	−.041	−.051	.045	.771	−.927	.354
	행동 → 즐거움	.013	.019	.035		.376	.707
	관계 → 즐거움	.152	.203	.047		3.229	.001**
H_2	즐거움 → 만족도	.303	.299	.128		2.371	.018*
	감각 → 만족도	−.044	−.043	.075		−.593	.553
	감성 → 만족도	.470	.483	.141	.658	3.331	.000***
H_3	인지 → 만족도	.126	.154	.048		2.621	.009**
	행동 → 만족도	−.017	−.025	.036		−.468	.640
	관계 → 만족도	.043	.056	.053		.801	.423
Goodness of fit: Q(x^2 =274.924/127) = 2.165, p = .000, GFI = .910, NFI = .926, CFI = .959, RMR = .031							

구분		감각	감성	인지	행동	관계	즐거움	만족도
총효과	즐거움	.042	.765	−.051	.019	.203	−	−
	만족도	−.031	.711	.139	−.019	.117	.299	−
직접효과	즐거움	.042	.765*	−.051	.019	.203**	−	−
	만족도	−.043	.483*	.154*	−.025	.056	.299*	−
간접효과	즐거움	−	−	−	−	−	−	−
	만족도	.012	.229*	−.015	.006	.061*	−	−

주) 표준화 경로계수, *p<.05, **p<.01, ***p<.001

연구가설 2 "테마파크에서의 즐거움이 만족도에 정(+)의 영향을 미칠 것이다."의 경우 통계적으로 유의한 것을 알 수 있다(C.R.값 = 2.371, $p < .05$). 또한 연구가설 3인 "테마파크에서의 체험이 만족도에 정(+)의 영향을 미칠 것이다."의 경우 감성(C.R.값 = 3.331, $p < .001$)과 인지(C.R.값 = 2.621, $p < .01$)만이 통계적으로 유의한 것을 알 수 있다. 한편 즐거움과 체험의 두 구성개념(감성, 인지)이 만족도를 65.8% 정도 설명하고 있음이 발견되었고, 감성(표준화계수 = .483), 즐거움(표준화계수 = .299), 인지(표준화계수 = .154) 순으로 만족도를 설명하는 데 기여하고 있음을 확인하였다.

총효과, 직접효과, 간접효과에 대한 요인별 인과효과를 살펴보면, 인지는 만족도에만 직접적인 영향을 미치는 것으로 나타난 반면에 감성과 관계는 즐거움에 직접적인 영향을 미치고, 즐거움은 만족도에 영향을 미치는 간접적인 관계를 형성하고 있음이 발견되었다.

특히 감성의 경우 즐거움에도 영향을 직접적으로 미치고, 만족도에도 직접적인 영향 관계를 보이고 있는 것이 특징이었다. 결국 정서적인 부분(예 감성, 즐거움)이 실제 만족도에 중요한 역할을 하며, 실질적인 정보력과 관련된 객관적 사실인 인지는 즐거움이라는 감정적인 변화를 일으키지는 않지만, 테마파크 경험에 있어서 만족감을 높이는 중요 요인임을 알 수 있다.

6. 매개효과 검증

앞서 인과효과에서 체험 요소 중 '감성'과 '관계'는 만족도에 간접적인 영향을 미치는 것을 알 수 있었기에 즐거움이 매개변수로서 역할을 하는지를 추가적으로 완전매개모형과 부분매개모형 간 x^2 차이 검증을 실시해 보았다. 먼저 감성-즐거움-만족도의 경우 부분매개모형(x^2 = 274.924, df = 127)과 완전매개모형(x^2 = 286.860, df = 128) 간 차이(△11.936, △df = 1, $p < .001$)가 통계적으로 유의하기 때문에 부분매개효과 관계라고 할 수 있다.

표 7 매개효과 검증결과

계수값(a), 표준오차(SE_a)	계수값(b), 표준오차(SE_b)	매개효과	Sobel의 Z값	매개관계
감성 → 즐거움 (.734, .084)	즐거움 → 만족도 (.303, .128)	.222	2.285*	부분매개효과
관계 → 즐거움 (.152, .047)		.050	1.910	–

주) *p<.05, **p<.01, ***p<.001

반면에 관계–즐거움–만족도의 경우 부분매개모형(x^2 = 274.924, df = 127)과 완전매개모형(x^2 = 275.548, df = 128) 간 차이($\triangle x^2$ = .624, △df = 1, p>.05)가 통계적으로 유의하지 않기 때문에 완전매개효과 관계라고 볼 수 있지만, 매개효과의 유의성검증을 위해 사용한 Sobel의 방법에 의한 Z검증에 의하면 관계→즐거움→만족도 간 관계에서 즐거움의 매개효과 .050(.152 × .303)은 통계적으로 유의하지 않은 것으로 나타났다(ab = 0). 결과적으로 감성 → 즐거움 → 만족도 간 관계에서 즐거움(ab = .222)은 부분매개효과가 있는 반면에 관계 → 즐거움 → 만족도 간 관계에서 즐거움은 매개효과가 없는 것을 알 수 있다.

5 감정적 요소와 만족도

테마파크 방문 경험자들을 대상으로 테마파크 내 체험 요소가 즐거움 및 만족도에 영향을 미치는지를 파악해 보고, 감정적 변수인 즐거움이 체험 요소와 만족도 사이에서 매개 역할을 하는지를 검증하기 위해 실시된 이 연구가 주는 시사점을 도출해 보면 다음과 같다.

첫째, 테마파크에서의 체험이 즐거움에 미치는 영향관계(연구가설 1)에서 체험마케팅 요소 중 '감성'과 '관계' 요인이 즐거움에 정(+)의 영향을 미치는 것으로 나타났다. 이는 Schmitt(1999)의 체험 마케팅 요소인 5가지(감각, 감성, 인지, 행동, 관계)를 사용한 연구의 결과를 대변해 준다. 예를 들면 Yuan과 Wu(2008)의 연구에서 감성(feel)이 즐거움(enjoyment)과 같은 감정적 가치에 긍정적인 영향을 미친다는 결과, 그리고 Tsaur, Chiu와 Wang(2006)의 연구에서 감성(feel)과 관계(relate)가 즐거운(enjoyable)과 같은 긍정적 감정에 정(+)의 영향을 미친다는 결과가 도출되었다.

결국 체험 요소는 긍정적인 감정을 도출(Berry, Carbone, & Haeckel, 2002; Schmitt, 1999)하는 선행변수임을 확인할 수 있었다. 즉 감성(feel)은 브랜드에 대해 내면적으로 형성되거나 사용을 통해 형성되는 정서적인 감각을 의미한다. 이를 테마파크 측면에서 본다면 테마파크 내에서 경험할 수 있는 모든 상황들은 특정 기분(mood)이나 감정(emotion)을 느끼게 하기 때문에 적절한 감성 마케팅이 필요하다는 것이다.

감성적인 체험 요소들을 제공하여 테마파크에 대한 특별한 느낌을 유발시키는 것이 중요함을 의미한다. 한편 관계(relate)는 다른 사람이나 다른 사회 집단과의 연결고리로서, 개인적 차원을 넘어 이상적 자아 내지 타인, 그리고 추상적 문화 등을 접하면서 자기향상 욕구를 자극시키게 된다. 이를 테마파크 측면에서 보면, 테마파크의 서비스를 제공해 주는 사람과의 연결을 통해 관계적 체험을 유도하는 관계마케팅이 필요하다는 것이다.

테마파크는 다양한 어트랙션을 제공하는 유형적 자산이 대부분이지만, 그러한 유형적 자산을 움직이고 가꾸는 것은 테마파크 내 서비스 자산이기 때문에 이들과의 긍정적인 관계 형성은 방문객의 적극적인 참여나 동반자 또는 타인과의 친분 및 유대감 형성에 도움을 제공해 주기 때문에 중요하다.

한편 분석결과에 따르면 '감성'과 '관계' 요인이 즐거움을 77.1% 정도 설명하고 있는 가운데 '관계'보다 '감성' 요인이 즐거움을 설명하는 데 더 중요한 변수임을 알 수 있었다. 즉 테마파크 현장에서 방문객들의 기호를 파악하여 방문객이 좋아하는 정보 내지는 자극을 적절히 제공해 주는 것이 테마파크 내 체험을 더 즐겁게 인식하게 만들게 된다는 것을 의미한다. 탑승놀이기구 이외에 다양한 프로그램(예 퍼레이드, 축제) 내지는 체험 행사(예 DIY)의 자극을 지속적으로 개선하는 노력이 필요하다.

둘째, 테마파크에서의 즐거움이 만족도에 영향을 미친다는 연구가설 2는 통계적으로 유의한 것으로 나타났다. 이는 Bigné, Andreu와 Gnoth(2005), Bigné et al.(2008), Eroglu, Machleit와 Davis(2003), Ladhari(2007a, 2007b), Yüksel과 Yüksel(2007)의 결과와 일치하는 부분이다. 위의 연구들은 쇼핑(Eroglu et al., 2003; Yüksel & Yüksel, 2007), 영화(Ladhari, 2007a, 2007b), 테마파크(Bigné et al., 2005; Bigné et al., 2008) 등 유희적인 대상으로서, 이러한 대상의 만족도를 극대화하기 위해서는 즐거움을 끌어올리는 것이 무엇보다 중요하다는 것을 확인할 수 있다.

테마파크의 경우 빈번히 방문하는 관광목적지가 아니고, 주로 1회성 방문이 많기 때문에 어트랙션 이외에 즐길거리를 보강하는 작업이 필수적일 것이다. 결국 즐거움을 극대화시키기 위해서는 체험거리의 다양성 및 신기성 추구라고 보았을 때, 월별, 분기별, 연도별 다양한 고객 체험 프로그램을 구성·홍보하는 것은 물론 기존 가격 제공에 따른 상품과 결합한 선택형 체험 상품을 마련하는 것도 중요한 부분이 될 것이다.

셋째, 테마파크에서의 체험이 만족도에 미치는 영향관계(연구가설 3)에서 체험 중 '감성'과 '인지' 요인이 만족도에 정(+)의 영향을 미치는 것으로 나타났다. 이는 감성적 부분이 만족도에 영향을 미친다는 권유홍 등(2009)의 연구결과, 인지적 부분이 만족도에 영향을 미친다는 손선미(2010)의 연구결과, 그리고 브랜드 체험 요소(감각, 감성, 인지, 행동)가 만족도에 영향을 미친다는 Brakus et al.(2009)의 연구결과와 일치한다.

앞선 연구가설 1에서 감성은 즐거움에도 긍정적인 영향을 미치고 만족도에도 영향을 미치는 것으로 나타났는데, 이는 체험 요소 중 정서적 부분이 정서적 반응으로 이어진다는 것을 대변해 준다.

반면에 인지적 체험은 즐거움에 영향을 미치지는 않았지만, 만족도에는 영향을 미치는 것으로 나타났다. 인지적 체험은 지성에 호소하는 요소로서, 테마파크 방문객들의 창의적 사고를 유도하는 확산적 사고의 기능을 맡는다. 즉 박물관, 유적지 등과 같은 유형의 목적지는 이성적 사고와 정신 집중을 요구하는 수렴적 사고 영역인 반면에 테마파크는 객관적인 분석적 사고 없이 자유분방하게 즉흥적으로 따라가며 다양한 방향으로 생각의 폭을 넓히는 것에 적합한 유희적인 목적지이다. 따라서 즐거움을 유발하지는 않지만 생각과 활동을 자유롭게 유도하기 위한 정보 제공 및 마케팅 프로그램 수립이 중요하다. 결국 방문객들에게 놀라움을 줄 수 있는 요소(예 전자동 대기시간 제공 시스템 및 스마트폰 애플리케이션 제공) 또는 시청각 자료(예 대기시간 동안 제공되는 영상물) 등 테마파크의 주목적은 아니지만 이용에 편의를 제공하는 무형의 서비스가 필요할 것이다.

한편 앞선 연구가설 2와 더불어 즐거움, '감성' 요인, '인지' 요인이 만족도를 65.8% 정도 설명하고 있는 가운데 감성, 즐거움, 인지 순으로 만족도를 설명하는 데 기여하는 바를 확인할 수 있었다. 결국 어떠한 체험 요소가 과연 방문객의 감성, 즐거움과 같은 긍정적 정서 형성에 기여하는지를 지속적으로 발견하는 것이 중요함을 확인할 수 있는 대목이다. 테마파크 실무자 입장에서는 다각도로 체험 요소에 대한 탐구가 필요하고, 이는 곧 방문객의 긍정적 감정 변화에도 영향을 미친다는 것을 간과해서는 안 될 것이다.

넷째, 선행변인과 결과변인 간 매개변수의 효과를 살펴본 결과, 체험 요소 중 감성과 만족도를 설명함에 있어서 즐거움은 부분매개효과를 가지는 것으로 나타났다. 즉 감성은 즐거움과 만족도에 모두 영향을 미치고, 즐거움은 만족도에 영향을 미치는 것을 의미한다. 이는 Pine과 Gilmore(1998)의 체험 요소(4Es)와 플로우 결과별수 간 영향관계에서 즐거움의 매개효과를 검증한 김지희 · 김지혼 · 윤설민(2010)의 연구결과, 그리고 플로우 이론을 검증하면서 플로우를 발생시키는 관련변인으로서 즐거움의 매개효과를 제시한 윤설민(2010)의 연구결과와 동일하게 즐거움의 매개효과가 검증되었다.

테마파크는 유희적인 체험이지만, 다소 수동적인 활동을 통해 즐거움이 생산되는 공간이다. 탑승놀이시설을 예로 들면, 특별히 놀이기구를 타기 위해서는 방문객의 기술보다는 자동으로 움직이는 기구에 몸을 맡기는 것이 대부분이다. 그렇기 때문에 즐거움을 발생시키는 선행변인을 탐구하는 것은 중요한 문제일 것이다.

이 연구에서는 체험 요소를 적용하였고, 그중 '감성' 요인이 즐거움을 불러일으키고, 이는 곧 테마파크 방문의 만족도로 이어지는 것을 알 수 있었다. 결국 즐거움이라는 매개변수를 불러일으키는 감성을 극대화시키는 마케팅 전략을 지속적으로 수립하는 것이 바람직할 것임을 유추할 수 있다.

참고문헌

고순화 · 이영선(2008). 의류브랜드의 체험이 소비자–브랜드 관계와 브랜드 충성도에 미치는 영향. 한국의류학회지. 32(1): 55–64.

권순홍 · 임양환 · 이동욱(2009). 방문객의 애착유형이 테마파크에 대한 태도와 만족도에 미치는 영향: 에버랜드 서비스 경험을 중심으로. 한국컴퓨터정보학회 논문집. 14(11): 187–197.

권유홍 · 김형철 · 양승훈(2009). 테마 레스토랑에서의 체험이 방문자 만족 및 행동의도에 미치는 영향: 'K' 테마 레스토랑을 사례로. 관광 · 레저연구. 21(4): 273–293.

김성주(2007). 테마파크 기념품 구매자의 체험과 소비가치. CERI 엔터테인먼트연구. 8: 31–52.

김지희 · 김지혼 · 윤설민(2010). 지역축제의 체험 요소, 즐거움, 플로우의 결과변수 간 영향관계 및 관광객 특성 비교에 관한 연구. 고객만족경영연구. 12(2): 165–184.

김창수(2009). 테마파크 환경 지각이 방문객 감정반응 및 사후행동에 미치는 영향. 관광경영연구.

13(3): 43-65.
문은아(2004). 문화콘텐츠 산업의 상품화에 감각적 체험 마케팅활용에 관한 연구. 시각디자인 학술지(한국디자인포럼). 9: 179-197.
문희강·윤초롱·박지은·이유리(2008). 의류 브랜드의 체험마케팅 활동에 대한 지각이 소비자 브랜드 태도에 미치는 영향. 한국의류산업학회지. 10(2): 181-190.
박성연 · 배현경(2006). 매장 내 감각적 체험이 매장태도와 애호도에 미치는 영향: 소비감정과 만족의 매개적 영향을 중심으로. 마케팅관리연구. 11(3): 1-13.
박성연 · 황정은(2005). 매장내 체험적 경험이 브랜드 태도 및 구매의도에 미치는 영향: 디지털 체험관을 중심으로. 경영논총. 23(2): 69-93.
박수경 · 박지혜 · 차태훈(2007). 체험 요소(4Es)가 체험즐거움, 만족도, 재방문에 미치는 영향: Pine과 Gilmore의 체험경제이론(Experience Economy)을 중심으로. 광고연구. 가을(76): 55-78.
손선미(2010). 레크리에이션 이벤트 참가 대학생의 체험, 만족, 후속태도의 영향관계. 호텔관광연구. 12(2): 136-149.
손에스더(2007). 테마파크 이용자들의 이벤트 만족도에 관한 연구: 테마파크 전체 이용만족도와 재방문의도에 미치는 영향을 중심으로. 단국대학교 석사학위논문.
신상무 · 김도훈(2010). 체험마케팅이 브랜드 자산에 미치는 영향에 관한 연구: 브랜드 홍보대사를 중심으로. 한국의류학회지. 34(2): 242-251.
윤설민(2010). 계획행동이론의 확장을 통한 모험적 여가활동 추구 관광객의 행동지속성에 관한 연구: 플로우(Flow), 애착도, 과거행동의 역할 탐색을 중심으로. 경희대학교 박사학위논문.
이정민(2011). 화장품 체험마케팅이 브랜드 만족, 애착 및 충성도에 미치는 영향. 건국대학교 박사학위논문.
이정학(2008). 패밀리 레스토랑 종사원의 서비스지향성과 고객의 감정적 반응, 태도, 충성도와의 관계연구. 관광학연구. 32(5): 187-208.
이학식 · 임지훈(2009). 구조방정식 모형분석과 AMOS 16.0. 서울: 법문사.
조방현 · 전형상 · 김준희(2008). 국내 테마파크의 서비스품질이 이용객의 만족과 충성도에 미치는 영향. 한국여가레크리에이션학회지. 32(4): 211-221.
최지원 · 김현칠(2010). 체험마케팅(Experiential Marketing)의 오해와 진실: SK 관계사 브랜드 캠페인 사례를 중심으로. 마케팅. 44(1): 15-26.
허문경(2006). 관광체험의 연구동향. 세리엔터테인먼트연구. 5: 151-175.
황부영(2006). 마케팅의 새로운 화두 '체험과 경험'. Dicon Report. pp. 114-117.
황윤용 · 최수아(2008). 축제에서 체험 요소가 참여자감정반응과 애호행동에 미치는 영향. 산업경제연구. 21(5): 2113-2131.

Anderson, J. C., & Gerbing, D. W. (1988). Structural equation modeling in practice: A review and recommended two-step approach. *Psychological Bulletin*. 103(3): 411–423.

Berry, L. L., Carbone, L. P., & Haeckel, S. H. (2002). Managing the total customer experience. *MIT Sloan Management Review*. 43(3): 85–89.

Bigné, J. E., Andreu, L., & Gnoth, J. (2005). The theme park experience: An analysis of pleasure, arousal and satisfaction. *Tourism Management*. 26(6): 833–844.

Bigné, J., Mattila, A. S., & Andreu, L. (2008). The impact of experiential consumption cognitions and emotions on behavioral intentions. *Journal of Services Marketing*. 22(4): 303–315.

Brakus, J. J., Schmitt, B. H., & Zarantonello, L. (2009). Brand experience: What is it? How is it measured? Does it affect loyalty? *Journal of Marketing*. 73(3): 52–68.

Chang, P., & Chieng, M. (2006). Building consumer-brand relationship: A cross-cultural experience view. *Psychology & Marketing*. 23(11): 927–959.

de Rojas, C., & Camarero, C. (2008). Visitors' experience, mood and satisfaction in a heritage context: Evidence from an interpretation center. *Tourism Management*. 29(3): 525–537.

Eroglu, S. A., Machleit, K. A., & Davis, L. M. (2003). Empirical testing of a model of online store atmospherics and shopper responses. *Psychology & Marketing*. 20(2): 139–150.

Fiore, A. M., Jin, H. J., & Kim, J. (2005). For fun and profit: Hedonic value from image interactivity and responses toward an online store. *Psychology & Marketing*. 22(8): 669–694.

Floyd, M. F. (1997). Pleasure, arousal, and dominance: Exploring affective determinants of recreation satisfaction. *Leisure Sciences*. 19(2): 83–96.

Fornell, C., & Larcker, D. F. (1981). Evaluating structural equation models with unobservable variables and measurement error. *Journal of Marketing Research*. 18(1): 39–50.

Gobé, M. (2001). *Emotional branding: The new paradigm for connecting brands to people*. NY: Allworth Press.

Hair, J. F., Black, W. C., Babin, B. J., Anderson, R. E., & Tatham, R. L. (2006). *Multivariate data analysis* (6th ed.). Upper Saddle River, NJ: Prentice Hall.

Kim, M. J., Chung, N. H., & Lee, C. K. (2010). The effect of perceived trust on electronic commerce: Shopping online for tourism products and services in South Korea. *Tourism Management*. 32(2): 256–265.

Ladhari, R. (2007a). The movie experience: A revised approach to determinants of satisfaction. *Journal of Business Research*. 60(5): 454–462.

______ (2007b). A study on the determinants of satisfaction with hedonic products. *International Business Management*. 1(3): 47–53.

Lam, T., & Hsu, C. H. C. (2006). Predicting behavioral intention of choosing a travel destination. *Tourism Management.* 27(4): 589–599.

Milman, A. (2001). The future of the theme park and attraction industry: A management perspective. *Journal of Travel Research.* 40(2): 139–147.

Pine, B. J., II, & Gilmore, J. H. (1998). Welcome to the experience economy. *Harvard Review.* July-August: 97–105.

Ryu, K., & Jang, S. (2008). Influence of restaurants' physical environments on emotion and behavioral intention. *The Service Industries Journal.* 28(8): 1151–1165.

Schmitt, B. H. (2001). *Customer experience management.* Hoboken, NJ: John Wiley & Son, Inc.

______ (1999). *Experiential marketing: How to get customers to sense, feel, think, act and relate to your company and brand.* NY: Free Press.

Steenkamp, J., & van Trijp, H. (1991). The use of LISREL in validating marketing constructs. *International Journal of Research in Marketing.* 8(4): 283–299.

Taylor, S. A., & Hunter, G. (2003). An exploratory investigation into the antecedents of satisfaction, brand attitude, and loyalty within the (B2B) eCRM industry. *Journal of Consumer Satisfaction, Dissatisfaction and Complaining Behavior.* 16: 19–31.

Tsaur, S. H., Chiu, Y. T., & Wang, C. H. (2006). The visitors behavioral consequences of experiential marketing. *Journal of Travel & Tourism Marketing.* 21(1): 47–64.

van Dolen, W., de Ruyter, K., & Lemmink, J. (2004). An empirical assessment of the influence of customer emotions and contact employee performance on encounter and relationship satisfaction. *Journal of Business Research.* 57(4): 437–444.

Wright, L. T., Newman, A., & Dennis, C. (2006). Enhancing consumer empowerment. *European Journal of Marketing.* 40(9/10): 925–935.

Yuan, Y. H., & Wu, C. (2008). Relationships among experiential marketing, experiential value, and customer satisfaction. *Journal of Hospitality & Tourism Research.* 32(3): 387–410.

Yüksel, A., & Yüksel, F. (2007). Shopping risk perceptions: Effects on tourists' emotions, satisfaction and expressed loyalty intentions. *Tourism Management.* 28(3): 703–713.

Zarantonello, L., & Schmitt, B. H. (2010). Using the brand experience scale to profile consumers and predict consumer behaviour. *Journal of Brand Management.* 17(7): 532–540.

제3절 인적서비스 품질과 감성적 접근

1 인적서비스 품질의 중요성

축제는 지역의 문화자원을 마케팅하는 수단으로 가장 손쉽게 이용할 수 있기 때문에 한국의 지역축제는 짧은 기간 동안 급속히 발전해 왔다. 이렇게 지역에서 자생되어 온 축제는 향토문화와 관광을 접목한 지역문화관광의 메카로 성장하고 있다. 축제는 이제 지역사회의 재정 수입을 발생시키는 지역발전의 효과적 수단일 뿐 아니라 지역의 긍정적 이미지를 창출하기 때문에 지속적인 대안관광으로서 자리매김을 하고 있다(Getz, 1991).

실제로 세계적인 축제인 독일의 10월 맥주축제(Oktoberfest)는 2009년 뮌헨시에 8억 3,000만 유로의 경제 효과를 가져다 주었으며, 국내에서도 문화체육관광부 선정 대한민국 대표축제인 안동 국제탈춤제가 2010년 지역경제 유발효과로 700억 원을 달성하였다(문화관광축제종합보고서, 2010). 따라서 지역축제는 그 지역의 이미지 개선과 경제 활성화로 지역민의 자긍심을 함양시킬 뿐 아니라 지역주민과 축제 참가자 간의 우호적인 관계 유지, 즉 지역의 사회성을 높이는 데에도 긍정적인 역할을 한다. 이태희(2011)는 이제 관광 목적지를 신뢰와 존경 등 이성적이고 논리적인 평판뿐 아니라, 소비자의 마음을 사로잡을 수 있는 사랑의 영역으로 차별 접근해야 한다고 주장하였다.

그동안 지역축제의 서비스 품질에 관한 연구는 계속 진행되어 왔지만, 대부분 축제의 시설 환경, 프로그램과 접근 용이성 등 물리적, 시스템 품질 등에 치중되는 등 서비스 품질의 일부로 다뤄지는 정도였다. 본 연구는 인적자원 단일 개념에 대한 연구를 통해 축제 종사자의 인적서비스 품질이 참가자들의 축제 만족도와 향후 행동의도에 어떤 유의한 영향을 주는지 파악하고자 했다.

이 연구는 첫째, 선행되어진 문헌 연구를 통해 축제 인적서비스 품질, 고객만족, 행동의도가 갖고 있는 각 변수들의 세부 차원들을 도출하고자 했다. 둘째, 연구모형의 실증분석을 통해 축제의 인적서비스 품질의 중요도와 만족도가 갖는 행동의도와의 영향관계를 파악함으로써, 축제 인적자원 관리의 필요성을 강조했다. 셋째, 인적서비스 품질의 중요도와 만족도, 행동의도가 축제 참가자들의 참가경험 및 일반적 특성에 따라 차이가 있는지를 분석함으로써 참가자 특성을 고려한 응대방안의 필요성을 제시하고자 했다.

2 인적서비스 이론고찰

1. 축제 인적서비스 품질의 개념

서비스 품질에 대한 정의는 연구자에 따라 혹은 품질에 접근하는 시각에 따라 다양하게 정의되어 왔다. 본 연구는 소비자가 갖고 있는 환기세트(evoked set) 안에서 예상하는 추상적인 서비스와 직접 지각한 성과의 차이라고 주장한 Geva & Goldman(1991)의 정의를 바탕으로 하고 있다. 한편 축제는 그 유형이 매우 다양하고 놀이의 성격이 강하기 때문에 물리적 요소 외에도 그것을 직접 경험하면서 수반되는 많은 간접적인 요소들에 의해 품질이 평가된다. 즉 축제 참가자들은 현장 곳곳에서 진행 요원들과 각종 자원 봉사자로부터 서비스를 받기 때문에 상호간에 발생하는 감정의 교환은 전체 경험에 큰 영향을 줄 수 있다(Hartline · Ferrell, 1996; 노원중 · 지진호, 2010). 서비스가 전달되는 과정에서 참가자들은 감정적인 반응을 일으키고, 이것은 현장에서의 태도뿐 아니라 추후의 행동의도에까지 작용하는 큰 변수가 될 수 있다는 것이다. 특히 축제가 갖는 대동성의 특성상(이훈, 2006) 동반자들의 평가, 그들의 몰입 정도에 의해서도 서비스 품질이 크게 달라질 수 있기 때문에 진행 요원과 참가자 간의 인적서비스 교류는 축제의 총체적인 서비스 품질 평가의 주요 요인이 될 수 있다. 이에 따라 본 연구에서는 축제의 인적서비스 품질을 축제 참가자가 축제 종사자들과의 상호 교류를 통해 경험한 것들을 근거로 한 주관적 판단이라고 정의하고자 한다.

〈사진 1〉 축제를 홍보하는 마을 벽화

〈사진 2〉 입구에서 환영하는 축제 요원

2. 축제 인적서비스의 중요성 및 구성 요인

P. Z. B.(1985)는 서비스를 인식할 때 나타나는 일반적 기준이 있음을 밝혀내면서, 서비스 품질의 일반적인 구성차원을 신뢰성, 반응성, 전문성, 의사소통, 고객에 대한 이해 등 10가지 차원(SERVQUAL 모형)으로 제시하였다. 이 모형은 이유재 · 이준엽(2001)에 의해 한국 상황에 맞게 수정 · 보완되면서 더욱 다양한 분야에서 적용되었다. 위에서 언급한 대로 축제는 시설, 환경과 같은 물리적 품질 요인보다 직원의 태도, 응대 능력, 서비스 열의와 같은 과정, 기능적 품질 요인이 더 중요하게 작용할 수 있다. 관광, 즉 참가자 스스로의 긍정적인 정서 인지가 바탕이 되어야 하는 축제산업은 종사원과 참여자 간의 상호작용에서 오는 감정 기류의 영향을 많이 받는다. 즉 총체적인 서비스 품질에 대한 인적 품질 요인의 중요성을 시사하고 있다. 특히 축제의 성격과 비슷한 국제회의의 성공적인 개최여부가 인력자원의 자질에서 결정된다고 한 이경모(2005)의 연구에서 인적 요소가 고객의 서비스 평가와 재참가 의도에 큰 영향을 끼친다고 강조한 것을 주목할 필요가 있다. 한편 인적서비스의 중요성에 대한 인식이 커지면서 P. Z. B.(1988)에 의해 구성된 SERVQUAL 중 5개 요인들을 토대로 인적서비스 평가요인을 규명하려는 노력이 관광학계에서 계속 시도되고 있다(김민주 · 박진경, 2006; 노경희 · 김창수, 2006; 노원중 · 지진호, 2010; 하동현, 2011). 따라서 본 연구의 인적서비스 품질에 따른 축제 참가자별 중요도 인식차이와 축제 만족에 대한 평가는 위의 연구들을 근거로 도출된 요인들로 진행하고자 한다.

3. 축제 고객만족 및 행동의도

축제에 참여함으로써 인지하게 되는 개인적 지각의 평가라고 한 부숙진(2008)의 정의를 비롯해 축제의 만족도 및 행동의도 간의 영향관계를 검증한 윤설민 · 하진영 · 오선영(2011)의 연구들을 바탕으로 이 연구는 축제 만족도를 '축제 참가자들이 축제에 직접 참여하여 서비스품질을 인식하는 과정에서 발생하는 심리적 평가'라고 언급하였다.

Geva & Goldman(1991)은 만족도와 재방문 혹은 추천의사와의 관계가 꼭 정(+)의 관계가 아닐 수 있다고 했지만, 많은 선행연구들의 결과를 미루어보아 적어도 특별한 변수가 없는 한 불만족한 관광객이 재방문을 적극적으로 하지 않는 것으로 나타났다(김태희, 2004; 양제연 · 이태희, 2011; 유명희, 2012). 이에 축제 방문 후의 만족이 재방문에 직접적으로 영향을 주지는 않아도, 다양한 형태로 재방문에 영향을 미치는 요인임은 분명하다는 의견이 일반적이다(양정미 · 최종률, 2011).

〈사진 3〉 자라섬 국제재즈 페스티벌 공연

〈사진 4〉 축제 야외 공연장

축제와 관련된 연구에서는 이충기 · 고호석 · 김동기(2005), 김경희 · 이용철(2008)과 김영곤(2009), 이태희(2011) 등이 행동의도를 재방문의도와 추천의도로 구성하여 측정하였는데, 이 연구의 측정 도구인 행동의도는 위의 선행연구들을 바탕으로 재방문 의도와 우호적인 구전, 즉 추천 의도로 구성하였다. 더불어 이 연구는 특정한 축제에 대한 재참가 의도와 긍정적인 행동의도가 같은 지역에서 개최되는 또 다른 축제에 대한 긍정적인 행동의도에도 영향을 미치는지 또한 살펴보았다.

3 인적서비스 품질 측정방법

1. 조사대상자

실증 연구를 위해, 2010년 문화관광축제종합평가 결과 평가 대상 43개 중 인적서비스와 연관이 있는 '요원친절도' 항목 상위 30%에 해당하는 축제를 우선 선정하였다. 이 중 자원봉사자들의 선발, 교육 시스템 및 활용 면에서 매우 선진적이라고 높이 평가된 4개의 축제 중에 연구 기간에 개최되는 자라섬 국제재즈 페스티벌을 설문대상으로 최종 선정하였다.

표 1 조사대상 선정 기준

충족 조건	해당 축제												
2010년 문화관광축제종합평가 '요원친절도'상위 30%	통영한산	문경찻사발	고령가야	금산인삼	양양송이	산청한방	영월국악	춘천마임	하동야생화	과천한마당	김제지평선	자라섬재즈	대구약령시
인적관리 시스템 관련 긍정적 평가 받음	◉	◉		◉								◉	

2. 측정항목 도출 및 연구가설

축제의 인적서비스 품질에 대한 연구가 아직 미비하여 본 연구에서는 Parasuraman et al.이 개발한 측정요인과 선행연구들을 고찰하여 인적서비스 품질에 맞게 적용하였다. 다만 신용도는 신뢰성 항목에(노경희 · 김창수, 2006), 의사소통과 안전은 종사원의 능력에 해당되기 때문에 그 모든 항목을 전문성으로 명명하였다(노원중 · 지진호, 2010). 또한 예절과 종사원의 유형성을 친절성으로 구성하였고(이준재 · 김용순, 2009; 전경환, 2012), 고객에 대한 이해를 공감성으로 정의하였다(차동욱, 2004; 공효순 · 윤지환, 2005). 이에 따라 인적서비스 품질의 측정항목을 전문성, 공감성, 신뢰성, 친절성, 응답성의 5가지 요인으로 구성하였다. 한편 접근가능성은 인적서비스 품질과 관련성이 적어 보여 요인에서 제외하였다. 또한 축제 경험은 최근 3년간 축제 참가 횟수 및 재참가 횟수, 동일 축제 재참가자 중 지난 축제에서 지각한 품질 평가로 설문하였다. 이를 토대로 한 본 연구의 가설은 다음과 같다.

- H_1: 축제 인적서비스 품질의 중요도는 참가자의 행동의도에 영향을 미칠 것이다.
- H_2: 축제 인적서비스 품질의 만족도는 참가자의 행동의도에 영향을 미칠 것이다.
- H_3: 축제 인적서비스 품질의 중요도는 참가자의 축제경험에 따라 차이가 있을 것이다.
- H_4: 축제 참가자의 행동의도는 참가자의 축제 참가경험에 따라 차이가 있을 것이다.

3. 자료 수집 및 분석 방법

자료의 수집을 위해 가평 자라섬 재즈 페스티벌이 열리는 2011년 10월 1일부터 3일까지 3일 동안 주 행사장에서 축제 참가자들을 대상으로 무작위로 설문하였다. 총 300부의 설문을 배포하여 284부가 회수되었다. 이 중 응답이 완전하지 않거나 신뢰도가 떨어진다고 판단되는 설문지 9부를 제외한 총 275부를 분석하였다.

4 인적서비스 품질 분석결과

1. 응답자 특성 비교

본 연구에 사용된 유효 표본의 성별, 연령, 학력, 월 평균소득, 직업, 거주지와의 관계에 대한 빈도분석 결과는 〈표 2〉와 같다. 우선, 자라섬 재즈 페스티벌 참가자의 성별 분포는 여자가 남자보다 조금 더 높은 구성비율을 보였다. 참가자의 연령은 축제 소재의 특성상 20, 30대가 각각 45.1%와 43.3%로 전체의 88.4%를 차지해 가장 많이 분포되었다. 결혼여부에서도 미혼이 70.2%로 많았는데 심야 프로그램이 많이 편성되어 있는 자라섬 재즈 페스티벌에 참가하기에는 기혼자보다 유리하기 때문인 것으로 보여진다. 한편 기혼자들 중에서는 유아기 자녀들과 동반하여 소극적으로 공연을 관람하는 유형과 축제 캠프장에서 숙식을 겸하며 적극적으로 축제에 참가하는 유형들로 구분할 수 있었다. 학력으로는 대졸 이상이 71.3%로 가장 많아 고학력자가 많이 참가하였음을 알 수 있었다. 참가자의 직업으로는 전문직/사무직이 46.9%로 가장 높은 비율을 차지하였다. 참가자들의 거주지는 대체로 서울(65.8%)과 경기, 수도권(22.9%)이었던 반면, 가평 인근 지역에서의 참가율은 5.1%로 가장 낮은 분포를 보였다.

축제 경험을 묻는, 축제 참가자의 최근 3년간 국내 축제 참가 횟수에 대한 응답에서는 1~2회 참가율이 49.5%로 가장 많았으며, 3~4회(28.0%), 5회 이상 순으로 나타났다. 설문이 진행되었던 자라섬 국제재즈 페스티벌 참여 경험에 대한 질문에서는 60.7%가 처음이라고 응답했으며, 1회(16.7%)와 2회(16.4%)가 비슷한 분포를 보였다. 축제에 재참가한 참가자 대상으로 물어본 지난 축제에서의 불만족 부분은 51.4%로 시설 부분이 가장 높았고, 비용(21.4%)과 프로그램(15.7%)이 그 뒤를 이어 인적서비스 부분이 가장 낮은 응답률을 보였다. 이로써 이 축제가 인적서비스 품질을 논의하기에 적당한 설문 대상이었다고 판단된다.

표 2 빈도분석 결과

N = 275

특성	구분	N	백분율(%)
성별	남	115	41.8
	여	160	58.2
연령 (세)	~20	8	2.9
	21~30	124	45.1
	31~40	119	43.3
	41~	24	8.7
결혼 여부	미 혼	193	70.2
	기 혼	82	29.8
최종 학력	고 졸 이 하	10	3.6
	전 문 대 졸	24	8.7
	대 졸	196	71.3
	대학원 이상	45	16.4
월수입 (만 원)	100 미만	20	7.3
	100~200 미만	57	20.7
	200~300 미만	100	36.4
	300~400 미만	46	16.7
	400~500 미만	22	8.0
	500~	30	10.9
직업	학 생	30	10.9
	전 문 직/사 무 직	129	46.9
	공 무 원/교 직 원	33	12.0
	서 비 스 직	13	4.7
	자 영 업	14	5.1
	주 부	15	5.5
	기 타	41	14.9
현 거주지	서 울	181	65.8
	가평 인근 지역	14	5.1
	경기, 수도권	63	22.9
	기타(강원도, 충청도 등)	17	6.2

2. 측정항목의 신뢰성 및 타당성 검증

축제 인적서비스 품질 항목에 대한 탐색적 요인분석과 축제 인적서비스 품질에 대한 타당성 및 신뢰도 검증에 대한 결과는 〈표 3〉과 같다. 축제 인적서비스 품질 측정 척도의 KMO값은 0.885(>0.6), Barlett의 검정 결과 4128.339(p<0.000)로 나타나 모형의 적합성과 타당성을 보여주었다. 또한 만족도의 KMO값은 0.794(>0.6), Bartlett의 검정 결과 786.856(p<0.000)로 모형의 타당성을 검증하였으며, 크론바하 알파값은 0.882로 신뢰할 만한 모형임을 확인했다. 한편 참가자 행동의도의 척도는 KMO 0.663(>0.6), Bartlett의 검정치 456.680(p<0.000), 크론바하 알파값 0.818로 모형의 적합도를 검증하였다.

표 3 측정항목에 대한 신뢰성 및 타당성 결과

측정변수	요인 적재량	Eigen Value	분산 (%)	누적 (%)	Cronbach's α	전체 신뢰도
요인1 전문성						
돌발상황 판단력	.661					
적극적인 환영인사	.502					
참가자에 대한 융통성	.590					
불만사항 해결 능력	.719	9.742	16.256	16.256	.864	
축제에 관한 전문지식	.600					
커뮤니케이션 기술	.677					
사고에 대한 사전 안내	.523					
요인2 공감성						
사고에 대한 사전 안내	.495					.928
특별함을 느끼게 함	.816					
요청하기 전에 미리 대처	.865	2.640	13.586	29.842	.865	
적극적인 경청자세	.634					
특별한 요구 수용력	.792					
요인3 신뢰성						
올바른 약속 이행	.737					
실수 인정하는 태도	.677	1.480	12.291	42.133	.838	
정보의 신뢰성	.796					

측정변수	요인 적재량	Eigen Value	분산 (%)	누적 (%)	Cronbach's α	전체 신뢰도
요인4 친절성						
밝은 표정과 목소리	.605					
정중한 자세와 태도	.597					
단정한 용모	.707					
통일된 복장	.405	1.337	11.118	53.251	.789	
배려하는 마음	.479					
참가자에 대한 공손함	.568					.928
외국인 안내 서비스	.517					
요인5 응답성						
행사 일정 시간 엄수	.517					
의견에 즉각적인 대응	.764	1.230	9.942	63.192	.770	
적시 서비스 제공	.679					
신속한 불만 처리	.628					
KMO = 0.885(>0.6), Bartlett의 구형성 검정 = 4128.339(p<0.000) 총 분산 설명력: 63.192%						

3. 가설 검증

〈표 4〉의 다중회귀분석 결과에서처럼 축제의 인적서비스 품질의 중요도는 참가자의 행동의도에 긍정적인 영향을 미치는 것으로 확인되었다. 특히 축제 인적서비스품질 중 공감성과 응답성은 참가자의 재참가 의도에 큰 영향을 미쳤으며, 전문성과 응답성은 참가자의 추천의도에 유의한 영향을 미치는 것으로 나타났다.

표 4 인적서비스 요인의 중요도가 참가자 행동의도에 미치는 영향(H_1 검증)

재참가 의도에 미치는 요인	요인명	B	β	t	유의확률
	공감성 중요도	.165	.166	2.207	.028*
	응답성 중요도	−.271	−.189	−2.366	.019*
R^2 = .064, F = 3.687, p = .003					

추천 의도에 미치는 요인	요인명	B	β	t	유의확률
	전문성 중요도	.416	.323	3.475	.001*
	응답성 중요도	-.260	-.195	-2.495	.013*
R^2 = .110, F = 6.616, p = .000					

주) *p<.05

그런가 하면, 인적서비스 품질 만족도가 참가자 행동의도에 미치는 영향관계를 알기 위한 〈표 5〉의 회귀분석 결과에서는 축제 인적서비스 품질의 만족도가 참가자의 행동의도에 긍정적인 영향을 미치는 것으로 검증되었다. 무엇보다 전문성에 대해 만족을 보인 참가자가 가장 높은 재참가 의도를 보였고, 친절성에 대한 만족도가 추천 의도에 가장 유의한 영향을 미치는 것으로 채택되었다.

표 5 인적서비스 품질의 만족도가 참가자 행동의도에 미치는 영향(H_2 검증)

재참가 의도에 미치는 요인명	B	β	t	유의확률
전문성 만족도	.237	.273	2.868	.004*
R^2 = .216, F = 14.824, p = .000				
추천 의도에 미치는 요인명	**B**	**β**	**t**	**유의확률**
친절성 만족도	.158	.173	2.179	.030*
R^2 = .197, F = 13.182, p = .000				

주) *p<.05

축제 경험에 따른 인적서비스 품질의 중요도의 차이에 대한 ANOVA 검증 결과에서는 국내 축제 경험 횟수가 통계적으로 유의미한 수치인 p = 0.001(p<.05)로 도출되었다. 차이의 내용을 살펴보기 위한 Duncan의 사후 검증 결과, 참가횟수가 0인 참가자가 인적서비스 품질에 대해 더 크게 지각하고 있음을 나타냈다(H_3 검증). 축제 경험에 따른 축제 참가자 행동의도의 차이 검증에서도 국내 축제 경험 횟수 간의 평균값이 통계적으로 유의미한 차이(p<.05)를 보였다(H_4 검증). 즉 최근 3년간 국내 축제 참가횟수가 0인 참가자들이 향후 축제 참가에 대해 더 우호적인 행동의도를 나타냈다. 축제에 처음 참가하는 이들을 위한 전략 마케팅과 특화 서비스가 필요함을 시사한다.

5 인적서비스 품질과 만족도 표현

지역축제는 지역의 문화와 자원이 총체적으로 융합된 종합 예술이라 할 수 있다. 더욱이 지역주민의 통합 및 지역경제 활성화를 위해 축제가 전략상품으로 활용되면서 더 많은 관심과 투자가 집중되어 왔다. 하지만 그러한 이유 때문에 검증되지도 않은 축제들이 산발적으로 개최되었고, 이에 정부는 선의의 경쟁을 통해 수준 있는 우수 축제를 선정, 양성하는 데 노력을 기울이고 있다. 한편 축제 서비스 최접점에 있는 축제 운영요원은 주최 조직을 대표하며, 운영요원에 의해 제공되는 서비스의 질이나 표현 방법은 축제의 질을 판단하는 직접적인 근거가 된다. 또한 지역 축제는 '놀이성', '대동성', '일탈성'의 특성을 가지고 있기에 '편안함'과 '즐거움'의 감정상태가 지속되었을 때 참가자들이 축제에 몰입할 수 있다. 따라서 축제 종사자들의 인적서비스 품질은 참가자들의 만족과 긍정적인 행동의도를 이끌어내는 근원이 될 수 있다.

이 연구는 참가자들과 가장 직접적으로 교류하는 축제 종사자들의 인적서비스 품질을 논의하는 데에 의의를 두고 있다. 지역축제 참가자의 인적서비스 품질을 평가하는 구체적인 요인을 실증 분석을 통해 밝혀내고, 인적서비스 품질의 중요도와 만족도가 향후 행동의도에 미치는 영향관계를 살펴보고자 했다. 더불어 인적서비스 품질의 중요도와 만족도, 행동의도가 축제 참가자들의 참가경험 및 일반적 특성에 따라 차이가 있는지를 분석함으로써 참가자 특성을 고려한 응대방안의 필요성을 검증하고자 했다. 본 연구의 결과 및 가설검정의 결과를 통해 다음과 같은 시사점을 도출하였다.

첫째, 축제 참가자들은 종사자들의 전문성에 대한 만족으로 재참가 의도를 형성하였고, 친절성에 대한 만족이 추천 의도에 가장 큰 영향을 미치는 것으로 나타났다. 이에 따라 축제 참가자는 축제 종사자들의 전문적인 능력, 즉 소통능력과 상황 대처능력 등에 대한 만족도에 의해 재참가를 결정하는 반면, 주변인에게 추천할지의 여부는 표면적으로 드러나는 축제의 친절성 요인에 의해 판단하는 것으로 풀이된다. 이는 사전 교육 단계에서 종사자들에게 인적서비스 품질의 중요성을 설득하는 데 효과적인 근거 자료가 될 수 있으며, 교육 관련자들이 프로그램을 설계할 때 축제에 대한 전문 지식과 커뮤니케이션 기술 등 전문성과 응답성, 공감성을 고려하여 구성할 필요가 있음을 시사한다.

둘째, 차이 검증을 통해 축제 경험에 따른 축제 인적서비스 품질의 중요도와 만족도,

행동의도의 차이를 각각 밝혀냈다. 검증 결과, 국내 축제참가 횟수가 0인 집단이 1회 이상 축제를 경험했던 참가자들보다 인적서비스에 대해 상대적으로 더 높은 중요도와 만족도를 보였다. 유추해 보건대, 축제에 대한 사전 경험이 없는 상황에서 참가자들이 더욱 기대하고, 동시에 만족감을 느끼는 부문은 축제 요원들과의 상호 교류인 것으로 판단된다. 이로써 진행요원 교육 시 처음 방문하는 참가자들을 위한 섬세한 배려와 밀착된 커뮤니케이션, 상대방 중심 응대가 강조되어야 함을 시사하고 있다.

셋째, 인구통계학적으로도 유의한 차이를 나타냈는데, 20~40대 전문직/사무직과 타 지역에서 온 참가자들이 인적서비스를 더 중요하게 인지하고 있었다. 또한 축제에 의해 형성된 우호적인 행동의도와 축제 개최 지역의 타 축제에 대한 우호적 행동의도와는 유의미한 관련성을 보이지 않음을 알 수 있다. 오히려 축제 주최자는 축제의 우호적인 태도가 왜 그 지역에 대한 전체적인 태도로 흡수되지 않는지, 지역 이미지 혹은 교통 편리와 같은 접근성이 부정적 영향을 주지 않는지에 대한 진지한 검토가 이어져야 할 것이다.

참고문헌

공효순 · 윤지환(2005). 호텔 비즈니스센터 인적 · 물적 서비스품질과 지각된 서비스 가치가 비즈니스 고객만족도에 미치는 영향. 한국관광학회: 445-457.

김경희(2010). 축제 서비스품질이 축제 이미지와 지각된 가치, 행동의도에 미치는 영향 연구. 경기대학교 박사학위논문.

김경희 · 이용철(2008). 축제참가자의 라이프스타일과 참가만족영향요인에 관한 연구, 한국관광연구학회. 22(1): 22-40.

김민주 · 박진경(2006). 국외여행인솔자의 비언어적 커뮤니케이션이 고객의 인적서비스품질 지각과 고객만족에 미치는 영향. 관광경영연구. 10(3): 1-21.

김영곤(2009). 태권도축제 방문객의 방문동기, 관광이미지와 만족도 및 행동의도의 관계. 경희대학교 박사학위논문.

김태희(2004). 문화관광축제의 방문자 만족에 관한 연구. 경기대학교 석사학위논문.

노경희 · 김창수(2006). 컨벤션 인적서비스품질이 참가자만족과 행동의도에 미치는 영향. 대한관광경영학회. 21(2): 125-140.

노원중 · 지진호(2010). 축제의 서비스스케프와 인적서비스가 감정반응과 행동의도에 미치는 영향 – 강경발효젓갈축제 사례를 중심으로. 한국콘텐츠학회. 10(9): 432-447.

문화체육관광부(2011). 2010 문화관광축제 종합보고서. 문화체육관광부.

부숙진(2008). 축제서비스품질 측정모형간 비교우위. 관광연구. 23(1): 253-274.

양정미 · 최종률(2011). 남원허브 축제참가자의 참가동기가 만족도와 재방문의도에 미치는 영향 연구. 한국사진지리학회. 21(3): 101-112.

양제연 · 이태희(2011). 재방문여부에 따른 동남아시아 리조트 선택속성 IPA 평가에 관한 연구, 한국사진지리학회. 21(2): 159-172.

유명희(2012). 테마파크의 서비스품질과 이용성이 재방문에 미치는 영향 연구, 한국사진지리학회. 22(1): 53-64.

윤설민 · 하진영 · 오선영(2011). Z-검증을 이용한 축제의 환경단서 · 만족도 · 행동의도 간 영향관계: 춘천마임축제와 보령머드축제 간 비교를 중심으로. 관광연구. 26(4): 399-416.

이경모(2005). 이벤트학원론. 서울: 백산출판사.

이승곤 · 한지훈(2005). 지역축제 서비스 품질의 만족이 재참가 의도에 미치는 영향: 안동국제탈춤페스티벌을 중심으로. 관광연구저널. 19(2): 299-313.

이유재 · 이준엽(2001). 서비스품질의 측정과 기대효과에 대한 재고찰: KS-SQI 모형의 개발과 적용. 마케팅연구. 16(1): 1-26.

이준재 · 김용순(2009). 잠재고객의 호텔웨딩 인적서비스상품에 대한 인식과 감정 반응. 한국콘텐츠학회. 9(7): 342-351.

이태희(2011). 축제 러브마크화 전략론. 서울: 한올출판사.

이충기 · 고호석 · 김동기(2005). 문화예술축제 이미지의 선호도 차이분석: 2002, 2004 '광주 비엔날레' 비교를 중심으로. 관광연구. 19(3): 1-25.

이훈(2006). 축제 체험의 개념적 구성 모형, 관광학연구. 30(1): 29-46.

전경환(2012). 관광목적지 브랜드개성이 관광목적지 애착과 충성도에 미치는 영향, 한국사진지리학회. 22(1): 13-26.

차동욱(2004). 지역축제 만족도에 의한 방문자의 재방문 및 구전홍보 결정요인에 관한 연구. 관광레저연구. 16(1): 55-69.

하동현(2011). 경북 문화관광해설사 서비스품질 평가모델 개발에 관한 연구. 한국사진지리학회. 20(4): 97-110.

Getz, D. (1991). Festivals, Special Events, and Tourism. NY: Van Nostrand Rheinholds.

Geva, A., Goldman, A. (1991). Duality in Customer Post-purchase Attitude. *Journal of Economic Psychology*. 18: 141-164.

Hartline, M. D., & Ferrell, O. C. (1996). *Journal of Marketing*. 60(4): 52-70.

Parasuraman, A., Zeithaml, V., & Berry, L. (1985). A Conceptual Model of Service Quality and its Implication for Future Research. *Journal of Marketing*. Vol. 49 (fall): 42-58.

Parasuraman, A., Zeithaml, V., & Berry, L. (1988). SERVQUAL: A multi-item Scale for Measuring perspectives of Service Quality. *Journal of Retailing*. 64(1): 12-40.

제3장 몰입경험과 감성 체험

제1절 모험관광지속자의 플로우 경험 과정성

1 모험관광지속자의 대두

관광레저 활동의 다양화 · 차별화를 토대로 많은 사람들은 취미활동과 심신의 건강에 대해 관심을 갖게 되었고, 삶의 질 향상을 위해 노력하는 웰빙활동과 전문적인 여가 스포츠 활동으로 이어졌다(변경원, 2005). 과거 수동적 여가 패턴이던 TV 시청과 같은 여가 활동 비율이 줄어든 반면에 운동스포츠 활동이 증가하였는데, 그 이유는 웰빙과 건강 유지 방안 등에 대한 사람들의 공통된 지각 현상으로 볼 수 있으며(문화체육관광부, 2008), 이는 활동적 · 건강지향적 여가활동을 국민들이 즐기고 있음을 의미한다(문화체육관광부 · 한국문화관광연구원, 2008).

이를 관광자원의 입장에서 봤을 때, 레저 또는 스포츠는 관광목적지의 매력성을 높이는 흡인요인(pull factor)이자 현대인의 관광의사결정에 영향을 미치는 중요한 요소라고 할 수 있다(이익수, 2004). 때문에 국내외 많은 학자들에 의해서 레저 스포츠 참가자의 행동을 이해하려는 연구의 노력들이 이어졌다(이승철, 2003; Kim, Scott & Crompton, 1997).

이 연구의 대상인 모험관광은 다른 레저 스포츠 종목에 비해 운동 중독과 같은 강한 애착과 몰입 요소가 많이 포함되어 있다(이정학 · 이경훈, 2006). 이는 대부분의 모험관광 활동이 자연 속에서 장벽을 극복하고자 진행되는 행동으로서, 그 속에서 몰입 · 도취되어 즐거움을 찾는 경향이 많이 발생하기 때문이다(문태영 · 박승환, 2003; 이재형, 2006). 이처럼 모험관광은 강한 플로우 경험을 바탕으로 점차 증가하는 여가활동의 한 종류지만, 아직까지 모험관광에 대한 관광객의 플로우 경험을 정량적으로 측정한 사례가 많지 않다. 스포츠의 경우 참여하는 사람들이 플로우 상태를 쉽게 경험한다는 점을 고려했을 때 (Csikszentmi-halyi, 1993), 이들의 플로우 경험구조를 살펴보는 것은 의미가 있다.

모험관광의 경우 참가자의 기술이 숙달되고, 자신의 기술 수준을 알고 있을 때, 활동 참여에 더 적극적이 되고, 기술을 습득할수록 더 높은 양 · 질의 경험과 지속적 참여를 통해 모험관광 활동에 도취될 수 있다(이상덕 · 전민주, 2004). 즉 플로우 이론은 위험과 모험이 수반되기 때문에 도전의욕과 기술수준이 비교적 높은 모험관광 활동 분야에 주로 접목될 수 있다(Ewert, 1985).

서구에서는 모험과 관련된 다양한 레크리에이션 상황에서의 참가자의 심리적 행동 특성을 다양하게 연구하고 있지만, 상대적으로 국내에서는 다양한 관광환경에서의 연구가 적용되고 있지 않기 때문에 증가하는 모험관광 활동 시장의 특성을 파악하는 데 한계가 있어왔다(박한식 · 김남조, 2008). 특히 본 연구의 대상인 스키나 스노보드 참여 관광객의 기술수준을 고려하여 지속자를 대상으로 플로우 경험구조를 파악하는 것은 의미가 있을 것이다.

일반적으로 스키나 스노보드는 보편화된 겨울철 레저스포츠이지만, 어느 정도 숙련된 기술을 가진 사람들은 일반 사람들과 다르게 위험적인 요소를 더 즐기고, 도전을 통해 얻어지는 쾌감을 추구하기 때문에 일반 참여자들보다는 더 높은 수준의 플로우 경험을 찾게 된다. 이에 모험관광 활동 소비자의 최적의 심리 경험을 플로우 이론, 구체적으로 플로우 경험 과정의 선행변인(도전감, 숙련도, 주의집중), 관련변인(즐거움), 결과변인(긍정적 감정, 시간왜곡) 간 영향관계를 토대로 모험관광 지속자들의 플로우 경험구조를 구조적으로 파악해 보고자 한다.

2 플로우 이론 고찰

1. 플로우 이론

Ghani & Deshpande(1994)가 플로우의 특성을 활동에 대한 완전한 집중과 활동에 의한 즐거움 획득이라고 언급한 것처럼, 플로우라는 개념은 자신이 하는 일에서 즐거움을 느끼는 것뿐만 아니라 자신의 능력과 창의력을 발휘하는 것에서 출발했고, 이는 자아실현과 행복에 초점을 맞추고 있기 때문에 긍정심리학(positive psychology)의 개념과 그 맥락을 같이한다(Seligman & Csikszentmihalyi, 2000). 따라서 주위를 신경 쓰지 않으며, 시간 가는 줄 모르고, 결국은 활동에 자신이 일체화되어 행동이 물 흐르듯 자연스럽게 발생하는 현상을 비유적으로 표현한 것을 플로우라고 할 수 있다(Jackson & Csikszentmihalyi, 1999).

최근의 플로우에 대한 연구들은 현상학적 특성을 조명하는 데 초점을 맞추는 것 이외에 정량적으로 플로우를 측정하려는 시도가 이어졌다(Jackson & Marsh, 1996). 대부분의 플로우 관련 연구들은 13가지의 플로우 구성요소(관여도, 도전감, 숙련도, 각성, 통제, 최적 자극수준, 상호작용, 주의집중, 원거리 실재감, 즐거움, 긍정적 감정, 탐색적 행동, 시간왜곡) 중 2~4가지 정도를 포함하여 측정하는데, 여기에는 도전감, 숙련도, 주의집중이 플로우 상황을 설명할 수 있는 핵심변수로서 가장 많이 사용된다(Hoffman & Novak, 1996). 이는 도전감과 숙련도가 어느 정도 일정수준을 유지해야만 플로우 상태를 경험할 수 있다는 점과 관련 없는 사건이나 사물에 신경 쓰지 않고, 오로지 그 활동 자체에만 집중적으로 주목해야 한다는 점 때문이다(이태정, 2004).

일반적으로 플로우에 관한 연구는 도전감과 숙련도 점수를 비교하여 플로우 경험 정도를 구분하는 채널 세분화 연구[1)]와 구성개념 간 관계를 파악하는 인과적 모델 연구로 나눌 수 있는데, 본 연구에서는 플로우의 구성개념 간 영향관계를 살펴보는 인과적 모델에 초점을 두고 접근하였다. 인과적 모델 연구는 플로우의 측정방법 중 활동/설문 방법을 통해 플로우와 주변 변인들 간의 관계 규명을 위해 사용되고 있는데(유재경, 2006), 그

1) 채널 세분화 모델에서의 플로우는 숙련도와 도전감의 점수가 평균 이상으로 나타날 때 발생되며, 숙련도와 도전감의 변화 상황의 지각에 따라 각기 다른 정서적 반응을 보인다(오상훈 · 송재호 · 이성은, 2008). 채널세분화 모델은 크게 3채널(구분: 플로우, 근심, 지루함), 4채널(구분: 3채널+무관심), 8채널(구분: 4채널+통제, 각성, 걱정, 편안함)로 구분하여 사용하고 있다.

중 심리학 연구(Csikszentmihalyi, 1975)에서 출발한 플로우 이론의 접목은 1990년대에 들어 인터넷 대상에서 컴퓨터와 이용자 간 상호작용을 설명하는 개념으로 사용되었다(Ghani & Deshpande, 1994; Trevino & Webster, 1992). 이후 플로우 연구는 인터넷 마케팅(이시훈, 2000; Hoffman & Novak, 1996; Novak, Hoffman & Yung, 2000) 분야를 중심으로 꾸준히 이루어졌다.

일반적으로 플로우의 인과적 모델은 그 대상이 인터넷뿐만 아니라 관광목적지, 여가 활동 차원까지 다양하게 적용되고 있고, 최근에는 여러 대상에 대한 플로우의 인과적 모델을 넘어 소비자의 구매행동과 같은 플로우의 결과변인들과의 관련성을 파악하는 탐색적 대안구조모델(exploratory alternative structural model) 등의 확장모델에 대한 연구들이 진행되고 있다(유재경, 2007). 결국 플로우의 인과적 모델 연구는 플로우의 배경변인, 선행변인, 관련변인, 결과변인 등을 구성개념으로 사용하되 관련변인인 즐거움을 중심으로 확장되는 구조를 보이는 것이 특징이다.

2. 모험관광과 플로우의 연관성

모험관광은 특별 관심 분야에 대한 경험을 목적으로 관계된 지역을 방문하는 특별 관심관광(SIT: Special Interest Tourism)의 한 형태로서(박한식 · 김남조, 2008), 보통 신체적 · 적극적 참여활동을 필요로 하며, 주로 야외에서 행해진다는 것이 특징이다(권현재, 2008). 모험관광은 인간, 기술, 자연, 환경 속에서의 한계를 극복하는 관광형태라는 점에서 체험관광의 일종으로 볼 수 있다(손영학, 2007). 이에 세계관광기구에서는 크루즈 관광, 생태관광, 문화관광, 테마관광과 함께 모험관광을 미래의 유망관광 형태로 제시하였다(이종규 · 이소영, 2002).

모험관광은 단순히 관광객이 관광목적지를 경유하여 관람만 하는 것이 아니라 자발적으로 새로운 체험을 통해 스릴과 모험을 경험하는 스포츠 활동을 의미한다(권현재, 2008). 위험이 수반되지만, 관광객의 능동적 · 적극적 참여를 요구하기 때문에 이러한 특성을 갖는 모험관광 활동에 대한 관광객의 플로우 경험을 측정하는 것은 현재 증가하고 있는 다양한 관광활동의 추세를 비교해 봤을 때 중요한 연구과제라고 할 수 있다(박한식 · 김남조, 2008).

모험관광은 기본적으로 활동적이면서, 어느 정도 그 활동 종목에서 숙달된 기술 수준을 요구하는 경우가 많기 때문에 플로우 경험이 뚜렷하게 발생하는 대상이라고 볼 수 있다. 이는 플로우의 3채널 세분화 모델에 의해 설명될 수 있다. 플로우 3채널 세분화 모델에서는 ① 낮은 도전감-낮은 숙련도, ② 보통의 도전감-보통의 숙련도, ③ 높은 도전감-높은 숙련도 모두 플로우가 발생하는 상황이지만, ①번의 플로우 수준에 도달하는 것보다 ③번의 플로우 수준에 도달하는 것이 더 복잡하고 어려운 경험이라는 것을 의미한다. 따라서 본 연구의 대상인 모험관광을 토대로 비교해 보면 ①번은 초심자, ②번은 중급자, ③번은 전문가/고급자로 분류할 수 있을 것이다. 이에 초심자보다 전문가/고급자로 분류되는 사람들의 플로우 경험이 더 역동적이고, 정서적 측면에서 질적 차이가 예상된다. 특히 스키와 스노보드의 경우 추운 겨울 날씨와 눈 덮인 자연이라는 환경에서 모험과 스릴을 적절히 느낄 수 있는 겨울철 스포츠로서(허승은, 2009), 이 활동에 참여하는 마니아층이 증가함에 따라 더 자극적인 체험을 추구하기 위해 해외의 스키장을 찾는 사람들도 증가하고 있는 추세이다(정은주 · 박수정 · 윤채빈, 2009). 이에 스키나 스노보드처럼 모험관광 활동을 지속하는 사람들은 더 높은 자극 수준을 찾아 떠나게 되고, 자극 수준을 충족시키기 위해 기술 수준을 높이는 과정 속에서 더 높은 플로우 경험을 하게 될 것이다.

한편 모험관광은 작게는 부상, 크게는 죽음이라는 위험성을 추구하는 스포츠 활동이지만, 오히려 모험관광에 참여하는 사람들은 위험성을 피하려는 경향보다는 오히려 즐긴다(Shoham & Rose, 2000). 이는 모험관광이 대부분 자연에서 이루어지고, 자연을 장애물로 삼아 극복하기 때문에 행동의 몰입, 도취, 즐거움 경향이 쉽게 나타나기 때문이다(김기용, 2008).

즉 모험관광은 높은 각성 상태가 전제되어야 하기 때문에 활동 과정상에 불편함이 존재하지만, 활동을 성공적으로 수행하게 될 때에는 위험성이 낮은 타 활동에 비해 더 큰 즐거움(playfulness)을 인지하게 된다(최윤택 · 장영대, 2006). 예를 들어 모험관광에 참여하는 사람들의 성향을 살펴볼 때, 암벽등반의 경우 참여하는 사람의 의지와 실력으로 산을 오르겠다는 열망이 발생하고, 정상 등반이라는 목표에 의해 자신의 행동에 빠져들며, 목표를 달성하게 되면 성취감과 희열을 느끼게 된다(문태영 · 박승환, 2003). 결국 모험관광과 같은 활동들은 일상생활을 떠나 재미, 즐거움을 체험하는 활동이기 때문에 재미나 즐거움의 경험이 플로우의 매개 역할을 하게 되며, 이것이 확장되면 지속행동으로 이어지게 된다(최성범 · 김호순, 2009).

일반적으로 플로우는 본 연구의 대상인 모험관광처럼 신체적 활동에서 구체적으로 발생된다. 즉 게임과 운동, 취미와 같이 본인의 참여 의지가 강한 능동적 여가의 경우 높은 플로우 경험이 나타나는 반면에 음악감상, TV시청과 같이 수동적 여가는 플로우 경험이 낮은 것을 의미한다(Bidwell, Csikszentmihalyi, Hedges & Schneider, 1977). 이러한 결과를 토대로 박한식(2004)은 모험관광과 같이 능동적으로 관광객이 참여해야 하는 활동의 플로우 경험을 측정하는 것은 관광분야 연구에서도 중요한 과제라 제시하였고, 이후 박한식과 김남조(2008)는 모험관광이 위험을 수반하지만 관광객이 능동적이면서 적극적 참여가 요구되는 특성을 갖기 때문에 이러한 활동의 플로우 경험을 측정하는 것은 관광객 행동 이해를 위한 단서 제공 차원에서도 중요하다고 언급하였다. 또한 Ewert(1985)는 위험과 모험이 동반된 상황에서 참가자의 기술 수준과 도전 의욕이 비교적 높게 나타나는 모험성 레크리에이션, 모험 스포츠 등의 모험관광 분야에 플로우 이론을 접목하였다.

3 플로우 과정 연구모형의 전개

1. 플로우 관련 가설설정

이 연구는 플로우 이론을 선행변인, 관련변인, 결과변인으로 구분하여 모험관광 활동에 참여하는 사람들의 구체적인 플로우 과정을 구조적으로 파악하기 위해 실시되었다. 이를 위해 국내외 선행연구를 토대로 모험관광에 대한 선행변인(도전감, 숙련도, 주의집중), 관련변인(즐거움), 결과변인(긍정적 감정, 시간왜곡) 간 영향관계를 검증해 보고자 한다. 즉 Csikszentmihalyi(1975)가 주창한 플로우의 개념에는 구성개념으로 즐거움이 직접적으로 언급되지는 않았지만, 즐거움이 확장되고 형식을 갖춘 개념이 플로우라고 제시하였다.

이후 Novak, Hoffman & Yung(1998)은 1차원적 즐거움의 구성개념은 플로우의 중심 요소이자 도전, 기술 등과 관련이 있다는 것을 구조적으로 밝혔다. 따라서 지금까지 플로우의 개념을 선행변인, 관련변인, 결과변인 간 영향관계를 검증하여 플로우 경험 과정을 밝히는 연구가 진행되고 있다. 이에 본 연구에서는 모험관광에 대한 선행변인, 관련변인, 결과변인의 인과적 관계를 플로우 경험 과정으로 접근하고자 한다.

플로우는 주어진 과제나 활동에 대한 도전 정도와 자신의 기술 수준이 일치하는 상황에서 발생하는 주관적 경험으로서(Clarke & Haworth, 1994), 인터넷 환경에서 플로우의 선행변인인 도전감과 숙련도가 플로우에 영향을 미친다는 초기 연구에서부터 지금까지 이어지고 있다. 국내에서는 지주은 · 김소영(2009)이 뮤지컬 관람객의 플로우 경험에 대한 구조적 검증을 통해 선행변인(도전감, 숙련도, 주의집중)이 결과변인(즐거움)에 긍정적인 영향을 미치고, 즐거움이 결과변인(긍정적 감정, 시간왜곡)에 영향을 미친다고 제시하였다.

이태희 · 유재경(2009)의 경우 한류관광객의 플로우 수준을 검증하면서 도전, 기술, 주의집중을 즐거움을 설명하는 선행변인으로 제시하였고, 이태희 · 김홍렬 · 윤설민(2009)은 테마파크 방문객의 플로우 수준을 검증하면서, 주의집중과 즐거움, 즐거움과 시간왜곡 간 긍정적 영향관계가 나타남을 검증하였다. 또한 김지희 · 김지흔 · 윤설민(2010)은 지역축제 방문의 즐거움이 결과변인으로 언급한 시간왜곡, 긍정적 감정에 긍정적 영향을 미친다고 제시한 바 있다.

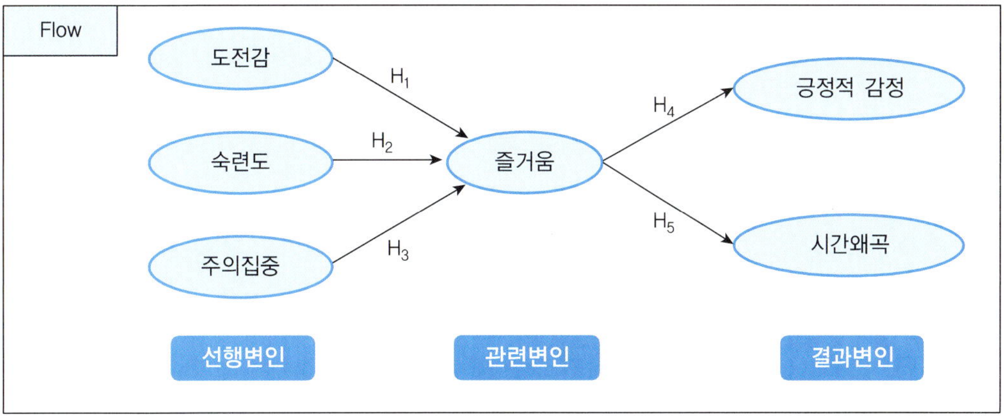

〈그림 1〉 연구모형

한편 국외연구에서 Hoffman & Novak(1996)은 도전감, 숙련도, 즐거움, 긍정적 감정, 시간왜곡의 관계를 플로우 개념모델의 구성개념으로 언급하였고, 이후 Novak, Hoffman & Yung(1998)은 플로우 개념모델을 수정하여 주의집중, 즐거움, 긍정적 감정 간 영향관계가 있음을 제시하였다. 이러한 선행연구의 방향성과 결과들을 토대로 〈그림 1〉과 같은 흐름의 연구모형과 연구가설을 제시하였다.

- **연구가설 1(H_1)**: 모험관광에 대한 도전감은 즐거움에 정(+)의 영향을 미칠 것이다.
- **연구가설 2(H_2)**: 모험관광에 대한 숙련도는 즐거움에 정(+)의 영향을 미칠 것이다.
- **연구가설 3(H_3)**: 모험관광에 대한 주의집중은 즐거움에 정(+)의 영향을 미칠 것이다.
- **연구가설 4(H_4)**: 모험관광에 대한 즐거움은 긍정적 감정에 정(+)의 영향을 미칠 것이다.
- **연구가설 5(H_5)**: 모험관광에 대한 즐거움은 시간왜곡에 정(+)의 영향을 미칠 것이다.

2. 플로우 측정 척도 구성

본 연구의 설문은 크게 플로우의 구성개념과 인구통계학적 특성으로 구분할 수 있다. 구체적으로 Likert 5점 척도(1 = 전혀 그렇지 않다, 3 = 보통, 5 = 매우 그렇다)로 조사된 연속형 변수들(도전감, 숙련도, 주의집중, 즐거움, 긍정적 감정, 시간왜곡)은 선행연구를 토대로 각각 4개 항목씩 구성하였다.

표 1 측정항목에 대한 조작적 정의 및 선행연구

구분(항목 수)	명목적 정의	선행연구 및 응용	척도
도전감(4)	모험관광 관련 행동의 기회 및 체험활동의 능력발휘를 위한 자극	박한식 · 김남조(2008), 이태희 등(2009), 이형룡 · 이보미(2008), 지주은 · 김소영(2009), Chou & Ting(2003), Koufaris(2002), Mathwick & Rigdon(2004), Novak et al.(2000), Quinn(2005)	Likert 5점
숙련도(4)	모험관광에 대한 반적 · 행동적 능력		
주의집중(4)	모험관광 자체에 개인이 주의를 집중하는 정도		
즐거움(4)	모험관광에 참여하는 동안에 느끼는 전반적인 즐거움		
긍정적 감정(4)	모험관광에 참여한 후 느끼는 행복, 기쁨, 만족에 대한 감정		
시간왜곡(4)	모험관광의 행위를 통해 시간의 흐름을 인지하지 못하는 상태		
인구통계학적 특성(7)	성별, 연령, 결혼여부, 최종학력		명목

한편 인구통계학적 특성에 해당하는 변수는 성별, 연령, 결혼여부, 최종학력 등 4개 항목을 명목척도로 측정하였다.

3. 플로우 측정 자료수집 및 분석방법

모집단은 현재 모험관광 활동을 하고 있는 사람들을 대상으로 했다. 구체적으로 모험관광 활동 중 지상 관련 활동에 해당되는 스키 · 스노보드 참여 관광객 중 6개월 이상 스키 · 스노보드에 참여하면서, 최상급자 코스와 익스트림 코스에서만 모험관광 활동을 즐기는 사람들로 한정하였다. 여기서 6개월을 기준으로 선정한 이유는 일반적으로 스포츠 관련 활동을 하는 사람들의 50% 이상이 6개월을 넘기지 못하고 중도에 포기하기 때문이다(Resnick & Spellbring, 2000). 즉 기술이 비교적 낮은 수준의 스키 · 스노보드 참여 활동은 모험적이라고 볼 수 없지만, 지속적으로 활동을 유지하는 사람들은 스키나 스노보드를 타는 데 집중하는 것에 그치지 않고, 기술 수준을 점점 더 끌어올리기 위해 더 높고, 길고, 경사면이 가파른 코스를 선호하며, 인공적으로 설계된 코스에서 장애물 등을 극복하는 도전을 이어가기 때문에 중도에 포기하지 않고 지속적으로 모험관광에 참여할 수 있음을 의미한다.

설문조사 방법은 편의표본추출법에 의해 2010년 2월 9일 A리조트 내 스키장에서 대인면접법을 통해 실시하였다. A리조트의 경우 강원도 내에 위치한 스키장 중 비교적 많은 슬로프를 보유하면서도 까다로운 코스가 많아 스키 · 스노보드 동호회 관련 관광객이 많이 방문하기 때문에 본 연구의 대상지로 적합하다고 판단하였다. 한편 설문작성방법은 주로 자기기입식과 개별면접방식을 병행하였다. 구체적으로 설문조사는 리조트의 협조를 받아 특정 공간에 설문조사 부스를 설치하였고, 조사원들은 조사목적, 조사방법, 조사내용 등 충분히 교육받은 5명이 투입되었다. 설문 대상이 단체(예 가족, 학교, 동호회 등)인 경우에는 대표로 한 사람만을 선정하였고, 연령은 만 19세 이상에 한하여 실시하였다. 이러한 과정을 통해 총 300부를 배포 · 회수하였고, 측정변수의 정규성 및 이상치를 확인하여 277부의 유효표본을 확보하여 실증분석에 사용하였다. 참고로 유효표본 277명의 모험관광 참여는 평균 57.8개월(약 5년)로 나타났기에 스키 또는 스노보드에 지속적으로 참여하고 있는 사람들이라고 판단할 수 있겠다.

한편 실증분석에 앞서 조사된 자료의 입력오류 등 시스템적 문제가 있는지 확인하기 위해 모든 측정변수의 빈도분석 및 기술통계분석을 실시하여 오류값을 제거한 후 다음과 같은 분석을 실시하였다. 첫째, 응답자의 기본적 특성을 살펴보기 위해 빈도분석을 실시하였다. 둘째, 연속형 등간척도의 기본적인 특성 및 내적 일관성을 평가하기 위해 기술통계분석 및 신뢰도 분석(Cronbach's α 계수 사용)을 실시하였다. 셋째, 구성개념에 대한 측정항목의 수렴타당성 및 개념타당성을 평가하기 위해 확인적 요인분석을 실시하였다. 한편 구성개념 간 상관관계 행렬은 확인적 요인분석 결과를 통해 도출하였다. 넷째, 플로우의 구성개념 간 영향관계를 검증하고자 공분산구조분석(CSA: Covariance Structure Analysis)을 실시하였다.

4 플로우 경험 분석결과

1. 플로우 측정 표본의 일반적 특성

연구 유효표본 277명에 대한 기본적 특징을 살펴보면 먼저 성별은 남성이 169명, 여성이 108명이었고, 이들의 연령은 주로 20대(221명)가 많았다. 결혼여부는 미혼이 251명으로 기혼(26명)보다 많았고, 최종학력은 주로 대학교(195명)로 나타났다.

표 2 응답자(N=277) 특성에 대한 일반통계

구분		n	%	구분		n	%
성별	남성	169	61.0	결혼 여부	기혼	26	9.4
	여성	108	39.0		미혼	251	90.6
연령	20대	221	80.1	최종 학력	고졸 이하	16	5.9
	30대	47	17.0		전문대	38	13.9
	40대	6	2.2		대학교	195	71.4
	50대 이상	2	0.7		대학원 이상	24	8.8

2. 플로우 경험 측정항목에 대한 기술통계 및 신뢰도

플로우의 구성개념 내 측정항목들의 기술통계량 값을 살펴보면 〈표 3〉과 같다. 모든 구성개념의 평균값은 보통(3점) 이상으로 나타났고, 그중에서도 즐거움과 긍정적 감정의 측정항목들이 높은 평균값을 보이고 있다. 또한 분포의 기울기를 의미하는 왜도, 분포의 뾰족함을 의미하는 첨도에서는 대부분의 측정항목들이 절대값 기준으로 0에 근접해 있어 정규분포에 크게 벗어나지 않는 분포를 보이고 있음을 알 수 있다. 한편 플로우에 대한 6개 요인별 신뢰도 분석의 경우 측정변수들의 내적 일관성을 의미하는 Cronbach's α 계수를 통해 확인하였는데, 모든 요인에서 .7 이상의 높은 신뢰도를 보이고 있었고, 요인

표 3 플로우 구성개념에 대한 기술통계량 값 및 신뢰계수

구분	변수명	M[a]	S.D	왜도	첨도	α 계수
도전감	도전의식을 갖게 함	4.06	.832	-.679	.188	.826
	내 능력을 최대한 수행하게 함	3.87	.854	-.204	-.782	
	내 능력의 한계를 시험하도록 함	3.65	1.016	-.308	-.576	
	열정을 느낌	4.27	.781	-.967	.648	
숙련도	관련 장비 사용이 매우 익숙함	3.60	.934	-.224	-.215	.794
	대체로 빨리 배운다고 생각함	3.63	.953	-.547	.081	
	아는 것이 많다고 생각함	3.04	.900	.049	-.028	
	타인에게 잘한다는 이야기 들음	3.41	.976	-.197	-.306	
주의집중	깊이 몰두함	4.16	.817	-.695	-.138	.912
	매우 열중함	4.18	.799	-.630	-.330	
	주의를 집중함	4.14	.797	-.647	-.115	
	완전히 전념함	3.85	.950	-.365	-.723	
즐거움	즐거움을 느낌	4.49	.663	-1.232	1.541	.873
	자유스러운 기분을 느낌	4.42	.721	-1.068	.579	
	색다른 기분을 느낌	4.34	.666	-.669	.036	
	재미있음을 느낌	4.52	.587	-.889	.395	
긍정적 감정	행복감을 느낌	4.26	.709	-.598	-.149	.921
	기쁨을 느낌	4.31	.720	-.770	.147	
	만족감을 느낌	4.32	.694	-.732	.132	
	흡족함을 느낌	4.29	.713	-.659	-.124	
시간왜곡	시간이 빨리 흐른다고 느낌	4.41	.735	-1.097	.991	.752
	시간의 흐름을 잊는 경향	3.95	.897	-.500	-.395	
	시간 감각을 잃어버림	3.57	1.103	-.434	-.442	
	주변 일에 대해 잊어버림	3.59	1.208	-.407	-.831	

주) [a] Likert 5-point scale(1 = 전혀 그렇지 않다, 3 = 보통, 5 = 매우 그렇다)
전체 항목 α 계수 = .927

내 해당 항목을 제거했을 때 요인 내 전체 신뢰도를 저해하는 항목은 없는 것으로 나타났다. 그리고 24개의 플로우 측정항목의 전체 신뢰도는 .927로 매우 높은 신뢰도를 보이고 있다.

3. 플로우 내 구성개념에 대한 타당성 검증

24개의 측정항목에 따른 플로우의 구성개념에 대한 확인적 요인분석을 실시한 결과, 모형의 적합도는 x^2의 유의확률(대안: Q값 = x^2/df), GFI, NFI, CFI, RMR, RMSEA 등을 사용하여 적합 여부를 판단하였다. x^2의 경우 286.765($p<.01$)로 다소 높게 분석되었으나, 일반적으로 x^2값이 자유도의 2배보다 작으면 적합한 모델로 평가될 수 있는데, 이 결과에서는 x^2값(286.765)이 자유도의 2배(364)를 넘지 않는 것을 알 수 있다. 이는 Q값으로 확인할 수 있는데, 본 연구에서의 Q값은 1.576으로 3보다 작기 때문에 플로우의 구성개념에 대한 모형 타당도는 적합함을 알 수 있다(배병렬, 2009). 그 외에 모형적합도를 판단하는 기준인 GFI = .915, NFI = .932, CFI = .974, RMR = .026, RMSEA = .046으로 통계적 기준에 부합되는 수준을 보이고 있는 것으로 나타나 측정항목의 단일차원성은 수렴됨을 알 수 있다.

표 4 플로우의 구성개념에 대한 단일 차원성 평가 결과

요인	변수명	표준화계수	C.R.값	R^2	CR	AVE
도전감	도전의식을 갖게 함	.759	11.311	.576	.853	.595
	내 능력을 최대한 수행하게 함	.677	10.584	.459		
	내 능력의 한계를 시험하도록 함	.634	9.629	.402		
	열정을 느낌	.850	–	.723		
숙련도	관련 장비 사용이 매우 익숙함	.643	9.560	.414	.814	.524
	대체로 빨리 배운다고 생각함	.676	9.996	.456		
	아는 것이 많다고 생각함	.715	10.477	.511		
	타인에게 잘한다는 이야기 들음	.766	–	.586		

요인	변수명	표준화계수	C.R.값	R^2	CR	AVE
주의 집중	깊이 몰두함	.880	14.426	.775	.938	.791
	매우 열중함	.906	15.551	.821		
	주의를 집중함	.871	16.560	.758		
	완전히 전념함	.772	–	.595		
즐거움	즐거움을 느낌	.826	15.270	.682	.947	.819
	자유스러운 기분을 느낌	.727	13.112	.529		
	색다른 기분을 느낌	.858	14.705	.737		
	재미있음을 느낌	.853	–	.727		
긍정적 감정	행복감을 느낌	.864	15.205	.746	.956	.844
	기쁨을 느낌	.874	15.389	.764		
	만족감을 느낌	.866	20.872	.750		
	흡족함을 느낌	.813	–	.661		
시간 왜곡	시간이 빨리 흐른다고 느낌	삭제			.820	.698
	시간의 흐름을 잊는 경향	.957	8.252	.915		
	시간 감각을 잃어버림	.733	–	.538		
	주변 일에 대해 잊어버림	삭제				
Q(x^2 = 286.765/182) = 1.576, p = .000, GFI = .915, NFI = .932, CFI = .974, RMR = .026, RMSEA = .046						

단 플로우에 대한 측정모형의 확인적 요인분석 과정에서 시간왜곡 중 "시간이 빨리 흐른다고 느낌", "주변 일에 대해 잊어버림" 항목은 .4 이하의 설명력(R^2)을 보여 측정모형의 정확성을 높이기 위해 삭제하였다. 그리고 모든 구성개념에 대한 개념 신뢰도(CR)와 평균분산추출값(AVE)은 각각 .7, .5 이상일 때 신뢰성 및 수렴타당성을 확보한다고 볼 수 있는데, 분석결과에서 모두 임계치 이상으로서 구성개념의 수렴타당성과 내적일관성이 확보되었음을 알 수 있다. 표준화계수도 .5 이상으로 나타나 개념타당성도 확보되었음을 알 수 있다.

4. 플로우의 구성개념에 대한 구조방정식모형 검증

연구단위별 판별타당성을 확인하기 위해 도출된 상관관계 행렬에서 각 연구단위 간 상관계수의 유의확률은 유의수준 1%에서 통계적으로 유의한 것으로 나타났다. 한편 척도의 판별타당성은 2가지 방법을 토대로 평가하였다. 첫째, 평균분산추출값(AVE)과 구성개념 간 상관계수를 제곱한 값을 비교하여 평균분산추출값이 상관계수의 제곱값보다 크면 판별타당성이 확보되었다고 할 수 있다. 예를 들면 즐거움과 긍정적 감정 간의 상관관계 값이 .752(Φ^2 = .566)이나 AVE값이 즐거움은 .819, 긍정적 감정은 .844로 나타나 판별타당성이 있는 것을 의미한다. 즉 본 연구에서는 15개의 상관계수 제곱값이 AVE값을 초과하지 않기 때문에 이 기준을 충족하고 있음을 알 수 있다.

표 5 플로우의 구성개념 간 상관관계 행렬 및 판별타당도

구성개념	M(S.D)	구성개념 간 상관관계[a]					
		도전감	숙련도	주의집중	즐거움	긍정적 감정	시간왜곡
도전감	3.96(.709)	1	.165[b]	.372	.310	.348	.117
숙련도	3.42(.740)	.406**	1	.140	.085	.108	.033
주의집중	4.08(.750)	.610**	.374**	1	.365	.349	.106
즐거움	4.44(.562)	.557**	.292**	.604**	1	.566	.141
긍정적 감정	4.29(.637)	.590**	.329**	.591**	.752**	1	.176
시간왜곡	3.76(.923)	.342**	.183**	.326**	.375**	.420**	1
AVE		.595	.524	.791	.819	.844	.698

주) *$p<.05$, **$p<.01$

[a] 상관계수의 표준오차 추정구간(two-standard error interval estimates)은 1을 포함하지 않음

[b] 밑줄 친 Higher-Half Matrix의 투입자료는 상관자승치를 의미함

둘째, 각 구성개념 간 95% 표준오차 추정구간의 상관계수가 구성개념 간 완전한 상관계수를 의미하는 1에 대한 포함 유무를 비교하는 것이다. 구성개념 간 동일하다는 가설(Φ = 1)의 기각 여부를 판단하는 것으로서, 95% 신뢰구간에서 $\Phi \pm (2 \times S.E)$가 1이 아니면 판별타당성이 있다고 할 수 있다(Anderson & Gerbing, 1988). 본 연구에서는 플로우의 구성개념 간 표준오차 추정구간 내 어떠한 상관계수도 1을 포함하고 있지 않기에 기준을 충족하고 있음을 알 수 있다.

플로우 경험에 대한 구조적 관계 및 연구가설에 대한 검증을 위해 앞서 제시한 상관관계 분석결과를 바탕으로 공분산구조분석을 실시하였다. 모형에 대한 전체적인 적합성 여부를 판단한 결과, x^2값 = 319.207($p<.01$)로 기준치를 벗어나고 있지만, 표본수의 크

기가 커질수록 x^2값의 유의확률은 민감하기 때문에 그 대안으로 활용되는 Q값을 살펴보았는데, 1.671로 비교적 적합한 모형적합도 지수를 보여주었고, GFI = .907, NFI = .924, CFI = .968, RMR = .031, RMSEA = .049로 나타났다. 이러한 결과는 공분산구조분석 모형의 일반적 평가 기준과 비교했을 때, 만족할 만한 수준의 모형적합도라고 할 수 있다.

표 6 플로우에 대한 공분산구조분석의 영향관계 검증결과 및 인과효과

가설경로	경로계수	표준화계수	S.E	R^2	C.R.값	p값	가설
H_1. 도전감 → 즐거움	.397	.474	.080		4.948	.000**	채택
H_2. 숙련도 → 즐거움	−.043	−.059	.045	.591	−.943	.346	기각
H_3. 주의집중 → 즐거움	.288	.394	.058		5.012	.000**	채택
H_4. 즐거움 → 긍정적 감정	.990	.882	.073	.779	13.511	.000**	채택
H_5. 즐거움 → 시간왜곡	.728	.481	.126	.231	5.795	.000**	채택
Q(x^2 = 319.207/191) = 1.671, p = .000, GFI = .907, NFI = .924, CFI = .968, RMR = .031, RMSEA = .049							

구분		도전감	숙련도	주의집중	즐거움	긍정적 감정	시간왜곡
총효과	즐거움	.474[a]	−.059	.394	−	−	−
	긍정적 감정	.418	−.052	.348	.882	−	−
	시간왜곡	.228	−.029	.190	.481	−	−
직접효과	즐거움	.474**	−.059	.394**	−	−	−
	긍정적 감정	−	−	−	.882**	−	−
	시간왜곡	−	−	−	.481**	−	−
간접효과	즐거움	−	−	−	−	−	−
	긍정적 감정	.418**	−.052	.348**	−	−	−
	시간왜곡	.228**	−.029	.190**	−	−	−

주) *p<.05, **p<.01(직접효과와 간접효과의 유의성 검증 결과), [a] 표준화계수

구체적으로 인과관계에 관한 분석결과를 토대로 가설을 검증하면 다음과 같다. 연구가설 2(숙련도 → 즐거움)만이 관계가 기각된 가운데 나머지 연구가설은 통계적으로 유의한 것으로 나타났다. 플로우 경험 과정을 설명함에 있어서 가장 중요한 도전감과 숙련도

중 본 연구에서는 도전감만 즐거움에 유의한 영향을 미쳤는데, 이는 응답자가 6개월 이상 해당 모험관광 활동에 참여하면서, 어느 정도 기술 수준을 보유한 사람들이기 때문에 오히려 기술 수준 이상의 도전감이 즐거움에 영향을 미치는 것으로 해석할 수 있다.

즐거움에 영향을 미치는 변수인 도전감과 주의집중 중 도전감(β = .474)이 즐거움을 설명하는데 더 기여하는 변수임을 알 수 있고, 모든 가설의 관계는 정(+)의 영향관계를 보이고 있다. 전체 변량 중에서 내생변수로 설명되는 변량을 의미하는 다중상관계수(SMC)는 즐거움이 .591, 긍정적 감정이 .779, 시간왜곡이 .231로 나타났다. 즉 즐거움은 도전감, 주의집중에 의해 설명되며, 이들 변수에 의해 설명되는 정도는 59.1%이고, 반면에 긍정적 감정과 시간왜곡은 즐거움에 의해 각각 77.9%, 23.1%가 설명되고 있음을 알 수 있다. 추가적으로 총효과, 직·간접효과에 대한 요인별 인과효과를 살펴보면, 도전감, 주의집중이 즐거움에 직접적인 영향관계를 가지고 있고, 간접적으로도 최종 내생잠재변인인 긍정적 감정, 시간왜곡에도 영향을 미치는 것으로 나타났다.

즐거움은 플로우의 선행변인(도전감, 주의집중)과 결과변인(긍정적 감정 시간왜곡)을 이어주는 정(+)의 매개역할을 하고 있음이 확인되었고, 이를 매개효과 분석으로 살펴보면 〈표 7〉과 같다. Sobel 검증의 Z값에 의하면, 도전감과 주의집중은 즐거움을 매개로 하여 긍정적 감정과 시간왜곡에 영향을 미치는 것으로 나타났다. 또한 도전감, 주의집중과 긍정적 감정, 시간왜곡을 직접적으로 연결시켰을 때 통계적으로 유의하지 않았고(도전감 → 긍정적 감정: p = .056, 시간왜곡: p = .269, 주의집중 → 긍정적 감정: p = .268, 시간왜곡: p = .530), 완전매개모형(x^2 = 319.207, df = 191)과 부분매개모형(x^2 = 308.207, df = 185) 간 차이(△10.784, △df = 6, p>.05) 역시 통계적으로 유의하지 않았기 때문에 완전매개효과 관계라고 할 수 있겠다.

표 7 즐거움의 매개효과 분석결과

변수	계수값(a), 표준오차(SE_a)	계수값(b), 표준오차(SE_b)	Sobel test's Z
도전감	도전감 → 즐거움 (.397, .080)	즐거움 → 긍정적 감정(.990, .073)	4.660**
		즐거움 → 시간왜곡(.728, .126)	3.765**
주의집중	주의집중 → 즐거움 (.288, .058)	즐거움 → 긍정적 감정(.990, .073)	4.663**
		즐거움 → 시간왜곡(.728, .126)	3.766**

주) *p<.05, **p<.01

5 모험관광과 몰입의 관계성

이 연구는 SIT(특별 관심관광: Special Interest Travel)의 일종인 모험관광을 접하고 있는 사람들, 그중에서도 지상 관련 활동인 스키와 스노보드를 지속적(6개월 이상)으로 즐기는 관광객을 대상으로 이들의 플로우 경험을 구조적으로 검증해 보고자 실시되었다. 정량적 데이터 확보를 위해 설문조사를 실시하였고, 설문조사의 주요 구성개념은 플로우의 선행변인(도전감, 숙련도, 주의집중), 관련변인(즐거움), 결과변인(긍정적 감정, 시간왜곡)으로 구성하였다. 이후 실증분석을 통해 구성개념 간 영향관계를 파악하였고, 몇 가지 시사점을 도출하였다.

먼저 플로우의 선행변인(도전감, 숙련도, 주의집중), 관련변인(즐거움), 결과변인(긍정적 감정, 시간왜곡) 간 영향관계를 검증($H_1 \sim H_5$)한 결과, 선행변인 중 도전감(H_1), 주의집중(H_3)이 관련변인인 즐거움에 정(+)의 영향을 미치는 것으로 나타났고, 즐거움은 결과변인인 긍정적 감정(H_4), 시간왜곡(H_5)에 정(+)의 영향을 미치는 것으로 나타났다. 이는 플로우의 구성개념 간 인과관계를 살펴본 국내외 선행연구(김지희 · 김지흔 · 윤설민, 2010; 이태희 · 김홍렬 · 윤설민, 2009; 이태희 · 유재경, 2009; 지주은 · 김소영, 2009; Novak et al., 1998, 2000)에서의 결과와 같은 맥락을 하고 있음을 의미한다.

반면에 연구가설 2(숙련도→즐거움)가 유의하지 않았다는 것은 기존 플로우의 영향관계 연구와는 다른 결과라고 할 수 있다. 이는 본 연구의 대상이 어느 정도 모험관광의 체험을 지속하고 있기 때문으로 볼 수 있다. 즉 모험관광이 자극적인 활동이자 강한 도전감을 바탕으로 활동에 대한 쾌감이나 만족을 느낄 수 있기 때문에 활동에 대한 유지에는 도전감이라는 플로우의 구성요소가 더 중요함을 의미한다. 또한 모험관광 활동 자체가 부상이나 죽음이라는 상황을 초래할 수 있다는 점에서 어느 정도 숙련도가 있는 상태이기 때문에 숙련도가 즐거움에 영향을 미치지 않았다는 것을 유추해 볼 수 있다.

플로우의 채널 세분화 모델에서도 낮은 도전감-낮은 숙련도상에서 나타나는 플로우 경험보다 높은 도전감-높은 숙련도상에서 나타나는 플로우 경험의 달성이 더 어려운 것처럼 모험관광의 즐거움이라는 심리적 상태를 달성하기 위해서는 참가자의 증가하는 기술 수준을 채워줄 수 있는 도전 요소가 병행되어야 할 것이다. 따라서 모험관광의 경우 관광객의 지속적 참여를 도모하기 위해서는 관련 유형별 참여 활동들이 꾸준히 보급되어야 할 것이고, 이를 홍보하는 것이 앞으로의 숙제라고 할 수 있겠다.

다음으로 즐거움과 긍정적 감정, 시간왜곡 간 긍정적인 영향관계를 보았을 때, 모험관광 참여 관광객의 즐거움 요소 자극은 필수적인 부분임을 알 수 있다. 또한 통계적으로 유의한 선행변인(도전감, 주의집중)과 결과변인(긍정적 감정, 시간왜곡) 간 영향관계에 즐거움이 매개변인 역할을 하는 것으로 나타났다. 이는 학술적으로 플로우 이론의 핵심변인이 즐거움이라는 것으로서, 만약 플로우의 구체적 행동이나 대상이 아직 확립되지 않은 연구분야에서는 즐거움을 플로우 경험의 단일차원적 구성개념으로 사용할 필요가 있음을 의미한다.

모험관광의 플로우 경험구조를 통해서 나타났듯이 우선적으로 관광객들이 참여를 통해 즐거움을 느끼기 위한 도전적 요소를 지속적으로 투입하는 것이 중요하다는 것을 알 수 있었는데, 이는 주로 활동에 대한 난이도와 관련이 있음을 의미한다. 따라서 자연을 활동 공간으로서 최대한 활용하는 모험관광의 경우 더욱더 자극적이며 高위험의 활동으로 전개될 소지가 크다는 점을 앞으로의 모험관광 시장에서는 주목해야 할 것이다. 한편 박한식 · 김남조(2008)의 선행연구도 모험관광(대상: 래프팅 참여 관광객)의 플로우 경험구조를 파악하였지만, 본 연구와는 몇 가지 차이점이 발견되었다. 먼저 이들은 체험여행에 참가한 불특정 다수를 조사하였지만, 본 연구는 어느 정도 모험관광 활동의 기술 수준을 고려하여 지속자(6개월 이상)만을 대상으로 하였다는 것이다. 그리고 이들이 사용한 플로우의 변인(열중, 집중, 몰두, 전념)은 Novak et al.(1998, 2000)의 연구에서는 본 연구처럼 "주의집중"에 해당되는 개념이었다.

모험관광은 그 자체로 플로우 경험이 높기 때문에 본 연구에서는 모험관광 참여 관광객의 플로우 경험을 구조적으로 파악했고, 이에 따른 시사점을 통해 모험관광에 대한 발전적 방안을 모색하여 시사점을 제안했다는 점에서 연구의 의의를 둘 수 있다.

하지만 다음과 같은 연구한계점을 가지고 있는데, 먼저 플로우 이론의 구성개념에 있어서 관련변인(예 관여도)이나 일부 결과변인(예 탐색적 행동)을 적용하지 않았기에 플로우의 전체 요인의 구조적 다변화를 살펴보지 못하였다. 또한 해상(예 스킨스쿠버, 스쿠버다이빙 등), 항공(예 초경량 비행기, 패러글라이딩 등) 등의 유형은 연구범위로 포함시키지 못하였다. 이에 향후 연구에서는 플로우 경험에 대한 다각적 접근이 필요할 것이며, 아울러 확대되고 있는 모험관광의 범주를 고려하여 다양한 유형의 플로우 경험에 대한 고찰이 필요할 것이다.

참고문헌

권현재(2008). 여가행동과 여가몰입이 모험관광 참여자의 만족도에 미치는 영향: 여가와 생활만족도를 중심으로. 배재대학교 박사학위논문.

김기용(2008). 모험 스포츠 참가정도와 몰입경험 및 자아성취감의 관계. 한국사회체육학회지. 33: 1133-1143.

김지희 · 김지흔 · 윤설민(2010). 지역축제 체험 요소, 즐거움, 플로우의 결과변수 간 영향관계 및 관광객 특성 비교에 관한 연구. 고객만족경영연구. 12(2): 165-184.

문태영 · 박승환(2003). 모험스포츠 참가자의 몰입경험과 자아효능감의 관계. 한국스포츠리서치. 14(6): 289-298.

문화체육관광부(2008). 2007 체육백서.

문화체육관광부 · 한국문화관광연구원(2008). 2008 여가백서.

박상현(2003). 관광지 웹사이트에서의 플로우(FLOW) 선행변수와 결과변수에 관한 연구. 관광 · 레저연구. 14(3): 229-247.

박한식(2004). 모험관광 경험에 따른 플로우(flow) 변수 차이 검증: 최초방문자와 재방문자를 중심으로. 관광연구논총. 16: 217-232.

박한식 · 김남조 (2008). 모험관광객의 플로우(flow) 경험구조: 래프팅 참여자를 중심으로. 관광연구. 23(1): 191-207.

배병렬(2009). Amos17.0 구조방정식모델링: 원리와 실제(제2판). 서울: 청람.

변경원(2005). 스키리조트 CRM과 고객충성도에 관한 연구. 단국대학교 박사학위논문.

손영학(2007). 매니아가 인식하는 익스트림 스포츠 활성화 방안. 영남대학교 박사학위논문.

오상훈 · 송재호 · 이성은(2008). 지역축제 참가자의 플로우 체험에 대한 탐색적 연구: 용연야범재현축제를 대상으로. 탐라문화. 34: 219-255.

유재경(2006). 한류(韓流)관광객의 몰입(flow) 결정요인에 관한 연구: TV드라마 촬영지 중심으로. 경희대학교 박사학위논문.

______(2007). 몰입(Flow)경험이 만족도에 미치는 영향: 드라마촬영지 관광객을 중심으로. 관광연구저널. 21(1): 389-400.

이상덕 · 전민주(2004). 모험 스포츠 참여 동기가 몰입경험 및 자아성취감에 미치는 인과 관계. 한국스포츠리서치. 15(4): 343-352.

이승철(2003). 스키어의 전문화와 스포츠몰입, 미래의 행동의도와의 관계. 한국체육학회지. 42(5): 411-417.

이시훈(2000). 인터넷 광고 효과 모델. 서울: 커뮤니케이션 북스.

이익수(2004). 동기요인에 따른 스포츠관광지 이미지의 차이분석. 관광연구저널. 18(1): 91-102.

이재형(2006). 모험스포츠 중독이 관여도와 자기존중감에 미치는 영향. 한국스포츠사회학회지. 19(2): 249-270.

이정학 · 이경훈(2006). 운동중독에 관한 체육학적 담론. 한국체육학회지. 45(1): 103-112.
이종규 · 이소영(2002). 관광소비 변화에 따른 서울의 관광자원개발전략. 서울도시연구. 3(2): 77-90.
이태정(2004). 몰입 경험이 진로 태도 성숙 및 진로 결정 효능감에 미치는 영향. 홍익대학교 박사학위논문.
이태희 · 김홍렬 · 윤설민(2009). 테마파크 방문에 대한 플로우 구성개념 간 영향관계 및 특성에 관한 연구. 서비스경영학회지. 10(4): 143-171.
이태희 · 유재경(2009). 몰입경험구조 결정 요인연구: 한류 브랜드 몰입경험을 중심으로. 국제지역연구. 13(3): 461-480.
이형룡 · 이보미(2008). 온라인 여행상품 구매의도에 관한 연구: 전형성, 관여도, 플로우 개념을 중심으로. 관광연구. 23(2): 283-304.
정은주 · 박수정 · 윤채빈(2009). 스노보드 참여자의 장소애호도 결정요인 탐구. 한국여성체육학회지. 23(4): 185-196.
지주은 · 김소영(2009). 뮤지컬 관객의 플로우(flow)경험구조모델에 관한 연구. 문화경제연구. 12(2): 87-114.
최성범 · 김호순(2009). 해양레저스포츠 참가자의 재미, 몰입경험, 참가 후 지속행동의 관계. 한국여가레크리에이션학회지. 33(2): 189-199.
최윤택 · 장영대(2006). 모험스포츠 참가와 운동정서의 관계. 한국스포츠리서치. 17(3): 199-206.
허승은(2009). 스노보더의 여가활동 참여동기에 따른 각성추구 성향분석. 한국여가레크리에이션학회지. 33(4): 127-134.

Anderson, J. C., & Gerbing, D. W. (1988). Structural equation modeling in practice: A review and recommended two-step approach. *Psychological Bulletin*. 103(3): 411-423.
Bidwell, C., Csikszentmihalyi, M., Hedges, L., & Schneider, B. (1977). *Attitudes and experiences of work for American adolescents*. NY: Cambridge University Press.
Chou, T. J., & Ting, C. C. (2003). The role of flow experience cyber-game addiction. *Cyber Psychology & Behavior*. 6(6): 663-675.
Clarke, S. E., & Haworth, J. T. (1994). 'Flow' experiences in the daily life of sixth form college students. *British Journal of Psychology*. 85(4): 511-523.
Csikszentmihalyi, M. (1975). Play and intrinsic rewards. *Journal of Humanistic Psychology*. 15(3): 41-63.
______ (1993). *The evolving self*. NY: Harper & Row.
Ewert, A. W. (1985). Why people climb: The relationship of participant motives and experience level to mountaineering. *Journal of Leisure Research*. 17(3): 241-250.
Ghani, J. A., & Deshpande, S. P. (1994). Task characteristics and the experience of optimal

flow in human computer interaction. *The Journal of Psychology*. 128(4): 381–391.

Hoffman, D. L., & Novak, T. P. (1996). Marketing in hypermedia computer-mediated environments: Conceptual foundations. *Journal of Marketing*. 60(3): 50–68.

Jackson, S. A., & Csikszentmihalyi, M. (1999). *Flow in sports: The keys to optimal experiences and performances*. Champaign. IL: Human Kinetics.

Jackson, S. A., & Marsh, H. W. (1996). Development and validation of a scale to measure optimal experience: The flow state scale. *Journal of Sport & Exercise Psychology*. 18(1): 17–35.

Kim, S. S., Scott, D., & Crompton, J. L. (1997). An exploration of the relationships among social psychological involvement, behavioral involvement, commitment, and future intention in the context of bird watching. *Journal of Leisure Research*. 29(3): 320–341.

Koufaris, M. (2002). Applying the technology acceptance model and flow theory to online consumer behavior. *Information Systems Research*. 13(2): 205–223.

Mathwick, C., & Rigdon, E. (2004). Play, flow, and the online search experience. *Journal of Consumer Research*. 31(2): 324–332.

Novak, T. P., Hoffman, D. L., & Yung, Y. F. (1998). Measuring the flow construct in online environments: A structural modeling approach. Owen Graduate School of Management, Vanderbilt University, Working paper.

Novak, T. P., Hoffman, D. L., & Yung, Y. F. (2000). Measuring the customer experience in online environments: A structural modeling approach. *Marketing Science*. 19(1): 22–44.

Quinn, R. W. (2005). Flow in knowledge work: High performance experience in the design of national security technology. *Administrative Science Quarterly*. 50(4): 610–641.

Resnick, B., & Spellbring, A. M. (2000). Understanding what motivates older adults to exercise. *Journal of Gerontological Nursing*. 26(3): 34–42.

Seligman, M., & Csikszentmihalyi, M. (2000). Positive psychology: An introduction. *American Psychologist*. 55(1): 5–14.

Shoham, A., & Rose, G. M. (2000). Prediction future sport consumption: The impact of perceived benefits. *Sport Marketing Quarterly*. 9(1): 8–14.

Trevino, L. K., & Webster, J.(1992). Flow in computer-mediated communication: Electronic mail and voice mail evaluation and impacts. *Communication Research*. 19(5): 539–573.

제2절 체험관광지의 행동심리: 방문동기 및 몰입

1 체험관광 행동심리

현대 사회의 다양한 산업 분야 중 가장 큰 산업의 하나로 성장하고 있는 관광산업은 과거 문화유산이나 명승지 및 유적지 등을 방문하여 감상하는 정적인 형태의 관광활동이 주를 이루었으나, 현대의 관광현상은 소득수준의 향상, 교통수단의 발달 등에 의해 직접 체험해 보고자 하는 관광객들의 욕구가 늘어나게 되었다(이장춘, 2007). 이는 관광객의 형태가 수동적이면서 정적인 관광형태에서 능동적이고 적극적으로, 직장중심에서 가족중심의 패턴으로, 일일관광에서 체험형 및 테마형의 숙박관광으로 변화하고 있음을 의미한다.

관광지에서의 실제적인 체험욕구는 현대인들에게 가장 강하게 나타나고 있는 관광형태라고 할 수 있으며(김기완 · 김남조, 2007; 박석희, 2005; Rojek, 2000), 관광 프로그램 부문에 있어서 체험 프로그램의 영역이 많이 늘어나고 있는 것을 보면 알 수 있다(김미경 · 이희찬, 2007). 이처럼 현대인들의 체험관광에 대한 욕구 증진에도 불구하고 국내 관광영역이나 관광 활동은 체험 관련 소비패턴의 변화와 다르게 아직 미흡한 실정이다. 국내관광지는 1969년을 기점으로 하여 양적인 증가는 이루었지만, 실제 관광패턴에 맞는 개발실적, 관광 프로그램 및 관광 상품은 매우 미흡하여 다양한 관광객의 욕구를 수용하지 못하고 있는 실정이다. 우리나라의 체험관광의 경우에도 더 이상 과거의 관광습관에 젖은 무작위, 무계획의 개발보다는 소비자의 트렌드에 맞추어 개발하는 것이 시급한 실정이라고 할 수 있다(이태희, 2011b).

이 연구는 국내 체험관광산업의 현 실태에 착안하여 전 세계적인 관광 트렌드의 하나인 체험관광에 초점을 두어 한국의 체험관광을 참여하는 방문객의 동기와 몰입정도, 그리고 만족도와 행동의도를 토대로 영향관계를 규명해 보고자 했다. 즉 참여동기, 몰입, 그리고 행동의도 등에 대한 관계 연구들은 대부분 축제나 컨벤션 등의 분야를 대상으로 연구된 반면에 체험관광에 대한 접근은 아직 미흡한 실정이다. 이 연구는 이러한 접근을 통해 상품개발에서부터 차별화되고 감동을 줄 수 있는 체험상품을 개발하도록 하는 목적으로 시작되었다. 이를 위한 실증분석을 통해 성공적인 체험관광지로서의 효과적인 마케팅 전략의 기본자료 제공이 가능할 것이다.

2 체험과 몰입의 이론적 배경

1. 체험관광 참여동기

시대의 흐름에 따라 관광객의 관광패턴이 기존의 유명 관광지나 자연경관을 관람하는 등의 수동적 입장에서 레저 스포츠, 축제 등 행상에 직접적으로 참여하는 능동적 입장으로 변모하고 있다(이선정, 2004). 즉 체험이 관광활동에서 중요한 부분을 차지하고 있다고 말할 수 있는데, 이러한 체험은 일찍이 토플러의 『미래의 충격(Future Shock)』이라는 저서를 통해 언급되어 왔다. 그는 자신의 저서를 통해 미래에는 서비스 부문이 폭발적으로 증가하고, 체험과 같은 새로운 부문이 출현하게 될 것이라고 하였다.

이후 체험관광에 대한 구성요소가 1970년대 말부터 여러 학자들에 의해 연구되었고, 대표적인 학자로 Pine과 Gilmore(1998), 그리고 Schmitt(1999)가 있다. Pine과 Gilmore(1998)는 방문객들에게 제공되는 체험의 종류를 4가지로 분류하였고, 이를 엔터테인먼트(entertainment), 교육(education), 미적(esthetic), 현실도피(escapist) 체험이라고 하였다. 반면에 Schmitt(1999)는 전략적 체험 모듈(SEMs: Strategic Experiential Modules)을 통해 방문객들의 체험을 감각(sense), 감성(feel), 지성(think), 행동(act), 관계(relate) 등 5가지 유형으로 언급하였고, 관광상품을 기획할 단계에서는 이러한 체험 중에서 개최목적에 부합하는 어떤 유형의 체험을 제공할 것인가에 대한 전략을 수립하는 것이 필요하다고 하였다.

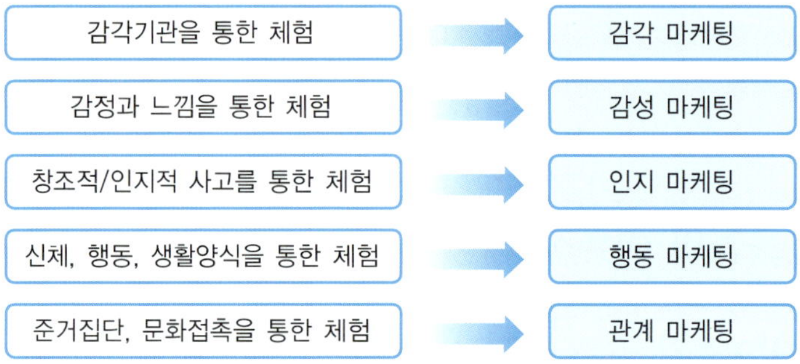

〈그림 1〉 Schmitt(1999)의 전략적 체험 모듈

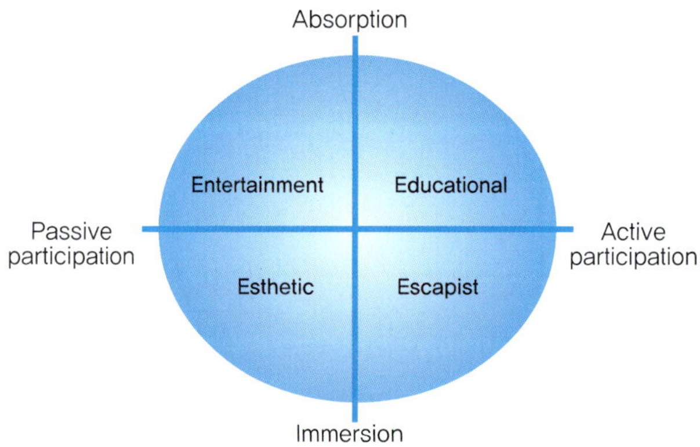

〈그림 2〉 Pine과 Gilmore(1998)의 4가지 체험영역

한편 다양한 관광 경험이 요구되는 현대사회에서 지역적 특징을 그 고장만의 고유한 특징으로 살릴 수 있는 다양한 체험거리를 제공하여 경제적 이익을 창출하고, 나아가 지역관광의 활성화에 도움을 주어야 하는 것 역시 체험관광에서 중요할 것이다(송광인, 2006). 이처럼 체험관광에 있어서 소비자의 욕구가 변화함에 따라 다양한 체험 상품을 기획하는 것이 필요하겠지만, 그전에 소비자의 욕구를 파악하는 것이 중요할 것이다(이태희, 2011a). 이에 본 연구에서는 이러한 소비자 욕구를 동기(motivation) 차원에서 접근해 보고자 한다.

심리학적으로 동기는 어떠한 행동을 이해하고 설명하는 데 사용되어지기 때문에 동기를 이해하는 것은 특정 행동분석을 가능하게 하는 것을 의미한다(박유진 · 김재휘, 2002). 즉 관광동기는 관광행동의 생성에 필요한 심리적 원동력이자 욕구로서, 관광행동을 이끄는 심리적 에너지라 할 수 있으며(오민재, 2006), 실제적으로 관광행동을 생성시키는 원동력이 된다.

이처럼 관광동기는 관광행동을 도모하는 주요한 요소로서, 이에 대한 연구는 주로 추진요인(push factor)과 유인요인(pull factor)으로 접근되고 있다. 추진요인은 일상으로부터의 탈출욕망, 휴식, 휴양, 명성, 건강, 모험, 사회적 작용 등 관광객의 내재적 동기로 설명되는 반면에 유인요인은 해안, 관광시설 등 눈에 보이는 자원이나 이색적 문화 등의 관광지 매력성으로 설명되어진다(Uysal & Jurowski, 1993). 이러한 추진요인과 유인요인의 접근은 Dann(1977)의 연구에서부터 시작되었고, 이후 많은 연구(예 송대효, 2005; 최병길 · 변수녀 · 이성은, 2007; Goossens, 2000; Jang & Cai, 2002; Kim, Lee, & Klenosky, 2003)에서 관광동기에 대한 양측면적 파악을 위해 사용되고 있다.

2. 몰입

몰입(flow)은 인간행동을 연구하는 여러 학문분야, 특히 사회학, 경영학, 심리학, 교육학 등에서 광범위하게 사용되고 있는 개념이다. 몰입의 개념은 학문분야와 관심 영역에 따라 상이하게 정의되어 사용되고 있으며, 강조하고 있는 의미에 따라서 몰입이라는 용어는 commitment, involvement, flow 등으로 다양하게 사용되고 있다. 이 중에서 flow는 '개인이 자신의 행위에 완전히 몰두하여 최적의 체험(optimal experience)을 갖게 되는 상태'를 의미하는 개념으로서, Csikszentmihalyi(1975)에 의해 처음 언급되었다. 그의 몰입 개념에서는 몰입의 대상보다는 몰입의 주체인 개인을 강조하고 있으며, 자신의 관점에 완전히 몰두하여 최적의 기능을 수행하는 상태 또는 개인이 특정 행위에 완전히 몰두하고 있을 때 느끼는 물아일체의 상태(holistic sensation)로 정의되기도 한다(이범재, 2009).

개인이 자신의 기량에 맞는 어떤 활동을 할 경우 몰입이 발생할 수 있으며 몰입을 할 경우 나타나는 특징으로 첫째, 정신집중이 이루어지며, 둘째, 시공간 개념이 불식되고, 셋째, 인지력이 증강되며, 넷째, 불안감이나 제약감이 불식된다(Csikszentmihalyi, 1975). 따라서 몰입을 하게 되면 어떤 활동을 하면서 깊이 몰두하여 외부적인 보상이 없더라도 활동 그 자체가 기쁘고 점차 주위에 신경을 쓰지 않으며, 시간 가는 줄도 모르고, 마침내 그 심리적 활동에 자신이 일체화되어 행동이 물 흐르듯 자연스럽게 나타나는 현상이 된다(Jackson & Csikszentmihalyi, 1999). 한편 몰입에 관한 여가 및 스포츠 관련 선행연구들을 보면 몰입은 내적 동기 및 외적 동기와 밀접한 관련성이 있는 것으로 나타남을 알 수 있다(김송희 · 장순용, 2003).

3. 만족도 및 행동의도

만족도는 관광목적지 방문 후 발생한 경험과 방문 전 관광목적지에 대한 기대를 비교한 결과로서(Truong & Foster, 2006), 다른 여타 분야와 마찬가지로 관광 분야에서의 만족도에 대한 선행연구가 많이 진행되었다. 이는 관광산업에서의 소비자 만족도가 그만큼 매우 중요한 요소가 되고 있다는 것을 반증해 주는 것이다. 즉 만족한 관광객이 다른 사람에게 적극적으로 추천하고 재방문할 것이고, 결과적으로 마케팅이나 프로모션을 더 싸고 효율적으로 할 수 있다(Akama & Kieti, 2003)는 점에서 관광 상품의 마케팅에 중요한 요소가 되기 때문이다.

한편 행동의도는 연구 대상에 따라 다양한 이름(예 구매의도, 충성도, 재이용의도 등)으로 불리지만, 가장 포괄적인 용어로 행동의도를 사용한다(최규환, 2005). 또한 행동의도는 참여자 만족과 밀접한 관련이 있다고 할 수 있으며 고객이 상품이나 서비스를 구매, 사용, 평가하는 과정에서 경험하는 호의적/비호의적 감정 및 태도를 의미한다(조태영 · 서태양, 2009). 따라서 관광만족이 관광경험에 대한 전반적 평가라고 한다면, 재방문의도나 추천의도와 같은 행동의도는 관광지 관련 체험에 대한 평가라고 볼 수 있을 것이다.

3 체험과 몰입의 연구모형

1. 연구모형 설정

이 연구는 체험관광의 동기, 몰입, 만족도, 그리고 행동의도 간 영향관계를 살펴보는 것이 주요 내용인데 류인평(2010), 성현선 · 임재국(2008), 김근우(2004), 최병길 등(2007)의 연구를 토대로 다음과 같은 연구모형을 도출하였다.

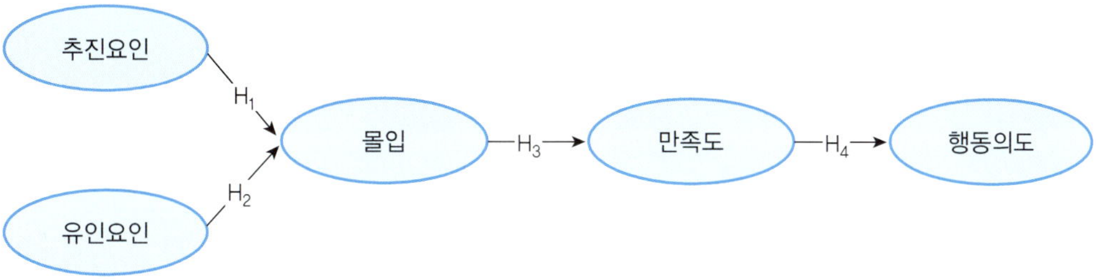

〈그림 3〉 연구모형

이에 대한 연구가설 근거를 살펴보면, 먼저 동기(추진요인-유인요인)와 몰입에서 Chan과 Ahern(1999)은 동기를 이해하기 위한 수단으로 몰입을 언급하였고, 홍경완 · 강인호 · 김원인(2007)은 동기 중 추진요인이 몰입과 긍정적 연관이 있다고 제시하였으며, 변수녀 · 최병길(2007)은 추진-유인요인이 몰입에 영향을 미친다고 제안한 바 있다. 이에 체험관광에서의 추진-유인요인과 몰입의 관계를 연구가설로 제시하면 다음과 같다.

- H_1: 체험관광의 추진요인은 참여관광객의 몰입에 정(+)의 영향을 미칠 것이다.
- H_2: 체험관광의 유인요인은 참여관광객의 몰입에 정(+)의 영향을 미칠 것이다.

다음으로 몰입과 만족도 간 영향관계에서 오정근(2008)은 축제 프로그램을 통해 체험몰입을 경험한 관광객의 축제 만족도가 높다고 하였고, 유재경(2007)은 몰입 경험 정도에 따라 만족도는 차이를 보여 몰입이 만족도에 영향을 미친다고 제시하였다. 이에 체험관광 활동에 대한 몰입과 만족도 간 관계를 다음과 같이 연구가설로 제시하였다.

H_3: 체험관광 참여관광객의 몰입은 만족도에 정(+)의 영향을 미칠 것이다.

마지막으로 만족도와 행동의도 간 관계를 살펴보면, 먼저 류인평(2010)은 만족이 재방문과 추천의도를 설명하는 데 영향력이 매우 높은 변인으로 설명하였고, 성현선 · 최현규 · 임재국(2006)도 체험 프로그램과 이벤트적 성격의 프로그램이 만족도에 영향을 미치고 이는 방문객 행동의도로 이어진다고 제시한 바 있다. 이에 체험관광객의 만족도와 행동의도 간 관계를 다음과 같이 연구가설로 제시할 수 있겠다.

H4: 체험관광 참여관광객의 만족도는 행동의도에 정(+)의 영향을 미칠 것이다.

2. 체험과 몰입의 측정항목 도출

체험관광의 동기를 평가하기 위한 설문문항은 추진요인과 유인으로 접근한 선행연구(송대효, 2005; 최병길 등, 2007; Goossens, 2000; Jang & Cai, 2002; Kim et al., 2003)를 바탕으로 추진요인 14개 항목, 유인요인 18개 항목을 도출하였고, 몰입의 경우 선행연구(손준상, 2006; 유재경, 2007; 홍경완 등, 2007)를 바탕으로 체험관광연구와 관련하여 5개 항목을 추출하였다. 한편 만족도와 행동의도는 류인평(2010), 성현선 등(2006), 박준범(2011)의 연구를 바탕으로 만족도는 6개 항목, 행동의도(재방문의도, 추천의도, 구전의도)는 3개 항목을 도출하여 사용하였다. 이렇게 도출된 측정항목들은 리커트 5점 척도(1 = 전혀 그렇지 않다, 3 = 보통, 5 = 매우 그렇다)로 측정하였다. 마지막으로 응답자의 기본적 정보를 제공하는 인구통계학적 특성은 성별, 연령, 학력, 직업, 결혼여부, 월평균가계소득 등 6개 항목을 명목척도로 측정하였다.

3. 체험과 몰입의 자료수집 및 분석

이 연구의 대상은 국내 체험관광지로서, 설문조사는 체험관광지를 방문해 본 경험이 있는 관광객을 대상으로 하였다. 이에 체험관광을 위한 목적지(예 피싱파크, 외갓집 체험

〈사진 1〉 피싱파크(진산각)

〈사진 2〉 외갓집 체험마을

〈사진 3〉 이원 난 농원

〈사진 4〉 전북 임실 치즈마을

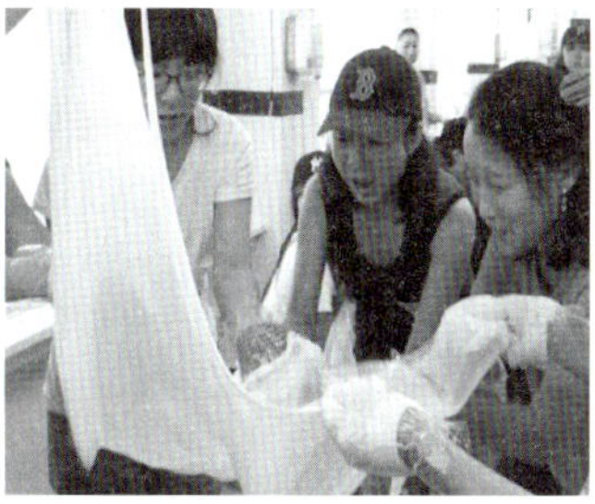

〈사진 5〉 이천 임실 치즈마을

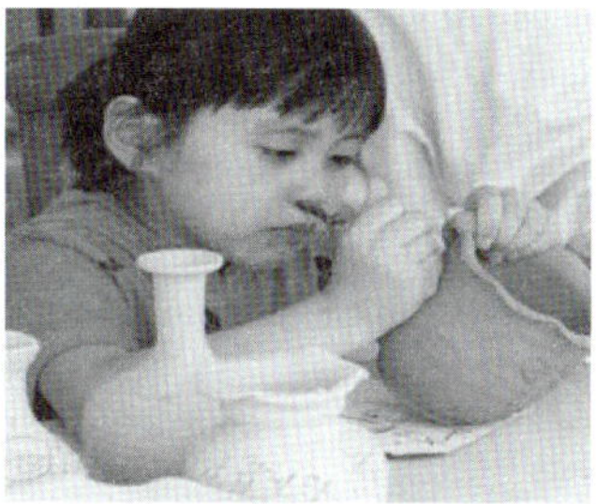

〈사진 6〉 이천 도자기 체험장

마을, 이원 난 농원, 전북 임실 치즈마을, 이천 임실 치즈마을, 여주 도자기 체험장)에서 2011년 10월 18일부터 10월 30일까지 약 2주 동안 설문조사를 실시하였다.

설문조사의 경우 연구의 객관성을 높이기 위해 최대한 전국 범위의 경기, 강원, 전라도의 유명 체험관광지를 선택하였으며, 응답자에 따른 오류를 최소화하기 위해 연구자가 해당 지역을 직접 방문하여 응답자에게 설문조사의 내용을 사전에 충분히 숙지시킨 후, 자기기입식 방법을 이용하여 설문조사를 실시하였다. 이러한 과정을 거쳐 총 405부의 설문지를 회수하였고, 결측치가 있는 40부의 설문지를 제외한 365명의 유효표본을 확보하여 실증분석에 사용하였다. 이렇게 수집된 자료는 다음과 같은 실증분석을 실시하였다. 첫째, 조사대상의 인구통계학적 특성을 파악하기 위해 빈도분석을 실시하였다. 둘째, 체험관광 동기(추진-유인요인)에 대한 요인추출을 위해 탐색적 요인분석을 실시하였다.[2) 셋째, 연구가설에 대한 검증을 위해 회귀분석을 실시하였다.

4 체험과 몰입에 대한 실증분석

1. 표본의 기본적 특성

유효표본 365명에 대한 기본적 특성을 살펴보면, 먼저 성별은 여성(234명)이 남성(131명)보다 더 조사되었고, 연령은 19세 이하가 49.6%로 가장 많은 가운데 40대(74명), 30대

2) 몰입, 만족도, 그리고 행동의도의 경우 단일 차원으로 구성되었기 때문에 탐색적 요인분석 후 이를 평균값으로 변환하여 회귀분석에 적용하였으며, 탐색적 요인분석결과 각각의 구성개념은 단일 차원성으로 구성함에 문제가 없는 것으로 나타남.

(68명) 순으로 나타났다. 결혼여부의 경우 미혼이 56.7%(207명)로 기혼(158명)보다 많은 분포를 나타냈고, 학력은 고졸 이하(52.6%)와 대학교(28.2%)가 많은 부분을 차지하고 있었다. 한편 이들의 직업은 학생이 180명(49.3%)로 가장 많았고, 월평균가계소득은 200만 원 미만(38.9%), 300~500만 원 미만(22.7%), 200~300만 원 미만(17.5%), 700만 원 이상(14.0%) 순으로 나타났다.

표 1 유효표본에 대한 인구통계학적 특성

구분		n(명)	%(비율)	구분		n(명)	%(비율)
성별	남성	131	35.9	직업	공무원	15	4.1
	여성	234	64.1		일반기업	34	9.3
연령	19세 이하	181	49.6		전문직	29	7.9
	20대	30	8.2		자영업	24	6.6
	30대	68	18.6		주부	70	19.2
	40대	74	20.3		학생	180	49.3
	50세 이상	12	3.3		기타	13	3.6
결혼여부	기혼	158	43.3	월평균가계소득	200만 원 미만	142	38.9
	미혼	207	56.7		200~300만 원 미만	64	17.5
학력	고졸 이하	192	52.6		300~500만 원 미만	83	22.7
	전문대	42	11.5		500~700만 원 미만	25	.6.8
	대학교	103	28.2		700만 원 이상	51	14.0
	대학원	28	7.7	합계(N)		365	100.0

2. 추진요인에 대한 탐색적 요인분석 결과

동기에 대한 항목들이 각각 동일 개념을 측정하였는지를 확인하기 위해 탐색적 요인분석을 실시하였다. 요인추출과정에 있어서 요인적재량과 공통성은 .5 이상, 고유값은 1.0 이상, 요인의 신뢰계수는 .6 이상인 변수들만을 요인에 포함시켰다. 분석결과, 4개 항목(체험경험을 타인에게 이야기하기 위해, 모험과 스릴을 느끼기 위해, 가족이나 동반자와 함께하기 위해, 가족이나 동반자와 즐거운 시간을 갖기 위해)은 요인들의 집중타당성을 저해하는 것으로 나타나 삭제된 후 도출된 요인은 총 6개로 기본시설(Pull), 기분전환(Push), 교육성(Push), 프로그램(Pull), 접근성(Pull), 사회성(Push)으로 명명하였다. 총분산설명력은 71.740%로 나타났으며, 신뢰계수(α)는 기본시설(α = .933), 기분전환(α = .902), 교육성(α = .877), 프로그램(α = .859), 접근성(α = .837), 사회성(α = .889)으로 비교적 높은 신뢰수준을 가지고 있으며, 요인 내 신뢰계수를 저해하는 측정항목은 없는 것을 알 수 있다.

표 2 동기(추진-유인요인)에 대한 탐색적 요인분석 결과

구분	요인 적재량	공통성	고유값 (누적분산)	구분	요인 적재량	공통성	고유값 (누적분산)
기본시설(Pull)			6.051 (21.612) α = .933	교육성(Push)			3.240 (45.263) α = .877
시설청결	.729	.677		신기한 체험	.745	.728	
시설안전	.717	.660		지적호기심	.686	.705	
안내자능숙	.708	.707		교육도움	.643	.689	
종사원친절	.701	.699		색다른 문화체험	.603	.632	
주민친절	.695	.670		프로그램(Pull)			2.685 (54.854) α = .859
자연경관	.690	.605		프로그램	.852	.849	
주변관광	.619	.671		비용적당	.774	.741	
정보습득용이	.598	.712		프로그램신기	.771	.748	
주변관광안내	.598	.714		접근성(Pull)			2.452 (63.610) α = .837
안내지안내판	.598	.692		시간짧음	.828	.842	
음식	.578	.671		교통편리	.779	.809	
숙박시설	.560	.588		대중교통편리	.556	.662	
기분전환(Push)			3.382 (33.690) α = .902	사회성(Push)			2.276 (71.740) α = .889
일상탈출	.834	.816		비슷한 취미	.783	.820	
스트레스해소	.778	.794		새로운 사람과 어울림	.735	.765	
휴식	.726	.737		기준: 요인적재량>.5, 고유값>1, 공통성>.5, 신뢰계수>.6			
자연감상	.616	.684					

3. 연구가설 검증

먼저 추진요인과 몰입 간 영향관계 검증결과(H_1), 교육성과 사회성 요인이 몰입에 정(+)의 영향을 미치는 것으로 나타났으며, 그 설명력은 44.5%임을 알 수 있다. 특히 교

육성(β = .543)이 사회성(β = .110)보다 몰입을 설명하는 데 더 기여하는 요인으로 나타났다. 다음으로 유인요인과 몰입 간 영향관계 검증결과(H_2), 프로그램과 기본시설 요인이 몰입에 정(+)의 영향을 미치는 것으로 나타났으며, 그 설명력은 36.4%임을 알 수 있다. 특히 프로그램(β = .447)이 기본시설(β = .270)보다 몰입을 설명하는 데 더 기여하는 요인으로 나타났다.

표 3 연구가설(H_1~H_4) 검증을 위한 회귀분석 결과

연구가설	종속변수	독립변수	비표준화계수		표준화계수	t값	R^2 (adj. R^2)	F값
			B	표준오차	β			
H_1	몰입	(상수)	1.261	.146		8.626	.445 (.440)	96.480***
		기분전환	.070	.050	.078	1.390		
		교육성	.526	.054	.543	9.795***		
		사회성	.084	.037	.110	2.239*		
H_2		(상수)	1.401	.166		8.463	.364 (.359)	68.839***
		기본시설	.284	.067	.270	4.248***		
		접근성	-.049	.049	−.058	−.997		
		프로그램	.430	.048	.447	9.038***		
H_3	만족도	(상수)	.998	.118		8.468	.629 (.628)	615.452***
		몰입	.778	.031	.793	24.808***		
H_4	행동의도	(상수)	.613	.137		4.471	.610 (.609)	568.788***
		만족도	.830	.035	.781	23.849***		

주) *p<.05, **p<.01, ***p<.001

한편 몰입과 만족도 간 영향관계 검증결과(H_3), 몰입이 만족도에 정(+)의 영향(설명력 = 62.9%)을 미치는 것으로 나타났다. 마지막으로 만족도와 행동의도 간 영향관계 검증결과(H_4), 만족도는 행동의도에 정(+)의 영향(설명력 = 61.0%)을 미치는 것을 알 수 있었다. 이에 연구가설 1(H_1)과 연구가설 2(H_2)는 부분적으로 채택된 반면에 연구가설 3(H_3)과 연구가설 4(H_4)는 채택되었음을 알 수 있다.

5 체험관광의 동기와 몰입

본 연구는 체험관광지를 방문하는 관광객을 대상으로 체험관광 동기, 몰입, 만족도, 그리고 행동의도 간 영향관계를 분석하여 현 국내의 체험관광지의 실태를 알아보고 향후 나아가야 할 방향을 제시하고자 실시되었다. 이를 위해 국내 유명 체험관광지를 임의적으로 선택하여 정량적 조사를 실시하였고, 이후 선행연구를 토대로 설정된 연구모형을 통해 변수 간 관계를 규명하였으며, 다음과 같은 시사점을 도출할 수 있었다.

첫째, 동기와 몰입 간 영향관계 검증결과, 추진요인 중 '교육성'이 몰입을 설명하는 데 있어서 월등히 중요함을 알 수 있었다. 관광으로서의 기본 요인인 기분전환이나 사회성이 체험관광에서 중요한 요인의 한 부분으로 나타났지만, 체험관광이라는 세분화된 특이성으로 인해 교육성에 더 많은 관심을 가지고 있다고 할 수 있다. 따라서 체험관광지에서 방문객의 몰입을 이끌어내기 위해서는 교육적인 부분에 무엇보다도 많은 비중을 두어 상품 개발을 하는 것이 바람직하다고 할 수 있다. 다음으로 유인요인 중 '프로그램'이나 '기본시설'이 몰입에 크게 영향을 미치는 것으로 나타났다. 즉 방문객 대부분이 교통이나 거리보다는 체험 프로그램이나 기본시설을 훨씬 중요하게 고려함을 의미한다. 과거와 비교해 보았을 때 관광지에 어떻게 갈 수 있느냐가 중요한 문제이긴 하지만, 이제는 프로그램이나 시설이 충분히 관광객 욕구를 충족시킬 만큼 만족스럽다면 관광객은 기꺼이 방문할 의향이 있다는 의미로 해석할 수 있을 것이다. 따라서 체험관광지에 있어서 접근성의 장애를 극복하는 것도 중요하지만 관광지의 시설이나 프로그램에 더 많은 비중을 두는 것이 좋을 것이다.

둘째, 몰입과 만족도, 그리고 만족도와 행동의도 간 영향관계를 검증한 결과 긍정적 관계를 도출할 수 있었다. 결국 앞서 살펴본 추진요인과 유인요인과 같이 관광객이 기본적인 욕구인 동기를 어떻게 충족시켜 줄 수 있느냐가 관건임을 확인할 수 있는 결과이다. 체험관광은 수동적 형태가 아닌 능동적 형태의 프로그램과 시설을 바탕으로 구성된 관광목적지를 의미한다. 따라서 많은 프로그램과 시설을 확보하는 것을 의미하는 것이 아니라 관광객이 체험관광지에 있는 순간 몰입할 수 있는 체험 요소가 어떠한 것인지, 그리고 그러한 체험 요소를 적절하게 구성하는 것이 중요할 것이다.

본 연구를 바탕으로 본다면 체험관광에 있어서 교육적 가치를 가지고 있는 참신한 체험 프로그램을 개발하여 홍보를 한다면 충분히 체험관광객을 유치할 수 있다는 결론을 찾을 수 있다. 또한 체험관광객이 방문했을 때 깔끔한 주변 및 기본 시설을 갖추어 관광객을 맞이한다면 비록 접근이 어려운 곳에 위치한다 할지라도 체험관광객을 유치하는 데 큰 도움이 될 수 있을 것이다.

이와 같은 시사점에도 불구하고 이 연구는 몇몇 연구한계점을 가지고 있다. 먼저 본 연구의 결과로 구성개념 간 영향관계를 파악할 수는 있었지만, 어떤 프로그램이 체험 동기에 중요하게 작용하는지에 대한 접근은 할 수 없었다. 또한 임의적 선택에 의해 일부 체험관광지만을 대상으로 설문조사를 하였기 때문에 국내 모든 체험관광지에 일반화시키지 못하는 한계점을 가지고 있다. 이에 향후 연구에서는 체험관광의 동기의 다각적인 접근과 더불어 체험관광지의 유형 및 상품 등을 고려한 연구를 진행할 필요가 있을 것이다.

참고문헌

김근우(2004). 지역축제 방문동기가 만족도에 미치는 영향분석: 청도소싸움 축제를 중심으로. 관광학연구. 31(1): 405-420.

김기완 · 김남조(2007). 체험관광 구성 요인 분석: 서천군 금강 하구둑의 탐조관광객 중심으로. 관광연구. 22(2): 153-172.

김미경 · 이희찬(2007). 농촌관광 시장세분화와 수요결정요인 연구. 관광학연구. 31(3): 153-170.

김송희 · 장순용(2003). 대학생들의 여가동기와 몰입경험과의 관계에 관한 연구. 한국여가레크리에이션학회지. 25: 69-85.

류인평(2010). 지역축제의 참여동기와 만족, 행동의도에 관한 연구: 고창청보리밭 축제를 중심으로. 관광연구. 25(3): 337-352.

박석희(2005). 관광, 체험, 변화의 개념과 유형에 관한 철학적 천착. 농촌관광연구. 12(1): 17-49.

박유진 · 김재휘(2002). 여가정체성 현출성에 따라 여가경험이 여가 및 생활만족에 미치는 영향. 한국심리학회지: 일반. 21(2): 141-161.

박일우 · 이태희(2011). 전라북도 체험 가치의 성공화 전략을 위한 러브마크 모니터링 항목도출. 한국사진지리학회지. 21(2): 17-32.

박준범(2011). 지역축제 참가동기 집단 유형에 따른 만족 및 행동의도 영향관계 연구: 2010 세계대백제전을 중심으로. 관광경영연구. 46: 43-64.

변수녀 · 최병길(2007). 관광의 동기, 만족 및 관광지 충성도간의 관계 구조모델: 제주 휴양관광객 대상. 관광 · 레저연구. 19(3): 29-48.

성현선 · 임재국(2008). 지역축제 서비스품질이 방문객의 감정, 만족 및 행동의도에 미치는 영향: 풍기인삼축제를 중심으로. 호텔경영학연구. 17(4): 247-263.

성현선 · 최현규 · 임재국(2006). 지역축제 방문객의 참여동기와 만족 및 행동의도에 관한 연구. 서비스경영학회지. 7(4): 201-223.

송광인(2006). 농촌관광의 방향성에 관한 연구. 사회과학논총. 22: 111-126.

송대효(2005). 농촌관광의 추진요인과 유인요인 측정. 농촌관광연구. 12(2): 117-144.

양제연 · 이태희(2011). 재방문 여부에 따른 동남아시아 리조트 선택속성 IPA 평가에 관한 연구. 한국사진지리학회지. 21(2): 159-172.

오민재(2006). 드라마 촬영지 관광객의 이미지에 따른 관광동기 유형별 포지셔닝연구, 경희대학교 박사학위논문.

오정근(2008). 축제의 체험속성과 환경단서가 방문객 만족에 미치는 영향: 체험형축제와 관람형축제의 비교분석을 중심으로. 관광학연구. 32(4): 301-324.

유재경(2007). 몰입경험이 만족도에 미치는 영향. 관광연구저널. 21(1): 389-400.

이범재(2009). 축제 방문객의 체험동기와 프로그램의 체험몰입, 축제성과 간의 영향관계. 세종대학교 박사학위논문.

이선정(2004). 대구약령시축제의 매력속성이 방문자만족과 재방문 및 추천의도에 미치는 영향. 계명대학교 석사학위논문.

이태희(2011a). 러브마크감성행동론. 서울: 새로미.

_____(2011b). 축제러브마크화전략론. 서울: 한올출판사.

이태희 · 김려은(2011). 지리적 격리형 강원랜드 카지노 종사원의 직무만족도에 관한 연구: 서울소재 카지노와의 비교를 중심으로. 한국사진지리학회지. 21(3): 75-85.

이태희 · 정민채(2011). 역사 · 관광학적 관점을 통한 강화도 전적지에 관한 연구: 병인양요, 신미양요, 운양호 사건을 중심으로. 한국사진지리학회지. 16(1): 47-59.

조태영 · 서태양(2009). 안동 하회마을 문화관광체험이 관광만족과 행동의도에 미치는 영향. 한국콘텐츠학회논문지. 9(7): 361-370.

최규환(2005). 관광교육 서비스평가, 만족, 행동의도에 관한 연구. 소비문화연구. 8(1): 135-152.

최병길 · 변수녀 · 이성은(2007). 관광객의 대안평가 유형별 추진-유인동기 요인의 차이에 관한 연구: 제주방문 관광객을 대상으로. 관광연구저널. 21(3): 375-389.

홍경완 · 강인호 · 김원인(2007). 예술축제에서의 몰입: 내재적 동기, 몰입, 재방문의도. 관광연구. 22(1): 115-131.

Akama, J. S., & Kieti, D. M. (2003). Measuring tourist satisfaction with Kenya's wildlife safari: A case study of Tsavo West National. *Tourism Management*. 24(1): 73-91.

Chan, T. S., & Ahern, T. C. (1999). Targeting motivation: Adapting flow theory to instructional design. *Journal of Educational Computing Research*. 21(2): 151–163.

Csikszentmihalyi, M. (1975). *Beyond boredom and anxiety*. SF: Jossey-Bass.

Goossens, C. (2000). Tourism information and pleasure motivation. *Annals of Tourism Research*. 27(2): 301–321.

Jackson, S. A., & Csikszentmihalyi, M. (1999). *Flow in sports: The keys to optimal experiences and performances*, Champaign. IL: Human Kinetics.

Jang, S., & Cai, L. A. (2002). Travel motivations and destination choice: A study of British outbound market. *Journal of Travel and Tourism Marketing*. 13(3): 111–133.

Kim, S. S., Lee, C. K., & Klenosky, D. B. (2003). The influence of push and pull factors at Korean national parks. *Tourism Management*. 24(2): 169–180.

Pine, B. J., & Gilmore, J. H. (1998). Welcome to the experience economy. *Harvard Business Review*. 76(4): 97–105.

Rojeck, C. (2000). *Touring cultures: Transformations of travel and theory*. London: Routledge.

Schmitt, B. H. (1999). Experiential marketing, *Journal of Marketing Management*. 15(1): 53–68.

Truong, T. H., & Foster, D. (2006). Using HOLSAT to evaluate tourist satisfaction at destinations: The case of Australian holidaymakers in Vietnam. *Tourism Management*. 27(5): 842–855.

Uysal, M., & Jurowski, C. (1993). An empirical testing of the push and pull factors of tourist motivations. *Annals of Tourism Research*. 21(4): 844–846.

제4장 커뮤니케이션과 감성관계

제1절 광고와 고객만족의 브랜드관계성

1 감성 커뮤니케이션과 관계구축

고객과의 커뮤니케이션이라 할 수 있는 광고는 고객의 기대, 고객의 인식에 영향을 미친다. 또한 광고는 소비자의 위험지각 수준이나 서비스 성과의 불확실성을 감소시키는 기능을 한다. 항공 수요의 증가는 항공사에 대한 고객의 기대와 욕구를 더욱 높게 만들어 항공사들은 다양한 마케팅의 차별화를 통해 경쟁력을 높이고 경쟁에서의 우위를 점하기 위해 다각도로 그 방안을 모색하게 된다(박홍수 · 하영원, 2004). 또한 항공업계는 고객과의 접점에서 이루어지는 인적서비스로의 차별화를 꾀하게 되는데(강나연, 2007) 이러한 인적서비스의 차별화뿐만 아니라, 고객과의 거리를 더욱 좁혀 지속적인 관계를 맺고자 하는 다양한 마케팅을 시도하여 고객의 마음을 잡는 데 총력을 기울이고 있다.

광고를 통한 항공사의 커뮤니케이션은 항공사들이 각자의 이미지와 개성을 살려 항공사 서비스의 적정한 기대를 형성하게 하고 편익과 특성에 대한 정보를 제공하는 것이다(안현영, 2000). 항공사에서는 TV, 신문, 잡지, 라디오 등의 전통적인 광고뿐만 아닌 인터넷, 모바일, 케이블TV 등의 뉴 미디어의 등장에 따라 각각의 매체를 브랜드관계에 따라 활용하기 위해서는 더욱 브랜드와의 관계성을 살펴 세분화된 전략에 따른 광고효과를 극대화시켜야 할 것이다.

이처럼 항공사는 광고라는 연결고리를 통해 고객의 거리를 더욱더 좁힐 수 있으며 결국 고객과의 관계형성에 큰 역할을 할 수 있다. 이러한 긍정적 이미지를 통한 관계형성은 고객만족을 더욱 격상시켜 광고를 단순히 고객에게 항공사를 알리는 정보제공의 틀에서 벗어나 광고를 통해 소비자와 소통하는 관계형성의 역할에 대해 살펴보아야 할 것이다. 이 연구는 항공사 이용객들의 선택 행동을 설명하고 고객만족 제고에 필요한 근원적 설명을 제공할 수 있는 변수로서 항공사의 광고와 고객만족의 영향관계를 보고 브랜드관계성의 조절효과와 매개효과를 검증해 보고자 하였다.

연구의 구체적인 목적은 첫째, 항공사 이용객이 지각한 항공사의 광고와 고객만족의 관계에서 브랜드관계성은 조절역할을 할 것인지, 둘째, 항공사 이용객이 지각한 항공사의 광고와 고객만족의 관계에서 브랜드관계성은 매개역할을 하는지를 실증분석을 통하여 규명하고자 한다.

2 광고와 브랜드관계성의 이론적 배경

1. 광고의 역할

광고를 통해 기업은 소비자들의 주의를 이끌어낼 뿐만 아니라, 제품과 서비스에 대한 지속적인 관계를 유지하기 위한 행동 영향을 제공하여 태도 변화를 유도해 낸다(안광호 · 임병훈 · 김승호, 2004).

이러한 광고활동을 통해 기업의 실체를 알리려고 전달되는 유형, 무형의 정보로부터 소비자들이 그 기업에 대한 이미지를 형성하게 된다(최은주, 2008).

또한 이러한 기업들의 광고를 통해 기업의 철학이나 비전, 사회적 공헌들을 알려 기업의 명성을 높이고 신뢰감을 갖도록 유도하면서 기업에 대한 호의적인 태도를 형성하게 한다(임언석 · 허웅, 2010).

Kirmani & Zeithaml(1993)의 연구에서도 광고가 지각된 품질과 가치에 영향을 주고 이는 다시 브랜드 이미지에 영향을 주는 과정을 통해 브랜드 자산이 형성되는 관계를 규명하였다. 결국 광고가 브랜드 자산에 커다란 영향을 미친다는 것을 알 수 있다.

이러한 광고의 효과는 항공사의 경우도 그 중요성이 계속 인식되고 부각되어 소비자들과 더욱 밀접한 커뮤니케이션을 시도하기 위해 지속적인 노력을 기울이고 있다.

안현영(2000)은 항공사의 외부 마케팅 프로그램들이 서비스에 대한 고객의 기대뿐 아니라 전달되는 서비스의 고객인식에도 영향을 미친다고 하였다. 결국, 항공사의 커뮤니케이션 방법 중 하나인 광고는 마케터가 통제 가능한 요소로서 서비스에 대한 고객의 기대형성에 영향을 미쳐 고객으로 하여금 서비스 품질을 높게 지각하도록 하는 매우 중요한 사안으로 고찰하였다.

또한 서비스 산업에서 광고는 고객들이 서비스에 대한 경험이 부족할 때 가시적인 단서를 제공하도록 구성하여 구매에 따른 지각의 위험을 줄이고 잠재적인 고객들에게 현실적인 기대를 형성하게 한다(Legg & Baker, 1987).

대한항공은 이미지 쇄신을 위해 다양한 광고 커뮤니케이션 전략을 시도하고 있다. 이 가운데 인쇄광고에 일러스트 기법을 사용한 광고를 시도하였다. 이러한 광고 커뮤니케이션 전략은 대한항공의 목표전략에 맞는 깨끗하고 세련되며 글로벌 이미지로 다가가게 되었으며 소비자들의 광고를 통한 인식의 전환에 긍정적 작용을 이끌어냈다(유창조 · 배성미, 2009).

항공사 이미지전달에서 유명인 모델의 속성(매력성, 신뢰성)은 광고 태도와 기업 이미지에도 유의한 영향을 미치는 것으로 나타났다(최은주, 2008). 긍정적인 광고에 대한 태도가 형성이 되기 시작하면 해당 광고에 대한 기업의 이미지도 긍정적인 영향을 받는 것으로 나타나 긍정적 광고 태도는 기업의 이미지 제고로 연계되었다(최은주, 2008).

항공사 영상광고의 색채의 상징성과 관련하여 색채도 하나의 기호로써 인식되고 커뮤니케이션 과정에서 심층적으로 표현된 메시지의 의미 분석과 해석을 가능하게 한다(박영원 · 박상혁, 2007). 즉 영상광고의 색채 이미지를 통해 독창적 차별성을 전달하여 기업 및 브랜드의 인식 효과를 최대한 높일 수 있는 것으로 나타났다.

2. 브랜드관계성

Hunt & Dwyer는 브랜드 마케팅의 핵심은 불연속 거래가 아닌 관계적 교환을 지향하는 것이라고 주장하였다. 브랜드는 소비자와 유기적 관계를 의인화와 개인화의 과정을 거치면서 맺게 되는데, 이러한 움직임은 브랜드가 복합적인 가치를 지닌 사회 구성원으로서 인식하게 한다.

최근 들어 브랜드를 사회적 관계 파트너로 인식하는 경향이 강화됨에 따라 브랜드와 소비자의 관계는 그 중요성이 더욱 높아지고 있다. 특히, 항공사처럼 고객 접점이 많은 서비스 브랜드일수록 인간적인 관계를 형성하고 싶어 한다(최순화 · 이민훈, 2010).

즉 브랜드관계는 소비자와 브랜드가 동등한 당사자로서 파트너로 인식되며 브랜드를 인지하는 순간뿐만 아니라 구매하고 경험하는 전 과정에 걸쳐 관계를 맺게 됨으로써 심리적, 사회적, 문화적 맥락 모든 부분에서 의미를 지닌 다차원 및 동적 관점을 의미한다(Fournier, 1998; 윤선정, 2010).

유재하(2004) 또한 브랜드관계를 소비자가 브랜드에 대한 기능이나 편익을 제공받는 단순한 관계가 아닌 감성적, 인지적 과정을 수반함으로써 상호의존, 만족, 원조를 기반으로 한 상호관계로 인식하였다. 이러한 브랜드관계는 소비자들과의 다양한 상호작용에 의한 교감이므로 여러 가지 요인들이 브랜드관계를 형성하는 데 영향을 끼치고 있다.

Morgan & Hunt(1994)는 커뮤니케이션, 파트너와의 교감, 반이기적인 행동이 신뢰에 영향을 미치며, 신뢰는 관계몰입과 상호협력의 관계를 낳고 의사결정의 불확실성을 초래하는 등의 연속적인 영향을 미친다고 보았으며 결국 신뢰를 바탕으로 소비자와 브랜드의 관계가 형성되었을 때 긍정적인 영향이 발생된다고 하였다.

김나민 · 김승주 · 이문규(2007)의 연구에서는 브랜드 관계 품질 차원들의 상대적 중요도에 있어 친밀감과 행동적 몰입이 가장 큰 영향을 나타냈으며, 제품의 이용 동기에 미치는 영향에서는 고관여 * 저관여 제품 모두 친밀감이 중요한 역할을 수행한다고 하였다.

광고효과에 영향을 미치는 광고커뮤니케이션 3요인(브랜드 친숙도, 메시지복잡성, 광고의 노블티)의 연구를 통해서도 브랜드 친숙도가 브랜드 인지도와 광고 메시지 회상도에 긍정적으로 작용하였음을 알 수 있었고, 나머지 2요인은 wear-in, out 효과가 있음을 알 수 있었다(김현숙 · 이경렬 · 류진한, 2010).

브랜드 친숙도에 따른 광고 효과 연구에서도 친숙도는 광고에 있어서 인지적, 태도적, 행위적 차원에서 긍정적인 광고효과를 발휘하는 요인으로 작용하고 있으며, 특히 교통광고 매체믹스를 통하여 그 효과가 더 극대화될 가능성을 제시하였다(김효규 · 유재적, 2009).

현소은 · 박서용(2011)은 브랜드 인지도 수준에 따른 긍정적 정보와 부정적 정보의 경쟁 브랜드 평가 영향에 대해 연구하였는데, 이는 브랜드에 대한 긍정적 정보와 부정적 정보의 역할을 확인하는 데 있어서 브랜드 인지도를 고려해야 하는 것이 중요하고, 또한 브랜드의 친숙도뿐만 아니라 호감도, 품질인식, 신뢰도 등을 동시에 고려해야 한다고 하였다.

김요한(2008)은 광고 반복효과를 조절하는 변인으로 브랜드의 친숙도와 소비자의 인지욕구 영향력을 검토하였는데 분석결과, 브랜드 친숙도와 소비자 인지욕구 모두 광고 반복을 고려했을 때 광고태도와 브랜드태도에 유의한 상호작용 효과를 미치는 것으로 나타났다. 친숙한 브랜드 광고의 반복수준이 증가함에 따라 설득효과도 유의하게 증가하였으나 친숙하지 않은 브랜드는 반복수준과 설득효과 사이에 유의한 차이가 나타나지 않았다. 또한 인지욕구가 낮은 사람들은 반복이 증가함에 따라 광고태도도 계속 증가한 것으로 나타났다. 이러한 결과는 브랜드 친숙도와 소비자 인지욕구가 광고효과에 있어 주요한 조절변인으로 작용할 수 있다는 것을 보여주었다.

유창조 · 박찬(2005)은 소비자들이 광고노출을 통해 어떻게 브랜드 개성을 형성하고 그 결과 어떠한 영향을 받는지를 알아보았다. 광고에 대한 소비자들의 반응들 중 광고단서에 대한 반응, 속성에 대한 믿음 및 감정적 반응은 어느 정도 반복 노출된 경우에 한하여 브랜드 개성이 영향을 미치고 있었다. 또한 소비자들이 어느 정도 광고에 반복 노출이 된 경우 브랜드 개성은 브랜드 태도에 추가하여 브랜드 구매의사에 유의한 영향을 미쳤으며 소비자가 브랜드와 자신을 동일시하는 수준은 브랜드 개성이 구매의사에 미치는 영향을 조절하고 있음을 밝혔다. 최낙환(2011)은 브랜드 평가에 대한 브랜드 처리유창성과 규제적합성이 브랜드 개입 수준을 매개로 브랜드 평가에 미치는 효과를 탐색하였다.

3. 고객만족

기업의 이윤획득과 성장은 고객에 의해 촉진되고 고객은 기업이 제공하는 제품 및 서비스에 대한 만족도에 따라 촉진된다. 그러나 고객들의 소비행동은 항상 불투명하고 불확실하다. 이에 기업의 모든 마케팅 활동에는 이러한 문제를 해결하기 위한 다양한 노력이 필요하며 이러한 배경으로 고객만족은 기업 활동에 있어 목표 개념으로 다루어지고 있으며 그 중요성은 강조하여도 지나치지 않다(이영일, 2008).

고객만족은 고객을 만족시키는 제품과 서비스가 고객이 요구하는 것을 충족시킬 수 있는 능력을 가지고 있음을 의미하고 이러한 만족을 통해 과시 혹은 과도한 투기 등과 같은 지나친 결과 수준까지의 도달을 의미한다(Oliver, 1981).

또한 만족이란 서비스를 구매, 비교, 평가, 선택하는 과정에서 그들이 어느 정도로 호의적, 비호의적 감정을 경험하느냐에 따른 것이며 상품이나 서비스에 대한 사전 기대보다 실질적인 감정이 더 좋게 형성되고 이를 넘어선 것이라고 하였다(Hunt, 1997).

이유재(2000)는 고객 주도적 시장으로 변화함에 따라 고객만족에 대한 관심이 늘어난 것은 필연적인 결과이며 고객만족을 바탕으로 한 경영만이 이러한 시장에 대응할 수 있는 유일한 전략으로 평가하였으며, 한진수(2005) 역시 서비스 기업은 고객에게 가치를 제공할 뿐만 아니라, 동기를 부여하고 욕구를 충족시켜 제품과 서비스를 결합한 고객만족을 이끌어내야 한다고 하였다. 또한 기존의 연구에서는 고객만족을 고객들의 기대와 욕구를 충족시켜주는 소비 경험이나 누적결과로만 인식하였으나, 최근 들어 감정적인 변수들이 소비자의 구매 후 반응에서 중요한 역할을 하는 것으로 보고 그 인식과 중요성을 더욱 확대하고 있다. 이러한 흐름으로 기업들은 고객만족을 위해 소비자와의 교감을 시도하고 있으며 관계형성의 지속성에 대한 인식을 높임으로써 다양한 마케팅을 통해 소비자들에게 접근하고 있다.

곽강희 · 소국섭(2007)은 서비스품질에 대한 지각된 만족도가 방문객의 만족도에 미치는 영향을 연구한 결과 서비스 품질요인이 이용객의 전반적인 만족도에 영향을 미치는 것을 확인하였다.

이유재(2000)는 고객만족 결정 변수에 관한 연구를 통해 기대와 제품성과가 불일치를 통한 간접효과 이외에도 그 자체가 직접적인 효과를 가질 수 있고, 이는 고객만족의 결정적 변수들의 효과가 제품의 성격과 여러 가지 다른 요인에 의해서도 달라질 수 있다고 하였다.

김미정(2008)은 저비용 항공사의 서비스 품질이 고객만족과 충성도에 미치는 영향을 연구하였는데 만족도가 가장 높은 요인과 가장 큰 차별성은 인적서비스였으며, 만족도가 충성도에 큰 영향을 미치는 것을 확인하였고 서비스 품질에 대한 만족에 의해 호감, 재구매, 추천 등의 고객충성도와 평행적인 관계에 있다고 하였다.

김남수(2008)도 항공서비스 품질, 가치지각, 고객만족, 행동의도와의 관계를 보았는데 이 연구에서 가치지각과 행동의도와의 관계를 검증한 결과 고객들이 지각하는 가치 차원들 중 감정적, 사회적 가치가 행동에 유의한 영향을 미쳤으며 감정적 가치 차원이 재이용의도와 추천의도에 가장 큰 영향력을 주는 것으로 나타났다.

노재숙(2009)은 열차 승무원 서비스 품질에 관한 연구를 하였는데 철도 승무원의 유형성, 신뢰성과 확신성이 높을수록 전반적인 만족도가 높아졌고 이러한 고객만족은 전반적인 시설 및 인적서비스 만족도가 높을수록 재아용 의도가 높아지는 것으로 나타났다.

이태희 · 이성숙 · 박윤미(2012)는 문화관광에 있어서 관광객의 관심에 따라 문화관광지와 문화관광체험의 객관적 진수성, 구성적 진수성, 실존적 진수성 인식에 차이가 있으며, 구성적 진수성과 실존적 진수성 인식은 관광객의 만족도에 영향을 미치는 것으로 나타났다.

특히, 기업들 중에서도 항공사, 호텔, 여행사, 외식산업, 카지노 등 일반적인 제품과는 달리 무형적이고 인적 접촉이 중요한 서비스 마케팅 분야에서는 고객 선호도나 구매의도만으로는 고객만족을 충분히 설명하고 이끌어낼 수 없으므로 고객과의 관계에 있어 다양한 시도와 연구를 통해 거리를 좁혀 나감으로써 고객만족의 단계를 끌어 올려야 한다(박윤미, 2011재인용).

3 광고 브랜드관계성의 연구모형 전개

1. 연구의 모형과 가설의 설정

본 연구는 항공사의 광고와 고객만족 간의 관계에서 브랜드관계성의 역할을 규명하기 위해 〈그림 1〉과 같은 연구모형을 설정하고 각 모형에 따른 두 개의 연구가설을 설정하였다. 먼저 가설 1은 브랜드관계성은 항공사의 광고와 고객만족 간의 관계를 조절할 것이라는 관점(김요한, 2008; 유창조 · 박찬, 2005)과, 가설 2는 브랜드관계성이 항공사의 광고와 고객만족 간의 관계에서 매개역할을 할 것이라는 관점(최낙환, 2011; 곽예경 · 윤나라 · 김한얼, 2012)을 바탕으로 하여 각각의 연구모형 및 가설을 설정하였다.

〈그림 1〉 연구의 모형

- **가설** 1: 항공사 이용객이 지각한 항공사 광고와 고객만족의 관계에서 브랜드관계성은 조절역할을 할 것이다.
- **가설** 2: 항공사 이용객이 지각한 항공사 광고와 고객만족의 관계에서 브랜드관계성은 매개역할을 할 것이다.

2. 광고 · 브랜드관계성 자료의 수집

이 연구는 항공사 광고를 통한 고객만족 간의 관계에 브랜드관계성의 역할을 살펴보고자 하였다. 이에 연구자가 정보를 얻으려는 모집단은 항공사의 광고를 접하였고, 또한 단순히 접한 것에 그치는 것이 아니라 항공사 이용 경험이 있는 사람들을 위주로 대상 표본을 선정하였다.

단순 무작위 추출 방법을 사용하여 지역, 공간적으로는 공항 이용객의 비중이 가장 높은 인천국제공항에서 2011년 4월 1일~4월 23일까지 설문지 350부를 배포하여 314를 수집한 뒤, 분석에 적합한 309부를 사용하여 유효 표본으로 설정하였다.

3. 설문의 구성

설문의 구성은 항공사 광고를 통한 고객만족 간의 관계에서 브랜드관계성을 살펴보기 위해 선행연구를 바탕으로 크게 세 개의 질문 항목으로 구성하였다.

첫째, Low & Lamb(2000), 노용주(2005)연구를 근거로 3개의 문항(광고된 항공사의 품질에 영향, 광고가 항공사 이용에 영향, 사진/그림의 브랜드 이미지에 영향)을 가지고 "항공사 광고"에 대해 알아보았다. 둘째, Robert(2004), 유재하(2004), 윤선정(2010)연구를 근거로 3개의 문항(항공사 브랜드 친숙도, 항공사 브랜드 신뢰도, 항공사 브랜드 인지도)을 가지고 "브랜드관계성"에 대해 알아보았다.

셋째, Churchill & Surprenant(1982), 박동균(2006) 연구에 근거하여 4개의 문항(항공사 시설 만족, 항공사 서비스 만족, 항공사 상품 질 만족, 항공사 상품 가격 만족)을 가지고 "고객만족"에 대해 알아보았다. 위의 질문항목에 대한 측정 도구는 모두 리커트 5점 척도(1 = 전혀 그렇지 않다~5 = 매우 그렇다)를 사용하여 측정 답변을 구성하였다.

마지막으로 6개의 문항(성별, 연령, 학력, 수입, 직업, 결혼여부)을 가지고 인구통계학적 특성을 명목척도로 표시하여 답변을 구성하였다.

4 광고 브랜드관계성의 가설검증

1. 표본의 일반적 특성

응답자의 일반적 특성에 대한 빈도분석 결과는 다음의 〈표 1〉과 같다. 성별에서는 남성이 여성보다 약간 더 많았으며, 연령에서는 30대가 37.2%로 가장 많았고, 다음으로 40대, 50대 이상, 20대의 순이었다. 응답자의 64%가 4년제 대학 재학/졸업의 학력을 보이고 있었으며, 수입에서는 300~400만 원 미만이 32.4%로 가장 높은 비율로 나타났다. 직업에서는 사무직이 30.4%로 가장 많았고 자영업 14.6%, 주부 11.7%의 순이었으며, 기혼자가 미혼자보다 많은 것으로 나타났다.

표 1 표본의 일반적 특성

구분		빈도	비율(%)	구분		빈도	비율(%)
성별	남성	157	50.8	연령	20대	60	19.4
	여성	152	49.2		30대	115	37.2
학력	고졸	29	9.4		40대	68	22.0
	2년제 재학/졸업	48	15.5		50대 이상	66	21.4
	4년제 재학/졸업	199	64.4	직업	전문직	24	7.8
	대학원 재학/졸업	31	10.0		사무직	94	30.4
	기타	2	.6		생산/기술직	16	5.2
수입	100만 원 미만	13	4.2		판매/서비스직	30	9.7
	100~200만 원 미만	11	3.6		자영업	45	14.6
	200~300만 원 미만	56	18.1		학생	28	9.1
	300~400만 원 미만	100	32.4		퇴직/무직	7	2.3
	400~500만 원 미만	54	17.5		공문원/교직원	20	6.5
	500만 원 이상	75	24.3		주부	36	11.7
결혼 여부	미혼	122	39.5		기타	9	2.9
	기혼	187	60.5	합계		309	100.0

2. 광고 브랜드관계성 측정도구의 신뢰성 및 타당성

가설검증에 앞서 이 연구의 측정변수들에 대한 신뢰성 및 타당성 검증을 위해 요인분석(factor analysis)을 실시하였다. 요인을 추출하는 방식으로 주성분분석(principal component analysis)을 사용하였으며, 요인의 회전방식으로는 직각회전 중 varimax방식을 이용하였다. 변수 내에서의 요인 수 결정은 고유값(eigen value)이 1 이상인 요인만을 추출하는 방식을 사용하였다.

측정도구 10문항에 대해 요인분석한 결과 중복 적재되는 1문항(광고된 항공사의 품질에 영향)을 제거한 후 요인분석을 재실시한 결과 다음의 〈표 2〉와 같이 전체표본적합도(KMO)값이 .884, Bartlett의 구형성 검정 x^2의 값이 1341.498(df=36, p<.001)로 유의한 값을 보이고 있어 변수들은 서로 독립적이지 않고 상관관계를 가지고 있어 주성분분석을 이용하는 것이 가능할 것으로 판단되었다.

표 2 측정도구의 신뢰성 및 타당성 분석

	고객 만족	브랜드 관계성	광고	평균	h^2	고유값	분산	신뢰 계수
항공사 시설 만족	.868	.256	.112	3.23	.832	3.034	33.711	.904
항공사 서비스 만족	.842	.266	.184	3.72	.813			
항공사 상품 질 만족	.827	.340	.133	3.29	.818			
항공사 상품 가격 만족	.819	.070	.127	3.03	.692			
항공사 브랜드 친숙도	.250	.789	.081	3.74	.691	2.071	23.015	.731
항공사 브랜드 신뢰도	.171	.753	.203	3.90	.638			
항공사 브랜드 인지도	.225	.702	.308	3.56	.638			
광고가 항공사 이용에 영향	.089	.146	.874	3.56	.792	1.403	15.593	.661
사진/그림의 브랜드 이미지에 영향	.257	.334	.646	3.56	.595			

주) 총분산설명력 = 72.319%, KMO = .884, Battlet 구형성검정 x^2 = 1341.498(df = 36, p < .001)

요인분석 결과 3개의 요인으로 분리되었으며, 추출된 요인들의 특성과 내용을 고려하여 '고객만족(4문항)', '브랜드관계성(3문항)', '광고(2문항)'으로 명명하였다. 고유값은 각각 3.034, 2.071, 1.403으로 나타났으며, 요인적재량도 모든 요인에서 .6 이상으로 나타났으며, 분산의 총 설명력은 72.319%로 나타났다. 각 요인의 신뢰계수도 .661(광고)에서 .904(고객만족)의 사이로 나타나 신뢰도가 있는 것으로 판단되었다.

3. 가설의 검증

항공사 광고와 고객만족의 관계에서 브랜드관계성의 조절효과(moderating effect)를 검증하기 위해서 위계적 회귀분석(hierarchial regression analysis)을 실시하였다.

위계적 회귀분석은 회귀식에 변수들을 단계적으로 투입하는 과정에서 조절효과를 확인하고자 하는 변수를 독립변수의 상호작용항(interaction term)으로 추가했을 경우의 설명력 R^2 값이 통계적으로 유의하게 증가하느냐의 여부를 알아보는 방법이다. 위계적 분석은 3단계로 이루어지는데, 첫 단계에서는 종속변수와 독립변수를 투입하고, 두 번째 단계에서는 종속변수와 독립변수, 조절변수를 투입하며, 세 번째 단계에서는 종속변수,

독립변수, 조절변수, 독립변수와 조절변수를 곱한 상호작용 변수를 투입하여 회귀분석을 한다. 이때 첫 번째 단계에서는 종속변수에 대한 독립변수의 영향을 볼 수 있고, 두 번째 단계에서는 종속변수에 대한 조절변수의 영향을 볼 수 있으며, 세 번째 R^2 값의 변화량에 따라 조절효과를 검증할 수 있다. 그런데 세 번째 단계에서 독립변수와 상호작용을 실시한 변수 간에 다중공선성(multicollinearity)의 문제가 발생할 수 있기 때문에 중심화(mean centering)의 방법을 이용하며 이는 독립변수에서 독립변수의 평균값을 빼고, 조절변수에서 조절변수의 평균값을 빼서 새로운 편차점수로 변화된 독립변수와 조절변수를 만들어 서로 상호작용을 실시하는 것이다(한상일 · 현용호, 2010; 오민재, 2012; Baron & Kenny, 1986).

위에서 설명한 위계적 회귀분석에 따라 브랜드관계성의 조절효과를 검증한 결과는 다음의 〈표 3〉과 같다. 첫 단계에서 독립변수인 광고를 종속변수 고객만족에 회귀분석한 결과 통계적으로 유의하게 나타났다(β=.416, p<.001). 그리고 두 번째 단계에서 조절변수인 브랜드관계성을 투입한 결과 광고를 통제하였을 경우 브랜드관계성이 고객만족에 유의한 영향을 미치는 것으로 나타났다(β=.451, p<.001). 세 번째 회귀분석 단계에서 광고와 브랜드관계성의 상호작용항을 투입하였을 경우의 상호작용항 값은 .150(p<.001)으로 통계적으로 유의하게 나타나 광고와 브랜드관계성 간에 만들어진 상호작용항은 유의

표 3 광고와 고객만족 간의 브랜드관계성의 조절효과 분석

		B	se	β	t	p	tol.	VIF	F	R^2	ΔR^2
1	(상수)	1.350	.248		5.444	.000			64.394***	.173	.173
	광고	.553	.069	.416	8.025	.000***	1.000	1.000			
2	(상수)	.208	.266		.781	.436					
	광고	.230	.074	.174	3.099	.002**	.710	1.408	71.332***	.318	.145
	브랜드관계성	.613	.076	.451	8.054	.000***	.710	1.408			
3	(상수)	.084	.265		.316	.752					
	광고	.242	.073	.182	3.303	.001***	.709	1.411			
	브랜드	.621	.075	.457	8.270	.000***	.710	1.409	52.452***	.340	.022
	광고×브랜드 관계성	.383	.119	.150	3.215	.001***	.993	1.007			

주) ***p<.001

미한 영향을 미치는 것으로 나타났다. 그리고 광고가 회귀식에 투입되었을 때 설명력은 17.3%였으며, 브랜드관계성이 추가로 투입되었을 때 31.8%로 회귀식에서 14.5%의 설명력 증가가 있었고, 회귀식 3단계에서 광고와 브랜드관계성의 상호작용항이 회귀식에 추가되었을 때 설명력은 34.0%로 전 단계보다 2.2%의 증가가 있었다. 결론적으로 브랜드관계성은 광고와 고객만족 간의 관계에서 조절효과가 있는 것으로 나타나 가설 1은 채택되었다.

광고와 고객만족의 관계에서 브랜드관계성의 매개효과(mediating effect)를 검증하기 위해 3가지 회귀방정식을 사용하였다. 첫 단계로 매개변수를 독립변수에 대해 회귀분석하고, 두 번째 단계에서 종속변수를 독립변수에 대해 회귀분석한 다음, 마지막으로 종속변수를 독립변수와 매개변수에 대해 회귀분석하였다. 첫 단계에서 독립변수가 매개변수와 유의한 관계가 있고, 두 번째 단계에서 독립변수가 종속변수와 유의한 관계가 있으며, 세 번째 단계에서 매개변수가 종속변수와 유의한 관계를 가지되, 독립변수의 효과가 3단계의 회귀분석에서보다 2단계 회귀분석에서 더 커야 한다. 그리고 3단계에서 독립변수와 매개변수를 동시에 넣고 매개변수를 통제했을 때, 독립변수의 영향이 없어지고, 매개변수만 유의할 경우에는 독립변수가 오직 매개변수를 통해서만 영향을 주는 것이므로 완전매개효과(perfect mediating effect)를 갖게 되며, 반면에 독립변수의 영향력이 2단계보다 감소되면서 독립변수와 매개변수 둘 다의 영향이 유의할 경우에는 독립변수가 종속변수에 직접적인 영향과 매개변수를 통한 간접적인 영향을 모두 미치는 것이므로 부분매개효과(partial mediating effect)를 나타내게 된다(조현철 · 최정자, 2011; 오민재, 2012; Van Dyne, Graham & Dienesch, 1994).

위에서 설명한 3단계의 회귀분석에 따라 브랜드관계성의 매개효과를 검증한 결과는 〈표 4〉와 같다. 1단계에서 독립변수인 광고가 매개변수인 브랜드관계성에 미치는 영향을 검증하기 위한 회귀분석에서는 표준회귀계수 값은 .538로 통계적으로 유의하였으며($p<.001$), 2단계에서 독립변수인 광고가 종속변수인 고객만족에 미치는 영향에 대한 표준회귀계수 값은 .416으로 통계적으로 유의하였다($p<.001$). 마지막으로 매개변수가 종속변수에 미치는 영향을 검증하기 위한 분석에서 독립변수인 광고를 통제한 상태에서 매개변수 브랜드관계성의 표준회귀계수 값은 .451로 통계적으로 유의하였다($p<.001$). 이때 독립변수인 광고의 표준회귀계수 값(.174)이 2단계의 값(.416)보다 작으므로 브랜드

관계성의 매개효과는 존재한다고 볼 수 있으며, 〈표 5〉와 같이 매개변수에 의한 간접효과의 유의미성을 보기 위한 Sobel test의 z-value가 6.543($p<.001$)으로 통계적으로 유의하여 부분매개효과를 보이고 있음을 알 수 있다. 따라서 광고와 고객만족의 관계에서 브랜드관계성이 매개역할을 할 것이라는 가설 2는 지지되었다.

표 4 광고와 고객만족 간의 브랜드관계성의 매개효과 분석

		B	se	β	t	p	tol.	VIF	F	R^2	adj R^2
1	(상수)	1.862	.169		11.010	.000			125.195***	.290	.287
	광고	.526	.047	.538	11.189	.000***	1.000	1.000			
2	(상수)	1.350	.248		5.444	.000			64.394***	.173	.171
	고객만족	.553	.069	.416	8.025	.000***	1.000	1.000			
3	(상수)	.208	.266		.781	.436			71.332***	.318	.314
	광고	.230	.074	.174	3.099	.002**	.710	1.408			
	브랜드 관계성	.613	.076	.451	8.054	.000***	.710	1.408			

주) **$p<.01$, ***$p<.001$

표 5 Sobel test의 결과

경로	Sobel test		경로분석		
	Z-value	p	총효과	직접효과	간접효과
광고 → 브랜드관계성 → 고객만족	6.543	.000***	.416	.174	.242

주) ***$p<.001$

5 감성광고와 브랜드관계성

미래학자들은 첨단기술이 발전하면 할수록 감성요소의 도입수준이 평균적 평범한 브랜드와 사람들의 사랑을 받는 브랜드를 구분하는 요소가 될 것으로 내다보고 있다(이태희, 2011). 이처럼 사랑받는 브랜드가 되길 갈망하는 항공사도 다양한 전략을 동원하여 고객의 마음을 잡기 위해 노력하고 있으며, 그 노력에 광고라는 매개를 통해 고객에게 더 가까이 다가가고자 많은 노력을 기울이고 있다.

초기 항공사의 커뮤니케이션 전략은 광고를 이용해 각 항공사의 정보를 최대한 노출시켜 항공사를 알리는 데 그 목적이 있었다. 정보의 홍수시대인 현대사회에서 소비자의 항공사 선택의 폭은 다양해지고 광범위해졌으며 고객은 더 이상 항공사의 단편적인 노출과 정보 제공만을 하는 광고로는 그 기대를 해소시킬 수가 없고 고객만족을 불러올 수 없게 되었다.

항공사의 이미지에 대한 긍정적인 반응을 불러오는 차별화된 광고는 이러한 다양한 욕구를 가진 소비자들과 교감하고 항공사와 소비자의 관계형성에 있어 더욱 박차를 가할 수가 있다. 특히, 단순한 소비재를 파는 기업과는 달리 이미지에 따라 구매여부가 결정되는 비중이 큰 항공사 입장에서는 광고를 통한 기업의 이미지 구축이 다른 무엇보다도 중요한 요소이며 갈수록 높아지는 고객들의 눈높이를 맞추기 위해서는 기존의 천편일률적인 광고만으로 고객을 만족시키기에는 역부족일 것이다.

이러한 배경에 근간을 두고 항공사 이용객들의 선택 행동을 설명하는 데 효과적이라고 판단되는 고객만족 제고에 필요한 기초적인 사실을 제공할 수 있는 변수인 항공사의 광고와 고객만족의 영향관계에서 브랜드관계성의 조절효과와 매개효과를 검증해 보고자 하였다.

또한 기존의 항공사 광고에 관련된 선행연구에서는 광고를 통한 영향관계만을 규명하였기에 이러한 조절효과와 매개역할에 대한 연구를 통해서 항공사 광고에 있어 어떤 요인들이 중요한 영향을 끼칠 수 있는지에 대해 뒤돌아볼 수 있는 계기를 마련하고자 하였다.

연구 결과 첫째, 브랜드관계성은 광고와 고객만족 간의 관계에서 조절효과가 있는 것으로 나타났다. 브랜드관계성을 통한 항공사의 광고는 고객만족을 더 효율적으로 높여줄 수 있다.

둘째, 광고와 고객만족의 관계에서 브랜드관계성이 매개역할을 하는 것으로 나타났다. 항공사의 광고에 있어 브랜드관계성이 개입된다면 고객만족으로 이어질 수 있는 역할을 할 뿐만 아니라 이러한 역할을 통해 고객만족을 더욱더 이끌어낼 수 있다.

이러한 결과는 선행연구와 마찬가지로 기업의 광고를 통한 브랜드관계성이 관계를 조절할 것이라는 관점(김요한, 2008; 유창조 · 박찬, 2005)과, 매개역할을 할 것이라는 관점(최낙환, 2011; 곽예경 · 윤나라 · 김한얼, 2012)이 같은 방향의 상관성을 나타냈다.

연구 결과를 바탕으로 항공사의 광고가 고객만족에 영향을 미칠 때 브랜드관계성(친숙도, 신뢰도, 인지도)이 조절효과를 주고 매개역할을 할 수 있으므로 앞으로 항공사에서의 광고는 브랜드관계성을 적극 활용하여 고객만족으로 가는 지름길을 개척해야 할 것이다.

지금도 수많은 기업들은 브랜드관계성을 근간으로 한 광고를 소비자들에게 선보이고 있고 이런 성과를 통해 다른 기업들과의 경쟁에서 우위를 점하며 이를 바탕으로 형성된 관계를 지속시키기 위해 많은 노력을 하고 있으며 이러한 흐름은 항공사의 광고에서도 예외가 될 수 없고 오히려 더 비중 있는 마케팅의 부분으로 인식될 것이다.

특히, 항공사는 다른 기업에 비해 이미지와 교감에 대한 비중이 매우 크게 작용하므로 브랜드관계성을 활용한 광고는 소비자와의 관계형성과 고객만족의 확대뿐만 아니라, 구매로 이어질 수 있는 발판을 마련할 수 있을 것이다.

브랜드관계성에는 여러 요소들이 있겠지만 본 연구에서 변수로 사용한 친숙도, 신뢰도, 인지도의 브랜드관계성을 활용한 기존의 수많은 기업들이 실행하고 있는 광고를 분석하며 이를 바탕으로 세분화된 광고를 기획하고 이러한 브랜드관계성이 개입되어 제작한 광고를 통해 고객과의 관계가 형성되었을 때 고객의 만족도는 더욱 높아지며 지속가능한 항공사로 자리매김하게 되어 전 세계 치열한 항공시장에서 경쟁우위를 점할 수 있을 것이다.

물론, 본 연구에서는 항공사 광고가 고객만족과의 영향관계에서 있어 브랜드관계성의 조절효과와 매개역할을 규명하는 점에만 한정되어 있고 이러한 조절효과와 매개역할의 세부요인에 대해서는 연구하지 못하였으며, 항공사가 글로벌해진 현 상황에서 전 세계 항공사 이용객을 대상으로 연구를 진행하지 못한 점에 대해 한계를 가지고 있다.

하지만 이러한 브랜드관계성의 변수가 중요함을 입증함으로써 향후 항공사들이 광고를 제작함에 있어 브랜드관계성을 고려한 더욱더 세분화되고 차별적인 요소(친숙도, 신뢰도, 인지도 등)들로 소비자들에게 다가간다면 경쟁이 가속화되고 있는 항공시장에서 소비자들과 교감하는 통로를 만들어 고객만족을 더욱 높이는 데 기여할 수 있을 것으로 생각한다.

이 연구를 통해 항공사 광고에 있어 브랜드관계성이 개입되어 고객만족에 영향을 주고 효율성을 높이는 역할을 수행할 수 있다는 점에 착안하여 향후 연구에서는 고객만족을 실현할 수 있는 브랜드관계성에 대한 구체적인 연구를 통해 브랜드관계성의 세부적인 요인들을 더 파악하고 이런 요인들 중 어느 요인들이 더욱더 고객만족을 높일 수 있는 중요 요인인지를 파악해야 할 것이다.

또한 이러한 요인들이 실질적으로 항공사 광고에 어떻게 적용되고 있고, 항공사에서 광고를 제작함에 있어 브랜드관계성의 요인들을 어떻게 활용해야 하는지에 대한 실무적인 연구가 이루어져야 할 것이다.

참고문헌

강나연(2007). 항공서비스 품질과 고객반응. 경기대학교 석사학위논문.

곽강희 · 소국섭(2007). 카지노 서비스 품질과 방문객의 행동 특성이 태도에 미치는 영향. 관광학연구. 31(6): 93-113.

곽예경 · 윤나라 · 김한얼(2012). 노스탤지어가 구매의도에 미치는 영향: 자기긍정감과 사회유대감의 매개효과를 중심으로. 마케팅연구. 27(3): 1-33.

김나민 · 김승주 · 이문규(2007). 소비자-브랜드 관계품질 차원들의 상대적 중요도; 제품 유형 차이를 중심으로. 마케팅관리연구. 12(2): 1-23.

김남수(2008). 전시회 서비스품질 구성요인이 참가자 만족 및 재 참가 의도에 미치는 영향. 무역학회지. 33(3): 123-157.

김미정(2008). 저비용항공사의 서비스 품질이 고객만족과 고객충성도에 미치는 영향 연구. 경기대학교 석사학위논문.

김요한(2008). 브랜드친숙도와 인지욕구에 따른 광고반복의 설득효과. 광고연구. 2008(봄): 37-63.

김현숙 · 이경렬 · 류진한(2010). 광고효과에 영향을 미치는 광고커뮤니케이션 3요인; 브랜드 친숙도, 메시지복잡성, 광고의 노블티를 중심으로. 광고학연구. 21(1): 311-328.

김효규 · 유재적(2009). 브랜드 친숙도에 따른 교통광고 효과연구; 버스외부 광고와 지하철 스크린 도어 광고를 중심으로. 옥외광고학연구. 6(2): 23-46.

노용주(2005). 자동차경주 스폰서십 활동이 브랜드 인지도, 브랜드 이미지 및 브랜드 충성도에 미치는 영향. 단국대학교 석사학위논문.

노재숙(2009). 열차승무원의 서비스품질이 고객만족 및 재구매 의도에 미치는 영향에 관한 연구. 고려대학교 석사학위논문.

박동균(2006). 호텔고객의 지각된 서비스 품질과 가치, 만족, 애호도, 재이용 의도간의 관계 연구. 동아대학교 박사학위논문.

박윤미(2011). 브랜드태도와 항공사 특화 서비스를 통한 러브마크 인식이 고객만족에 미치는 영

향: 소비자-브랜드 감성관계를 중심으로. 경희대학교 석사학위논문.
박영원 · 박상혁(2007). 대한항공과 아시아나항공의 영상광고에 나타난 색채의 상징성에 대한 연구; 디자인 연구자들의 관점을 중심으로. 디자인학연구. 20(4): 5-16.
박홍수 · 하영원(2004). 한국, 미국, 일본의 신제품 성공 요인에 관한 연구. 한국경영학연구. 30(2): 531-556.
안광호 · 임병훈 · 김승호(2004). 지각된 브랜드 가치가 시장가격 결정과 브랜드선택행동에 미치는 영향에 관한 연구. 15(5): 439-457.
안현영(2000). 서비스품질 차원을 이용한 항공사 광고의 내용분석. 관광연구. 15(2): 95-111.
양정임(2011). 관광객의 스토리텔링 경험이 관광목적지 브랜드 가치인식과 러브마크에 미치는 영향관계연구. 경희대학교 박사학위논문.
오민재(2012). 개인가치와 만족 간의 호텔 선택속성 역할 검증: 조절효과와 매개효과를 중심으로. 관광연구저널. 26(1): 403-419.
오정학 · 최종률 · 김종갑(2010). 커뮤니케이션 광고 전략이 축제방문객의 기대와 지각된 품질, 만족 및 축제충성도에 미치는 영향: 2009 인천세계도시축전 방문객 대상. 호텔관광연구. 12(2): 47-61.
유재하(2004). 브랜드 자산의 구성 요소에 관한 연구; 소비자와 브랜드간의 감성 관계를 중심으로. 성균관대학교 박사학위논문.
유창조 · 박찬(2005). 광고노출을 통한 브랜드 개성 형성의 선행요인과 결과요인에 대한 분석: 광고의 반복노출에 따른 비교. 광고연구. 68: 115-137.
유창조 · 배성미(2009). 대한항공 일러스트 잡지광고시리즈 사례연구; 이집트 멤버른 스페인… 데스티네이션 광고를 중심으로. 광고학연구. 20(1): 309-326.
윤선정(2010). 항공사의 소비자-브랜드 감성관계의 구조적 관계 연구, 브랜드 관계 효익, 고객가치, 장기적 관계 지향성을 중심으로. 경희대학교 박사학위논문.
이영일(2008). 고객만족의 이론적 접근. 한국비지니스리뷰. 1(2): 115-133.
이유재(2000). 고객만족 경영의 개념과 실천에 관한 연구. 경영저널. 1(1): 153-172.
이태희(2011). 러브마크 감성행동론. 서울: 새로미.
이태희 · 이성숙 · 박윤미(2012). 한옥마을 진수성 인식에 따른 관광만족도변화 연구. 한국사진지리학회지. 22(1): 27-38.
임언석 · 허웅(2010). 산업재 브랜드의 TV광고가 브랜드 자산에 미치는 영향 연구. 한국광고홍보학보. 여름(85): 103-132.
조현철 · 최정자(2011). 컨벤션센터의 사회적 책임활동이 직원의 조직충성도에 미치는 영향: 조직동일시와 조직만족도의 매개효과. 관광 · 레저연구. 23(1): 515-534.
최낙환(2011). 브랜드 평가에 대한 브랜드 처리유창성과 규제적합성의 효과를 매개하는 브랜드개입. 경영교육연구. Vol. 68: 165-193.
최순화 · 이민훈(2010). I Love Brand. 서울: 삼성경제연구소.

최은주(2008). 유명인모델의 속성을 이용한 광고가 항공사 기업이미지에 미치는 영향. 한국항공경영학회지. 6(1): 185-198.

최희경 · 정삼권 · 이경은(2010). 언어 · 유사언어 · 비언어 커뮤니케이션이 고객만족과 충성도에 미치는 영향관계 연구: 항공사 승무원 중심. 호텔관광연구. 12(2): 244-260.

한상일 · 현용호(2010). 펜션 웹사이트 품질과 방문 후 행동간의 의사결정변수의 역할 검증: 매개효과 vs 조절효과를 중심으로. 관광연구. 24(6): 271-289.

현소은 · 박성용(2011). 브랜드 인지도 수준에 따른 긍정적 정보와 부정적 정보의 경쟁 브랜드 평가 영향; 제품군별 차이. 상품학연구. 29(1): 45-54.

한진수(2005). 호텔 기업의 내부 마케팅 활동이 종사원의 직무만족, 조직몰입 및 고객지향성에 미치는 영향. 호텔경영학연구. 14(3): 191-213.

Baron, R. M., & Kenny, D. A. (1986). The moderator variable distintion in social psychological research: Conceptual, strategic, and statistical considerations. *Journal of Personality and Social Psychology*. 51: 1173-1182.

Churchill, G. A. Jr., & Surprenant, T. (1982). An Investigation into the Determinants of Consumer Satisfaction. *Journal of Marketing Research*. 9: 491-504.

Dwyer, F. R., Schurr, P. H., & Oh, S. (1987). Developing buyer-seller relationships. *Journal of Marketing*. 51(2): 11-27.

Fournier, Susan (1998). Consumers and Their Brands: Developing Relationship theory in consumer research, *Journal of Consumer Research*. 24(4): 343-373.

Hunt S. (1983). General Theories and the fundamental Explananda of marketing. *Journal of Marketing*. 47(4): 9-17.

Low, George S., & Charlse W. Lamb Jr. (2000). The Measurement and dimensionality of Brand Associations. *Journal of Product and Brand Management*. 9(6): 350-370.

Morgan, R. M., & Hunt, S. D. (1994). The commitment-trust theory of relationship marketing. *Journal of Marketing*. 85(7): 20-38.

Oliver, R. L. (1981). Measurement and Evaluation of Satisfaction Process in Retail Setting, Journal of Retailing marketing. *Journal of Marketing*. 58(Summer): 20-38.

Roberts, K. (2004). 브랜드의 미래. 러브마크(양준희 역). 서울: 서돌.

Van Dyne, L., Graham, J. W., & Dienesch, R. M.(1994). Organizational citizenship behavior: Construct redefinition, measurement, and validation. *Academy of Management Journal*. 37(4): 765-802.

제2절 소셜미디어 마케팅 커뮤니케이션과 브랜드 판단

1 소셜미디어 커뮤니케이션의 대두

언제 어디서나 원하는 정보를 찾아볼 수 있는 무선인터넷이나 와이파이의 보급으로 인하여 소셜미디어를 통한 커뮤니케이션 활동은 지인들 이외에 불특정 다수와 소통할 수 있는 기능을 제공하고 있다. 소셜미디어는 대중들에게 능동적으로 지식과 정보를 공유하고 전파하게 하여 기존에 소통이 힘들었던 사람들과도 교류할 수 있는 능력을 제공한다.

기업 간의 경쟁이 치열해지고 기업 간의 제품 및 서비스의 차이가 적어지면서 가격 경쟁이나 경쟁사와의 차별화 필요성이 강해져서 지속적으로 경쟁에서 우위를 지키기 위해서는 고객들의 인식기반 위에 놓여 있는 브랜드 가치를 강화해야 한다(Aaker, 1996). 특히 호텔처럼 서비스의 모호성이나 무형성에 근원을 두고 있는(Berry, 2000) 관광서비스 브랜드의 경쟁체제 속에서는 구전, 홍보, 광고 등의 마케팅 커뮤니케이션이 브랜드 가치나 고객의 브랜드 판단에 미치는 영향 정도를 파악하는 것이 의미 있는 일이 아닐 수 없다.

대부분의 호텔들이 참여하는 소셜미디어의 활동은 호텔 마케팅 담당자는 이제 선택이 아닌 필수 채널로써의 소셜미디어의 파급효과에 주목할 수밖에 없는 현실이며, 소셜미디어에 근거한 마케팅 활동은 향후 기업 마케팅 활동의 약 20~50%에 달할 것이라는 견해도 있다(세계일보, 2010).

이 연구는 소셜미디어 활동을 하는 이용자를 대상으로 호텔기업의 소셜미디어를 통한 마케팅 커뮤니케이션 활동이 브랜드 가치, 고객만족, 브랜드 판단에 대한 어떤 영향관계를 갖는지 파악해 보는 것을 연구목적으로 수행되었다. 페이스북을 통한 커뮤니케이션 활동 속성 중 판매촉진, 광고, 공중관계, 직접마케팅 등이 브랜드 가치, 고객만족 과 브랜드 판단에 어떤 영향을 미치는 속성들인지 분석하고자 했다. 그 결과를 통해 급변하는 현 상황에 대응할 수 있는 고객과의 소통 채널을 정비하고, 기존 연구의 통상적인 마케팅 활용방안보다 고객과의 중요한 커뮤니케이션의 채널을 통해 호텔 현장 운영에 보다 현실적이고 효과적으로 방안을 마련하는 근거를 도출하는 데 연구의 의미를 두었다.

2 소셜미디어 마케팅 커뮤니케이션의 이론적 배경

1. 소셜미디어(Social Media)의 개념과 역할

소셜미디어란 웹 2.0을 기반으로 하는 양방향성 커뮤니케이션을 활용해 사람들이 참여하고 공유하는 특성이 반영된 미디어를 칭하는 말이다. 그 자체가 일종의 유기체처럼 성장하기 때문에 사용자들이 만들어가는 미디어의 형식이며(권혁진, 2011), 사용자들이 본인의 생각, 경험, 의견 등을 서로 소통하고 대화에 참여하기 위해 사용되는 미디어 플랫폼으로 정의된다(Gurau, 2008). 크리스 쉬플리(Chris Shipley)는 2004년 'Blogon 2004 컨퍼런스'에서 소셜미디어라는 용어를 최초로 사용하였는데, 블로그와 소셜 네트워크가 기업 발전에 무한한 기회를 가져다주고 있다고 언급했다(임가은, 2010). Lerman(2007)은 소셜미디어의 사용자들은 쌍방향 정보를 만들고 평가하며 분배하는 성향을 보인다고 했다. 소셜 미디어의 개념은 〈표 1〉처럼 참여, 공개, 대화, 커뮤니티, 연결로 구분할 수 있다.

표 1 소셜미디어(Social Media)의 개념

특성	내용
참여 (Participation)	관심 있는 모든 사람들의 기여와 피드백을 촉진시키며, 미디어와 청중의 개념을 불명확하게 함
공개 (Openness)	피드백과 참여가 공개되어 있으며 투표, 피드백, 코멘트, 정보 공유를 촉진함으로써 콘텐츠 접근과 사용이 자유로움
대화 (Conversation)	전통적인 미디어가 'Broadcast'이고 콘텐츠가 일방적으로 청중에게 유통되는 반면 소셜미디어는 쌍방향성을 유지
커뮤니티 (Community)	빠른 커뮤니티를 구성케 하고 공통의 관심사에 대해 논의
연결 (Connectedness)	다양한 미디어의 조합이나 링크를 통한 연결상에서 발전함

자료: FKII 조사연구팀(2006), http://www.fkii.or.kr

2012년 10월까지 8년간 약 10억 명의 가입자 수를 돌파한 페이스북의 경우에 우리나라의 가입자 수는 2012년 10월 기준 약 950만 명에 이른다. 전 세계에서 페이스 북 이용자가 가장 많은 미국은 약 1억 6천만 명이 페이스북이라는 소셜미디어에 참여하고 있

으며, 이는 전 세계 인구의 약 10분의 1명에 해당한다. 대표적인 소셜미디어로서 페이스북의 서비스 기능은 〈표 2〉처럼 정리할 수 있다.

표 2 페이스북의 서비스 기능

구분	페이스북
정보의 유형	사진, 텍스트 위주
정보의 특성	복잡함, 개인적
Device 범위	웹, 일부 모바일 확장
관계 맺기 방식	초대 → 허락
정보 확산 속도	빠른 편
비즈니스 모델	배너 광고 수익, 유료 애플리케이션, 게임과 연계

자료: 황혜정(2009), "트위터, 기업과 고객의 소통채널 될까", LG Business Insight 재구성

2. 소셜미디어와 마케팅 커뮤니케이션

커뮤니케이션은 사람들끼리 연결해 주고 관계를 창출해 나가는 인간행동이다(Duncan and Sandra, 1998). 마케팅과 커뮤니케이션의 개념을 합친 마케팅 커뮤니케이션은 "마케팅 믹스 중 고객과의 의미를 공유하고 이를 통해 어떤 상품의 교환이 촉진되도록 하는 모든 구성요소를 의미한다"(Shimp, 2000). 여기에 소셜미디어를 접목시킨 소비자들의 입소문 마케팅 전략은 주목받고 있는데, 소셜미디어는 고객의 효율적 만남 역할을 하며 기업이 전달하고자 하는 메시지를 고객들 스스로 널리 전파시키게 하는 유용한 커뮤니케이션 도구이다(Jansen, Zhang, Sobel & Showdury, 2009). 때문에 소비자의 브랜드인지와 구매의사 결정에 미치는 영향력이 주목되고 있다. Blackstone(2000)은 마케팅 커뮤니케이션을 광고, PR, 판매촉진, 인적 판매, 이벤트 등으로 분류했으며, Keller(1998)은 기업이 브랜드 자산을 형성하고 강화시키기 위해서는 가격촉진, 광고활동, 이벤트 및 후원 등의 마케팅 커뮤니케이션 활동을 한다고 주장하였다. 여기에 Kotler(2009)가 제시한 마케팅 커뮤니케이션 이론은 마케팅 촉진 이론 및 활동의 주요 유형은 첫째, 의뢰자가 비용을 지불하고 제안하는 제품, 서비스 또는 아이디어에 대한 촉진활동으로서의 광고, 둘

째, 판매 촉진은 제품 및 서비스의 구매 혹은 판매를 조정하기 위한 단기적 인센티브 활동, 셋째, 긍정적 언론의 관심 및 호의적 기업이미지 구축, 부정적 루머 또는 사건에 대처 및 이를 교정함으로써 회사와 다양하게 우호적인 관계를 유지하는 공중관계, 넷째, 인적 판매로 판매 및 고객관계를 구축하기 위한 목적으로 이루어지는 대면적 활동, 다섯째, 직접 마케팅으로 고객과 직접 소통, 즉 전화, 이메일, 인터넷 등으로 유형을 정의하였다.

3. 브랜드 가치

브랜드 가치는 브랜드가 가지고 있는 자산적의 가치를 뜻하는데, 특정 브랜드의 이름 및 상징과 관련된 자산의 총체로 정의된다(Aaker, 1991). 브랜드 자산이란 기능이 비슷한 다른 대체 브랜드를 비교하여 소비자가 특정 브랜드의 구입을 위해 추가로 지불하고자 하는 화폐가치로 볼 수 있다. 이는 소비자가 브랜드 가치를 높게 생각할수록 브랜드의 화폐가치는 높아질 것(Simon & Sullivan, 1990)으로 기대하는 것과 같은 의미를 지닌다(이태희, 1997). 즉 브랜드 가치의 개념을 브랜드 파워로 대용하면서, 화폐식 가치보다는 소비자 관점에서 측정하게 되었다(박중환, 2009).

마케팅적 접근방법에서는 소비자의 인식에 근거한 소비자 평가를 바탕으로 브랜드 가치를 측정하는 방법이 브랜드 가치 측정에 있어 소비자의 평가를 반영할 수 있는 대안적 방법으로 많이 이용되고 있다(서용구, 임승희, 2006). 본 연구에서는 소비자의 브랜드 가치를 기존 선행연구를 바탕으로 품질적 가치, 가격적 가치, 정서적 가치, 사회적 가치로 제시하였다(Sweeney & Soutar, 2001).

4. 고객만족

고객만족은 기업이 제공하는 제품 또는 서비스에 이용자가 긍정적으로 반응하는 정도(Bolton, 1998)이며, 성취에 대한 일련의 반응으로 비용과 이에 상응하는 보상을 비교함으로써 얻어지는 구매의 결과로(홍태영 & 김춘곤, 2011) 상품과 서비스의 재구매가 이루어지고, 고객의 신뢰감이 연속되는 상태를 의미한다(이규선 & 박현지, 2013).

고객만족은 고객이 필요한 욕구나 기대가 충족될 때 발생하고 그렇지 못할 경우는 불만족이 발생하므로 고객만족은 서비스 제공자에 대한 실제 경험이 있어야 한다(Zeithamal & Berry, 1996). 고객만족은 특정한 구매의사가 형성된 후 일어나는 평가나 판단이며, 인지적 측면, 정서적 측면이 모두 포함된 개념이다(김형준 & 이동일, 2009). Oliver(1999)는 소비자들은 어떠한 거래에 대하여 성과와 기대를 서로 비교함으로써 만족 여부를 판단하는데, 성과가 기대보다 높을 경우는 만족이 증대되며, 성과가 기대보다 낮을 경우는 불만족 현상이 나타난다고 주장하였다. 본 연구에서는 소셜미디어를 통한 커뮤니케이션 활동이 고객만족에 어떻게 반응하는지를 실제 경험의 과정에 적용하여 연구해 보고자 한다.

5. 브랜드 판단

브랜드 요소에 있어서 고객의 최종 결정과정은 브랜드 판단(brand verdict)이다. 브랜드 판단은 브랜드의 태도가 긍정적 또는 부정적 결과로 표출되어 구매 결정에 영향을 미치는 것을 의미한다(하동현, 2009). Grace & O'Cass(2005)는 3가지 브랜드 모델(Keller, 1998: de Chematony & Dall'Olmo Rily, 1998)을 결합하여 브랜드와 고객과의 관계를 파악하고 서비스 브랜드 판단(SBV : Service Brand Verdict) 모델을 통해 서비스 브랜드의 확장 모델을 연구하였다(고호석, 2010).

서비스 브랜드 판단(Service Brand Verdict) 모델을 통해 보면 고객이 느끼는 최종의 판결이 부정적이거나 긍정적일 수 있다. 본 논문에서는 커뮤니케이션 활동, 고객만족, 브랜드 가치에 입각한 브랜드 판단이 서로 어떠한 영향을 미치는지를 연구하고자 한다. 본 연구에서 제시한 브랜드 판단은 지속적인 커뮤니케이션 활동과 유사한 성격을 띠는데, 브랜드 가치와 고객만족을 경험한 고객의 최종 단계라고 할 수 있다. 브랜드 판단은 재방문 의도와도 유사한 의미를 지니는 것으로, 선호하는 제품 또는 서비스의 재구매, 단골고객이 되려는 깊은 몰입상태로 재구매하려 하는 경향이라고 정의할 수 있다(Oliver, 1999: 고호석, 2010).

3 소셜미디어 마케팅 커뮤니케이션 연구방법

1. 연구모형과 조사설계

이 연구의 모형(그림 1)은 기존의 서비스 브랜드에 관한 연구를 토대로 브랜드 판단에 영향을 주는 세 가지 변수(Grace & O'Cass, 2005)에 대해 그 영향관계를 확인하여 보았다. 앞서 제시된 선행연구와 이론적 배경을 바탕으로 커뮤니케이션 활동을 정보공유, 상품 홍보, 관계형성으로 구성하였으며, 커뮤니케이션 활동은 브랜드 가치, 고객만족에 직접적으로 영향을 준다고 가정하였다.

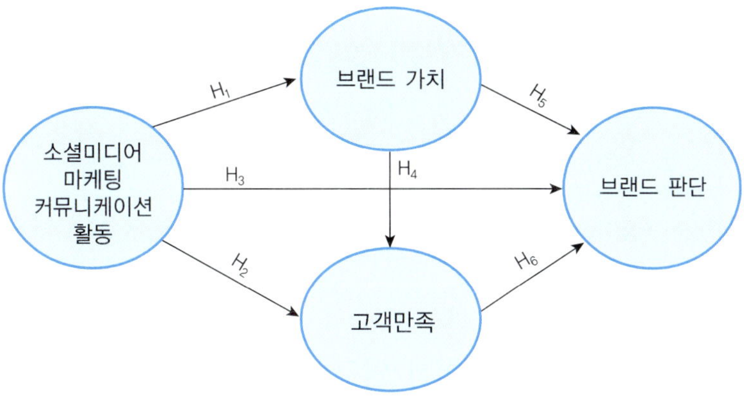

〈그림 1〉 연구의 모형

2. 분석에 사용된 변수의 조작화

연구모형에서 도출된 요인별로 선행연구에 근거하여 분석에 적용한 항목변수들은 다음 〈표 3〉과 같다.

표 3 변수의 측정 및 조작화

<table>
<tr><th>변수명</th><th colspan="2">측정도구 및 척도</th><th>문항항목</th><th>참고문헌</th></tr>
<tr><td rowspan="4">소셜미디어 커뮤니케이션 요인</td><td>광고 (3)</td><td rowspan="4">13문항 및 5점 척도</td><td rowspan="4">소셜 미디어를 통한 마케팅 커뮤니케이션 활동을 경험하는 고객이 지각하는 정도</td><td rowspan="4">Kotler, P. (2009)</td></tr>
<tr><td>판매촉진(4)</td></tr>
<tr><td>공중관계(PR)(3)</td></tr>
<tr><td>직접마케팅(3)</td></tr>
<tr><td>브랜드 가치</td><td colspan="2">5문항 5점 척도</td><td>고객이 커뮤니케이션 활동을 하는 중 받았던 서비스에 대해 지각하는 정도</td><td>Sweeney & Soutar(2001)</td></tr>
<tr><td>고객만족</td><td colspan="2">4문항 5점 척도</td><td>고객이 커뮤니케이션 활동 전과 진행 중에 제공받은 수준의 정도</td><td>Oliver(1997), 박명호 & 조형지(1999)</td></tr>
<tr><td>브랜드 판단</td><td colspan="2">5문항 5점 척도</td><td>고객이 향후 페이스북의 커뮤니케이션을 재방문할 의도</td><td>Grace & O'Cass (2005)</td></tr>
<tr><td>인구통계학적 특성</td><td colspan="2">성별, 직업, 학력, 결혼여부, 연령, 연소득, 호텔이용횟수, 페이스북 이용횟수의 8문항</td><td></td><td></td></tr>
</table>

3. 소셜미디어 마케팅 커뮤니케이션 연구가설의 설정

1) 마케팅 커뮤니케이션 활동과 브랜드 가치와의 관계

서비스 브랜드는 세 가지로 소비자에게 지각되는데(Berry, 2000), 첫째는 서비스 기업에 대한 지각, 둘째는 구전 등이 포함된 외부 브랜드 커뮤니케이션, 셋째로 고객의 직접적인 경험이다. 통제된 커뮤니케이션은 광고나 촉진, 통제되지 않은 커뮤니케이션은 구전 또는 무비용의 홍보를 말한다. 통제된 커뮤니케이션 중 광고는 태도, 구매의도와 지각에 영향을 미친다고 제시되어(Kempf & Smith, 1998), 서비스를 유형화시키는 가장 중요한 요소이고, 고객의 불안감을 감소시켜 미래 구매의도의 가능성을 증가시킨다(Stafford & Day, 1995). 또한 김주호(2007)는 브랜드 가치 제고에 광고가 영향을 미친다고 하였다. 이러한 선행연구를 바탕으로 마케팅 커뮤니케이션활동은 브랜드 가치에 영향을 미친다는 가설을 설정하였다.

가설 1: 소셜미디어를 통한 마케팅 커뮤니케이션 활동은 브랜드 가치에 영향을 미칠 것이다.

2) 마케팅 커뮤니케이션 활동과 고객만족과의 관계

커뮤니케이션은 일반적 상황에서 커뮤니케이션 참여자들이 메시지 교환과정에서 갖는 '기대-유형의 기준들의 충족에서 나오는 감정적인 반응' 혹은 '즐겁고 만족스러운 경험'으로 정의된다(Hecht, 1978). 인간은 커뮤니케이션으로부터 얻고자 하는 다양한 목적들, 관계유지, 정보교환, 오락, 휴식 등을 가지는데, 이런 일련의 행동들이 성공적으로 달성되었다고 느낄 때 커뮤니케이션은 감정적 만족을 수반한다. 따라서 고객은 일련의 커뮤니케이션 활동을 통해 본인이 얻고자 하는 다양한 정보나 서비스를 기대이상으로 접했을 경우 만족을 느끼기 때문에 아래와 같은 가설을 설정하였다.

가설 2: 소셜 미디어를 통한 마케팅 커뮤니케이션 활동은 고객만족에 영향을 미칠 것이다.

3) 마케팅 커뮤니케이션 활동과 브랜드 판단과의 관계

기업이 브랜드 자산을 형성하고 강화하기 위해서는 퍼블리시티 및 광고활동, 이벤트 등 마케팅 커뮤니케이션을 해야 한다(Keller, 1998). 이러한 커뮤니케이션 활동은 호의적 구전행위로 이어져(Grace & O'cass, 2005) 정확한 추천의사나 재방문 의사를 통제하게 된다(Julian, 1999). 브랜드 요소에 있어서 이러한 일련의 활동은 고객의 최종 결정과정인 브랜드 판단으로 이어져 아래와 같은 가설을 설정하였다.

가설 3: 소셜 미디어를 통한 커뮤니케이션 활동은 브랜드 판단에 영향을 미칠 것이다.

4) 브랜드 가치와 고객만족과의 관계

만족은 사람들의 기대하는 수준과 지각하고 있는 수준을 비교하여 나타나는 것으로 개인이 느끼는 실망 또는 만족감의 정도를 지각하는 기대치 간의 차이를 뜻한다(Kotler,

1997). 즉 만족은 주관적 판단으로 기대에 이르거나, 그 이상을 의미하기 때문에 고객의 경험으로부터 나타난 결과로서, 브랜드 가치에 의해 영향을 받기 때문에 아래와 같은 가설을 설정하였다.

가설 4: 브랜드 가치는 고객만족에 영향을 미칠 것이다.

5) 브랜드 가치와 브랜드 판단과의 관계

Mattila(2001)는 서비스 회사 고객을 대상으로 진행한 연구에서 고객의 집단을 세 분류로 구분하고 고객이 서비스에 대한 가치를 부여할 때, 브랜드에 관한 긍정적 결정을 내리게 된다는 것을 발견하였다. 또한 상표에 대한 만족의 개념을 사용하고 있는 Jocoby and Chestnut(1978)의 연구에서는 단순한 재구매의 행위는 호의적인 태도를 포함한다고 하였다. 이와 같이 고객이 브랜드에 대한 가치를 높게 가질 때, 고객은 브랜드에 대해 긍정적인 판단을 내린다는 것을 나타내고 있다. 이러한 논의를 바탕으로 다음과 같은 가설을 설정하였다.

가설 5: 브랜드 가치는 브랜드 판단에 영향을 미칠 것이다.

6) 고객만족과 브랜드 판단과의 관계

Kotler(1998)는 만족은 사람들이 기대하는 수준과 지각하고 있는 수준을 비교하여 나타나는 것으로 개인이 느끼는 실망 또는 만족감의 정도를 지각하고 기대치 간의 차이를 뜻한다고 하였다. 즉 만족은 주관적 성격이 강하며, 기대에 이르거나 그 이상을 의미하기 때문에 고객의 경험으로부터 시작하여 결과로 나타나며, 고객만족이 브랜드 판단에 영향을 준다고 하였다.

가설 6: 고객만족은 브랜드 판단에 영향을 미칠 것이다.

4 소셜미디어 마케팅 커뮤니케이션 실증분석

1. 표본의 특성

응답자들의 인구통계학적 특성과 이용특성은 각각 〈표 4〉, 〈표 5〉와 같다. 데이터 수집 방법은 호텔 이용 경험 및 호텔 페이스북 이용자 경험이 있는 고객에 한하여 설문을 실시하였으며, 지역은 서울 및 수도권을 기준으로 실시하였다.

표 4 인구통계학적 특성

항목		빈도	백분율(%)	항목		빈도	백분율(%)
성별	남자	202	59.4	결혼 여부	기혼	240	70.6
	여자	138	40.6		미혼	100	29.4
	합계	340	100.0		합계	340	100.0
연령	20대	83	24.4	학력 수준	고졸	62	18.2
	30대	140	41.2		전문대 재학 & 졸업	20	5.9
	40대	79	23.2		대학 재학 & 졸업	160	47.1
	50대 이상	38	11.2		대학원 재학 & 졸업	98	28.8
	합계	340	100.0		합계	340	100.0
직업	전문직	81	23.8	연평균 소득 수준	2,000만 원 미만	21	6.2
	생산 & 기술직	41	12.1		3,000만 원~4,000만 원 미만	101	29.7
	회사원	78	22.9		4,000만 원~5,000만 원 미만	79	23.2
	판매&영업직	19	5.6		5,000만 원~6,000만 원 미만	60	17.6
	공무원	40	11.8		7,000만 원~8,000만 원 미만	60	17.6
	자영업	41	12.1		8,000만 원 이상	19	5.6
	학생	21	6.2		합계	340	100.0
	기타	19	5.6				
	합계	340	100.0				

표 5 이용 특성

항목		빈도	백분율(%)	항목		빈도	백분율(%)
호텔이용빈도	월 1회	58	17.1	소셜 미디어 (페이스북)를 어느 정도 이용하십니까?	하루에 1회 이상	79	23.2
	3개월 1회	60	17.6		2~3일에 1회	58	17.1
	6개월 1회	138	40.6		1주일에 1회	39	11.5
	1년 1회	84	24.7		한 달에 1회	78	22.9
	합계	340	100.0		3개월에 1회	22	6.5
페이스북 이용 시, 적극적으로 포스팅하며 공유합니까?	예	196	57.6		기타	64	18.8
	아니오	144	42.4		합계	340	100.0
	합계	340	100.0				

2. 소셜미디어 마케팅 커뮤니케이션 측정항목의 신뢰성과 타당성

1) 마케팅 커뮤니케이션 활동 요인의 신뢰성과 타당성 검정결과

측정항목의 검정은 위해 요인(factor analysis)과 신뢰도 분석(reliability analysis)을 사용하였다. 아래의 결과로 소셜 미디어 커뮤니케이션 요인인 판매촉진, 공중관계, 직접 마케팅, 광고 측정항목에 대한 신뢰성과 타당성은 충족되었다. 또한 마케팅 커뮤니케이션 활동 요인의 요인분석결과 KMO(Kaiser-Meyer-Olkin) 값이 0.8 이상이고, Bartlett의 p값이 0.05보다 작기 때문에 사용된 변수와 표본의 수가 요인분석을 하기에 적절하고, 변수들이 요인분석을 할 수 있다는 것을 의미한다.

표 6 마케팅 커뮤니케이션 활동 요인의 신뢰성과 타당성 검정결과

마케팅 커뮤니케이션 활동	판매 촉진	공중 관계	직접 마케팅	광고	Cronbach's 알파
호텔상품을 주변의 다른 사람에게 추천하고 싶어진다.	0.903				0.830
호텔상품의 광고를 보고 난 뒤 이용하고 싶은 생각이 든다.	0.901				
호텔 프로모션을 보고 참여하고 싶은 마음을 느낀다.	0.854				
호텔상품을 구매하고 싶은 욕구가 느껴진다.	0.684				

마케팅 커뮤니케이션 활동	판매 촉진	공중 관계	직접 마케팅	광고	Cronbach's 알파
호텔 내의 프로모션이나 이벤트를 가장 먼저 접하는 공간이 되었다.		0.787			0.753
마케팅 커뮤니케이션 활동 후 호텔에 대한 긍정적 이미지가 증가되었다.		0.772			
마케팅 커뮤니케이션 활동 후 호텔에 대한 부정적 이미지를 가지게 되었다.		0.764			
페이스북을 통해 호텔상품에 대한 내용을 인지할 수 있어서 좋다.			0.823		0.794
페이스북 활동을 통해 호텔에 궁금 사항을 직접 물어볼 수 있게 되었다.			0.780		
관계 맺기, 포토/동영상 등의 콘텐츠를 더 많이 올리게 된다.			0.745		
호텔상품의 광고에 대해 긍정적으로 평가한다.				0.761	0.721
호텔상품의 광고가 관심을 가지게 한다.				0.699	
호텔상품의 광고를 자주 볼 수 있다.				0.640	
고유치	1.63	1.21	1.18	1.12	-
% 분산	20.44	15.11	14.79	14.03	
% 누적분산	20.44	35.55	50.34	64.36	
KMO(Kaiser-Meyer-Olkin) = 0.801, Bartlett의 구형성 검정, 카이제곱(x^2값) = 210.657, 유의확률 = 0.000					

2) 브랜드 가치, 판단, 고객만족 요인의 신뢰성과 타당성 검정결과

브랜드 가치, 판단, 고객만족 요인의 신뢰성과 타당성을 검정하기 위해 요인분석(factor analysis)과 신뢰도분석(reliability analysis)을 사용하였는데, 측정항목의 신뢰성과 타당성은 다음의 표와 같이 모두 충족되었다.

표 7 브랜드 가치, 판단, 고객만족 요인의 신뢰성과 타당성 검정결과

요인	브랜드 가치	고객 만족도	브랜드 판단	Cronbach's 알파
(정서적 가치) 호텔과의 커뮤니케이션 활동은 내가 투자한 시간과 노력에 비해 많은 가치를 가진다.	0.764			0.784
(사회적 가치) 호텔의 소셜 미디어(페이스북)를 통한 커뮤니케이션 활동은 호텔 브랜드의 가치를 증가시킨다고 생각한다.	0.739			
(품질적 가치) 호텔 브랜드는 커뮤니케이션 활동을 촉진시킨다.	0.726			
(가격적 가치) 호텔상품의 가격이 제공서비스에 대해 적절하다고 생각된다.	0.643			
고유치	3.20			–
% 분산	64.00			
% 누적분산	64.00			
KMO(Kaiser-Meyer-Olkin) = 0.819, Bartlett의 구형성 검정, 카이제곱(x^2값) = 326.623, 유의확률 = 0.000				
(만족/인지+정서) 호텔 페이스북을 이용한 커뮤니케이션 활동은 호텔정보 충족에 전반적으로 만족한다.		0.754		0.732
(평가) 호텔 페이스북을 통해 이벤트 또는 프로모션에 참여할 수 있어서 좋다.		0.659		
(인지적 상태) 호텔 페이스북 이용에 잘 참여했다고 생각한다.		0.787		
(정서적 반응) 기대이상으로 콘텐츠 내용 및 운영에 대해 만족한다.		0.624		
고유치		2.90		–
% 분산		72.40		
% 누적분산		72.40		
KMO(Kaiser-Meyer-Olkin) = 0.832, Bartlett의 구형성 검정, 카이제곱(x^2값) = 355.583, 유의확률 = 0.000				
호텔과 관련된 소셜 미디어를 접하게 되면 이 호텔을 생각할 것이다.			0.768	0.716
이 호텔과의 페이스북 활동 후 이용하고 싶어진다.			0.713	
호텔 페이스북에 주기적으로 접속하고 싶어진다.			0.650	
주위사람들에게 호텔과의 페이스북 활동을 추천하고 싶다.			0.547	
고유치			3.141	–
% 분산			62.82	
% 누적분산			62.82	
KMO(Kaiser-Meyer-Olkin) = 0.812, Bartlett의 구형성 검정, 카이제곱(x^2값) = 376.933, 유의확률 = 0.000				

3. 소셜미디어 마케팅 커뮤니케이션 가설검증

1) 마케팅 커뮤니케이션 활동과 브랜드 가치와의 관계

가설 1: 소셜미디어를 통한 마케팅 커뮤니케이션 활동은 브랜드 가치에 영향을 미칠 것이다.

가설 1은 다중회귀분석(multiple regression analysis)을 실시하여 마케팅 커뮤니케이션 활동이 브랜드 가치에 미치는 영향관계를 살펴본 결과, 유의수준 0.01에서 통계적으로 유의하기 때문에 가설이 채택되어 마케팅 커뮤니케이션 활동이 브랜드 가치에 영향을 미친다고 할 수 있다.

마케팅 커뮤니케이션 활동인 광고, 판매촉진 및 공중관계가 브랜드 가치에 미치는 영향관계는 유의수준 0.01에서 통계적으로 유의한 가설이 채택되어 브랜드 가치에 영향을 미친다고 할 수 있다. 마케팅 커뮤니케이션 활동인 직접 마케팅이 브랜드 가치에 미치는 영향을 살펴본 결과, 유의수준 0.05에서 통계적으로 유의하기 때문에 가설이 채택되어 직접 마케팅이 브랜드 가치에 영향을 미친다고 할 수 있다.

표 8 마케팅 커뮤니케이션 활동이 브랜드 가치에 미치는 영향관계

	비표준화계수		표준화계수	t값	p값
	B	표준오차	베타		
(상수)	1.72	0.26		6.49	0.000
소셜미디어 커뮤니케이션 요인	0.52	0.08	0.33	6.48	0.000**
F값 = 41.972, p값 = 0.000, R 제곱 = 0.11					
(상수)	1.65	0.28		5.85	0.000
광고	0.08	0.04	0.09	1.83	0.067*
판매촉진	0.17	0.06	0.15	2.96	0.003**
공중관계	0.19	0.04	0.25	4.72	0.000***
직접 마케팅	0.10	0.04	0.13	2.58	0.010**
F값 = 11.660, p값 = 0.000, R 제곱 = 0.42					

주) 종속변수: 브랜드 가치, *p<0.1, **p<0.05, ***p<0.01

2) 마케팅 커뮤니케이션 활동과 고객만족과의 관계

가설 2: 소셜미디어를 통한 마케팅 커뮤니케이션 활동은 고객만족에 영향을 미칠 것이다.

가설 2는 다중회귀분석(multiple regression analysis)을 실시하여 마케팅 커뮤니케이션 활동이 고객만족도에 미치는 영향관계를 살펴본 결과, 유의수준 0.01에서 통계적으로 유의하기 때문에 가설이 채택되어 마케팅 커뮤니케이션 활동이 고객만족에 영향을 미친다고 할 수 있다.

마케팅 커뮤니케이션 활동인 광고와 판매촉진은 고객만족도에 미치는 영향관계를 살펴본 결과 표준화 통계적으로 유의하지 않게 나타났기 때문에 가설이 기각되어 고객만족에 영향을 미친다고 할 수 없다. 마케팅 커뮤니케이션 활동인 공중관계와 직접 마케팅은 고객만족에 미치는 영향관계를 살펴본 결과, 유의수준 0.01에서 통계적으로 유의한 가설이 채택되어 마케팅 커뮤니케이션 활동인 공중관계가 고객만족에 영향을 미친다고 할 수 있다.

표 9 마케팅 커뮤니케이션 활동이 고객만족에 미치는 영향관계

	비표준화계수		표준화계수	t값	유의확률
	B	표준오차	베타		
(상수)	2.38	0.29		8.073	0.000
소셜 미디어 커뮤니케이션 요인	0.33	0.09	0.18	3.686	0.000***
F값 = 13.59, p값 = 0.000, R 제곱 = 0.19					
(상수)	2.62	0.31		8.453	0.000
광고	0.03	0.05	0.03	0.617	0.537
판매촉진	0.02	0.06	0.02	0.335	0.738
공중관계	0.08	0.04	0.10	1.78	0.076*
직접 마케팅	0.23	0.04	0.26	5.375	0.000***
F값 = 7.54, p값 = 0.000, R 제곱 = 0.38					

주) 종속변수: 고객만족도, *p<0.1, **p<0.05, ***p<0.01

3) 마케팅 커뮤니케이션 활동과 브랜드 판단과의 관계

가설 3: 소셜미디어를 통한 커뮤니케이션 활동은 브랜드 판단에 영향을 미칠 것이다.

유의수준 0.01에서 통계적으로 유의한 가설이 채택되어 마케팅 커뮤니케이션 활동이 브랜드 판단에 영향을 미친다고 할 수 있다. 마케팅 커뮤니케이션 활동인 광고, 판매촉진 및 공중관계가 브랜드 판단에 미치는 영향관계를 살펴본 결과 통계적으로 유의하지 않게 나타난 가설이 기각되어 브랜드 판단에 영향을 미친다고 할 수 없다. 단, 마케팅 커뮤니케이션 활동인 직접마케팅이 브랜드 판단에 미치는 영향관계를 살펴본 결과 유의수준 0.01에서 통계적으로 유의한 가설이 채택되어 마케팅 커뮤니케이션 활동인 직접마케팅이 브랜드 판단에 영향을 미친다고 할 수 있다.

표 10 마케팅 커뮤니케이션 활동이 브랜드 판단에 미치는 영향관계

	비표준화계수		표준화계수	t값	p값
	B	표준오차	베타		
(상수)	2.48	0.32		7.87	0.000
소셜 미디어 커뮤니케이션 요인	0.29	0.10	0.17	3.08	0.002***
F값 = 9.464, p값 = 0.002, R 제곱 = 0.43					
(상수)	2.70	0.33		8.15	0.000
광고	0.03	0.05	0.03	0.63	0.531
판매촉진	0.03	0.07	0.02	0.46	0.644
공중관계	-0.03	0.05	-0.03	-0.62	0.535
직접 마케팅	0.22	0.05	0.26	4.77	0.000***
F값 = 5.862, p값 = 0.000, R 제곱 = 0.37					

주) 종속변수: 브랜드 판단, *p<0.1, **p<0.05, ***p<0.01

4) 브랜드 가치와 고객만족과의 관계

가설 4: 브랜드 가치가 고객만족에 영향을 미칠 것이다.

회귀분석(regression analysis)을 실시하였고, 호텔 브랜드 가치가 고객만족에 미치는 영향관계를 살펴본 결과 유의수준 0.01에서 통계적으로 유의한 가설이 채택되어 브랜드 가치가 고객만족에 영향을 미친다고 할 수 있다.

표 11 브랜드 가치가 고객만족에 미치는 영향관계

	비표준화계수		표준화계수	t값	p값
	B	표준오차	베타		
(상수)	2.29	0.21		11.14	0.000
브랜드 가치	0.34	0.06	0.30	5.73	0.000***
F값 = 32.829, p값 = 0.000, R 제곱 = 0.39					

주) 종속변수: 고객만족, *p<0.1, **p<0.05, ***p<0.01

5) 브랜드 가치와 브랜드 판단과의 관계

가설 5: 브랜드 가치가 브랜드 판단에 영향을 미칠 것이다.

영향관계를 살펴보기 위해 회귀분석(regression analysis)을 실시하였는데, 표준화계수(β) 값은 0.18, t값은 3.38, p값은 0.001로 나타났다. 유의수준 0.01에서 통계적으로 유의하기 때문에 가설이 채택되어 브랜드 가치가 브랜드 판단에 영향을 미친다고 할 수 있다.

표 12 브랜드 가치가 브랜드 판단에 미치는 영향관계

	비표준화계수		표준화계수	t값	p값
	B	표준오차	베타		
(상수)	2.67	0.19		14.05	0.000
브랜드 가치	0.19	0.05	0.18	3.38	0.001***
F값 = 11.408, p값 = 0.001, R 제곱 = 0.43					

주) 종속변수: 브랜드 판단, *p<0.1, **p<0.05, ***p<0.01

6) 고객만족과 브랜드 판단과의 관계

가설 6: 고객만족은 브랜드 판단에 영향을 미칠 것이다.

고객만족이 브랜드 판단에 미치는 영향관계를 살펴보기 위해 회귀분석(regression analysis)을 실시하였는데, 이들의 영향관계를 살펴본 결과 표준화계수(β) 값은 −0.02, t값은 −0.31, p값은 0.755로 나타났다. 유의수준 0.1에서조차도 통계적으로 유의하지 않게 나타났기 때문에 가설이 기각되어 고객만족이 브랜드 판단에 영향을 미친다고 할 수 없다.

표 13 고객만족이 브랜드 판단에 미치는 영향관계

	비표준화계수		표준화계수	t값	p값
	B	표준오차	베타		
(상수)	3.36	0.17		19.57	0.000
고객만족	−0.02	0.05	−0.02	−0.31	0.755
F값 = 0.097, p값 = 0.755, R 제곱 = 0.29					

주) 종속변수: 브랜드 판단, *p<0.1, **p<0.05, ***p<0.01

5 영향관계와 시사점

마케팅 커뮤니케이션 활동과 브랜드 가치, 고객만족, 브랜드 판단에 미치는 영향관계를 살펴본 결과 첫째, 마케팅 커뮤니케이션 활동이 브랜드 가치에 영향을 미치는 것으로 나타났다. 마케팅 커뮤니케이션 활동인 광고, 판매촉진, 공중관계, 직접 마케팅은 브랜드 가치에 영향을 미치는 것으로 나타났는데, 이는 다양한 마케팅 활동들을 진행함으로써 고객에게 많은 활동을 표현하여 고객이 인지하는 브랜드 가치에 영향을 미치는 것으로 나타남을 볼 수 있다. 또한 브랜드 가치에 미치는 영향력을 살펴본 결과, 공중관계가 가장 높고 판매촉진, 직접 마케팅, 광고 순으로 나타났다.

둘째, 마케팅 커뮤니케이션 활동이 고객만족에도 영향을 미치는 것으로 나타났는데, 광고와 판매촉진은 고객만족에 영향을 미치지는 않지만, 공중관계와 직접 마케팅은 고객만족에 영향을 미치는 것으로 나타났다. 이는 호텔 페이스북 이용자가 일반적인 광고 또는

단순한 판매를 위한 단기 프로모션보다는 지속적인 공중활동으로 고객과 직접 소통하는 방법, 이메일 또는 페이스북을 통한 직접 소통활동에 더 만족을 느끼는 것으로 해석된다.

셋째, 마케팅 커뮤니케이션 활동이 브랜드 판단에 영향을 미치는 것으로 나타났다. 마케팅 커뮤니케이션 활동인 광고, 판매촉진, 공중관계는 브랜드 판단에는 영향을 미치지 않는 것으로 나타났으며, 오직 직접마케팅만이 브랜드 판단에 영향을 미치는 것으로 나타났다. 이는 고객이 직접 참여 방식의 마케팅을 통한 지속적 커뮤니케이션 활동을 통해서 재방문함과 동시에 단골고객이 되려는 것으로 결론지어진다.

넷째, 브랜드 가치는 고객만족에 영향을 미치는 것으로 나타났는데, 이는 고객이 브랜드 가치를 기본으로 어떠한 거래에 대하여 성과와 기대를 비교하여 만족을 판단하기 때문이다.

다섯째, 브랜드 가치는 브랜드 판단에 영향을 미치는 것으로 나타났는데, 이는 고객이 느끼는 브랜드의 가치로 인해 브랜드 판단으로 이어져 이는 재방문의 가능성을 시사하고 있다. 마지막으로 고객만족은 브랜드 판단에 유의하지 않게 나타나, 고객의 만족 여부에 따라 직접적인 브랜드 판단으로는 이어지지 않는 것을 알 수 있다.

본 연구는 인터넷 기반의 미디어 플랫폼인 소셜미디어를 기반으로 호텔이 고객과 소통할 때 다양한 커뮤니케이션 활동에 대해 고객의 실제 생각을 파악했다는 점에서 의의를 가지며, 보다 긍정적 이미지를 구축하고 우호적 관계를 유지하는 공중관계와 고객참여방식의 직접 마케팅 활성화에 중요성을 일깨운 경우라 하겠다. 이는 전통적 마케팅 커뮤니케이션 방식의 단순 광고 및 판매촉진활동에서 벗어나 현재 고객 참여방식의 마케팅 활동으로 전환되었다는 점을 시사하며, 향후 고객과의 소통 시 고객만족과 연관된 평가 기준을 오로지 브랜드 판단에 두지 않고 직접적인 마케팅 커뮤니케이션 활동을 통해 인지하는 브랜드 가치 및 재방문 유도를 추구하는 기업차원의 전략마련이 필요하다고 할 수 있다.

참고문헌

고호석(2010). 지역 축제브랜드 가치가 관계의 질 및 브랜드 판단에 미치는 영향. 농촌관광연구. 17(2): 27-48.

권혁진(2011). 소셜미디어가 기업 마케팅에 미치는 영향에 대한 연구: 트위터와 페이스북을 중심으로. 중앙대학교 석사학위논문.

김국선 · 이종호(2012). 소셜커머스의 만족도와 재구매의도에 영향을 미치는 서비스 품질 요인. 한국콘텐츠학회 논문지. 12(3): 311-321.

김병희 · 한상필(2011). 기업 커뮤니케이션에서 소셜 미디어의 활용가능성: 의제설정과 소셜 프레즌스를 중심으로. 광고학 연구. 22(4): 91-113.

김주호(2007). 브랜드 가치 평가지수의 타당성 분석. 지식연구. 5(2): 59-84.

김형준 · 이동일(2009). 고객만족-의도-구매행동에 대한 고객, 관계특성 및 마케팅 역량의 조절효과. 상품학 연구. 27(2): 145-156.

박은진(2008). 호텔 브랜드 증거가 브랜드 판단에 미치는 영향 : 브랜드 가치, 고객만족, 브랜드 태도를 매개로. 동국대학교 박사학위논문.

박중환(2009). 해외여행 상품 구매 시 여행사가 브랜드 가치와 지각위험이 구매 후 의심에 미치는 영향 연구. 관광레저학회. 21(4): 371-388.

서용구 · 임승희(2006). 소매점 브랜드 가치 구성요소의 선호도, 만족도, 재구매의도간의 관계에 관한 연구. 한국 유통학회. 11(4): 71-96.

윤상진(2010). 소셜웹 사용설명서. 21세기북스.

이규선 · 박현지(2013). 온라인 여행사의 핵심서비스 품질과 관계혜택이 고객만족, 관계지향성에 미치는 영향 연구. 관광레저학회. 25(2): 135-153.

이태희(1997). 한국 관광지 이미지 측정척도의 개발. 관광학 연구. 20(2): 80-95.

임가은(2010). 소셜미디어를 통한 브랜드 아이덴티티 형성에 관한 연구. 이화여자대학교 석사학위논문.

황혜정(2009). 트위터, 기업과 고객의 소통채널 될까. LG Business Insight.

하동현(2009). 호텔산업에서의 브랜드 증거가 브랜드 가치, 고객만족 및 브랜드 판단에 미치는 영향. 대한 관광경영학회. 24(3): 281-306.

홍태영 · 김춘곤(2012). 항공사이용개의 지각된 가치와 고객만족 및 브랜드 태도와의 관계. 관광레저학회. 24(6): 195-214.

FKII조사연구팀(2006). 소셜미디어란 무엇인가. 한국정보산업연합회.

Aaker. D. A. (1996). *Managing Brand Equity: Capitalizing on the value of a Brand Name.* NY: The Free Press.

Berry, L. L. (2000). Cultivating Service Brand Equity. *Journal of the Academy of Marketing Science.* 28(1): 128-137.

Blackston, M. (2000). Building Brand Equity by Managing the Brand's Relationship. *Journal of Advertising Research.* 40(6): 101-105.

Bolton R. N. (1998). A dynamic model of the duration of the customer's relationship with a continuous service provide. *Marketing Science.* 17(1): 45-65.

de Chernatony, L, & F. Dall'Olmo Rile (1998). Modeling the components of the Brand.

European Journal of Marketing. 32: 1074−1090.

Ducan, Tom and Sandra Moriarty (1998). A Communication-Based marketing Model for Managing Relationship. *Journal of Marketing.* 62(April): 1−13.

Grace, Dl., & A. O'Cass (2005). Service Branding : Consumer Verdicts on Service Brand. *Journal of Retailing and Consumer Service.* 12: 125−139.

Gurau, C. (2008). Intertrated Online Marketing Communication: Implementation and Management. *Journal of Communication Management.* 12(2): 169−184.

Hecht, M. L. (1978). Measure of communication and satisfaction. *Human Communication Research.* 4: 350−368.

Janson, B., M. Zhang, K. Sobel, & A. Showdury (2009). Twitter Power: Tweets as electronic word of mouth. *Journal of the American Society for Information Science and Technology.* 60(11): 2169−2199.

Julian, G. W. (1999). The impact of employee performance cues on guest loyalty perceived value and service quality. *The Service Industries Journal.* 19(3): 97−118.

Keller, K. L. (1998). *Strategic Brand Management.* New Jersey: Prentice Hall.

Kempf, D. S., & R. E. Smith (1998). Consumer processing of product trial and the influence of prior advertising. *Journal of Marketing.* 35: 325−338.

Kotler, P. (2009). *Marketing Management : Analysis, Planning and Implementation control.* 9. Englewood Cliffs, New Jersey: Practice Hall. Inc.

Lerman, K. (2007). Social Information processing in News Aggregation. *IEEE Internet Computing.* 11(6): 16−2008

Oliver, R. L. (1999). Whence consumer loyalty. *Journal of Marketing.* 63: 33−44.

Shimp, T. A. (2000). *Advertising, promotion: Supplemental Aspects of integrate marketing communication.* New York: The Dryden Press.

Simon, C. J., & M. W. Sulivan (1993). The Measurement and Determinants of Brand equity: A Financial Approach Working Paper. Graduate School Business, University of Chicago.

Stafford, M. R., & E. Day (1995). Retail service advertising: The effects of appeal medium, and service. *Journal of Advertising.* 26(1): 57−71.

Sweeney, J., & G. Soutar (2001). Consumer Perceived Value: The Development of a Multiple Item Scale. *Journal of Retailing.* 77(2): 203−220.

Zeithaml, V. A., & L. L. Berry (1996). The behavioral consequences of service quality. *Journal of Marketing.* 60(2): 31−46.

제3절 확장된 기술수용모델(ETAM)에 따른 수용과 확산

1 기술수용모델의 확장

새로운 형태의 구매방식의 수용은 이용자 개인의 성과는 물론 해당 상품을 판매하는 조직의 성과로 이어지는 중요한 문제다(이용일, 2010). 스마트폰을 통한 정보검색과 인터넷을 통한 상품구매로 인해 온라인을 통해 여행상품을 구매할 때 소비자들의 지각된 위험(김태문 · 한진수, 2009) 요소가 발생할 수 있어서 온라인이나 모바일 구매 같은 혁신이 확산되는 과정에서 이용자들의 무조건적인 수용이 이루어지는 것은 아니다(김윤환 · 이재은, 2010). 여행업에서 새로운 구매 혹은 판매방식으로서의 애플리케이션의 수용 · 확산 효과가 긍정적으로 형성되고 있는지 확인해 보는 것은 스마트 모바일시대에 필요한, 의미 있는 접근이라고 할 수 있다.

이 연구는 변혁의 시대를 맞고 있는 한국 여행업계에 소비자들의 스마트폰 애플리케이션 사용이 미치는 영향을 여행사의 스마트폰 애플리케이션 사용고객을 대상으로 기술수용모델(TAM: Technology Acceptance Mode; Davis, Bagozzi & Warshawet, 1989)을 적용하여 파악하고자 하였다.

대부분 TAM과 관련된 연구는 다양한 외부 요인을 추가하거나 매개변수를 도입하며 반복 검증을 통해 모델의 설명력을 극대화시켰으나 각종 외부 변인의 선정과 모델을 확장해 설명력을 높이는 데는 크게 성공적이지 못하였다. 이 연구는 기존 TAM 연구와 차별화하기 위해 TAM 기본 구조에 애플리케이션의 특징(콘텐츠 품질, 지각된 위험), 애플리케이션의 수용(지각된 유용성, 지각된 용이성, 신뢰, 태도), 애플리케이션의 확산(여행사 태도, 행동의도)이 갖는 구조적 관계를 파악하고자 하였다.

확장된 차원에서 여행사 스마트폰 애플리케이션의 수용 정도를 살펴보는 것은 향후 여행시장의 변화를 예측하기에 필요한 과정이라 판단된다. 또한 기술수용모델을 활용한 접근을 통해 학술적으로나 실무적으로 의미 있는 여행업의 모바일 마케팅에 대한 시사점을 제공하게 될 것이다. 도출된 연구결과를 통해 이 연구는 향후 여행업 관련 전자상거래 소비자행동 연구에 유용한 기초 자료를 제공할 수 있을 것이다.

2 기술수용모델의 이론적 배경

1. 기술수용모델(TAM)

기술수용모델은 사회심리학에 근거한 Fishbein & Ajzen(1975)의 합리적 행동이론(TRA: Theory of Reasoned Action)과 Ajzen(1991)의 계획행동이론(TPB: Theory of Planned Behavior)에 이론적 근거를 두고 있다(Davis, Bagozzi, & Warshaw, 1989). 기술과 혁신에 대한 수용 정도의 차이를 살펴보는 요소로 지각된 유용성과 지각된 용이성에 중점을 두고 있고, 이 요소들이 태도에 영향을 미치는 요인으로 작용한다는 차이점을 갖는다.

여기서 말하는 지각된 유용성(PU: Perceived Usefulness)은 정보기술 사용자가 업무 생산성 및 효율성과 관련해 기존의 기술이 보여줄 수 없었던 특정 기술을 유용하게 이용하는 것이 개인의 업무 수행 능력 또는 삶의 질이 향상될 것이라는 결과에 대한 평가로 이해할 수 있다. 반면에 지각된 용이성(PEOU: Perceived Ease of Use)은 정보기술이나 혁신 제품에 대해 습득하고 사용하는 데 필요한 개인의 정신적 · 물리적 노력이 감소될 것이라는 과정으로 이해할 수 있다.

이처럼 사람들이 왜 새로운 정보기술을 수용하거나 거부하는지를 이해하기 위한 노력은 새로운 기술에 대한 연구에서 가장 중요한 부분이었기에(Swanson, 1987) 정보 시스템의 사용자 수용을 모형화하기 위해 기술수용모델이 개발되었다고 할 수 있다. 기술수용모델은 결국 조직 또는 기업의 정보서비스에 대한 이용자 요구도에 대한 이해를 바탕으로 하는 모델이라 할 수 있다.

2. 확장된 기술수용모델(TAM)

기술수용모델은 수년간 정보기술 수용 분야의 중요 연구 주제로 주목받아 왔다(김광재, 2009). 최근에는 TAM의 기본 모형(지각된 유용성, 지각된 용이성, 태도, 행동의도)에 관광관련 외부변인들을 포함하거나 다른 모형과 상호결합하여 모형을 응용하는 사례가 형성되고 있다(오지은 · 정유경, 2007). 이처럼 기존 기술수용모델을 확장시키는 이유는 기술수요를 예측할 때 지각된 두 요인인 지각된 용이성과 유용성에 영향을 미치는 변형된 외부 변수들을 도출하는 것이 매우 중요하기 때문이다. 애플리케이션에 담기는 내용의 품질은 해당 애플리케이션을 사용자가 받아들이는 데 결정적인 역할을 하게 되는 변인이 된다. 애플리케이션을 통해 발생할 수 있는 다양한 형태의 위험요소에 대한 지각 역시 애플리케이션을 받아들이는 데 부정적인 영향을 줄 수 있는 요인이 될 것이다. 따라서 본 연구는 여행사의 스마트폰 애플리케이션 수용 시 필요한 긍정적 요소로 콘텐츠 품질에 주목한 반면에 기술수용모델을 설명하는 배경변인이자 여행사의 스마트폰 애플리케이션을 수용할 때 나타날 수 있는 부정적 요소로 지각된 위험을 살펴보았다. 아울러 여행사의 스마트폰 애플리케이션 확산을 위해 필요한 요소로 신뢰를 추가적으로 기술수용모델의 확장에 포함시켰다.

1) 콘텐츠 품질

기존 선행연구에서는 웹 서비스에 대한 품질을 평가하기 위한 구성개념으로 정보 품질(information quality), 시스템 품질(system quality), 그리고 서비스 품질(service quality)의 세 가지를 일반적으로 활용하고 있는데(DeLone & McLean, 2003), 그중 정보 품질은 정보 시스템에 의해 산출된 정보와 해당 시스템이 제공하는 콘텐츠의 품질이 갖는 가치의 정도를 의미한다. 따라서 콘텐츠 품질은 '정보의 정확성', '정보의 다양성', '정보의 적절성'이 중심이 되는 개념이라고 할 수 있다(이용재 · 김희영, 2010). 또한 무선단말기에서 서비스되는 모든 콘텐츠를 의미하기도 하며, 유 · 무선 연동 콘텐츠 역시 모바일 콘텐츠 범주에 포함시키기도 한다(한국소프트웨어진흥원, 2009). 결국 웹이나 무선단말기에서 제공되는 서비스인 콘텐츠와 비슷하게 스마트폰 역시 애플리케이션을 이용해 다양한 정보 서비스를 제공해 준다. 이에 사용자 입장에서 애플리케이션을 통해 전달되는 서비스인 콘텐츠가 가진 품질은 지속적 사용 관점에서 중요하게 작용될 수 있기에 본 연구에서는 총체적 차원의 콘텐츠 품질을 적용하였다.

2) 지각된 위험

제공된 정보가 부정확하거나 지불가격에 비해 상품의 수준이 떨어지거나 결제나 환불 처리, 계약 이행 면에서 애플리케이션에서 정한 내용과 차이가 나는 경우의 문제가 발생하는 것 등을 지각하게 된다면 우리는 이를 소비자의 지각된 위험이라고 말한다(류인평 · 김영주, 2011). 일반적으로 소비자들의 상품 구매는 주관적 판단을 전제로 하면서 구매의사 결과를 확실히 예측할 수 없기 때문에 제품이나 서비스 구매 시 선택에 따른 위험을 지각하게 된다. 따라서 실제 위험과 지각된 위험은 다르다고 할 수 있지만(Rittichainuwat & Chakraborty, 2009), 객관적으로 보았을 때 소비자가 지각하는 위험이 의사 결정 과정에 더 많은 영향을 미치게 된다(Reisinger & Mavondo, 2005). 한편 지각된 위험에 대한 연구를 살펴보면 연구 분야와 연구 목적에 따라 다양하게 위험의 유형을 분류할 수 있기 때문에 소비자와 시장 환경, 제품별 속성의 차이에 따라 다르게 접근하고 있고, 지각된 위험의 하부 요인을 다양한 개념으로 정의 및 측정하고 있다. 하지만 이러한 다차원의 모든 유형은 총체적 위험이라는 단일 개념 차원에서 대체 가능하기 때문에(Broekhuizen & Jager, 2003) 본 연구에서도 지각된 위험을 심리적 · 시간적 · 금전적 등의 관점에서 포괄적으로 적용해 총체적으로 접목시키고자 했다.

3) 신뢰

정보 시스템 분야의 전자상거래 연구에서는 신뢰가 중요한 요인(김영국 · 장형유, 2010)으로 소비자 행동에 미치는 영향에 대해 많은 논제로 선정되고 있다. 신뢰라는 개념 속엔 불안정성과 불확실성이 존재하는 요인이므로 사회적 · 경제적 · 문화적으로 서로 상호작용하는 기능이 존재한다. 전자상거래에서 업체와 판매 물품에 대해 불확실하고 직접 확인할 수 없는 정보의 특성으로 인해 기존에 전통 상거래보다 훨씬 높은 수준의 신뢰를 필요로 한다(김영국 · 장형유, 2010). 따라서 전자상거래 환경에서의 신뢰는 정보를 보여주거나 나타내주는 원천에 대한 태도를 강화시켜 주고, 거래에 대한 불안감을 없애줄 수 있다는 점에서 매우 중요한 요인이라고 할 수 있다(이재은 · 김영 · 김장현, 2011; 조현진, 2007).

3. 지각된 유용성 관련 연구가설 설정

콘텐츠 품질과 지각된 유용성 간 영향관계를 살펴보면, 먼저 장형유 · 노미진(2010)은 IPTV(Internet Protocol Television) 품질 특성 중 콘텐츠 품질은 지각된 유용성에 영향을 미친다고 제시하였고, 몇몇 선행연구(예 강성욱, 2011; 김수현, 2009)에서도 차별화되거나 다양한 콘텐츠 요소가 유용성에 지대한 영향을 미친다고 제시한 바 있다. 이에 다음과 같은 연구가설을 설정하였다.

연구가설 1(H_1): 콘텐츠 품질은 지각된 유용성에 정(+)의 영향을 미칠 것이다.

기술수용모델의 핵심 설명변인인 지각된 유용성과 지각된 용이성 간 영향관계 고찰을 살펴보면, 먼저 강재원 · 김은지(2009)는 대학생들의 동영상 UCC 이용 동기와 잠재적 이용자들의 특성 연구에서 인지된 용이성이 인지된 유용성에 영향을 미친다고 제시하였다. 이는 기존의 정보기술 수용에 대한 최신 선행연구들의 주장과도 일치하는 부분이다(예 노미진 · 김병곤 · 박순창, 2011; 노희옥 · 유일, 2011; 이동영 · 정석찬, 2010). 이에 지각된 용이성과 지각된 유용성 간 연구가설은 여러 선행연구 고찰에 의해 다음과 같이 제시할 수 있다.

연구가설 2(H_2): 지각된 용이성은 지각된 유용성에 정(+)의 영향을 미칠 것이다.

여행사 애플리케이션의 추가적 역할을 알아보기 위해 설정한 신뢰와 지각된 유용성 간 영향관계와 관련하여 먼저 채영일(2011)은 TAM의 두 신념 변수(지각된 유용성, 지각된 용이성)와 신뢰 간 긍정적 관계를 검증 · 확인하였다. 이보영(2009) 역시 인터넷상에서 지각된 유용성이 웹사이트 신뢰에 정(+)의 영향을 미친다고 하였다. 이외에 많은 선행연구(예 Koufaris & Hampton-Sosa, 2004; Tang & Chi, 2005)의 결과를 보면 지각된 유용성이 신뢰에 미치는 영향관계는 성립되는 것으로 나타났으며, 이에 다음과 같은 연구가설을 수립하였다.

연구가설 3(H_3): 지각된 유용성은 신뢰에 정(+)의 영향을 미칠 것이다.

기술수용모델의 핵심 매개변인인 태도에 영향을 미치는 변수로 기존 기술수용모델의 설명변인인 지각된 유용성과 지각된 용이성 이외에 신뢰의 추가적 역할과 관련하여 van der Heijden, Verhagen과 Creemers(2003)는 유용성, 용이성, 신뢰성, 지각된 위험이 태도에 영향을 미치는 관계를 제시하였다. 윤은주 · 강은혜(2010)는 3D 홀로그램 기술의 인식 여부에 따른 지각된 유용성과 지각된 용이성이 수용 태도에 유의한 영향을 미치는 것으로 밝혔다. 또한 기술수용모델을 검증한 여러 선행연구(예 김태구, 2006; 김태구 · 이재형 · 이혜숙, 2005; 이금실 · 이형룡, 2011; 허향진 · 김태구, 2008)와 같이 지각된 유용성과 용이성이 태도에 영향을 미친다는 결과가 있다. 이외에 몇몇 선행연구들(예 Ha & Stoel, 2009; Hassanei & Head, 2007; Hung, Chang, & Yu, 2006; Yu, Ha, Choi, & Rho, 2005)은 신뢰가 기술수용모델을 설명하기 위한 추가 변인으로서 태도에 영향을 미친다고 제시하고 있다. 이에 선행연구를 바탕으로 아래와 같은 가설을 도출하였다.

- **연구가설** 4(H_4): 신뢰는 여행사의 스마트폰 애플리케이션에 대한 태도에 정(+)의 영향을 미칠 것이다.
- **연구가설** 5(H_5): 지각된 유용성은 여행사의 스마트폰 애플리케이션에 대한 태도에 정(+)의 영향을 미칠 것이다.
- **연구가설** 6(H_6): 지각된 용이성은 여행사의 스마트폰 애플리케이션에 대한 태도에 정(+)의 영향을 미칠 것이다.

이 연구는 여행사의 스마트폰 애플리케이션에 대한 태도를 토대로 여행사 태도의 관계 성립을 살펴보기 위해 몇몇 태도 간 영향관계 연구들을 고찰해 보았다. 정효선 · 윤혜현(2010)은 서비스 기업에 관한 연구에서 서비스 직원에 대한 태도가 기업에 대한 태도에 정(+)의 영향을 미치는 것으로 분석하였다.

Kim, Lee, Lee, & Holland(2011)는 상해 엑스포에서의 방문객의 엑스포에 대한 태도는 국가에 대한 태도에 영향을 미칠 수 있다는 연구모형을 제안한 바 있으며, Kaiser, Byrka, & Hartig(2010)는 계획 행동의 프레임워크를 제시하면서 일반적(general) 태도와 구체적(specific) 태도 간 상호 연관성을 제시하였다. 이에 스마트폰 애플리케이션에 대해 형성된 일반적 태도가 애플리케이션 콘텐츠를 제공하는 여행사라는 구체적인 태도로 전이될 수 있음을 예상해 볼 수 있다. 따라서 앞서 언급한 여러 선행연구들을 바탕으로 아래와 같은 연구가설을 도출하였다.

연구가설 7(H_7): 여행사 스마트폰 애플리케이션에 대한 태도는 여행사에 대한 태도에 정(+)의 영향을 미칠 것이다.

기술수용모델의 최종 내생변인인 행동의도에 영향을 미치는 선행변인으로 태도를 살펴보았고, 이는 기술수용모델과 관련된 여러 선행연구(예 김태구, 2006; 김태구 외, 2005; 이금실 · 이형룡, 2011; 허향진 · 김태구, 2008; Ha & Stoel, 2009; Kim, Suh, Lee, & Choi, 2010; Wu, Li, & Fu, 2011)를 살펴본 결과 태도와 행동의도 간 영향관계는 타당하다는 점에서 아래와 같은 연구가설을 도출하였다.

연구가설 8(H_8): 여행사 애플리케이션에 대한 태도는 행동의도에 정(+)의 영향을 미칠 것이다.

마지막으로 여행사 애플리케이션의 부정적 요소로 지각된 위험에 초점을 두었고, 이에 지각된 위험이 향후 이용자들의 행동의도에 어떠한 영향을 미치는지를 다음과 같은 선행연구를 고찰하여 도출하였다. 먼저 Ayo, Adewoye & Oni(2011)는 기술수용모델을 이용하여 B2C e커머스(e-commerce)에 대한 소비자 수용 정도를 살펴보는 연구를 통해 지각된 위험이 사용 의도에 부정적인 영향을 미친다는 것을 제시하였다. Wu & Wang(2005)의 연구에서도 지각된 위험은 사용의도에 영향을 미치는 선행변인으로 조사되었다. 기타 기술수용모델을 적용한 여러 선행연구(예 Featherman & Pavlou, 2003; Safeena, Date, & Kammani, 2011)에서 지각된 위험은 행동의도에 부(−)의 영향을 미치는 것으로 나타나 다음과 같은 연구가설을 수립하였다.

연구가설 9(H_9): 지각된 위험은 행동의도에 부(-)의 영향을 미칠 것이다.

3 지각된 유용성과 용이성 관련 연구모형 및 가설

1. 연구모형의 도출

이 연구는 구체적으로 스마트폰 애플리케이션 수용 시 소비자가 가진 긍정적 · 부정적 지각 정도를 반영하여 실질적인 수용 및 확산 정도를 파악하여 여행사 시장에서의 스마트폰 애플리케이션의 적용 및 활용 가능성을 타진해 보고, 더 나아가 콘텐츠 개발을 위한 여러 시사점을 도출해 보고자 했다. 이에 앞선 2장에서의 구성개념 간 영향관계를 토

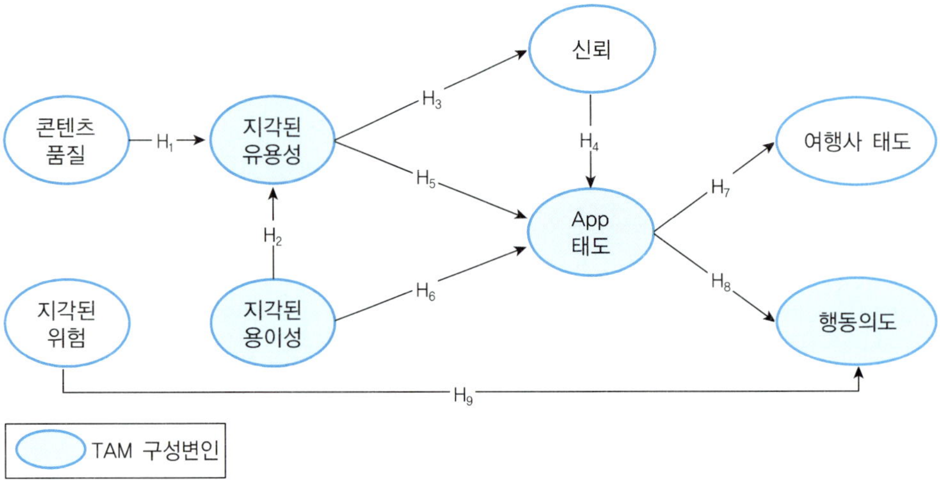

〈그림 1〉 연구모형

대로 구체화시킨 연구가설을 〈그림 1〉과 같은 연구모형으로 제시하여 실증분석을 통해 이를 검증해 보고자 했다.

2. 측정항목 도출

이 연구에 사용된 연속형 측정항목들은 다음의 선행연구를 토대로 도출되었다. 콘텐츠 품질은 다음과 같은 선행연구(Ahn, Ryu, & Han, 2004; De Wulf, Schillewaert, Muylle, & Rangarajan, 2006)를 토대로 6개 항목으로 구성하였고, 지각된 위험의 경우 유재현 · 박철(2008), Featherman & Pavlou(2003)의 연구를 토대로 6개 항목을 도출하였다. 한편 지각된 유용성과 지각된 용이성은 Gumussoy & Calisir(2009), Yi, Jackson, Park, & Probst (2006)의 연구를 토대로 각각 5개 항목씩 구성하였다. 태도의 경우 여행사의 스마트 애플리케이션에 대한 태도와 여행사에 대한 태도로 2가지 차원으로 접근하였고, Fiore, Jin, & Kim(2005), Kim et al.(2011)의 연구를 토대로 각각 4개 항목씩 도출하였다. 다음으로 신뢰의 경우 Delgado-Ballester & Munuera-Alemán(2005)의 연구를 바탕으로 4개 항목으로 구성하였으며, 마지막으로 행동의도는 Zeithaml, Berry & Parasuraman(1996), Han, Hsu & Lee(2009)의 연구를 토대로 4개 항목을 사용하였다. 이렇게 도출된 변수들은 Likert 5점 척도(1 = 전혀 그렇지 않다~5 = 매우 그렇다)에 의해 측정되었다. 기타 인구통계학적 항목은 6개(성별, 연령, 결혼 여부, 월평균소득, 직업, 최종학력)로 구성하여 명목척도로 측정하였다.

3. 표본선정과 자료수집

조사대상으로 스마트폰을 소지하면서 여행사의 애플리케이션을 다운해 사용하고 있는 소비자로 표본을 한정하였다. 모집단은 2012년 1월 현재 스마트폰을 보유한 전국 만 18세 이상 성인 남녀로서, 표본 프레임은 온라인 전문 조사 업체인 와이즈리서치기관 내 온라인 패널 75만 명의 회원(최근 6개월 조사 참여 활동 패널 기준) 중 스마트폰 보유자로 삼았다. 설문조사는 2012년 1월 17일부터 1월 25일까지 약 9일간 온라인 조사방식을 따랐고, 표집오차는 95% 신뢰 수준에서 표본오차 ±3.8%로 나타났다. 특히 온라인 조사에서 스마트폰을 보유하면서 동시에 여행사 애플리케이션을 사용해 본 표본을 정확하게 선정하기 위해 설문 시작 전에 스마트폰 소지 여부와 애플리케이션 사용 여부의 두 스크리닝(Screening) 문항을 통해 대상자를 선정하였다.

이러한 과정을 거쳐 회수된 633부의 설문지를 통해 측정 변수의 정규성 및 이상치를 확인하고 최종적으로 504부를 유효 표본으로 확보하여 다음과 같은 실증분석을 적용하였다. 첫째, 응답자의 기본적 정보를 살펴보기 위해 빈도분석을 실시하였다. 둘째, 구성개념의 신뢰성 및 타당성을 평가하기 위해 신뢰도 분석과 확인적 요인분석을 실시하였다. 셋째, 구성개념 간 영향관계를 통한 연구가설 검증은 구조방정식모델링 분석을 실시하였다.

4 지각된 용이성과 유용성 관련 가설검증

1. 응답자의 인구통계학적 특성

성별은 남성(51.2%)과 여성(48.8%)이 비교적 고르게 조사되었고, 연령은 30대(39.1%), 40대(25.6%), 20대(22.8%) 순으로 분포하고 있다. 결혼 여부는 기혼(62.9%)이 더 많은 분포를 보이고 있는 가운데, 최종학력은 대학교가 58.1%로 가장 많았다. 직업의 경우 전문직 · 사무직(50.2%)이 가장 많은 가운데, 월평균소득은 200만 원대(23.2%), 100만 원(20.0%), 500만 원 이상(19.2%) 순으로 분포하고 있다.

표 1 응답자의 인구통계학적 특성

구분		n	%	구분		n	%
성별	남성	258	51.2	직업	전문직 · 사무직	253	50.2
	여성	246	48.8		서비스직	48	9.5
연령	20대	115	22.8		생산직 · 기술직	38	7.5
	30대	197	39.1		공무원 · 교직원	19	3.8
	40대	129	25.6		자영업	38	7.5
	50대 이상	63	12.5		학생	34	6.7
결혼 여부	미혼	187	37.1		주부	61	12.1
	기혼	317	62.9		기타	13	2.6
월평균 소득	100만 원 미만	48	9.5	최종 학력	고졸 이하	83	16.5
	100~199만 원	101	20.0		전문대	62	12.3
	200~299만 원	117	23.2		대학교	293	58.1
	300~399만 원	80	15.9		대학원 이상	66	13.1
	400~499만 원	61	12.1	합계(N)		504	100.0
	500만 원 이상	97	19.2				

2. 측정도구의 신뢰성 및 타당성 분석

먼저 8개 구성개념 중 6개 항목(지각된 위험: 3개 항목-개인정보 유출이 생길까봐 두려움, 사용에 많은 시간이 소요될까봐 두려움, 전반적으로 여행사 앱 이용은 위험함 / 지각된 유용성: 1개 항목-더 빠르게 여행사 정보에 접근할 수 있게 함 / 지각된 용이성: 1개 항목-여행사 앱 사용은 나에게 익숙함 / 행동의도: 1개 항목-여행사 앱을 다시 사용하기 위해 노력할 것)이 낮은 설명력($R^2 \leq .4$)을 갖고 있어 이론 모델에 대한 정확성을 높이기 위해 삭제 후 확인적 요인분석을 실시하였다.

표 2 이론적 모델에 대한 확인적 요인 분석

구분 (α 계수)	변수명	표준화 계수	t값	R^2	CR (AVE)
콘텐츠 품질 (α =.862)	콘텐츠는 최신정보를 제공함	.637	13.314	.405	.918 (.653)
	콘텐츠의 내용은 정확함	.684	15.068	.468	
	콘텐츠의 내용은 전문성이 있음	.773	17.027	.597	
	콘텐츠의 종류는 다양함	.648	15.892	.420	
	콘텐츠의 정보는 가치가 있음	.738	17.662	.544	
	콘텐츠는 충분한 정보를 담고 있음	.732	–	.535	
지각된 위험 (α =.812)	정신적 스트레스를 받을까봐 두려움	.689	14.353	.474	.836 (.631)
	금전적 피해가 생길까봐 두려움	.818	15.470	.668	
	내용과 서비스 질이 좋지 않을까봐 두려움	.806	–	.650	
지각된 유용성 (α =.819)	여행사 접근의 효율성을 강화시켜 줌	.713	17.910	.509	.911 (.719)
	여행사의 업무성과를 높여줌	.699	16.239	.489	
	나의 생활에 매우 유용함	.745	19.225	.555	
	전반적으로 여행사 앱은 유용함	.838	–	.701	
지각된 용이성 (α =.844)	정보를 쉽게 찾을 수 있음	.733	17.999	.538	.901 (.695)
	언제 어디서나 이용하는 것은 쉬움	.701	16.932	.492	
	사용 과정은 명확하고, 이해하기 쉬움	.724	20.173	.524	
	전반적으로 여행사 앱 사용은 쉬움	.798	–	.637	
신뢰 (α =.858)	여행사 앱은 신뢰할 수 있음	.720	16.264	.518	.926 (.757)
	여행사 앱은 만족을 보장해 줌	.803	18.923	.646	
	여행사 앱은 나의 기대에 부응함	.795	20.415	.632	
	여행사 앱은 나를 실망시키지 않음	.785	–	.617	
애플리케이션 태도 (α =.844)	여행사 앱을 매우 좋아하게 됨	.725	16.835	.525	.912 (.723)
	여행사 앱의 전반적 평가는 우호적임	.714	17.444	.510	
	여행사 앱은 훌륭함	.806	20.370	.649	
	전반적으로 여행사 앱을 좋아하게 됨	.786	–	.618	
여행사 태도 (α =.)	해당 여행사를 더 좋아하게 됨	.805	21.598	.649	.934 (.781)
	해당 여행사를 우호적으로 평가함	.796	21.182	.634	
	해당 여행사는 훌륭한 회사라고 느낌	.787	20.757	.620	
	전반적으로 해당 여행사를 좋아하게 됨	.835	–	.698	
행동 의도 (α =.881)	여행사 앱을 다시 사용할 것	.731	19.061	.534	.890 (.730)
	주변 사람들에게 여행사 앱 사용을 추천할 것	.748	21.646	.559	
	여행사 앱을 타인에게 긍정적으로 말할 것	.821	–	.673	
Q(x^2/df: 959.908/417) = 2.302, p = .000, NFI = .916, CFI = .950, RMR = .002, RMSEA = .051					

분석결과 모형적합도는 x^2의 유의확률(대안: Q값 = x^2/df), NFI, CFI, RMR, RMSEA 등을 사용하여 적합 여부를 판단하였는데, 모두 권고 수준 이상으로 기준을 충족하고 있음을 알 수 있다. 그리고 모든 구성개념에 대한 개념신뢰도(CR)와 평균분산추출값(AVE)도 각각 .7, .5 이상으로 나타났고, 내적 일관성을 의미하는 α계수 역시 .7 이상으로 나타났으며, 표준화계수 또한 .5 이상으로 나타나 신뢰성 및 타당성은 확보되었음을 알 수 있다.

다음으로 앞선 확인적 요인분석 결과에 의해 도출된 8개의 구성개념별 판별타당성을 3가지 방법을 이용하여 검증하였다. 첫 번째 방법은 각 구성개념의 AVE값이 각 구성개념 간 상관자승치를 상회하는지를 살펴보는 것이다. 하지만 본 연구에서는 일부 구성개념에서 AVE값(예 지각된 위험 = .631, 콘텐츠 품질 = .653, 지각된 용이성 = .695)이 상관자승치(예 앱 태도-여행사 태도 = .697, 지각된 유용성-지각된 용이성 = .641, 지각된 유용성-행동의도 = .633)보다 작기 때문에 나머지 2가지 방법을 통해 판별타당성 확보를 확인하였다.

두 번째 방법은 구성개념 간 상관계수의 신뢰구간[$\varphi \pm (2 \times S.E)$]이 완전한 상관계수인 1을 포함하지 않고 있는지를 검증하는 것인데(Anderson & Gerbing, 1992), 본 연구에서는 $\varphi - (2 \times S.E)$는 −.176∼.784, $\varphi + (2 \times S.E)$는 −.080∼.892로 1을 포함하지 않고 있기 때문에 판별타당성이 있는 것을 알 수 있다. 마지막 방법은 첫 번째 방법을 충족하지 못한 구성개념들 간 제약모델-비제약모델의 x^2 차이를 분석하는 것으로서(Steenkamp & van Trijp, 1991), 본 연구에서는 제약 모델과 비제약 모델의 차이(지각된 유용성-지각된 용이성: $\triangle x^2$ = 496.357, △df = 1 / 앱 태도-여행사 태도: $\triangle x^2$ = 166.750, △df = 1 / 지각된 유용성-행동의도: $\triangle x^2$ = 420.241, △df = 1)는 통계적으로 유의한 것을 알 수 있다. 추가적으로 앱 태도와 행동의도 간 상관계수(φ)가 .838로 가장 높지만, 상관계수가 .85 이하면 판별타당성에는 큰 문제가 없기 때문에(Klein, 1998) 본 연구의 구성개념들 간 판별타당성은 있다고 할 수 있다.

표 3 이론 모델 내 구성개념 간 상관관계 행렬 및 판별타당성 검증

구성개념	①	②	③	④	⑤	⑥	⑦	⑧
① 콘텐츠 품질	(.653)	.615	.578	.613	.579	.561	.536	.002
② 지각된 유용성	.784**	(.631)	.641	.532	.623	.574	.633	.001
③ 지각된 용이성	.760**	.801**	(.719)	.494	.604	.573	.622	.004
④ 신뢰	.783**	.729**	.703**	(.695)	.595	.564	.528	.004
⑤ 애플리케이션 태도	.761**	.789**	.777**	.771**	(.757)	.697	.702	.002
⑥ 여행사 태도	.749**	.758**	.757**	.751**	.835**	(.723)	.630	.002
⑦ 행동의도	.732**	.795**	.789**	.727**	.838**	.794**	(.781)	.016
⑧ 지각된 위험	-.049	-.026	-.065	-.059	-.047	-.044	-.128*	(.730)

주) *p<.05, **p<.01. 밑줄 친 투입자료는 상관자승치를 의미함. (　　) AVE값

3. 구조방정식모델링에 의한 연구가설 검증

다음으로 연구가설을 규명하기 위해 구조방정식모델링 분석을 실시하였다. 먼저 인과관계 검증에 앞서 연구모형에 대한 전체적인 적합성 여부를 살펴보면 x^2값은 1055.074 (p<.001)로 기준치를 벗어나고 있지만, 이에 대한 대안값으로 활용되는 Q값(x^2/df)을 보면 3 이하(Q=2.414)로 나타났다. 그 외에 모형적합도 지수(NFI=.908, CFI=.943, RMR =.023, RMSEA=.053)는 모두 기준치를 충족하는 것으로 나타나 본 연구의 이론 모델은 적합한 모형임을 알 수 있다. 이후 구성개념 간 인과관계에 대한 분석결과를 토대로 가설 검증을 해본 결과 모든 연구가설(H_1~H_9)은 채택되었고, 이를 구체적으로 살펴보면 다음과 같다.

먼저 콘텐츠 품질(표준화계수=.506)과 지각된 용이성(표준화계수=.506)은 지각된 유용성에 정(+)의 영향을 미치며, 이에 대한 설명력은 87.1%로 나타났다. 아울러 경로 간 계수 비교를 비제약 모델과 등가제약모델 간 x^2 차이 분석($\triangle x^2$>3.84)을 통해 살펴본 결과 통계적으로 유의하지 않은 것으로 나타나($\triangle x^2$=-.134, △df=1) 지각된 유용성을 설명하는 영향력은 콘텐츠 품질과 지각된 용이성 모두 차이가 없음을 알 수 있다. 다음으로 지각된 유용성은 신뢰에 정(+)의 영향을 미치는 것(설명력=71.9%)으로 나타난 가운데, 신뢰(표준화계수=.217), 지각된 유용성(표준화계수=.433), 지각된 용이성(표준화계수

=.333)은 모두 App 태도에 정(+)의 영향을 미치는 것을 알 수 있다. 이에 대한 설명력은 81.8%로 나타났으며, 위에서 제시한 것과 동일하게 경로 간 계수 비교를 실시한 결과 모든 경로에서 비제약 모델과 등가제약 모델 간 차이가 통계적으로 유의하지 않은 것으로 나타나(지각된 유용성-신뢰: $\triangle x^2$=.588, △df=1 / 지각된 유용성-지각된 용이성: $\triangle x^2$=.120, △df=1 / 신뢰-지각된 용이성: $\triangle x^2$=.373, △df=1) App 태도를 설명함에 있어 지각된 유용성, 지각된 용이성, 신뢰 모두 중요한 구성개념이라는 것을 알 수 있다. 한편 App 태도는 여행사 태도를 89.0% 정도 설명하고 있는 가운데, App 태도(표준화계수=.887)와 지각된 위험(표준화계수=-.125)은 행동의도를 90.7% 정도 설명하고 있지만, App 태도는 정(+)의 방향, 지각된 위험은 부(-)의 방향으로 행동의도에 영향을 미치는 것으로 나타났다. 이들 관계 역시 경로 간 계수 비교를 통해 살펴보았는데, 분석결과 비제약 모델과 등가제약 모델 간 차이는 통계적으로 유의한 것으로 나타나($\triangle x^2$=4.500, △df=1) 지각된 위험이 행동의도에 부(-)의 영향을 미치는 크기보다 App 태도가 행동의도에 정(+)의 영향을 미치는 크기가 더 강하다는 것을 알 수 있다.

표 4 이론 모델에 대한 구조방정식모형의 영향관계 검증 결과

가설경로	표준화계수	S.E	R^2	t값	결과
H_1. 콘텐츠 품질 → 지각된 유용성	.506	.098	.871	5.406***	채택
H_2. 지각된 용이성 → 지각된 유용성	.506	.087		5.344***	채택
H_3. 지각된 유용성 → 신뢰	.805	.050	.719	17.727***	채택
H_4. 신뢰 → App 태도	.217	.085	.818	2.649**	채택
H_5. 지각된 유용성 → App 태도	.433	.209		2.110*	채택
H_6. 지각된 용이성 → App 태도	.333	.158		1.974*	채택
H_7. App 태도 → 여행사 태도	.852	.052	.890	20.334***	채택
H_8. App 태도 → 행동의도	.887	.051	.907	21.601***	채택
H_9. 지각된 위험 → 행동의도	-.125	.075		-2.769**	채택
Q(x^2/df: 1055.074/437)=2.414, p=.000, NFI=.908, CFI=.943, RMR=.023, RMSEA=.053					

주) *p<.05, **p<.01, ***p<.001

5 확장된 기술수용모델의 수용과 확산

세계 앱스토어 매출 및 애플리케이션 다운로드 횟수가 2011년에는 101억 달러, 80억회에서 2015년에는 350억 달러로 급성장할 것이라고 예상된 가운데, 모바일 환경에서 스마트폰 애플리케이션은 고객에게 새로운 정보, 구매 채널로 발전하면서 개인들의 디지털 라이프스타일에 많은 변화를 가져오고, 기업에는 비즈니스 측면에서 효과적인 마케팅 및 판매 채널로 부상하고 있다(김영채, 2011). 이러한 배경에 따라 본 연구에서는 다양하게 출시되고 있는 여행사의 애플리케이션에 대해 수요자들의 수용과 그 확산 정도를 파악해 보았다. 이를 위해 기술수용모델을 중심으로 다양한 정량적 분석을 실시하였고, 몇 가지 시사점을 도출할 수 있었다.

첫째, 여행사가 제공하는 스마트폰 애플리케이션의 콘텐츠 품질이 지각된 유용성에 유의한 영향을 미치는 것으로 나타났다. 따라서 고품질의 정보를 제공하면 사람들에게 사용 정보 시스템이 가치 있는 시스템이라고 인식시키는 요소로 작용하고, 이는 사용자 입장에서 경제적 이익이라고 할 수 있는 반면(Hussein, Karim, & Selamat, 2007), 낮은 품질 상태는 경쟁자에게 소비자를 뺏기거나 비용 상승, 이윤 감소 등의 결과를 초래할 수 있다(Liao, Palvia, & Lin, 2009). 결국 사용하는 여행사의 애플리케이션이 킬러 앱이 되기 위해서는 우수한 콘텐츠 개발 및 관리가 핵심이며, 이는 사용자가 수용할 때 유용성 지각에 긍정적 영향을 미치는 요소로 작용한다는 점에서 정보의 정확성, 적재적소의 정보 제공, 수요자 욕구에 부합하는 현재 상황 반영 등을 충실히 고려해야 할 것이다.

둘째, 지각된 용이성과 지각된 유용성 간 영향관계 역시 통계적으로 유의한 것으로 나타났다. 만약 기술을 사용하는 것이 쉽다고 잠재적 소비자들이 인식하게 된다면 기술을 사용하는 방법을 배우는 데 더 많은 시간을 소비하지 않을 것이고, 이는 사용자의 성과에도 영향을 미치게 된다(Gumussoy & Calisir, 2009). 특히 스마트폰의 애플리케이션 환경은 웹상의 일반적 환경과 다소 차이가 있기 때문에 사용할 때 불편함을 느끼는 순간 수요자들은 이용에 대한 회의감이 들 것이고 이와 함께 유용함을 지각하지 못할 것이기 때문에 애플리케이션을 제공하는 여행사 측면에서는 중요할 것이다.

셋째, 지각된 유용성은 신뢰에 긍정적 영향을 미치는 것으로 나타났다. 특히 기술 수용에 대한 태도나 의도가 단기적 측면에서의 평가라면, 신뢰는 장기적 측면에서의 평가를 의미하기 때문에(채영일, 2011) 여행산업의 다양한 활로를 개척할 때 유용한 애플리케이션의 확보 · 운영은 장기적 입장에서 여행사에 긍정적으로 작용할 수 있을 것이다. 따라서 수요자들이 여행사에서 제공하는 어떠한 정보를 선호하고 원하는지에 대한 조사를 기본으로 하여 우선순위를 정하고 필요한 정보를 제공하고 공유하는 것이 필요할 것이다.

넷째, 신뢰, 지각된 유용성, 지각된 용이성은 모두 애플리케이션 태도에 영향을 미치는 것으로 나타났다. 소비자들은 온라인 구매 결정 상황에서 불확실성과 위험을 더 크게 느끼기 때문에(Ha & Stoel, 2009) 신뢰의 경우 오프라인 환경보다 온라인 상황에서 더 중요하게 작용함을 의미한다(Grewal, Lindsey-Mullikin, & Munger, 2004). 따라서 여행사가 운영하는 애플리케이션에 대한 소비자의 신뢰 형성은 향후 여행사 애플리케이션의 역할 확대를 고려해 보았을 때 중요하며, 단순히 다운로드만 하는 콘텐츠가 아닌 사용을 하는 콘텐츠로서 신뢰감 형성이 중요한 만큼 여행사 애플리케이션을 활용하는 소비자에게 어떻게 하면 신뢰감을 조성할 수 있는지에 대한 지속적인 연구가 이루어져야 할 것이다. 또한 소비자가 특정 기술이나 서비스를 수용할 때 지각된 용이성과 유용성 확보는 무엇보다도 중요하다는 것을 Davis et al.(1989)의 기술수용모델 내 관계를 통해 확인할 수 있었다. 다만 기술 수용에 있어 조금 더 포괄적인 차원에서 모델을 통합할 필요성이 제기되고 있기 때문에(이동영 · 정석찬, 2010) 앞으로의 연구에서도 기술 수용에 원인이 되는 다양한 구성개념들의 고려가 필요할 것으로 보인다.

다섯째, 애플리케이션 태도와 여행사 태도 간 긍정적 영향관계가 통계적으로 유의한 것으로 나타났다. 결국 여행사 관점에서 애플리케이션은 정보 검색 및 상품 판매의 채널로 활용하는 것과 동시에 여행사의 이미지를 연결해 주는 광고 · 홍보 수단임을 알 수 있다. 따라서 직접적 수익과 연관이 없음에도 불구하고 비금전적 가치는 높다고 할 수 있으며, 이에 여행사 애플리케이션을 이용하는 잠재 수요를 긍정적으로 확보할 수만 있다면 여행사의 애플리케이션 개발 · 운영은 경영상 이점이 될 것이다.

여섯째, 애플리케이션 태도와 지각된 위험 모두 행동의도에 영향을 미치는 것으로 나타났다. 일반적으로 경험의 증가에 따라 태도는 사용의도에 긍정적 영향을 미치는 요소로 작용하기 때문에(Liao et al., 2009) 여행사에서 애플리케이션을 단지 전시 개념으로 적용하지 않고, 전사적인 관점에서 운영하기를 원한다면 잠재 수요자들의 지속적인 사용을 도모할 수 있도록 애플리케이션에 대한 긍정적 태도 형성을 유도할 필요가 있을 것이다. 하지만 기술수용모델과 관련된 많은 연구들을 보면 지각된 유용성과 용이성 등 긍정적 요소에만 초점을 맞추며 기술을 사용하고 있고, 부정적으로 나타나는 위험에 대해서는 간과하는 편이었다(이동영 · 정석찬, 2010). 특히 인터넷 사용률이 지속적으로 증가함에 따라 사람들은 온라인 활동 내지 거래에서 나타날 수 있는 다양한 형태의 위험에 대해 걱정하기 때문에(Wu & Wang, 2005) 새로운 영역을 수용하는데 지각된 위험은 충분히 고려되어야 할 것이다. 예를 들어 여행사 애플리케이션의 기능이 향후 확대되어 자유롭게 여행상품에 대한 금전적 거래가 이루어지는 경우라면 더더욱 나타날 수 있는 위험 요소(예 해킹 등의 보안문제, 사적 정보 노출 등)를 해결해야만 여행사 입장에서는 부정적 현상을 방지할 수 있을 것이다.

참고문헌

강성욱(2011). 이러닝 이용의도의 영향 요인에 관한 연구. 숭실대학교 박사학위논문.

강재원 · 김은지(2009). 대학생들의 동영상 UCC 이용에 관한 탐색적 연구: TPB-TAM 통합 모델 적용. 한국언론학보. 53(1): 188-208.

김광재(2009). DMB의 수용결정요인에 관한 연구. 한국언론학보. 53(2): 281-323.

김수현(2009). IPTV 서비스의 기능적 속성이 채택의도에 미치는 영향. 한국콘텐츠학회논문지. 9(2): 261-269.

김영국 · 장형유(2010). TAM요인 SERVQUAL요인, 웹서비스품질요인 인터넷 뱅킹의 신뢰와 만족 및 재이용의도에 미치는 영향. 서비스경영학회지. 11(1): 131-157.

김영채(2011). 모바일 특성과 IT특성, 그리고 관여가 스마트폰 애플리케이션 만족에 미치는 영향에 관한 연구: 패션 애플리케이션을 중심으로. e-비즈니스연구. 12(2): 49-77.

김윤환 · 이재은(2010). 영상통화에 대한 소비자 심리적 반발요인에 관한 연구. 마케팅관리연구. 15(2): 23-41.

김태구(2006). 비자발적 수용환경의 호텔 프론트오피스시스템 이용 예측: FIDELIO를 대상으로 한 정보시스템 품질, 직무 관련성, 지각된 가치와 기술수용모델(TAM)의 적용. 관광학연구. 30(1): 129-150.

김태구 · 이재형 · 이혜숙(2005). 호텔회계정보시스템 이용행동에 대한 경로분석: 기술수용모델(TAM)의 응용. 관광학연구. 28(4): 313-334.

김태문 · 한진수(2009). 인터넷 여행상품의 고객구매 의도에 관한 연구: 확장된 기술수용모델을 중심으로. 관광연구. 24(1): 185-204.

노미진 · 김병곤 · 박순창(2011). 모바일 서비스에 기반한 유비쿼터스 컴퓨팅의 사용자 수용에 영향을 미치는 요인. *Journal of Information Application & Management*. 18(1): 55-74.

노희옥 · 유일(2011). 지식경영시스템 사용에서의 전유: 적응구조화 이론과 기술수용모형을 중심으로. 인터넷전자상거래연구. 11(1): 143-160.

류인평 · 김영주(2011). 관광 위험지각과 관광자 태도 및 구매 의도에 관한 연구. 관광연구. 26(1): 149-168.

방송통신위원회 · 한국인터넷진흥원(2012). 2012년 2월 유무선가입자 통계현황. 서울: 방송통신위원회 · 한국인터넷진흥원.

세계여행신문(2011). [신년기획] 2011 스마트 혁명 여행을 바꾸다-소비자 사로잡은 똑똑한 어플리케이션을 찾아라. 1월 3일자 기사.

오지은 · 정유경(2007). 사회적 환경요인이 인터넷 여행상품의 탐색가치와 구매유용성 및 구매의도에 미치는 영향: 확장된 TAM을 중심으로. 관광학연구. 31(4): 51-72.

유재현 · 박철(2008). 중국소비자들의 모바일 인터넷 서비스 이용의도에 영향을 미치는 요인에 관한 연구: 상해와 청도지역을 중심으로. 국제지역연구. 12(2): 203-226.

윤은주 · 강은혜(2010). 컨벤션 참가자의 신기술 수용태도에 관한 연구: 기술수용모델(TAM)을 중심으로. 호텔관광연구. 12(1): 75-92.

이금실 · 이형룡(2011). 스마트폰 서비스에 대한 여행자의 지각이 태도와 사용 의도에 미치는 영향에 관한 연구: 기술 수용 모델(TAM)과 PAD이론을 기반으로. 관광학연구. 35(2): 271-292.

이동영 · 정석찬(2010). 기업의 RFID수용에 있어 신뢰와 위험의 영향에 관한 연구. *Entrue Journal of Information Technology*. 9(1): 61-76.

이보영(2009). 호텔의 웹사이트의 상호작용성이 사이트 신뢰 및 재이용 의도에 미치는 영향: TAM외부변수로 상호작용성 특성을 중심으로. 서비스산업연구. 6(1): 37-59.

이용일(2010). 스마트폰 유통에 따른 대학생의 기술 수용의도 및 만족에 관한 연구. 유통경영학회지. 13(5): 93-110.

이용재 · 김희영(2010). 다문화사회의 관광정보 웹 콘텐츠 개선 방안. 한국콘텐츠학회논문지. 10(3): 413-422.

이재은 · 김영 · 김장현(2011). 온라인 재래시장의 성과에 영향을 미치는 선행요인들에 관한 연구: 온라인 쇼핑몰 신뢰의 매개적 역할. 유통경영학회지. 14(1): 29-50.

장형유 · 노미진(2010). IS모형, TAM모형, 관계품질 및 관계성과의 구조적 관련성에 관한 통합연구: IPTV 서비스를 중심으로. 산업경제연구. 23(4): 1933-1957.

정효선 · 윤혜현(2010). 서비스 직원의 신체적 매력도가 고객의 태도 및 만족도에 미치는 영향: 서점과 패밀리레스토랑의 조절효과. 호텔경영학연구. 19(3): 85-101.

조현진(2007). 인터넷 쇼핑몰 고객의 신뢰와 불신에 관한 연구. 상품학연구. 25(2): 85-95.

채영일(2011). 인터넷 뱅킹의 사용자 지식, 서비스 특성, 보안요인이 지속적 고객수용에 미치는 영향. 한국콘텐츠학회논문지. 11(6): 373-384.

한국소프트웨어진흥원(2009). 2008년 해외 디지털콘텐츠 시장 조사: 모바일콘텐츠편. 서울: 한국소프트웨어진흥원.

허향진 · 김태구(2008). HIS 이용의도와 이용행동의 예측과 이해를 위한 비교우위 경쟁이론모형 판별. 관광학연구. 32(1): 187–208.

Ahn, T., Ryu, S., & Han, I. (2004). The impact of the online and offline features on the user acceptance of internet shopping malls. *Electronic Commerce Research and Applications.* 3(4): 405–420.

Ajzen, I. (1991). The theory of planned behavior. *Organizational Behavior & Human Decision Process.* 50(2): 179–211.

Anderson, J. C., & Gerbing, D. W. (1992). Assumptions and comparative strengths of the two-step approach: Comment on Fornell and Yi. *Sociological Methods & Research.* 20(1): 321–333.

Ayo, C. K., Adewoye, J. O., & Oni, A. A. (2011). Business-to-consumer e-commerce in Nigeria: Prospects and challenges. *African Journal of Business Management.* 5(13): 5109–5117.

Broekhuizen, T. L. J., & Jager, W. (2003). A conceptual model of channel choice: Measuring online and offline shopping value perceptions. In working paper, University of Groningen.

Davis, F., D., Bagozzi, R. P., & Warshaw, P. R. (1989). User acceptance of computer technology: A comparison of two theoretical model. *Management Science.* 35(8): 982–1003.

De Wulf, K., Schillewaert, N., Muylle, S., & Rangarajan, D. (2006). The role of pleasure in web site success. I*nformation & Management.* 43(4): 434–446.

Delgado-Ballester, E., & Munuera-Alemán, J. (2005). Does brand trust matter to brand equity? *Journal of Product & Brand Management.* 14(3): 187–196.

DeLone, W. H., & McLean, E. R. (2003). The Delone and McLean model of information systems success: A ten-years update. *Journal of Management Information Systems.* 19(4): 9–30.

Featherman, M. S., & Pavlou, P. A. (2003). Predicting e-services adoption: A perceived risk facets perspective. *International Journal of Human Computer Studies.* 59(1): 451–474.

Fiore, A. M., Jin, H. J., & Kim, J. (2005). For fun and profit: Hedonic value from image interactivity and responses toward an online store. *Psychology & Marketing.* 22(8): 669–694.

Fishbein, M., & Ajzen. I. (1975). *Belief, attitude, intention and behavior: An introduction to theory & research.* Reading, MA: Addison–Wesley.

Grewal, D., Lindsey-Mullikina, J., & Munger, J. (2004). Loyalty in e-tailing: A conceptual framework. *Journal of Relationship Marketing*. 2(3-4): 31-49.

Gumussoy, C. A., & Calisir, F. (2009). Understanding factors affecting e-reverse auction use: An integrative approach. *Computers in Human Behavior*. 25(4): 975-988.

Ha, S., & Stoel, L. (2009). Consumer e-shopping acceptance: Antecedents in a technology acceptance model. *Journal of Business Research*. 62(5): 565-571.

Han, H., Hsu, L. T., & Lee, J. S. (2009). Empirical investigation of the roles of attitudes toward green behaviors, overall image, gender, and age in hotel customers' eco-friendly decision-making process. *International Journal of Hospitality Management*. 28(4): 519-528.

Hassanein, K. S., & Head, M. M. (2007). Manipulating perceived social presence through the web interface and its impact on attitude towards online shopping. International *Journal of Human-Computer Studies*. 65(8): 689-708.

Hung, S. Y., Chang, C. M., & Yu, T. J. (2006). Determinants of user acceptance of the e-Government services: The case of online tax filing and payment system. *Government Information Quarterly*. 23(1): 97-122.

Hussein, R., Karim, N. A., & Selamat, M. H. (2007). The impact of technological factors on information systems success in the electronic-government context. *Business Process Management Journal*. 13(5): 613-627.

Kaiser, F. G., Byrka, K., & Hartig, T. (2010). Reviving campbell's paradigm for attitude research. *Personality and Social Psychology Review*. 14(4): 351-367.

Kim, S. H., Lee, Y. K., Lee, C. K., & Holland, S. (2011). Trust transfer effects on values and attitudes toward China and the Shanghai Expo 2010. In proceeding of International CHRIE Conference-Refereed Track.

Kim, T., Suh, Y. K., Lee, G., & Choi, B. G. (2010). Modelling roles of task-technology fit and self-efficacy in hotel employees' usage behaviours of hotel information systems. *International Journal of Tourism Research*. 12(6): 709-725.

Klein, R. B. (1998). *Principles and practice of structural equation modeling*. NY: The Guildford Press.

Koufaris, M., & Hampton-Sosa, W. (2004). The development of initial trust in an online company by new customers. *Information & Management*. 41(3): 377-397.

Liao, C., Palvia, P., & Chen, J. (2009). Information technology adoption behavior life cycle: Toward a Technology Continuance Theory(TCT). *International Journal of Information Management*. 29(4): 309-320.

Reisinger, Y., & Mavondo, F. (2005). Travel anxiety and intentions to travel internationally:

Implications of travel risk perception. *Journal of Travel Research.* 43(3): 212–225.

Rittichainuwat, B. N., & Chakraborty, G. (2009). Perceived travel risks regarding terrorism and disease: The case of Thailand. *Tourism Management.* 30(3): 410–418.

Safeena, R., Date, H., & Kammani, A. (2011). Internet banking adoption in an emerging economy: Indian consumer's perspective. *International Arab Journal of e-Technology.* 2(1): 56–64.

Steenkamp, J., & Trijp, H. (1991). The use of LISREL in validating marketing constructs. *International Journal of Research in Marketing.* 8(4): 283–299.

Swanson, D. L. (1987). Gratifications seeking, media exposure and audience interpretations: Some directions for research. *Journal of Broadcasting and Electronic Media.* 31(3): 237–254.

Tang, T. W., & Chi, W. H. (2005). The role of trust in customer online shopping behavior: Perspective of technology acceptance model. Paper presented at the Proceedings of NAACSOS Conference 2005, Indiana, USA, 0–6.

van der Heijden, H., Verhagen, T., & Creemers, M. (2003). Understanding online purchase intentions: Contributions from technology and trust perspective. *European Journal of Information Systems.* 12(1): 41–48.

Wu, I. L., Li, J. Y., & Fu, C. Y. (2011). The adoption of mobile healthcare by hospital's professionals: An integrative perspective. *Decision Support Systems.* 51(3): 587–596.

Wu, J. H., & Wang, S. C. (2005). What drives mobile commerce? An empirical evaluation of the revised technology acceptance model. *Information & Management.* 42(5): 719–729.

Yi, M. Y., Jackson, J. D., Park, J. S., & Probst, J. C. (2006). Understanding information technology acceptance by individual professionals: Toward an integrative view. *Information & Management.* 43(3): 350–363.

Yu, J., Ha, I., Choi, M., & Rho, J. (2005). Extending the TAM for a t-commerce. *Information & Management.* 42(7): 965–976.

Zeithaml, V. A., Berry, L. L., & Parasuraman, A. (1996). The behavioral consequences of service quality. *Journal of Marketing.* 60(2): 31–46.

제4절 관광안내지도의 감성적 속성 및 사용성

1 정보제공 수단의 감성적 속성

최근 관광의 추세는 단체여행에서 개별(foreign independent)여행 또는 에어텔(airtel)여행으로 점차 변하고 있다(최학현 · 오세형 · 이주현 · 김정희, 2008). 이러한 개별여행의 증가로 한국을 방문한 외래 관광객은 외래 관광객 통계를 집계하기 시작한 1955년 6월 부산에 캐나다인이 첫발을 내디딘 이후 1978년에 100만 명, 2000년 500만 명 등을 넘어서고, 12년 만(2012년 11월 21일)에 외래 관광객이 1,000만 명을 돌파하였다(문화체육관광부, 2013).

외래 관광객의 여행자들은 일반적으로 전파매체(TV, 라디오), 인쇄매체(관광홍보 브로슈어, 리플릿, 관광안내지도), 뉴미디어(인터넷), 기타 매체(옥외광고물 등)를 통해 관광정보를 얻고 있으며, 이들 중 최소의 경비로 최대의 효율을 누릴 수 있는 매체로써 인쇄매체를 들 수 있다. 특히 인쇄매체를 통한 홍보물 중 관광안내지도는 다양한 관광정보를 한눈에 효과적으로 전달할 수 있는 저가 매체로서 그 홍보효과 및 지속성은 저예산 홍보매체로 적합하며 그 활동성 또한 높다(박명숙, 2002; 홍경선, 1988).

관광안내지도는 하나의 정보매체로써 다른 관광홍보매체에 비해 현재에도 정보전달 제공을 위한 좋은 방법이다(최학현 외, 2008). 특히 관광 참여자가 비교적 접근, 사용하기 쉬운 형태로 제작되어 언제 어디서나 다양한 정보를 효과적으로 제공받을 수 있으며 휴대와 보관이 편리한 홍보물로 형태, 색채, 레이아웃, 사진 등 디자인요소와 목적지, 주변 위치, 길 등 주변정보 그리고 쇼핑, 음식, 우대, 할인 등 다양한 광고정보를 통해 외래 관광객과의 직접적인 커뮤니케이션이 가능하다.

지금까지 연구는 관광안내지도 자체에 대한 기호(김대혁, 1988), 표현기법(최상미, 2008), 전자지도(이형림, 2000; 조원영, 2012), 디자인(김정태, 2007; 박정주, 2002; 장기용, 2000; 홍경선, 1988)에 관한 연구가 대부분이며, 단순한 지도정보의 전달순위(유슈정 · 백진경, 2007)에 관한 연구였다. 외래 관광객이 관광안내지도를 언제부터 어디서 취득하여 무엇을 찾는 데 사용하는지에 대한 조사와 문화차이로 관광안내지도의 속성에 대한 차이연구 그리고 관광안내지도의 사용성에 대한 차이연구는 거의 미비한 상태이다.

따라서 본 연구의 목적은 외래 관광객의 욕구를 충족시킬 수 있는 관광안내지도가 국적(일본/중국/기타)에 따라 관광안내지도의 속성과 사용성에 차이가 있는지를 실증 분석하고자 한다.

2 정보사용성의 이론적 배경

1. 관광안내지도의 진화

지도의 세계 역사는 문자의 역사만큼 오랜 역사를 지니고 있다. 고대 바빌로니아의 지도는 태양열로 구운 벽돌 표면에 나뭇가지로 그린 것으로 현재 영국박물관(British Museum)에 보관되어 있으며, 대해(大海)에 둘러싸인 원반 모양의 육지 중심에 수도 바빌론이 있고 그 중앙에 유프라테스강이 그려져 있다(두산백과, 2013). 한국 지도는 1930년까지 김정호의 대동여지전도가 여러 면에서 많이 이용되었다(두산백과, 2013).

한국 최초 휴대용 관광안내지도인 수진팔도지도(袖珍八道地圖)는 소매에 넣고 다닐 수 있게 만든 휴대용 목판본 지도첩으로, 1684년에서 1767년 사이에 제작된 것으로 추정되며, 이 지도는 휴대용으로 제작되어 크기(11.5×5.5cm)가 작고, 병풍처럼 절첩식으로 16절로 구성되어 있으며, 양면을 모두 사용하여 64쪽에 걸쳐 지도와 지적 사항이 수록되어 있다(김인덕 등, 2004). 또한 지역 관광안내지도는 이형우가 1979년 4월에 제작한 '종합제주도 총도'가 있으며, 15년간 제주도를 답사하여 관광, 등산, 민속, 자연에 대한 자료를 모아서, 관광등산안내지도 3천 장을 만들어 관광객에게 판매(1장 = 1,700원)하였다(동아일보, 1980. 2. 5).

지도(map)의 사전적인 의미는 "지구 표면의 일부나 전부의 상태를 기호나 문자를 사용하여 실제보다 일정한 비율로 축소해서 평면상에 나타낸 것"이다(두산백과, 2013). 안내(guide)의 사전적인 의미는 "사정을 잘 모르는 어떤 사람을 가고자 하는 곳까지 데려다 주거나 그에게 여러 가지 사정을 알려줌"이다(네이버백과, 2013).

관광지도의 분류는 디지털(온라인)과 아날로그(오프라인)로 구분되며, 다시 고정형과 휴대형으로 각각 구분할 수 있다. 디지털 · 고정형은 인터넷을 활용한 키오스크, 디지털 ·

휴대형은 내비게이션, 휴대폰, GPS 등이며, 아날로그 · 고정형은 관광안내도, 아날로그 · 휴대형은 안내책자, 관광안내지도, 지하철노선도 등이 있다(최학현 외, 2008).

휴대용 관광지도는 학자에 따라 다양하게 사용되고 있으며, 관광안내지도(tourist guide map), 관광정보지도(tourist information map), 관광정보안내지도(tourist information guide map) 등으로 혼용하여 사용하고 있다. 최학현 등(2008, p. 398)은 관광정보안내지도를 "어느 지역의 관광안내소나 관광객들이 자주 찾는 지역을 방문하면 손쉽게 구할 수 있는 매체"라고 정의하면서, "쉽게 손상되거나 휴대가 불편하고 단지 간략한 정보와 위치 등을 담고 있어서 관광 중 일회적으로 사용되는 경우가 대부분"이라고 주장하였다. 유수정 · 백진경(2007, p. 328)은 관광정보지도를 "안내자의 역할뿐 아니라, 관광지역의 자연적 · 문화적 관광자원을 소개하고 관광객을 유치하기 위한 목적으로 관광을 위한 특수한 목적으로 제작된 특수지도"라고 정의하였다.

따라서 관광안내지도(tourist guide map)란 "여행자가 관광지의 목적지를 찾아가기 위하여, 목적지 일부나 전부의 상태를 기호나 문자를 사용하여 실제보다 일정한 비율로 축소되어 평면상에 나타난 다양한 정보를 얻을 수 있는 매체"라고 정의할 수 있다.

2. 감성적 속성 및 사용성

관광안내지도의 속성(attribute) 및 사용성은 지금까지 연구된 바가 없는 실정이다. 속성의 사전적 의미는 "일반적으로 사물의 본질적인 성질이나 특징"을 일컫는 말이다(네이버백과사전, 2013). 그러므로 지도의 속성은 지도의 구성요소에서 찾아볼 수 있다. 관광안내지도의 구성요소는 시각요소(디자인)와 콘텐츠요소(관광정보)로 구분하였다(유수정 · 백진경, 2007).

사용성(使用性)의 사전적 의미는 "어떤 도구나 인간이 만든 물건, 서비스를 어떤 특정 목적을 달성하기 위해 사용할 때 어느 정도 사용하기 쉬운가를 말하는 용어"라고 정의하고 있다(위키백과사전, 2013). 국제표준기구(ISO, 9241-11)는 사용성(usability)을 "특정한 목적을 성취하기 위한 특정한 사용자들에 의해 어떤 제품을 사용할 때 특정한 맥락의 사용에서 유효성, 효율성 그리고 만족도에 대한 것"이라 정의하고 있다. 또한 사용성은 이용성으로 해석하여 사용하기도 하며, 유명희(2012)는 테마파크의 이용성을 "관광지에서 관광 및 이용하는 요소와 관련(주변 안내/정보, 등등)된 것"으로 정의하였다.

유수정 · 백진경(2007)은 관광안내지도 사용성의 측정도구를 '사용이 편리하다' 또는 '사용이 불편하다'의 원인으로 '글자의 크기, 정보내용의 위치, 종이 재질, 펼치는 방법, 내용의 표시면적, 내용의 난이도, 전체지도의 크기, 색채의 사용, 정보의 양, 사진 정도 등등을 사용하여 명목척도로 순위를 측정하였다.

〈사진 1〉 다양한 관광안내지도

〈사진 2〉 외국인 관광객의 관광지도 사용

1) 감성적 편리성

편리성(serviceability)의 사전적 의미는 "편리하고 이용하기 좋은 특성"이라고 정의한다(네이버백과사전, 2013). 지도는 지리적 문제들을 해결하는 데 큰 도움을 주고 있으며, 작은 평면상의 종이 위에 실세계에 대한 정보를 크게 손상시키지 않고 나타내주고, 사용하기 편하며 다루기 쉽다(박정민, 2006).

2) 감성적 디자인

관광지도는 기본적으로 과학성과 예술성을 포함해야 하기 때문에 시각 디자인은 매우 중요하다(심혜경 · 정인철, 2008). 지도의 디자인은 시각요소 중 하나이며 "효과적인 정보 전달을 위하여 지도 디자인의 구성요소들을 조직적-시각적으로 잘 계층화시켜서 배열하고 배치하는 것"이라고 정의하면서(유수정 · 백진경, 2007, p. 329), 디자인의 구성요인을 5가지(레이아웃, 색채, 타이포그래픽-문자, 사진 · 일러스트, 픽토그램-기호 · 상징)로 구성하여 특징을 조사하였다(유수정 · 백진경, 2007, p. 330).

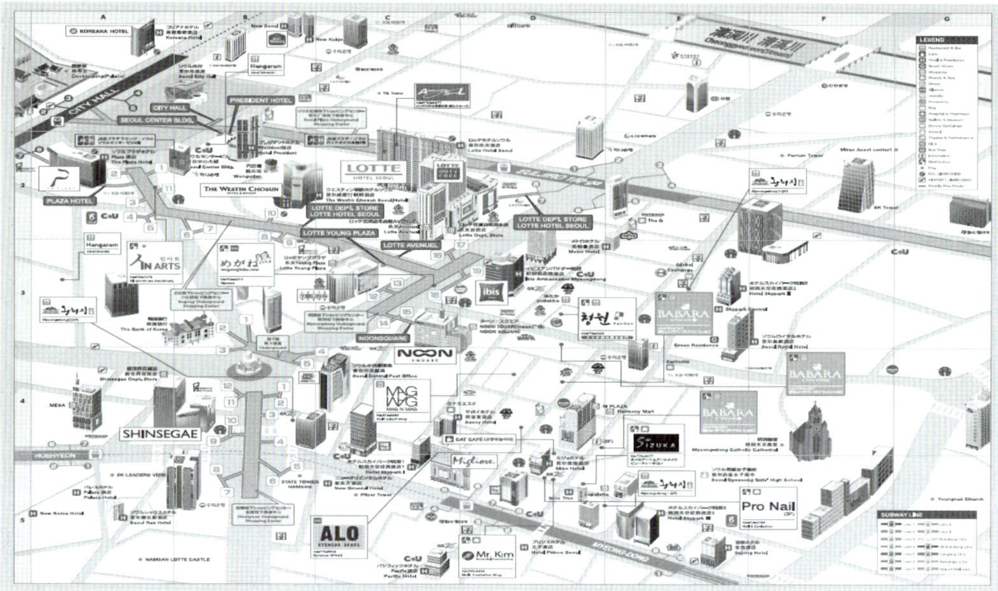

〈사진 3〉 관광안내지도: 입체형 디자인

3) 감성적 정보제공

정보 전달은 사용자의 직감적인 이해(표시문자의 서체 크기, 색상)를 필요로 하며, 정보의 시각화에 의존한다(김영석, 2012). 또한 관광지도의 정보는 다양한 종류의 공간정보 활용에 대한 요구가 급증하는 추세이다(오종우, 2012). 특히 지도의 관광정보는 '콘텐츠 요소'라고 하면서 "관광관련정보를 제공함으로써 이용자(수요자 및 공급자 포함)의 관광욕구를 충족시키며, 목적지향적인 관광활동을 위해 가치 있는 형태로 수집, 가공, 제공되는 일련의 관광관련정보"라고 정의하였다(유수정 · 백진경, 2007, p. 328).

지도의 관광정보는 주변정보와 광고정보로 구분하여 연구하고자 한다.

조원영(2012, p. 1)은 디지털 지도의 주변정보를 "사용자 주변의 교통정보, 공연정보, 쇼핑정보 등을 제공하는 것"이라고 정의하였다.

유수정 · 백진경(2007)은 관광안내지도 관광정보의 측정도구를 '사용 목적'의 원인으로 관광계획 수립 및 정보습득, 관광지 위치 탐색, 관광지 교통정보, 목적지의 위치 탐색, 주변 정보 탐색, 길 탐색, 목적지의 정보 탐색 등을 사용하여 명목척도로 순위를 측정하였다.

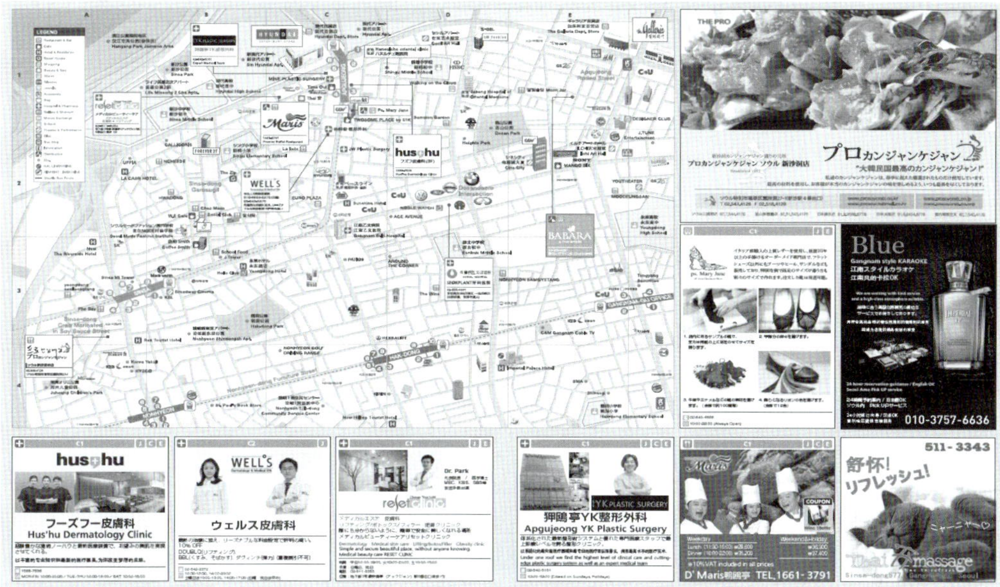

〈사진 4〉 관광안내지도의 주변정보 및 광고정보

3 정보사용성 측정방법

1. 정보사용성 관련 연구 모형 및 가설 설정

이 연구는 일본과 중국 그리고 기타 국적의 관광객을 중심으로 관광안내지도 속성(편리성, 디자인, 주변정보, 광고정보) 및 사용성은 국가에 따라 차이가 있는지를 살펴보기 위하여 〈그림 4〉와 같이 연구모형을 설정하였다.

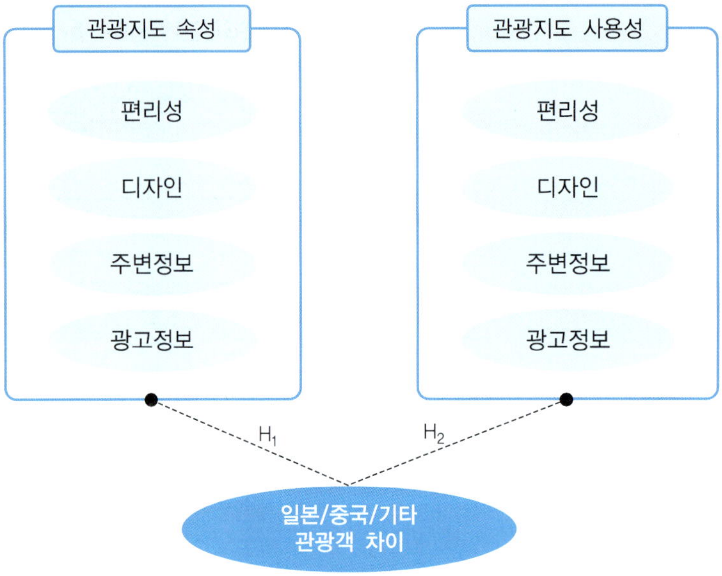

〈그림 1〉 연구모형

H_1: 외국인 관광안내지도 속성은 국가에 따라 차이가 있을 것이다.
H_2: 외국인 관광안내지도 사용성은 국가에 따라 차이가 있을 것이다.

2. 분석방법 및 변수의 조작적 정의

설문 조사는 관광특구(명동 일대)의 호텔 및 게스트하우스에서 투숙객 대상으로 일본인 120부와 중국어권 120부 총 240부를 판단 표본추출법을 이용하여 2012년 10월 20일부터 10월 31일까지 실시하였다. 상기 숙박업체를 설문조사 대상으로 선정한 이유는 외국인 투숙객이 타 지역보다 높아, 설문 응대의 편의성과 관광특구의 대표성을 기대할 수 있었기 때문이다. 또한 한국을 방문하는 외국인 증가율이 2010년 이후 중국이 1위, 일본이 2위로 나타나고 있다(오수경, 2012). 배포된 240부의 설문지 중 회수된 설문지는 205부이며, 이 중 불성실하게 응답한 설문지와 아웃라이어(outlier) 자료 20부를 제외한 195부가 유효 설문지로 실제분석에 사용되었다.

이러한 과정을 거쳐 수거된 설문지는 표본의 인구통계학적 특성으로 기술통계분석과 타당성 및 신뢰도 측정을 위하여 탐색적 요인분석을 실시하였다. 그리고 본 연구에서 제시한 가설검정을 위하여 응용통계프로그램(SPSS)을 이용한 국적별 차이분석을 위하여 다변량분산분석(MANOVA)을 실시하고자 한다.

본 연구는 다음과 같이 각 변수의 조작적 정의를 하고자 한다. 측정항목은 연구자들의 선행연구에 근거하여 측정도구로 활용하였으며, 이에 대한 요인을 측정하기 위하여 사용한 문항은 "(1)전혀 그렇지 않음~(3)보통이다~(5)매우 그렇다"와 같이 리커트 5점 척도를 이용하여 측정하였다.

1) 관광안내지도의 속성

관광안내지도의 속성은 "관광을 목적으로 안내지도의 편리성, 디자인 그리고 관광정보로 구성된 요소"라고 정의한다. 관광안내지도 속성의 측적도구는 유수정 · 백진경(2007)의 측정도구 명목척도와 박정민(2006)의 측정도구를 연구목적에 맞도록 수정하여 16문항(편의성 3문항, 디자인 5문항, 주변정보 3문항, 광고정보 5문항)을 사용하였다.

2) 관광안내지도의 사용성

관광안내지도의 사용성은 "관광을 목적으로 안내지도의 기능 및 속성에 알맞게 사용하는 정도"라고 정의한다. 관광안내지도 사용성의 측적도구는 유수정 · 백진경(2007)의 측정도구 명목척도와 박정민(2006)의 측정도구를 연구목적에 맞도록 수정하여 16문항(편의성 3문항, 디자인 5문항, 주변정보 3문항, 광고정보 5문항)을 사용하였다.

4 감성적 정보사용성의 속성 분석

1. 인구통계학적 특성

본 연구는 인구통계학적 특성을 파악하기 위하여 교차분석을 사용하였으며, 〈표 1〉과 같이 나타났다. 전체적인 성별은 남자가 55명(28.2%), 여자가 140명(71.8%)으로 여자가 많은 것으로 조사되었다. 결혼은 미혼이 140명(71.8%), 기혼이 55명(28.2%)으로 미혼이 많은 것으로 나타났다. 연령별로는 20대가 96명(49.2%), 30대가 58명(29.7%) 순으로 나타나, 주로 20~30대가 참여한 것으로 나타났다.

표 1 인구통계학적 특성의 빈도분석

구분		국가			합계	구분		국가			합계
		일본(%)	중국(%)	기타(%)	빈도(%)			일본(%)	중국(%)	기타(%)	빈도(%)
성별	남성	20(10.3)	31(15.9)	4(2.1)	55(28.2)	학력	고 졸	8(4.1)	2(1,0)	8(4.1)	18(9.2)
	여성	76(39.0)	40(20.5)	24(12.3)	140(71.8)		전문대 졸	33(16.9)	9(4.6)	12(6.2)	54(27.7)
결혼	미혼	75(38.5)	47(24.1)	18(9.2)	140(71.8)		대학 졸	51(26.2)	21(10.8)	6(3.1)	78(40.0)
	기혼	21(10.8)	24(12.3)	10(5.1)	55(28.2)		대학원 졸	4(2.1)	39(20.0)	2(1.0)	44(22.6)
연령	20세 미만	6(3.1)	0	2(1.0)	8(4.1)	동행	혼자	28(14.4)	15(7.7)	4(2.1)	47(24.1)
	20~29세	41(21.0)	43(22.1)	12(6.2)	96(49.2)		가족	13(6.7)	12(6.2)	13(6.7)	38(19.5)
	30~39세	29(14.9)	22(22.1)	7(3.6)	58(29.7)		친구	48(24.6)	29(14.9)	7(3.6)	84(43.1)
	40~49세	11(5.6)	2(1.0)	3(1.5)	16(8.2)		모임	3(1.5)	5(2.6)	4(2.1)	12(6.2)
	50~59세	5(2.6)	4(2.1)	3(1.5)	12(6.2)		연인	4(2.1)	6(3.1)	0	10(5.1)
	60세 이상	4(2.1)	0	1(0.5)	5(2.6)		기타	0	4(2.1)	0	4(2.1)
합계		96(49.2)	71(36.4)	28(14.4)	195(100.0)	합계		96(49.2)	71(36.4)	28(14.4)	195(100.0)

2. 변수의 타당성 및 신뢰성 검정

본 연구에서는 가장 널리 쓰이고 있는 내적 일관성법을 이용하여 동일한 개념을 측정하기 위해 Cronbach's α계수를 확인하였다.

요인분석의 추출방법은 주성분분석을 사용하였으며, 요인의 회전방법은 요인 간에 독립성을 유지하고, 각 요인의 적재치를 단순화하기 위하여 직각회전 방식인 배리맥스(varimax)방식을 사용하였다. 요인적재량(factor loading)이 0.5 이상이면 유의한 변수로 판단하였으며, 요인의 수 결정은 고유값이 1.0 이상인 요인을 추출하였다. 또한 추출된 요인들에 의해서 각 변수들이 얼마나 설명되는지를 나타내는 공통성 값은 0.5 이상으로 선정하여야 한다(이학식 · 임지훈, 2008).

1) 감성적 속성의 타당성 및 신뢰성 검정

본 연구는 관광안내지도 속성에 대한 변수 16개 문항의 타당성을 검증하기 위하여 탐색적 요인분석을 실시하였다(〈표 2〉 참조). 분석결과, 추출된 4요인의 공통성 값이 모두 0.50 이상으로 나타났으며, 총분산 설명력은 70.047%로 분석되었다. 관광안내지도 속성에 대한 신뢰성 분석을 실시한 결과, 관광안내지도 속성에 대한 Cronbach's α 계수는 0.780~0.881로 매우 높게 분석되었다. 그리고 각 요인의 Cronbach's α 계수는 항목제거 시보다 모두 높게 나타났다.

표 2 관광지도 속성의 요인분석 및 신뢰도 분석표

요인명	측정항목	공통성	요인 적재값				Cronbach's α	
			1	2	3	4		
디자인	레이아웃이 좋아서 사용한다.	.705	.795				.758	.823
	색채가 좋아서 사용한다.	.698	.775				.769	
	입체그림이 있어서 좋다.	.656	.763				.784	
	글씨크기가 적당해서 좋다.	.554	.724				.806	
	관광지 사진이 있어서 좋다.	.528	.646				.816	
광고정보	쇼핑 관련 광고가 있어 사용한다.	.781		.849			.764	.843
	광고업체를 탐색하면 가치가 있어서 사용한다.	.733		.844			.798	
	수록된 관련 광고업체 정보가 있어서 사용한다.	.745		.776			.795	
	광고업체 접근성이 편리하게 되어 있어 사용.	.579		.696			.839	
주변정보	목적지의 위치 탐색을 위해 사용한다.	.841			.909		.807	.881
	주변의 위치를 탐색하기 위해 사용한다.	.780			.855		.827	
	길의 탐색을 위해 사용한다.	.751			.806		.860	
편의성	보관하기 편리해서 사용한다.	.747				.846	.648	.780
	휴대하기 편리해서 사용한다.	.735				.832	.726	
	알아보기 편리해서 사용한다.	.673				.703	.735	
Kaiser-Meyer-Olkin 측정: .794 Bartlett's Test Sig.: .000		초기 고유값 eigen-value	4.291	3.300	1.626	1.290	총분산설명력 (%)	
		추출분산(%)	28.61	21.99	10.84	8.60	70.047	
		회전분산(%)	19.99	18.48	17.46	14.11		

주) *추출방법: 주성분 분석　　* 회전방법: Kaiser 정규화된 배리맥스
　 * 6회 반복계산에서 요인회전 수렴

따라서 본 연구의 측정도구는 기존연구들과 비슷하게 나타나 '관광안내지도 속성'에 대한 집중타당성과 신뢰성 모두 확보되었다고 하겠다.

2) 감성적 사용성의 타당성 및 신뢰성 검정

관광안내지도 사용성에 대한 16개 문항은 타당성 검증을 하기 위하여 탐색적 요인분석을 실시하였다. 최종분석에서 추출된 4요인의 공통성 값이 모두 0.60 이상으로 나타났으며, 총분산 설명력은 73.106%로 매우 높게 분석되었다(〈표 3〉 참조). 관광안내지도 사

표 3 관광지도 사용성의 요인분석 및 신뢰도 분석

요인	측정항목	공통성	요인 적재값				Cronbach's α	
			1	2	3	4		
디자인	레이아웃이 좋다.	.784	.828				.826	.875
	색채가 좋다.	.751	.817				.840	
	글씨크기가 보기 좋다.	.684	.783				.865	
	입체그림이 잘 되어 있다.	.654	.711				.853	
	관광지 사진이 잘 되어 있다.	.635	.673				.855	
광고 정보	수록된 관련 광고업체 정보가 있다.	.809		.838			.843	.891
	쇼핑 관련 광고가 잘 되어 있다.	.749		.820			.869	
	광고업체를 탐색하면 가치가 있다.	.788		.809			.850	
	광고업체 접근성이 편리하게 되어 있다.	.707		.790			.875	
주변 정보	목적지의 위치 탐색하기가 잘 되어 있다.	.817			.871		.781	.871
	주변의 위치를 탐색하기가 잘 되어 있다.	.802			.834		.783	
	길을 탐색하기가 잘 되어 있다.	.727			.834		.887	
편의성	보관하기 용이하다.	.738				.826	.495	.712
	휴대하기 편리하다.	.681				.781	.704	
	알아보기 편리하다.	.640				.677	.659	
Kaiser-Meyer-Olkin 측정: .839 Bartlett's Test Sig.: .000		초기 고유값 eigen-value	5.541	2.808	1.494	1.123	총분산설명력 (%)	
		추출분산(%)	36.94	18.72	9.96	7.49	73.106	
		회전분산(%)	22.26	20.69	17.18	12.97		

주) * 추출방법: 주성분 분석 * 회전방법: Kaiser 정규화된 배리맥스
* 7회 반복계산에서 요인회전 수렴

용성에 대한 신뢰성 분석을 실시한 결과, 사용성에 대한 Cronbach's α 계수는 0.712~0.891로 높게 분석되었다. 그리고 각 요인의 Cronbach's α 계수는 항목제거 시보다 모두 높게 나타났다.

따라서 본 연구의 측정도구는 기존 연구들과 비슷하게 나타나 '관광안내지도 사용성' 4개 요인에 대한 집중타당성과 신뢰성 모두 확보되었다고 하겠다.

3. 상관관계 검정

상관관계분석은 가설을 차이검정하기 전에 변수들 간의 관련성에 대한 정도와 강도 그리고 방향을 파악하기 위하여 피어슨(pearson) 상관 분석을 실시한다. 또한 다변량분산분석(MANOVA)을 실행하기 전에 실시하여, 종속변수들이 서로 상관관계가 높을 경우 MANOVA를 사용하면 ANOVA보다 결합된 차이를 밝혀낼 수 있다. 상관관계 정도는 0에서 ±1 사이로 나타나며, 상관관계의 변화 강도는 ±1에 가까울수록 높다. 상관관계의 계수가 ±0.2 미만은 상관관계가 거의 없으며, ±0.2~±0.4 미만은 낮은 상관관계, ±0.4~±07 미만은 높은 상관관계, ±0.7 이상은 매우 높은 상관관계가 있다고 해석한다(송지준, 2009).

표 4 상관관계 분석결과

변수		Mean	표준편차	1	2	3	4	5	6	7	8
속성	편의성	3.29	.943	1							
	디자인	3.75	.707	.018	1				1		
	주변정보	4.13	.770	.442**	.078	1					
	광고정보	3.20	.930	.113	.466**	.055	1				
사용성	편의성	3.34	.863	.664**	−.039	.353**	−.047	1			
	디자인	3.74	.746	−.078	.694**	.051	.532**	−.071	1		
	주변정보	3.87	.681	.309**	.289**	.460**	.131*	.373**	.320**	1	
	광고정보	3.27	.844	.130	.458**	.093	.658**	−.007	.587**	.318**	1

주) N = 195, 리커트 5점 척도(1.매우 부정, 5.매우 긍정)
* 상관계수는 0.05 수준(양쪽)에서 유의
** 상관계수는 0.01 수준(양쪽)에서 유의

상관관계 분석결과는 〈표 4〉와 같이 관광안내지도 속성에서 편의성-주변정보, 디자인-광고정보 간의 상관관계에서 정(+)의 방향을 나타났으며, 피어슨 상관관계 값은 0.01 수준(양쪽)에서 유의하게 나타났다. 또한 관광안내지도 사용성에서 편의성-주변정보, 디자인-주변정보, 디자인-광고정보, 주변정보-광고정보 간의 상관관계에서 정(+)의 방향을 나타났으며, 피어슨 상관관계 값은 0.01 수준(양쪽)에서 유의하게 나타났다.

4. 차이 분석

차이 분석 절차는 종속변수들 간에 상관관계가 있으므로 다변량분산분석(MANOVA)을 할 필요성(정삼권, 2013)이 있다. 그리고 분산분석은 집단 간의 차이가 있는가만 밝혀주고, 어떤 집단과 어떤 집단 간에 차이가 있는가를 밝혀주지 못하기 때문에 이를 알아보는 방법으로 사후검증(multiple comparison)을 실시하여야 한다(정삼권, 2013). 본 연구에서 차이검정은 한국을 방문하는 국적(일본, 중국, 기타)에 따라 관광안내지도 속성(편의성, 디자인, 주변정보, 광고정보) 그리고 관광안내지도 사용성(편의성, 디자인, 주변정보, 광고정보)에 대한 다변량분산분석을 실시하고 사후검증(국가 간 차이)을 실시하였다. 그 결과, 국적의 세 집단은 일본 96명, 중국 71명, 기타(홍콩, 대만) 28명으로 나타났다.

1) 국적에 따른 관광안내지도 속성의 차이 분석

국적 세 집단의 공분산행렬이 동일하다는 가정에 대한 Box's M 검증결과는 영가설이 $F=2.439(p<.001)$로 나타나, 등분산을 가정하지 않았다. 국적 세 집단의 효과는 차이가 있는지에 대한 다변량 검증 결과, 네 가지 통계량(Pillai의 트레이스, Wilks의 람다, Hoteling의 트레이스, Roy의 최대근)의 유의확률이 모두 1% 이하에서 유의하게 나타나, 연구가설(H_1)은 채택되어 국적에 따라 관광안내지도 속성에는 차이가 있는 것으로 나타났다. 그리고 개체 간 효과 검정 결과, 관광안내지도 속성의 편의성($F=8.046$, $p<.001$), 주변정보($F=4.204$, $p<.050$), 광고정보($F=17.033$, $p<.001$)는 국적 세 집단에 따라 다르지만, 디자인($F=2.170$, $p>.050$)은 국가 세 집단에 따라 동일한 것으로 나타났다.

이 결과를 토대로, 관광지도 속성의 네 가지(편의성, 디자인, 주변정보, 광고정보)는 어느 집단 간에 통계적으로 평균 차이가 있는지를 살펴보기 위하여, 표본의 크기가 다르고, 등분산을 가정하지 않으므로, 던네트(Dunnett T3)의 사후검증을 실시하였다(〈표 5〉 참조).

분석결과, 첫째, 관광안내지도 속성의 편의성은 일본-기타와 중국-기타 국가 간에 차이가 있는 것으로 나타났다. 둘째, 관광지도 속성의 디자인은 국가 간에 차이가 없는 것으로 나타났다. 셋째, 관광지도 속성의 주변정보는 일본-기타 국가 간에 차이가 있는 것으로 나타났다. 넷째, 관광지도 속성의 광고정보는 일본-중국 국가 간에 차이가 있는 것으로 나타났다.

표 5 관광지도 속성의 개체 간 효과 및 사후 검증

종속 변수	평균 제곱	F	유의확률	국가 (I)	국가 (J)	평균 차 (I-J)	표준오차	유의확률	결과
편의성	6.673	8.046***	.000	1	2	-.296	.145	.122	
				1	3	-.764***	.167	.000	유의
				2	3	-.467*	.171	.024	유의
디자인	1.071	2.170	.117	1	2	.228	.105	.091	
				1	3	.110	.165	.879	
				2	3	-.118	.166	.855	
주변 정보	2.410	4.204*	.016	1	2	-.236	.117	.128	
				1	3	-.424**	.131	.005	유의
				2	3	-.188	.119	.312	
광고 정보	12.629	17.033***	.000	1	2	.786***	.139	.000	유의
				1	3	.357	.175	.134	
				2	3	-.428	.193	.088	
Box's M = 50.683, F = 2.439, Sig = .000				국가: 1. 일본(n = 96), 2. 중국(n = 71), 3. 기타(n = 28)					

주) *p<.05, **p<.01, ***p<.001

2) 국적에 따른 관광안내지도 사용성의 차이분석

국적 세 집단의 공분산 행렬이 동일하다는 가정에 대한 Box's M 검증결과는 영가설이 F = 4.357(p<.001)로 나타나, 등분산을 가정하지 않았다. 국적 세 집단의 효과는 차이가 있는지에 대한 다변량 검증 결과, 네 가지 통계량(Pillai의 트레이스, Wilks의 람다, Hoteling의 트레이스, Roy의 최대근)의 유의확률이 모두 1% 이하에서 유의하게 나타나, 연구가설

(H_2)은 채택되어 국적에 따라 관광안내지도 사용성에는 차이가 있는 것으로 나타났다. 그리고 개체-간 효과 검정 결과, 관광안내지도 사용성의 편의성($F = 7.441$, $p = .001$), 디자인($F = 2.370$, $p > .050$), 주변정보($F = 5.090$, $p < .010$), 광고정보($F = 17.163$, $p < .001$)는 국적 세 집단에 따라 다르게 나타났다.

이 결과를 토대로, 관광지도 사용성의 네 가지(편의성, 디자인, 주변정보, 광고정보)는 어느 집단 간에 통계적으로 평균 차이가 있는지를 살펴보기 위하여, 표본의 크기가 다르고, 등분산을 가정하지 않으므로, 던네트(Dunnett T3)의 사후검증을 실시하였다.

분석결과, 첫째, 관광안내지도 사용성의 편의성은 일본-중국, 일본-기타 국가 간에 차이가 있는 것으로 나타났다. 둘째, 관광안내지도 사용성의 디자인은 일본-중국 국가 간에 차이가 있는 것으로 나타났다. 셋째, 관광지도 사용성의 주변 정보는 일본-중국, 일본-기타 국가 간에 차이가 있는 것으로 나타났다. 넷째, 관광지도 사용성의 광고정보는 일본-중국 국가 간에 차이가 있는 것으로 나타났다.

표 6 관광지도 사용성의 개체 간 효과 및 사후 검증

종속 변수	평균 제곱	F	유의 확률	국가 (I)	국가 (J)	평균 차 (I-J)	표준오차	유의확률	결과
편의성	6.777	9.949***	.000	1	2	-.494***	.122	.000	유의
				1	3	-.597**	.167	.002	유의
				2	3	-.103	.149	.867	
디자인	4.013	7.711***	.001	1	2	.438***	.110	.000	유의
				1	3	.275	.149	.198	
				2	3	-.162	.146	.610	
주변 정보	2.369	5.333**	.006	1	2	-.257*	.100	.034	유의
				1	3	-.400*	.147	.027	유의
				2	3	-.142	.145	.695	
광고 정보	10.645	17.466***	.000	1	2	.720***	.124	.000	유의
				1	3	.369	.184	.148	
				2	3	-.351	.202	.242	
Box's M = 90.907, F = 4.357, Sig = .000				국가: 1. 일본(n = 96), 2. 중국(n = 71), 3. 기타(n = 28)					

주) *p<.05, **p<.01, ***p<.001

5 감성적 속성과 사용성의 국가별 차이

한국을 방문하는 외국인 관광객들의 국적(일본, 중국, 기타)에 따라 관광안내지도 속성(편의성, 디자인, 주변정보, 광고정보) 및 관광지도 사용성에 대한 사후검증(국가 간 차이)을 하여, 다음과 같은 연구의 이론적 시사점과 실무적 시사점을 도출하였다.

첫째, 관광안내지도 속성의 3가지(편의성, 주변정보, 광고정보)는 세 집단 간에 통계적으로 차이가 있는 것으로 나타났다. 특히 관광지도 속성의 편의성은 일본–중국, 중국–기타 국가 간에 차이가 있는 것으로 나타났다. 관광안내지도 속성의 주변정보는 일본–기타 국가 간에 차이가 있는 것으로 나타났다. 관광안내지도 속성의 광고정보는 일본–중국 국가 간에 차이가 있는 것으로 나타났다.

둘째, 관광안내지도 사용성의 네 가지(편의성, 디자인, 주변정보, 광고정보)는 세 집단 간에 통계적으로 모두 차이가 있는 것으로 나타났다. 특히 관광안내지도 사용성의 편의성은 일본–중국, 일본–기타 국가 간 차이가 있는 것으로 나타났다. 관광안내지도 사용성의 디자인은 일본–중국 국가 간 차이가 있는 것으로 나타났다. 관광안내지도 사용성의 주변정보는 일본–중국, 일본–기타 국가 간에 차이가 있는 것으로 나타났다. 관광안내지도 사용성의 광고정보는 일본–중국 국가 간에 차이가 있는 것으로 나타났다.

연구 결과에 대한 실무적 시사점으로는 첫째, 관광안내지도의 속성은 국적에 따라 차이가 있기 때문에 관광안내지도 기획 및 제작 시 주변 정보를 정확하고 상세하게 표현할 수 있는 것을 가장 우선시 고려해야 하며 둘째, 관광안내지도의 서비스 차원에서 편의성과 디자인이 중요한 요소로 나타나기 때문에 외래 관광객의 입장에서 알아보기 편리한 것 외에 휴대와 보관이 용이하게 디자인되어야 한다. 셋째, 관광안내지도는 외래 관광객에게 주변정보 및 광고정보를 지속적으로 제공하여 긍정적인 영향을 주기 때문에 관광지 및 관광 관련 정보 제공 및 홍보에 대한 지속적인 마케팅 방안이 중요하다는 것을 시사하고 있다. 마지막으로 국가별 외래 관광객의 선호도가 다르기 때문에 국가별 또는 어권별 비교에 따른 제작 방안이 필요하다. 특히 관관안내지도는 사용성의 주변정보, 편의성, 디자인, 광고정보 전달에서 국가 간의 차이에 근거한 제작 방안이 필요하다.

이 연구는 서울지역의 일본과 중국어권 개별관광객을 대상으로 관광안내지도의 속성, 사용성에는 국가에 따라 차이가 있음을 밝히기 위해 연구를 수행하였으며, 이를 통해서 외래 관광객에게 효과적인 정보전달을 하기 위한 관광안내지도 제작 시 필요한 사항을 제시하는 데 그 의미가 있다.

그러나 이 연구는 다음과 같은 한계를 갖고 있어 연구 결과에 대한 해석과 적용에 있어 주의를 기할 필요가 있다. 연구의 한계는 다음과 같다. 첫째, 연구의 포괄성을 지적할 수 있다. 일본과 중국어권 관광객을 대상으로 차이를 살펴보았으나, 그 결과를 가지고 국가 간의 차이로 일반화하여 볼 수 있는지는 한계가 있을 것이다. 둘째, 관광안내지도 속성과 사용성에 대한 측정도구의 항목이 명확하지 못한 점이 있다. 셋째, 설문 조사를 허락해 준 명동지역 호텔과 게스트하우스에서 조사된 자료만으로는 일반화하여 볼 수 있는지는 한계가 있다.

따라서 향후 연구에서는 외래 관광객의 국가별 또는 어권별 특성을 바탕으로 한 속성과 사용성에 대한 측정 개발과 더욱 세분화된 연구가 필요할 것으로 판단하며, 관광안내지도 제작에 있어서 다른 국가 제작물과의 비교 · 분석을 실시하여 더 나은 방법을 알아볼 필요가 있다.

참고문헌

김대혁(1988). 한국의 관광지도용 기호에 대한 연구. 서울대학교 석사학위논문.

김영석(2012). 실버세대용 생활필수품의 사용성 향상을 위한 패키지디자인 가이드라인 도출. 한양대학교 박사학위논문.

김인덕 · 서성호 · 오상학 · 오영선(2004). 한국 미의 재발견-과학문화. 서울: 솔출판사.

김정태(2007). 한국 고지도의 시각요소를 응용한 관광지도 디자인 연구. 조선대학교 석사학위논문.

문화체육관광부(2013). 월별 외래객 입국.

박정민(2006). 교통안내지도 제작기법에 관한 연구. 단국대학교 석사학위논문.

박정주(2002). 관광안내지도 디자인에 관한 연구: 서울 city tour bus의 노선도에 있는 각 관광지의 안내지도를 중심으로. 성균관대학교 석사학위논문.

송지준(2009). 논문작성에 필요한 SPSS/AMOS 통계분석방법, 파주: 21세기사.

심혜경 · 정인철(2008). 관광지도 점기호의 상징수준과 선호도에 나타난 인지특성 연구. 대한지리학회지. 43(6): 981-1001.

오수경(2012). 중국인 관광객 유치 확대에 관한 연구. 한국사진지리학회지. 22(4): 149-158.

오종우(2012). 공간문화 콘텐츠 구현에 관한 연구. 한국사진지리학회지. 22(4): 89-99.

유명희(2012). 테마파크의 서비스 품질과 이용성이 재방문에 미치는 연구. 한국사진지리학회지. 22(1): 53-64.

유수정(2007). 효과적인 정보전달을 위한 관광안내지도 디자인 연구. 인제대학교 석사학위논문.

유수정 · 백진경(2007). 광역자치단체 관광안내지도에 대한 사용자 지각효과분석. 기초조형학연구. 8(1): 325-335.

이학식 · 임지훈(2008). SPSS 14.0 매뉴얼. 파주: 법문사.

이형림(2000). 시각전달을 위한 관광안내지도에 관한 연구: 인쇄지도와 전자지도를 중심으로. 조선대학교 석사학위논문.

장기용(2000). 관광지도 디자인에 관한 연구. 국민대학교 석사학위논문.

정삼권(2013). 학위 논문 작성법. 서울: 일도정보시스템.

정삼권 · 강병찬 · 변정우(2009). 여행업에서 정보시스템(IS) 품질요인이 업무 성과에 미치는 영향. 호텔경영학연구. 18(2): 131-149.

조원영(2012). 모바일 생태계의 새로운 격전장, 디지털 지도. SERI 경영 노트. 삼성경제연구소, 2012.11.22(제171호).

최상미(2008). 우리나라 관광지도의 제작과 표현기법 분석. 부산대학교 교육대학원 석사학위논문.

최학현 · 오세형 · 이주현 · 김정희(2008). FIT 관광객을 위한 관광안내 인터페이스. 디지털디자인학연구. 8(1): 391-400.

채서일(2007). 마케팅 조사론 3판. 서울: 학현사.

홍경선(1988). 우리나라 관광지도의 디자인 방향에 관한 연구. 이화여자대학교 산업미술대학원 석사학위논문.

제5장 감성적 힐링재화

제1절 트랜스포메이션 재화 힐링치유시설의 선택요인

1 치유시설 선택속성

건강관리관광(healthcare tourism), 웰니스관광(wellness tourism) 등 건강을 테마로 하는 관광활동에 대한 관심이 높아지면서 인간의 변화하고 싶은 욕구, 달라지고 싶어 하는 욕구, 탈바꿈하고 싶은 욕구를 충족하는 방향으로 소비행태가 변화하는 트랜스포메이션 경제시대가 도래하였다(이태희, 2013). 이런 시대에는 소비자들이 육체적, 심리적, 정서적 웰빙을 체험할 수 있는 힐링 관광활동에 높은 관심을 가진다고 했다(이태희, 2011). 이러한 사회환경의 변화와 의료관광, 힐링 등에 대한 사회적 관심이 부각됨에 따라 우리나라의 경우 국토의 67%를 구성하고 있는 산림을 활용한 휴양과 치유에 대한 인식이 높아지고 있다(한국녹색문화재단, 2006).

이러한 치유수요의 변화에 효과적으로 대비하기 위해 치유의 숲이 조성 운영되고 있는데, 민주지산 치유의 숲(충북 영동), 만연산 치유의 숲(전남 화순), 용궐산 치유의 숲(전북 순창) 등 지역민의 건강증진과 지역경제활성화를 목적으로 하는(박일우 · 이태희, 2011) 산림치유센터 조성사업도 이에 해당한다.

이와 같은 힐링 환경하에서 힐링의 새로운 가치를 추구하기 위한 사업들이 추진되는 경우, 힐링 영역조성이나 시설건립과 함께 트랜스포메이션 욕구가 반영된 운영, 프로그램 측면에 대한 고려와 기획력이 뒷받침되어야 한다(유리화, 2007). 수요자 중심의 개발

방식이 반영될 때 힐링자원은 트랜스포메이션 경제에서 요구하는 힐링관광, 즉 인간의 육체적, 심리적, 정서적 상태를 긍정적으로 변화하는 체험을 제공하는 여가공간으로서 생명력을 지속적으로 유지할 수 있다(박범진, 2010).

힐링치유활동은 "치유를 통한 건강증진과 관리"라는 구체적인 목적을 갖기 때문에, 치유관광상품은 잠재수요자가 무엇을 원하는지 파악하고 개발단계에 반영함으로써 건강증진과 관리 측면에서 효과성을 증대하는 데 주안점을 두어야 한다(유승각, 2011). 따라서 이 연구는 힐링 트랜스포메이션의 잠재수요자들을 대상으로 치유형 활동에 기대하는 선택속성의 하부차원과 해당 요인의 구성내용을 파악하는 것을 연구목적으로 한다. 해당 선택속성상의 구성요인을 파악하고 그 중요성을 검토함으로써, 치유센터 등 치유 프로그램과 시설 및 상품개발을 함에 있어서 이론적 토대를 마련함과 동시에 도출된 연구결과를 바탕으로 한 실효성 있는 힐링 트랜스포메이션 시설의 개발과 운영에 필요한 실무적 시사점을 도출하고자 한다.

2 트랜스포메이션 시설 선택관련 이론적 배경

1. 힐링 트랜스포메이션과 산림치유

현대인들은 단순히 질병을 치료하거나 예방하는 차원을 넘어서 최적의 건강수준을 향상시키는 의미로 확장하고 있다(김상국, 2001). 또한 삶의 질에 대한 관심 및 관련 소비수준이 성숙함에 따라 육체적, 정신적 건강의 조화를 추구하는 것으로 발전하면서 건강증진을 위한 관광 및 여가활동에 대한 관심이 높아지고 있다. 트랜스포메이션 경제시대 속에 변화하고 싶은 욕구·달라지고 싶어하는 욕구와 탈바꿈하고 싶은 욕구를 충족하기 위해, 소비자는 운동요법, 심리적·정서적 건강증진을 위한 명상 등 자신의 삶을 바꿀 수 있는 체험을 위하여 시간과 돈을 아끼지 않을 것이다(이태희, 2011).

건강테마형 관광은 SIT(special interest tourism) 여행상품의 한 유형으로 건강증진을 목적으로 집을 떠나 예방적 건강관리 프로그램의 경험 혹은 학습, 질병치료 등을 주목적 또는 겸목적으로 하는 제 여행 행위로 볼 수 있다(이경환·주영환, 2003). 본 연구에서는 힐링 트랜스포메이션이란 자신의 육체적, 정서적, 사회적 상태를 긍정적으로 변화시키는 체험을 제공하는 활동으로 정의하고자 한다.

힐링 트랜스포메이션 경제시대 속에 힐링의 주요 배경이 되어주는 산림 안에서 이루어지는 심신의 휴식 및 치유는 하나의 생활양식으로 자리 잡고 있다(이경환 · 주영환, 2005). 인간은 숲과 매우 짧은 시간 동안의 접촉만으로도 치유에 도움이 되고, 나아가 사람들이 의도하지 않은 상황에서도 육체적, 정신적 측면에서의 치유경험을 제공하는 특성이 있다(박범진, 2010). 인간은 숲속에 머무는 것만으로 뇌의 전두엽이 활발해지고, 신체이완효과를 얻어서 스트레스를 감소시키고, 면역력을 증가시키는 데 도움이 된다고 보고되고 있다(임형진 · 김학준, 2011). 인간의 숲속 활동은 정서적, 사회적 측면에서도 건강한 행동으로의 변화를 유도하며, 자아개념을 증진시키며, 자신감과 주관적 안녕감 및 자아존중감이 향상되는 것이다(심원섭, 2005).

2. 힐링치유 시설의 선택속성

힐링치유 시설의 선택속성과 관련하여 치유시설속성, 치유프로그램속성, 치유상품속성 등으로 구분할 수 있는데(심원섭 외, 2007), 선택속성 중 프로그램속성과 관련된 사례로 강원도 횡성의 청태산 치유의 숲은 예방적 차원에서 일반인의 건강증진과 면역력 강화를 목적으로 하고 있다. 특히 힐링치유를 힐링복지 영역으로 확장하여 건강증진과 요양이 필요한 소외계층에게 힐링치유프로그램을 제공하고 있다. 프로그램은 목적에 따라 건강증진 프로그램, 특정질환 치유프로그램, 사회적 건강증진 프로그램으로 구분되는데, 건

〈사진 1〉 시설요인-청태산 치유의 숲 데크로드

〈사진 2〉 힐링센터시설요인-청태산 치유의 숲

강증진 프로그램은 특정한 질환이 없는 도시생활자들이 예방적 차원에서 건강을 증진하고, 면역력을 강화하는 데 목적을 두고 있다.

특정질환치유프로그램은 고혈압, 당뇨, 고지질혈증, 대사질환 등 생활습관성 질환의 관리를 위해 생활 · 식습관의 개선 및 건강위험요소 대처방법에 대한 학습 등 효율적인 소비와 건강증진을 목적으로 한다. 사회적 건강증진 프로그램은 사회 및 학교부적응자, 알코올의존 등 각종 중독질환자, 자살 및 폭력 피해자 등을 대상으로 산림을 활용한 정서적 안정, 적절한 사회기술 훈련 및 자아성장 교육을 제공하는 프로그램으로 운영되고 있다. 강원도 홍천에 위치한 선마을은 예방의학 차원에서 생활습관관리를 통해 인간의 면역력과 자연치유력을 강화시키는 프로그램으로 생활습관성 질환, 암, 당뇨의 위험에서 벗어나기 위해 건강관리에 대한 분야별 강의, 식이요법 등을 중심으로 운영하고 있다. 세부프로그램으로는 산림치유 등 자연치유요법, 마사이워킹 프로그램과 신체밸런스를 유지하기 위한 식이요법이 제공되고 있다. 또한 찜질방, 스파, 반신욕 등 자가운동 프로그램도 제공된다(임영석 2008).

선택속성 중 시설속성의 사례로서 경기도 양평에 위치한 산음 치유의 숲은 자연휴양과 레저활동, 그리고 의료시설과의 연계를 통하여 숲을 자연치유의 공간으로 조성하고, 산촌마을과의 연계를 통하여 현대인에게 자연과의 관계를 회복시킬 수 있도록 공간개념이 수립되었다. 프로그램은 숲, 지형 및 미기후를 활용하여 심신의 건강을 유지 · 증진하는 방법으로 구성하며, 식물, 물, 운동, 기후, 정신 및 식이요법 등 6개 영역으로 구분하고 있다(국립산림과학원, 2008).

독일 바트 뵈리스호펜 마을은 건강을 테마로 매년 연인원 100만 명 이상의 관광객을 유치하는 산촌요양마을이다. 또한 물을 이용한 자연요법인 크나이프 요법의 발상지로서 숙박시설, 의료기관, 방문자센터, 식당 및 기타 관광시설들이 위치하는 마을과 치유정원 그리고 배후 산림 등으로 구성되어 있다. 치유정원과 산림에는 크나이프 의사연맹이 참여한 산책코스가 있고 걷는 프로그램은 보조자의 지도하에 노르딕워킹 등 숲길을 걸으며 체조를 하거나 냉수욕을 하는 것으로 진행하고 있다. 특히 의료서비스와 관련해서는 일반적인 보건 숙박 체류를 위한 요양호텔에서부터 요양원, 전문요양병원까지 다양한 수준의 의료서비스가 가능한 것이 특징이다(임영석, 2008; 김기원, 2004).

〈사진 3〉 프로그램요인 - 뵈리스호펜 크나이프

〈사진 4〉 뵈리스호펜 치유숲길

선택속성 중 상품속성과 관련된 사례로서 일본 시나노마치시의 산림세라피기지 사업은 지역의 풍부한 삼림자원, 고원 휴양지, 지역주민으로 이루어진 메디컬트레이너 그리고 식이요법 등으로 구성된 삼림 치료 상품이다(삼성경제연구소, 2011). 건강을 테마로 하는 관광상품으로써 힐링치유상품이 전문성과 경쟁력을 확보하기 위해서는 운영주체로서 관광분야의 적극적인 참여도 요구된다. 지방정부의 농림분야, 관광분야 그리고 지역경제과를 중심으로 이루어진 '치유의 숲'계와 직장 내 의료지원시스템이 유기적으로 운영되고 있는 일본 시나노마치시의 운영사례가 그 좋은 사례라고 할 수 있다.

〈사진 5〉 상품요인 - 시나노마치 숲속 명상의 터

〈사진 6〉 상품요인 - 시나노마치 치유숲길

시나노마치시의 산림세라피기지 사업은 지역의 풍부한 삼림자원, 고원 휴양지, 지역주민으로 이루어진 메디컬트레이너 그리고 식이요법 등으로 구성된 삼림 치료 사업으로 운영되고 있다. 산림세라피기지를 이용하기 위해서는 市 치유의 숲계에 신청을 접수하고, 지역 의료진이 직접 왕진하여 처방을 내린다. 당일형 프로그램은 의사 및 트레이너와 건강진단을 하고 난 후, 삼림요법 기지로 이동하여 3~5km의 산림치유길을 산책하게 된다. 2박 3일형의 경우 첫날에는 지역 의료진의 왕진진찰과 상담을 거친 후 숙소에서 제공하는 아로마요법, 허브요법, 건강요리요법 등에 참여하게 된다. 2일차에는 메디컬 트레이너와 함께 삼림치료길에서 산림치료 프로그램을 진행하고 숙소에서 아로마요법, 허브요법, 건강요리요법 등의 서비스에 참여한다. 3일차에는 생활 리듬을 찾는 프로그램에 참여하게 된다(녹색문화재단, 2006).

3 힐링시설 선택속성 중요도 인식 연구설계

1. 설문항목 도출

힐링 트랜스포메이션을 위한 힐링치유시설의 선택요인 도출을 위해 선행연구와 시설 사례연구를 통해 선택요인을 도출해 냈다. 산림치유 수요시장 파악을 위한 조사보고서(국립산림과학원, 2009)에 따르면 산림치유를 위한 부대시설별 필요성에서는 치유숲길, 숙박시설, 운동시설, 의료지원시설 등의 순으로 나타났다. 임영석(2008)은 산림치유 프로그램을 식물요법, 물요법, 식이요법, 운동요법, 정신요법(명상, 사색, 요가, 음악치료)으로 구분하였고, 공간을 기능에 따라 휴식과 건강증진을 위한 진단공간, 산림치유준비공간, 산림치유공간과 회복공간 등으로 구분하였다.

유기준(2011)은 산림기반형 힐링치유 관광상품의 이용용도를 조사하였는데, 스트레스 해소와 재충전, 산림휴양활동, 건강유지 및 체력증진 순으로 나타났다. 치유요법으로 걷기요법, 운동요법, 향기치료요법, 마사지요법, 자연치유요법, 전통대체보완요법, 음식요법, 아쿠아테라피 등 수치료요법, 명상요법을 제시하였다. 상품 요소별 중요도와 관련해서는 치유효과, 의료시설 및 장비수준, 참여의료기관과 의료진 전문성, 연계의료서비스의 다양성, 프로그램의 다양성, 프로그램 내용의 우수성, 의료진 및 직원들의 친절성, 예약 등 이용의 편리성, 처방의약품의 적절성, 음식과 식자재의 적절성, 비용의 적정성, 연계관광상품의 다양성과 우수성, 시설물 입지의 매력성, 교통이용의 편리성, 기타 편의성 등을 측정항목으로 제시했다.

이에 수요자가 인식하는 프로그램과 시설, 상품선택속성에 대한 중요도를 도출하기 위해 관련 선행연구와 국내외 유사사례답사를 토대로 〈표 1〉과 같이 설문측정항목을 구성했다.

표 1 설문지의 구성

<table>
<tr><th colspan="2">내용</th><th>문항수</th><th>선행논문</th></tr>
<tr><td colspan="2">힐링치유에 대한 사전인지여부</td><td>1</td><td></td></tr>
<tr><td colspan="2">힐링치유서비스 이용의향</td><td>1</td><td></td></tr>
<tr><td colspan="2">힐링치유서비스 참여 또는 활용목적</td><td>1</td><td></td></tr>
<tr><td>힐링치유
프로그램별
중요도</td><td>등산, 삼림욕, 명상, 걷기, 작업치료, 자연관찰, 건강진단, 습관진단, 개인별 운동, 한의학, 분야별 클리닉, 상담, 단체운동, 향기치료, 수치유, 마사지, 식이요법, 여가활동</td><td>18</td><td>유승각(2011)
유기준(2009)
임영석(2008)
김기원(2004)
북부지방산림청(2011)</td></tr>
<tr><td>힐링치유
시설별
중요도</td><td>숲속산책로, 의료시설, 건강관리시설, 클리닉시설, 숙박시설, 전문식당, 삼림치유시설, 수치료시설, 휴게공간, 모험활동시설, 정보교류실</td><td>13</td><td>유승각(2011)
유기준(2009)
임영석(2008)
김기원(2004)
국립산림과학원
(2009, 2011)</td></tr>
<tr><td>힐링치유상품
선택요인별
중요도</td><td>치유효과, 시설우수성, 프로그램, 강사전문성, 이용료, 할인상품유무, 자연환경, 시설청결성, 접근성, 연계관광시설, 음식, 친절성, 편의성, 이용자 수준</td><td>16</td><td>유승각(2011)
김준호 · 최지은(2010)
고태호(2009)</td></tr>
<tr><td>인구통계학적
특성</td><td>성별, 연령, 학력, 직업, 소득</td><td>6</td><td></td></tr>
<tr><td colspan="2">총계</td><td>56</td><td></td></tr>
</table>

2. 표본의 추출

이 연구는 산음치유의 숲(경기 양평), 숲체원(강원 횡성), 힐리언스(강원 홍천), 포레스트리솜(충북 제천), 도봉숲속마을(서울 도봉) 이용객을 대상으로 대면조사, 자기 기입 형식으로 2011년 10월 6일부터 24일까지 진행되었으며, 총 279명이 설문에 참여하여 그중 유효한 245명의 표본을 본 연구의 분석자료로 사용했다.

4 힐링시설 선택속성 분석결과

1. 인구통계학적 특성

본 표본의 인구통계학적 특성은 성별, 연령, 최종학력, 직업, 월평균 소득, 거주지역으로 구분하여 빈도분석을 실시하였으며, 그 결과는 〈표 2〉와 같다.

표 2 인구통계학적 특성

변수명	항목	빈도(명)	비율(%)
성별	남성	117	47.8
	여성	128	52.2
	합계	245	100
연령	20대	25	10.3
	30대	69	28.4
	40대	61	25.1
	50대	61	25.1
	60대	26	10.7
	70대	1	4
	합계	243	100
학력	중졸 이하	8	3.3
	고졸	63	26.0
	대졸	116	47.9
	대학원졸 이상	53	22.7
	합계	242	100
직업	농축수산업	2	8
	자영업	13	5.4
	생산직	12	5.0
	사무직	84	34.7
	전업주부	46	19.0
	학생	3	1.2
	무직/기타	82	33.9
	합계	242	100
소득	200만 원 이하	45	19.1
	200~399만 원	75	31.8
	400~499만 원	50	21.2
	600만 원 이상	42	17.8
	모름	24	10.2
	합계	236	100

2. 타당성과 신뢰성 검증결과

힐링치유프로그램의 요인분석 결과 고유치 1 이상, 요인적재량 0.5 이상을 추출하여 '보건의료프로그램', '운동여가프로그램', '자연치유프로그램' 그리고 '힐링체험프로그램' 등 4개의 요인을 도출하였다(〈표 3〉 참조).

표 3 힐링치유프로그램 측정항목의 신뢰성과 타당성

요인명	항목	요인적재량	고유치	분산(%)	Cronbach's α
전문가 치유 프로그램	평소 생활습관을 진단하고 전문가에 의한 수정	.822	7.077	39.316	0.905
	건강검진을 위한 기초체력의 평가와 진단	.787			
	카운슬링, 상담 등 전문가 코칭	.736			
	개인맞춤형 운동 및 영양 프로그램	.731			
	한의학 기반의 전통대체보완요법	.676			
	비만, 피부미용, 혈압, 당뇨 등 분야별 강습과 클리닉	.664			
운동·휴양 프로그램	골프, 스파, 스키, 캠핑 등	.802	1.676	9.312	
	온천, 냉온수마찰 등 수치유요법과 일광욕 등	.593			
	단체운동(요가, 필라테스, 사이클링, 에어로빅)	.538			
자연치유 프로그램	등산, 트레킹 등	.790	1.339	7.438	
	명상, 독서, 숲속 수면 등	.667			
	맨발산책, 파워워킹 등 숲속에서의 걷기활동	.649			
	삼림욕, 풍욕, 음이온요법 등	.641			
산림체험 프로그램	식물과 동물, 곤충, 야간 별자리 등 자연관찰	.819	1.050	5.832	
	원예치료, 숲가꾸기 등 작업치료활동	.677			

힐링치유시설에 대한 요인분석 결과 〈표 4〉와 같이 3개의 요인으로 도출되어, 그 특징에 따라 각각 '자연치유지원시설', '건강관리지원시설' 그리고 '여가 및 기타 시설'로 명명하였다.

표 4 힐링치유시설 측정항목의 신뢰성과 타당성

요인명	항목	요인 적재량	고유치	분산 (%)	Cronbach's α
자연치유 지원시설	산림욕장, 풍욕장, 오감체험장 등	.796	5.731	44.088	0.891
	숲속산책로, 트레킹코스	.729			
	친환경 숙박시설	.689			
	황토방, 찜질방 등 고온치유시설	.621			
	스파, 약초탕, 냉온탕 등 수치료시설	.606			
	식이요법을 위한 전문식당	.584			
건강관리 지원시설	피부미용, 마사지시설 등 클리닉시설	.849	1.418	10.904	
	피트니스, 필라테스 등 건강관리시설	.755			
	골프, 스키 등 여가·운동 시설	.695			
	전문의료시설	.612			
여가 및 기타 시설	챌린지코스 등 숲속 모험활동 시설	.824	1.241	9.542	
	방문자센터 등 정보교류실	.768			
	숲속 명상데크 및 휴게공간 등	.646			

힐링치유상품 선택요인에 대한 요인분석 결과 〈표 5〉와 같이 4개의 요인으로 도출되어, 그 특징에 따라 각각 '인적, 물적 자원의 우수성', '프로그램의 우수성', '비용의 합리성', '입지성 및 분위기'로 명명하였다.

표 5 힐링치유상품 선택요인

요인명	항목	요인 적재량	고유치	분산 (%)	Cronbach's α
인적 · 물적 자원의 우수성	직원들은 전문성이 있고 친절한가?	.787	7.711	48.197	.923
	예약 및 수속절차 등 이용은 편리한가?	.760			
	숙박 등 주요시설은 청결하고 우수한가?	.740			
	숲, 계곡 등 시설주변 자연환경은 우수한가?	.726			
	강사진이 전문성 있고 신뢰할 수 있는가?	.649			
	음식의 맛과 질이 우수한가?	.641			

요인명	항목	요인 적재량	고유치	분산 (%)	Cronbach's α
비용의 합리성	치유프로그램 이용요금은 적정한가?	.849	1.425	8.908	
	스파 등 부대시설 이용요금은 적정한가?	.817			
	숙박시설 이용요금은 적정한가?	.763			
	패키지 상품 등 다양한 할인상품이 있는가?	.550			
프로 그램의 우수성	서비스 이용 후 건강증진(치유)효과가 있는가?	.813	1.126	7.040	
	치유시설 및 장비는 최신형이고 우수한가?	.774			
	치유프로그램은 다양하고 우수한가?	.650			
입지성 및 분위기	시설주변에 다양한 관광/여가시설이 있는가?	.779	1.075	6.719	
	이용자의 수준은 어떠한가?	.647			
	이동거리가 멀지 않고 교통편은 잘되었는가?	.532			

3. 힐링치유 시설 선택속성 중요도

1) 힐링치유프로그램에 대한 중요도 인식

힐링치유프로그램은 4개의 요인으로 도출되는데, 자연치유프로그램, 전문가치유프로그램, 운동휴양프로그램 그리고 산림체험프로그램의 순으로 중요하게 인식하는 것으로 나타났다.

실무적 시사점을 제시하기 위해 기술통계분석을 실시하였는데 〈표 6〉과 같이 총 18개의 측정항목 모두 평균(M=3.00) 이상의 분포를 보이고 있어 힐링치유프로그램에 대해 응답자들 모두가 필요성을 높게 인식하고 있는 것을 알 수 있다. 가장 높은 값을 보인 항목은 '산림욕, 풍욕, 음이온요법'으로 나타났고, '명상, 독서, 숲속 수면 등 숲속에서의 휴양활동', '맨발산책, 파워워킹 등 숲속에서의 걷기활동', '등산, 트레킹' 등의 순으로 나타났다. 반면에 상대적으로 낮게 인식된 항목은 '골프, 스파, 스키, 캠핑 등 여가활동', '단체운동(요가, 필라테스, 사이클링, 에어로빅)' 순으로 나타났다.

표 6 힐링치유프로그램별 중요도 비교

설문항목	평균	설문항목	평균
① 등산, 트레킹 등	4.13	⑩ 한의학 기반의 전통대체보완요법	3.58
② 삼림욕, 풍욕, 음이온요법 등	4.37	⑪ 비만, 피부, 혈압 등 분야별 강습	3.59
③ 명상, 독서, 수면 등 숲속 휴양	4.34	⑫ 카운슬링, 상담 등 전문가 코칭	3.72
④ 맨발산책, 파워워킹 등 숲속 걷기	4.17	⑬ 단체운동 (요가, 필라테스, 사이클링, 에어로빅)	3.43
⑤ 원예치료, 숲가꾸기 등 작업치료	3.61	⑭ 아로마테라피, 방향식물 등을 활용한 향기요법	3.61
⑥ 식물과 동물, 별자리 등 자연관찰	3.73	⑮ 온천, 냉온수마찰 등 수치유요법과 일광욕 등	3.82
⑦ 건강검진을 위한 기초체력 평가진단	3.84	⑯ 마사지요법	3.65
⑧ 생활습관 진단과 전문가 강의	3.88	⑰ 유기농, 약선, 생식 등 식이요법	3.82
⑨ 개인맞춤형 운동 및 영양 프로그램	3.89	⑱ 골프, 스키, 캠핑 등 여가활동	3.13

2) 힐링치유시설에 대한 중요도

힐링치유시설에 대한 중요도 인식은 '자연치유 지원시설', '여가 및 기타시설', '건강관리 지원시설' 순으로 나타났으며 기술통계분석결과 〈표 7〉과 같이 '걷기치유를 위한 숲속 산책로, 트레킹코스'이며, '산림욕장, 풍욕장, 오감체험장 등 산림치유시설', '친환경숙박시설' 그리고 '숲속 명상데크 및 휴게공간' 순으로 중요도가 나타났다.

표 7 힐링치유시설별 중요도 비교

힐링치유시설	평균	산림치유시설	평균
① 걷기치유를 위한 산책로, 트랙	4.51	⑧ 식이요법을 위한 전문식당	3.90
② 전문의료시설	3.73	⑨ 스파, 약초/냉온탕 등 수치료시설	3.83
③ 피트니스, 필라테스 등 건강관리시설	3.65	⑩ 골프, 스키 등 여가활동시설	2.97
④ 피부미용, 마사지 등 클리닉시설	3.39	⑪ 숲속 명상데크 및 휴게공간 등	4.10
⑤ 친환경 숙박시설	4.24	⑫ 챌린지 등 숲속 모험활동시설	3.72
⑥ 황토방, 찜질방 등 고온치유시설	4.01	⑬ 방문자센터 등 정보교류실	5.65
⑦ 산림욕장, 풍욕장, 오감체험장 등 산림치유시설	4.35		

3) 힐링치유상품 선택요인에 대한 중요도

요인분석에서 도출된 힐링치유상품 선택요인에 대한 중요도 인식은 '인적, 물적 자원의 우수성', '프로그램의 우수성', '입지성 및 분위기', '비용의 합리성' 순으로 나타났다. 실무적 시사점 제시를 위해 실시한 기술통계분석 결과 〈표 8〉과 같이 '숲, 계곡 등 시설주변 자연환경의 우수성', '직원들의 전문성과 친절성', '숙박시설 등 주요시설의 청결성과 우수성' 그리고 '예약 및 수속절차 등 이용의 편의성' 순으로 나타났다.

표 8 힐링치유상품 선택요인별 중요도 비교

항목	평균	항목	평균
① 서비스 이용 후 건강증진(치유)효과	4.03	⑨ 숲, 계곡 등 시설주변 자연환경의 우수성	4.32
② 치유시설 및 장비의 우수성	3.82	⑩ 숙박 등 주요 시설의 청결성과 우수성	4.23
③ 치유프로그램의 다양성과 우수성	4.04	⑪ 이동거리가 멀지 않고 교통편의 우수성	4.04
④ 강사진의 전문성과 신뢰성	4.16	⑫ 시설주변의 다양한 관광/여가시설 유무	3.65
⑤ 숙박시설 이용요금의 적정성	3.92	⑬ 음식의 맛과 질의 우수성	4.07
⑥ 스파 등 부대시설 이용요금의 적정성	3.75	⑭ 직원들의 전문성과 친절성	4.29
⑦ 치유프로그램 이용요금의 적정성	3.83	⑮ 예약 및 수속절차 등 이용의 편의성	4.12
⑧ 패키지상품 등 다양한 할인상품 유무	3.66	⑯ 이용자의 수준은 어떠한가?	3.75

5 힐링치유시설 선택요인 인식

힐링치유기능을 관광상품으로 도입하고자 할 때, 힐링치유프로그램과 시설 그리고 선택요인에 대한 중요도 인식을 살펴본 결과 첫째, 힐링치유프로그램의 상대적 중요도는 '자연치유프로그램, 전문가 치유프로그램, 운동·휴양프로그램, 힐링체험프로그램' 순으로 나타났고, 프로그램별로는 '산림욕 및 풍욕, 숲속명상, 걷기활동, 등산 및 트레킹' 순으로 중요도가 나타났다. 이는 힐링치유상품과 관련하여 의료전문가 등이 참여하는 형태의 전문 프로그램보다는 산림의 치유인자를 체험하는 삼림욕, 풍욕, 걷기활동 등 자연치유프로그램 선호도가 높은 것으로 해석될 수 있다.

둘째, 힐링치유시설과 관련된 시설별 중요성에 대한 분석결과 클리닉, 전문의료시설보다는 산림욕장, 산책로, 황토방, 수치료시설 등 자연치유활동시설에 대한 중요도가 높게 나타났다. 이는 자연치유프로그램을 중요하게 인식한다는 상기 분석결과와 같은 의미를 내포한다고 볼 수 있다.

셋째, 힐링치유상품에 대한 선택요인으로 '인적 · 물적 자원의 우수성' 요인에 대한 중요도가 높게 나타났으며, 세부항목으로는 '자연환경과 숙박 등 시설의 우수성'과 '직원들의 전문성과 친절성'에 대한 중요도가 가장 높게 나타났다. 이에 비해 '비용의 합리성' 요인은 낮은 평균값을 보이고 있는데, 이는 힐링치유상품의 경우 '건강증진'이라는 이용목적이 뚜렷하기 때문에 구매 시 '경제성'보다는 '효과성'을 고려하기 때문이다.

힐링치유프로그램의 중요도에 대한 연구결과 응답자들이 질환에 대한 개선보다는 예방적 차원에서 면역력 강화 등을 위한 자연치유프로그램을 선호하는 것으로 나타났는데 이는 질환관리 및 개선에 대한 서비스가 제공되어야 지불의사가 발생한다는 일부 시각과는 차이가 있는 것으로 판단된다. 힐링치유시설에 관련된 중요도에 대한 인식은 피트니스, 필라테스 등의 전문건강관리시설보다는 삼림욕장, 풍욕장, 숲속산책로 및 트레킹 코스 등으로 집중되어 있다. 이는 예산의 상당부분을 치유숲길 등 산림의 치유기능 환경개선보다는 건강관리실을 포함한 건강증진센터 건립에 투입하고 있는 힐링치유센터 관련 사업 추진방향에 대해 시사점을 준다고 판단된다.

힐링치유관광상품 선택 시 주요 고려사항에서는 숲, 계곡 등 자연환경의 우수성, 직원들의 전문성과 친절성, 주요 시설의 청결성과 우수성 순으로 나타났다. 현재 중앙정부와 지방정부를 중심으로 추진되고 있는 치유센터관련 사업은 힐리언스 선마을, 포레스트 리솜, 풀무원로하스아카데미 등 민간 유사시설대비 주요 시설이 상대적으로 낙후되어 있으며, 운영 및 관리인력의 수나 전문성에 있어서도 인건비 재원의 부족으로 전문인력 확보에 어려움을 겪고 있다.

힐링치유상품 선택요인에 있어서는 인적 · 물적 자원과 프로그램의 우수성에 대한 중요도가 높은데, 이는 힐링치유 프로그램이 '건강의 증진과 관리'라는 목적지향성 관광상품으로, 참여목적을 달성할 수 있는 환경, 즉 숙소 등 하드웨어와 전문인력, 프로그램 등 소프트웨어가 충분히 갖추어졌는지를 중요한 선택요인으로 한다고 볼 수 있다. 이는 트랜스포메이션 경제시대에서는 상품의 속성이 '효과'에 주안점을 둔다는 박종희(2009)의 선행연구와도 연결된다. 이러한 연구결과를 감안할 때 힐링치유기능을 활성화시킬 수 있는 프로그램과 전문인력에 대한 고민과 투자 없이 하드웨어 조성 중심으로 사업이 추진될 경우 향후 고객의 다양하고 개인화된 힐링치유관광욕구를 충족하는 데 어려움이 있을 것으로 예상된다.

참고문헌

고태호(2009). 복합형 자연휴양림조성을 위한 소비자 선호도 분석. 경희대학교 산업대학원 석사학위논문.

국립산림과학원(2008). 산음치유의 숲 조성 기본계획.

________(2009). 산림치유 수요시장 파악을 위한 조사 보고서.

김경숙(2005). 직장인들의 웰니스 생활양식에 관한 연구. 경운대학교 석사학위논문.

김기원(2001). 산림요양센터 모델을 위한 기초연구. 산림과학. 13: 63-76.

김명준 · 이준우 · 차두송(2010). 강원도 치유의 숲 기본계획 수립에 관한 연구. Journal of Forest Science. 26(1): 53-63.

김상국(2001). 한국인의 웰니스(Wellness)에 대한 생활양식 측정도구 개발. 한국체육학회. 40(2).

______(1996). 웰니스 개념과 적용. 21세기교육사.

김성섭 · 김미주(2010). 국제관광산업 경쟁력 강화를 위한 의료관광 시장 분석 및 선호하는 의료관광상품 분석. 관광연구. 25(2): 357-377.

김준호 · 최지은(2010). 건강관리 서비스 산업에서 고객만족에 영향을 미치는 요인에 관한 연구. 대한경영정보학회. 29(4): 305-331.

문화관광부(2003). 관광동향에 관한 연차보고서.

박일우 · 이태희(2011). 전라북도 체험 가치의 성공화 전략을 위한 러브마크 모니터링 항목도출. 한국사진지리학회지. 21(2): 17-32.

박범진(2010). 산림휴양활동을 이용한 숲치유의 시험적 접근. 충남대학교 박사학위논문.

박종희 · 권영미(2009). 관광 · 레저연구. 32(2): 357-374.

북부지방산림청(2011). 치유의 숲 운영 · 관리계획.

삼성경제연구소(2011). Healthcare 3.0: The Era of Healthy Long Life.

신원섭(2005). 치유의 숲. 철학과문화사.

신원섭 · 연평식 · 이정희 · 김시경 · 주진순(2007). 산림경험이 우울감과 불안감 감소에 미치는 영향. 한국산림휴양학회 학술발표자료집. pp. 52-55.

신원섭 · 김성일 · 오홍근 · 성연희 · 김시경 외(2007). 통합의학으로서 산림의 치유기능연구소 보고서. 충북대학교 농업과학기술연구소.

양제연 · 이태희(2011). 재방문 여부에 따른 동남아시아 리조트 선택속성 IPA 평가에 관한 연구. 한국사진지리학회지. 21(2): 159-172.

유기준(2011). 산림기반형 한방치유 관광상품 선호도에 대한 의식조사.

______(2009). 산림치유형 의료관광 상품개발. 상지대학교 보고서.

유리화(2007). 숲의 건강, 치유효과활용사례 및 적용, 숲으로부터의 건강 세미나 자료집. 산림청.

유승각(2011). 강원지역 산림치유기능 중심의 의료관광 상품개발 방안 연구. 관광연구저널. 25(2): 19-40.

유한킴벌리(2007). 통합의학으로서 산림의 치유기능 연구. 보고서.

이경환 · 주영환(2005). 건강테마형 여행 유형 및 자원사례. 관광연구저널. 제19권 제2호: 143-153.

이태희(2011). 러브마크감성행동론. 새로미.

______(2013). 리조트개발의 이해와 전략. 새로미.

이태희 · 김려은(2011). 지리적 격리형 강원랜드 카지노 종사원의 직무만족도에 관한 연구: 서울소재 카지노와의 비교를 중심으로. 한국사진지리학회지. 21(3): 75-85.

임영석(2008). 치유의 숲 계획기준에 관한 연구. 서울대학교 환경대학원 석사학위논문.

임형진 · 김학준(2011). 녹색체험관광의 만족도에 미치는 요인에 관한 연구. 한국사진지리학회지. 21(2): 89-101.

장지훈(2006). 쿠퍼연구소의 웰니스프로그램. 한국운동재활학회지. 2(2): 23-28.

조현섭 · 차진경 · 조성민(2008). 숲체험 효과성측정도구 개발연구보고서. 한국녹색문화재단 한국음주문화연구센터.

한국녹색문화재단(2006). 숲체험을 통한 참가자의 정서적 치유효과의 평가연구.

제2절 트랜스포메이션 재화 산지별 힐링시설의 특성

1 힐링욕구와 시설

정신적 빈곤과 심신의 질병에 시달리는 모순을 경험하는 현대인의 치유욕망이 현실로 나타난 '힐링(Healing)'은 원래의 심신상태로 되돌려놓아 얻게 되는 온전한 자아실현의 욕구를 바탕으로 하는 것이라 할 수 있다. 심신의 치유를 통해서 얻게 되는 긍정적 변화의 힘은 바로 트랜스포메이션 재화가 갖는 근원적인 바탕이다. 이런 트랜스포메이션 재화는 진정한 자아찾기, 진정성 있는 치유에 대한 통제범위를 확대하는 주요 원천 역할을 하는 것이다. 결국 힐링은 '변화된 것'에 대한 '효과의 욕구'가 더해진 것이다.

Pine & Gilmore(1999)는 *The Experience Economy*에서 경제의 흐름은 서비스 경제에서 체험경제로 바뀌고 마지막으로 트랜스포메이션 경제(transformation economy)에 다다르게 될 것이라 주장한다. 트랜스포메이션 시대에 인간은 지금과 같이 단순하게 체험 그 자체로서 만족하는 것이 아니라 체험을 통하여 자신이 변화되는 새로운 자극을 받아 몸과 마음이 개선, 개혁되는 체험에 대한 욕구를 점점 더 강하게 가지게 될 것이다.

이러한 트랜스포메이션 경제적 흐름 속에서 힐링이 사회 전반에 걸쳐 서서히 윤곽을 드러내고 있고 다양한 분야에서 힐링에 대한 관심과 상품개발에 관한 연구가 활발히 진행되고 있다. 힐링이 새로운 트렌드로 부각되기 시작하면서 전국적으로 힐링 관련 시설들이 브랜드화하여 양산되고 있다. 시설별로 산림에 위치한 경우도 있고 바닷가에 위치하거나 어떤 경우 도시 내에 존재하여 다양한 효용을 잠재소비자들에게 선보이고 있다. 소재나 위치하고 있는 환경상의 이런 차이점뿐만 아니라 해당시설이 힐링에 사용하는 고유의 재료나 콘텐츠 또한 힐링시설별로 구분되는 주요 유인력이 될 수 있다.

과연 소재하고 있는 지역의 특성이나 힐링시설이 사용하는 재료나 콘텐츠의 특화성에 따라 해당 힐링시설의 기능이나 특화된 서비스가 트랜스포메이션 재화라는 차원에서 구분되는 것인지를 살펴보는 것은 향후 트랜스포메이션 재화로서 힐링기능을 갖는 시설들의 지속가능성과 관련하여 매우 의미 있고 필요한 작업이라 할 수 있을 것이다.

이 연구는 전국에 분포한 힐링시설들을 트랜스포메이션 재화의 생산시설로 보고 각 시설들이 소재하는 지역의 특성이나 특화재료의 사용에 따라 어떤 특성을 보유한 상태에서 힐링이라는 기능을 수행하고 있는지 구분하여 파악하는 것을 연구목적으로 한다. 라이프스타일로 정착되어 가고 있고 힐링이라는 화두로 풀어내는 트랜스포메이션 재화의 생산이 관광차원이나 휴양차원에서 어떻게 구분되어 설명되고 소비자에게 이해되어야 하는지에 대한 방향성을 제공하고자 하는 목적 또한 본 연구가 갖는 의미라고 하겠다.

2 힐링과 트랜스포메이션의 이론적 배경

1. 힐링의 개념

힐링은 그리스어 'therapeai(도움이 되다, 의학적으로 돕다, 병을 고쳐주다)'에서 그 근원을 찾을 수 있다. 그러나 정신적인 질병을 대상으로 한 치료(therapy) 같은 정신의학 전문가에 의해 이루어지는 과정들을 포함하다(최미영, 2004) 보니 '치유'와 '치료'라는 두 가지 용어가 뚜렷한 경계 없이 혼용되어 오고 있다.

치료는 과학적 테크놀로지와 환자의 신체에 초점에 맞춰진 반면 치유는 영적, 경험적 그리고 인간으로서의 환자에 초점이 맞춰져 있다(Kaiser, 1994). 치료는 하이테크(high-tech)로 분류되고 치유는 하이터치(high-touch)로 분류되기도 한다. 치료가 의학을 통하여 질병을 고치는 차원이라면 치유는 그 외에 환경적, 심리적, 사회적, 문화적인 모든 영역의 것들을 통하여 질병의 치료뿐 아니라 질병 예방과 건강증진으로까지 확대된 의미라고 할 수 있다(유진아, 2005). 치료와 치유의 차이점에 관한 내용을 정리하면 〈표 1〉과 같다.

사전적 의미로 '치유하다'라는 뜻을 지닌 힐링은 맑은 에너지를 연결하여 어두운 잠재의식과 마음 속 부정적인 감정들, 몸 속 나쁜 습관들을 일깨워 몸과 마음을 정화시키는 것이다. 이 부분이 트랜스포메이션 재화로서의 기능으로 중요한 의미를 갖는 경우가 된다.

힐링은 무한한 관심과 사랑의 마음으로 상대방 혹은 내 자신의 심신을 되살리는 치유법이라는 측면에서 '사랑주기'라고 표현하기도 한다. 힐링은 육체의 병을 고치는 것뿐 아니라 정신적인 병을 고치는 것도 포함하며 인격의 완전한 성숙을 저해하는 정신적 · 육체적 · 영적인 억압으로부터 자유롭게 하여 모든 삶의 영역에서 정상적인 상태로 회복하

표 1 치료와 치유의 차이점

용어	치료(Curing)	치유(Healing)
구분	High-Tech	High-Touch
개념	의학을 통하여 질병을 고치는 것	환경적, 심리적, 사회적, 문화적인 것들을 통하여 질병의 치료뿐 아니라 질병 예방과 건강증진으로까지 확대
특성	과학적	영적, 경험적
대상	테크놀로지와 환자의 신체에 초점	인간으로서의 환자에 초점

출처: 신혜원(2011), 『생태요소를 적용한 체험과 테마 중심의 치유공간에 관한 연구』

는 것이다(임도희, 2008). 프란시스 맥너트(Francis Macnut, 1992)는 힐링의 대상이 되는 질병을 다음과 같은 세 가지로 분류하고 있다.

① 영(靈)의 질병: 개인적인 죄로 인하여 영혼이 병드는 것
② 감정의 질병: 과거의 고통스러운 상처로 인하여 상한 감정과 정서적 문제를 겪음
③ 육체의 질병: 질병이나 사고가 원인이 되어 신체에 병이 생김

질병이 일어날 수 있는 인간의 모든 영역이 힐링의 영역(John Wimber, 1992)이라고 정의 내릴 수 있겠지만, 레슬리 웨더헤드(Leslie D. Weatherhead)가 지적한 것처럼 힐링이란 인간으로 하여금 그 육체가 물질적인 세계에서, 정신이 참된 이상의 영역에서 온전히 작용할 수 없게 왜곡된 상태로부터 벗어나 조화로운 삶을 되찾을 수 있도록 해주는 과정을 의미한다(양정하, 2005). 결국 힐링이란 존재를 온전하게 하는 것으로 인간을 구성하거나 인간이 속한 신체적 · 정신적 · 영적 · 사회적 및 환경적 차원들이 모두 온전하게 되는 것을 의미한다고 할 수 있다.

이처럼 인간의 생존을 위협하는 것은 더 이상 물리적인 것이 아닌 인간의 마음과 정신에 대한 공격이라는 것을 확인할 수 있으며(박종희 · 권영미, 2009) 이에 따라 건강한 심신의 유지와 균형에 대한 욕구와 필요성 자각이 시대적 흐름의 영향을 받으며 힐링의 형태로 윤곽을 드러내기 시작한 것이다.

황혜경(2007)은 힐링의 대상에 따라서 개인 차원에서 이루어지는 개인적 힐링과 사회적 차원에서 발생하는 사회적 힐링으로 구분하였으며 구체적인 내용은 다음과 같다.

- 개인적 힐링: 육체적 건강을 되찾게 하고 마음의 평안을 얻게 하며 자신의 본성을 찾게 하여 원래의 모습대로 회복하게 해주는 것이다.
- 사회적 힐링: 모든 사람이 건강과 행복을 누리며 살 수 있는 문화를 창조하고 보급하는 것으로 이를 통하여 인구·자원·환경·제도·문화 등 모든 삶의 영역에 걸쳐 인류문명이 지속될 수 있다.

모든 생물체는 스스로 항상성(恒常性: Homeostasis)을 통하여 안정화(安定化)한다. 이 안정화를 저해하는 물질에 대하여 저항력과 면역력을 가지고 있는 것이 생명체 스스로의 자연치유력이라 말할 수 있다. 따라서 인간 질병의 원인은 자연으로부터 멀어져 자연의 파괴와 질서에 반하는 과학과 문명에 있다는 주장도 있는데(김진술, 2007) 힐링은 결국 자연으로부터 멀어진 인간을 자연으로 돌려보내는 과정이라 하겠다.

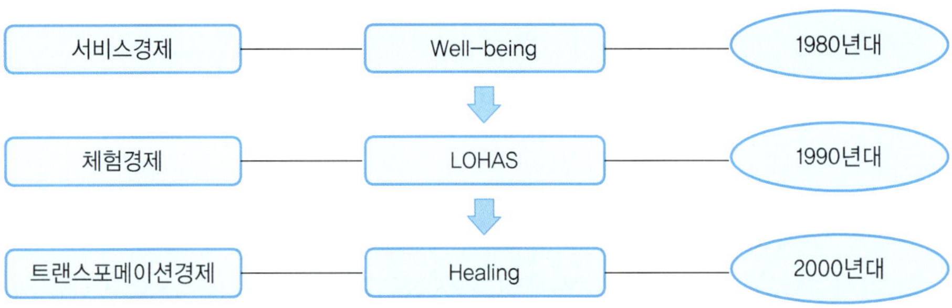

〈그림 1〉 힐링 콘셉트의 등장추이

2. 힐링 유사개념의 진화

〈그림 1〉에서와 같이 오늘날 힐링의 근간을 이루는 기본적인 생활양식이나 트랜스포메이션 재화를 소비하는 가치관은 이미 오래전부터 존재해 왔다. 웰빙이나 로하스(LOHAS) 등으로 명명되었던 힐링의 선행개념들은 결국 트랜스포메이션 재화의 범주 안에서 현실화되어 왔다고 말할 수 있다. 미국과 유럽에서는 여성들의 건강관리를 위한 복

지정책으로 웰빙이라는 개념이 구체화되기 시작하여 1978년 미국 펜실베이니아의 웰빙 센터(Center for Well Being), 아일랜드 더블린의 웰우먼 센터(Well Woman Center) 등이 생겨났다. 이런 유형의 시설들은 건강해지는 특정의 서비스를 제공하는 기지의 성격을 갖는다고 하겠다. 받는 서비스로서 프로그램의 중요성이 강조되는 경우이기도 하다.

또한 시간이 흐르면서 미국과 유럽 등지에서는 친건강, 친환경성을 지향하는 사회 대안운동이 역시 트랜스포메이션 재화의 뿌리로 정착되면서 1990년대 이후 웰빙이라는 라이프스타일과 함께 자연스럽게 생활 속에 스며들기 시작하였다. 일본 역시 1990년대부터 식생활을 중심으로 건강 붐이 조성되어 특정보건용 식품이 일본인의 건강생활의 일부로 정착되기 시작했다.

이후 서구사회를 중심으로 기존 웰빙에 환경개념을 추가하여 개인의 육체와 정신의 건강, 행복한 삶을 추구하는 것에 그치지 않고 자연의 중요성, 생태계의 지속 가능성에 대하여 관심을 갖고 환경과 사회정의 및 지속가능한 소비에 높은 가치를 두고 생활하려는 라이프스타일인 로하스 개념이 등장하였다(Ray & Anderson, 2000).

웰빙은 환경의 중요성은 인지하고 있어도 실제로 친환경제품 구매까지는 연결이 되지 않으며 웰니스는 신체적, 사회적, 정서적, 지적, 정신적 부분까지 고려하나 개인적인 삶에 초점이 맞춰져 있다. 로하스는 이들과는 달리 환경보호를 위해서라면 생활의 불편을 감수할 뿐 아니라 더 높은 비용이 들더라도 친환경제품을 사용하려는 의지가 있는 것으로 사회적 웰빙으로 소비패턴이 확장되었음을 의미한다(노기배, 2011).

로하스는 건강이나 환경의 지속가능성을 고려한 구매활동을 하여 유기농, 친환경 상품 구매는 물론 자연친화적인 재생 에너지까지 깊은 관심을 나타내 단순히 개인의 체험영역에서 벗어나 개인이나 사회의 행태에 영향을 받는 환경적인 측면까지 고려하는 범위로 확대되게 된다(노기배, 2011). 유럽과 미국 그리고 일본에서 복지와 관련된 '사회적 웰빙'이 강조되어 왔다면 한국에서는 한때 복지와는 무관하게 '개인적 웰빙'을 위한 상품구매에 집중되는 경향이 짙었는데 개인의 체험영역에서 벗어나 사회 전체의 긍정적 변화를 유도해 내는 트랜스포메이션 재화로의 진화가 경험되는 단계에 이르게 된다.

3. 트랜스포메이션 재화로서 시설과 자원 속성에 대한 고려

Melinda Davis(2002)는 과거에 소비자들이 의·식·주 위주의 육체적 욕구인 원초적 욕망을 원했다면 향후에는 마음의 안정, 정신적 치료, 영혼의 기쁨이 원초적 욕망을 대신한다고 주장하였다. 이러한 현상은 인간의 중요한 삶의 행위들이 구체적인 물질의 세계보다는 추상적인 사고와 이미지, 그리고 아이디어의 세계에서 이루어지기 때문이다. 제조중심 경제로부터 무형의 아이디어 중심 경제로 이행하는 과정에서 사람들은 과거보다 정신적, 정서적인 문제에 더욱더 직면하게 될 것이고 이러한 문제들을 해결하는 데 더 많은 관심을 가질 것이라고 하였다(Melinda, 2002).

트랜스포메이션 재화 이론은 사회구성원의 심신이 개인적으로나 사회적으로 긍정적인 방향으로 개선되는 변화를 새롭게 재조명한 경우라 하겠다. 서비스경제시대가 체험경제시대로 바뀌었고 대중들이 개인적인 차원이나 사회적인 힐링의 필요성을 인식하는 것은 체험경제시대가 끝나 트랜스포메이션 경제시대로 진입하게 되는 데 있어서 중요한 계기가 된다(Pine & Gilmore, 1999). 트랜스포메이션 경제시대에 다다르면서 인간은 그동안 의미를 두었던 단순한 체험 그 자체에 만족하지 않고 체험을 통하여 심신의 긍정적 변화를 통해 자신이 성장하고, 발전하며, 개선되고, 개혁되는 결과에 관심이 높아진다는 것이다(박종희·권영미, 2009).

트랜스포메이션 시대에서 경제의 주요 기능은 몸과 영혼을 호전시키려는 소비자의 특별한 목표나 목적을 달성할 수 있도록 유도하는 것이다. 판매자는 결국 치유의 기능을 갖는 시설, 서비스, 특화재료나 자원 등을 통해 소비자가 변화하고자 하는 방향으로 유도하는 유도자의 역할을 한다. 지속적으로 시설이나 서비스가 제공할 수 있는 것 이상의 상태를 유지하여 대중들이 특별한 목표를 갖고 의도했던 효과를 끌어내도록 도와야 하는 것이다(B. Joseph Pine II and James H. Gilmore, 1999).

이렇듯 힐링이나 힐링과 연관된 트랜스포메이션 재화의 수요와 공급에는 서비스의 부분으로서 체험하고 소비되는 시설적 특성과 재료가 무엇인지가 중요한 역할을 하게 된다. 체험의 내용이 손에 잡히는 구체적인 재료나 물리적인 환경으로 인식되게 되는 것이다. 힐링시설이 위치하는 지역의 물리적·환경적 특성이나 해당 시설에서 사용하는 특화 재료는 트랜스포메이션 재화로서 구체성을 띤 채로 체험의 주체인 소비자들에게 인식되는 부분이 아닐 수 없다. 따라서 트랜스포메이션 재화시대에 힐링시설이 갖는 특성을 구분하고 그 다양화에 의미있는 방향성을 제공하는 연구가 존재한다면 향후 힐링과 연계되는 트랜스포메이션 재화의 지속적인 기능유지에 기여할 수 있을 것이다.

3 지역별 특화재료에 따른 힐링시설 특성비교

1. 지리적 분포에 따른 힐링시설 비교

트랜스포메이션 재화의 생산시설로서 힐링시설의 분포를 살펴보게 되면 충청북도 제천에 오픈한 우리나라 최초의 힐링 리조트인 리솜 포레스트 사례와 같이 시설의 콘셉트 자체에 힐링을 적용한 사례도 있고 기존의 웰빙, 로하스, 웰니스 프로그램 등을 변형하여 힐링 콘텐츠를 보유하고 있는 사례들도 있다. 꽃마을 자연치유센터의 경우, 대체의학을 중심으로 한의학과 양학의 협진을 접목한 통합의학치료시스템을 구축한 자연치유센터이다. 이곳은 단순히 신체적인 질환을 치료할 뿐만 아니라 정신적 상처도 치유하는 총체적인 심신의료를 지향하는 곳으로 자연치유프로그램은 암, 아토피, 비만, 난치병, 불임 등과 같은 질병 치료 프로그램부터 스트레스 해소, 정화 · 해독 프로그램과 같은 건강증진프로그램까지 개인의 욕구나 상태에 맞춰 정확한 진단을 받은 후에 참여할 수 있는 경우다.

1) 먹거리 자연치유형 생태마을

이론적 배경부분에서 이미 언급된 것처럼 무해한 식자재 중심의 식생활을 중심으로 특정 보건용 식품이 건강한 생활의 일부로 정착하도록 하는 형태의 힐링시설이 국내에도 존재한다. 대티골(경상북도 영양)은 자연치유 생태마을로 황토가옥에서 마을사람들과 함께 친환경농법의 채소 등의 재료로 만들어진 건강한 식사를 하는 힐링체험 프로그램을 보유하고 있다. 대티골은 다른 시설들과는 달리 힐링을 위하여 인위적으로 만들어진 시설이 아니다. 주민들이 오래전부터 건강한 먹거리를 주요 힐링의 수단으로 내세워 자연치유 생태마을로 가꾸어온 마을이다. 힐링에 대한 욕구나 관심이 높아지면서 일반 방문객을 마을로 맞이하게 되었기 때문에 다른 시설들에 비하여 구성이 상업적이지 않다.

방문객이 증가하면서 힐링체험 프로그램을 보다 체계적으로 운영하기 위한 노력을 기울이고 있는 경우다(〈표 2〉 참조). 트랜스포메이션 재화로서 생태마을과 산을 환경과 배경으로 하고 있으며 야생화, 약초, 산나물, 토종꿀 등의 특화자원을 힐링의 재료로 선보이고 유기농재배와 된장 담그기 등의 체험재화를 선보이고 있다.

〈사진 1〉 고추따기 체험

〈사진 2〉 대티골 황토구들방

출처: 대티골 홈페이지(www.daetigol.com)

표 2 대티골 체험 프로그램

프로그램명	대상	장소
일월산 등산	성인	일월산 일대
야생화 전시관 관람	성인과 아동	대티골마을
고추따기 체험	성인	대티골마을
산악자전거 타기, 풍물놀이, 야생꽃차 만들기와 다도, 야생화 음식 만들기, 토종꿀 벌집 체험 및 채취, 전통놀이체험	성인과 아동	대티골마을
영양메주 된장 담그기, 산나물 채취 및 나물요리, 약초술, 약초차 만들기	성인	대티골마을
일월산 무속신앙 유적지 탐방, 역사탐방	성인과 아동	일월산
숲과 나무의 생태 배우기	아동	일월산
산골 썰매타기 및 스케이트	아동	일월산과 스케이트장
숲속의 향연	아동	대티골마을과 휴양림
유기농 체험	아동	

2) 산림치유형 리조트

이론적 배경에서 강조되었던 힐링의 방향성이나 본질을 산림 속에 위치하는 리조트라는 외형과 산림치유형 힐링프로그램을 통해 적용시킨 사례로 충북 제천의 리솜 포레스트를 들 수 있다. 리솜 포레스트가 자리 잡은 제천은 70%가 산으로 구성되어 있으며 그 중에서도 박달재 지역은 상록 침엽수인 소나무가 45% 분포되어 자생하고 있다.

제천 의림지와 제림에는 100년 이상의 노송 400여 그루와 버드나무 등이 있고, 박달재 휴양림에도 100년 이상의 소나무를 비롯하여 200여 종류의 나무들이 자생하고 있다. 21만㎡ 리조트 부지의 70%가 수백여 종의 수목과 야생화 군락지로 둘러싸여 있어 숲에서 나오는 음이온, 피톤치드, 세로토닌 등과 같은 천연치료제는 숲에 있는 것만으로도 자연 속에서 몸과 마음이 스스로 정화되고 힐링의 효과를 체험할 수 있는 환경이 조성되어 있다.

〈사진 3〉 리솜 포레스트 전경

〈사진 4〉 리솜 포레스트 힐링 프로그램

출처: 리솜 포레스트 홈페이지(www.resomforest.com)

리솜 포레스트는 개발되기 이전의 자연지형이나 식생을 개발 후에도 90% 이상 유지하여 자연파괴를 최소한으로 줄이는 것은 물론이고 힐링이라는 트랜스포메이션 재화의 가장 중요한 부분이라 할 수 있는 몸과 영혼의 안정과 치유를 추구함은 물론 자연의 지속가능성도 보장하는 데 많은 노력을 기울였다.

이와 같은 산림치유형 리조트에는 빠른 시간 내에 조리되어 간편하게 먹을 수 있는 자극적인 음식 대신 시간은 조금 오래 걸리나 몸에 약이 될 수 있는 건강식이 준비되고, 일회용품 대신에 손수건 사용을 권하는 등 힐링이라는 개념 안에 스며들어 있는 로하스적인 접근도 반영하고 있다. 리솜 포레스트는 인위적인 힐링프로그램 대신 리조트 방문객이 자연 속에서 스스로 몸과 마음이 건강해지는 자연치유력을 높일 수 있도록 도와주는 역할을 한다. 에코힐링프로그램, 에코가든, 아쿠아힐링센터 등이 리솜 포레스트가 보유한 힐링 콘텐츠이다. 에코힐링프로그램의 경우 사전예약을 통해 인원을 모집하고 그룹단위로 특정 날짜에 프로그램에 참여하는 방식이다. 구체적인 프로그램 구성은 〈표 3〉과 같다.

표 3 리솜 포레스트 에코힐링프로그램

구분	내용
진행일	매일 9시 30분, 15시 30분(수요일 제외)
코스	박달문화원 → 소소리 바람길 → 낙엽송 오름길 → 낙엽송 간벌지 → 낙엽송 내림길 → 생태이동로 → 별똥카페 → 별똥밭 → 산바라기 능선길 → 시크릿가든 촬영지 → 박달이음길 → 박달문화원 옥상갤러리
참여인원	최대 20인 내외(적정인원 14~16인)

출처: 리솜 포레스트 홈페이지(www.resomforest.com)

3) 치유 예방 치료 병합형 마을

트랜스포메이션 재화적 접근은 어떤 경우 몸이나 심리 상태가 심각하지 않은 경우에 원래의 건강했던 상태로 돌려놓는 접근이 있을 수 있지만 이미 병에 걸려 있는 상태의 사람들을 치료하여 원상태로 돌려놓는 경우에도 적용이 될 수 있다. 강원도 홍천에 위치한 힐리언스 선마을은 좀 더 심각한 상태의 환자들에게도 트랜스포메이션 재화를 제공하는 힐링시설이라 할수 있다. 또한 예방도 강조하는 힐링시설로서 일상 속에서의 스트레스 강도, 운동습관, 신체상태 등을 점검해 보고 전문가의 종합적인 진단과 조언에 따라 생활습관 자체를 근본적으로 고쳐나가 일상생활로 복귀한 이후에도 꾸준히 실천할 수 있는 프로그램을 제공한다는 특징이 있다. 각계 의료전문가들과 함께 우리나라 현실에 맞는 생활습관 개선프로그램을 개발하여 힐링과 예방치료를 병합한 시설이라 할 수 있다.

트랜스포메이션 재화의 본래 개념에 맞게 프로그램 대상자는 건강하게, 젊게, 행복하게 살고 싶은 사람이면 누구나 참여가능하다고 마을 소개에 명시하고 있다. 올바른 운동습관, 마음습관, 영양습관 등을 통하여 근본적이고 지속적으로 건강함을 유지할 수 있도록 안내한다. 모든 프로그램은 〈그림 2〉와 같이 건강수명을 연장할 수 있는 관리기법들에 대한 이해와 체험을 시작으로 이 과정들을 통하여 스스로 깨닫고 변화된 나를 완성해 가는 과정을 거치게 된다.

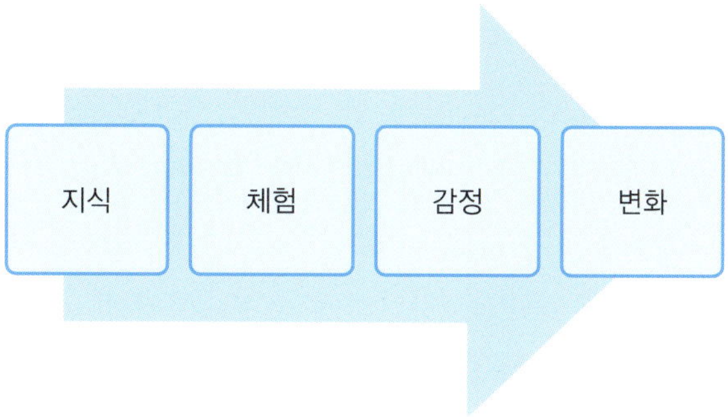

〈그림 2〉 힐리언스 선마을 트랜스포메이션 진행 흐름도

출처: 힐리언스 선마을 홈페이지(www.healience.com)

정규프로그램으로 하이라이프, 마음수업, 생활습관개선, 파워에이징, 비만캠프, 암극복생활학교, 부부캠프 등이 있고 상시프로그램으로 선마을 스테이, 일일체험, 건강워크숍 등이 진행된다.

〈사진 5〉 힐리언스 선마을 전경

〈사진 6〉 힐리언스 선마을 트레킹 코스

출처: 힐리언스 선마을 홈페이지(www.healience.com)

4) 복지형 힐링마을

최근 국내에서 보여지는 힐링 트렌드는 힐링시설이 상표로 등록되고 상표로 출원되는 등 힐링의 브랜드화가 진행된다고 해도 과언이 아니다. 이런 경우 경제적으로 지불능력이 있는 계층에게만 힐링이라는 단어가 의미있게 되기 쉬운데 힐링을 복지차원에서 전개한 사례가 국내에서 발견된다.

마음을 씻어주는 집이라는 의미의 세심원(전라남도 장성)이 바로 그곳이다. 세심원은 1999년 친환경 주택을 완공한 후 휴식이 필요한 모든 사람들을 위하여 열쇠 100개를 만들어 주변에 나눠주면서 무료로 이용하게 한 곳이다. 트랜스포메이션 재화로서 세심원이 선택한 힐링 관련 특화재료로는 편백나무 마루, 죽염을 섞은 황토를 발라 칠한 내벽 등 철저하게 자연건축자재를 사용하였다. 트랜스포메이션 재화가 심신의 긍정적 변화를 위해서 채택해야 하는 재료와 자원이 중요하게 고려되어져야 하는 점을 시사하는 대목이다. 힐링복지시설이라 불러도 무방할 정도로 세심원은 특별한 힐링프로그램 없이 힐링을 목적으로 하는 사람들에게 장소를 제공하는 데 큰 의미를 두는 곳이다. 이곳에서는 진정한 쉼을 위하여 고기, 휴대폰, 술은 철저히 반입을 금지시키고 있다는 특징이 있다. 최근에는 방문객 증가로 인근에 유료로 이용할 수 있는 '휴림'이라는 통나무집을 새로 만들어 운영하고 있다.

〈사진 7〉 세심원 전경

〈사진 8〉 세심원에서 제공되는 음식

출처: 코웨이 스토리(http://blog.naver.com/cowaystory)

5) 주변지역 자원활용형 힐링센터

트랜스포메이션 재화는 종종 지역 주변에 자연발생적으로 형성되어 왔던 산업이나 해당 산업의 재료가 되는 자원과 연계된 형태로 나타나는데 이를 자원활용형 힐링시설이라 칭할 수 있다. 주변 지역에 소금을 생산하는 염전이 산재하여 그 특성을 살려 만든 힐링센터가 있다면 이런 경우에 해당된다. 한 예로 태평염전 소금동굴힐링센터는 전라남도 신안군에 위치한 태평염전의 소금테마파크 내에 있는 힐링시설로서의 트랜스포메이션 재화다.

소금힐링요법은 우리나라에서는 다소 낯설지만 동유럽에서는 소금광산의 천연소금동굴이 1800년대부터 치료요법으로 사용되기 시작하여 현재는 인공소금동굴이 유럽 전역으로 확산되어 보편화되어 있다. 20도 내지 23도의 상온에서 미세한 소금입자를 마시면 호흡기 염증이 완화되고 불순물도 배출되며 각종 질병의 원인이 되는 체내의 활성산소를 제거시킬 뿐 아니라 심리적 안정까지 얻을 수 있다. 천식, 기관지염, 부비강염(축농증) 등의 호흡기 감염증과 알레르기성 비염, 꽃가루과민증, 알레르기성 피부염, 신경성 피부염, 습진, 아토피 등의 피부질환, 이명(귀울림), 편두통 등의 순환기질환, 근육통, 류머티즘, 3차 신경통, 불면증, 수면장애, 만성피로증후군, 스트레스 해소 등의 효과가 있는 것으로 알려져 있다.

〈사진 9〉 소금동굴힐링센터 내부(1)

〈사진 10〉 소금동굴힐링센터 내부(2)

출처 : 증도소금세상 블로그(http://blog.naver.com/babmaga03/)

6) 자연치유 커뮤니티형 힐링시설

개개인의 맞춤형 면역요법을 제안할 수 있는 의료진을 갖추고 각종 질환과 성인병 예방, 자연치유 면역 증진을 위한 휴양 및 건강 유지 공간을 마련하는 경우도 트랜스포메이션 재화가 생산되는 한 형태라 볼 수 있다. 이런 형태의 서비스가 커뮤니티 형태로 구현된다면 자연치유형 힐링시설로 구분될 수 있을 것이다. 이에 해당하는 사례는 전북 고창군 석정온천지구 154만㎡에 자연치유형 리조트 '웰파크시티' 내에 '석정 힐링카운티'라고 명명한 신개념의 '자연치유 커뮤니티 공간'을 들 수 있다.

〈사진 11〉 힐링카운티 전경(1)

〈사진 12〉 힐링카운티 전경(2)

이곳은 개개인의 맞춤형 면역요법을 제안할 수 있는 임상영양학 박사진, 암면역센터 의료진, 세포연구소의 연구진, 운동처방 박사진들이 꾸준하게 연구 개발한 의료 성과를 기반으로 토털 건강관리 시스템이 갖춰진 자연면역증진센터로 운영되고 있다. 면역력 검사를 통하여 자연치유요법, 영양, 운동처방 등 체계적인 토털 관리시스템이 구현되며 센터에서는 면역활성도 검사, 맞춤형 식이요법, 운동요법, 영양치료 등의 세부 프로그램이 병행된다. 힐링카운티는 가족형 펜션 오픈을 시작으로 콘도식 펜션도 추가로 운영될 것이다.

표 4 힐링카운티 콘셉트

구분	내용
HEALING	몸과 마음이 자연과 하나되어 치유되는 진정한 '쉼'의 공간
ECO	황토, 천연목재 등 자연친화적 내외장재로 만든 주거공간
GREEN	편백나무숲 방장산 자연휴양림, 자연친화적 면역증진 프로그램
WELLBEING	영양학 박사들이 완성한 유기농 영양식단, 항산화식품

출처: 힐링카운티 홈페이지(www.healingcounty.com)

7) 천연재료 스파형 힐링리조트

제주도 서귀포시에 위치한 조은리조트는 한라산 야생약초로 천연 입욕제와 차를 자체적으로 개발하여 판매하고 전 객실에서 편백나무탕을 이용할 수 있게 함으로써 편백나무의 피톤치드 성분을 주요 힐링도구로 활용하고 있다. 피톤치드는 아토피 등 알레르기 및 피부질환 개선, 강력한 항균작용, 소취작용, 면역력 강화, 진정작용, 쾌적 효과, 스트레스 완화에 도움이 되는 성분으로 알려져 있다.

〈사진 13〉 조은리조트 전경

〈사진 14〉 조은리조트 객실 욕조

출처 : 조은리조트 홈페이지(www.joeunresort.com)

8) 의료관광전문형 힐링센터

경주 힐링센터는 경주시의 '국제 양·한방 의료관광 & 힐링센터 건립'에 관한 MOU 체결의 결과물이다. 경주 힐링센터는 약 79억 원을 투자하여 경상북도, 경주시, 동국대학교, 동국대학교 경주병원 4개 기관의 협업으로 국내외 관광객을 대상으로 하는 힐링센터 건립 사업을 추진하였다. 주요 사업 내용으로는 의료관광사업과 힐링사업을 통하여 양·한방 종합검진, 메디컬 스킨케어, 통합기능의학, 관계치유 등이 있다. 세부적으로는 MRI 등 영상의학검사, 진단의학검사, 경락, 침, 부황 등의 한방검사실과 명상, 요가, 운동치료, 항스트레스, 힐링푸드 등 양방과 한방의 결합으로 몸과 마음을 치유하는 힐링의 기능을 갖춘 다양한 시설과 프로그램들을 도입할 계획이다.

이상에서 다룬 우리나라 힐링 콘텐츠 보유 시설들에 관한 특성별 내용을 요약하면 〈표 5〉와 같다.

표 5 힐링 콘텐츠 보유 시설별 특성

시설명	위치	구분	특화내용	힐링 콘텐츠
경주 힐링센터	경상북도 경주	의료관광형 힐링센터	양한방 의료관광	통합의학적 자연치유센터
대티골	경상북도 영양	생태마을	생태치유 야생화, 약초	황토가옥의 자연치유생태마을에서의 휴식, 체험관광프로그램
리솜 포레스트	충청북도 제천	리조트	숲치유	에코힐링프로그램, 아쿠아힐링센터, 에코가든
힐리언스 선마을	강원도 홍천	힐링센터	의료치유	정규프로그램, 상시프로그램, 사후관리
세심원	전라남도 장성	펜션	치유	자연건축자재, 술·고기·휴대폰 금지
소금동굴 힐링센터	전라남도 신안	힐링센터	염전치유	소금동굴
힐링카운티	전라북도 고창	리조트	면역력치유	자연면역증진센터
조은 리조트	제주도 서귀포시	리조트	스파치유	한라산 야생약초로 천연입욕제와 차 개발, 편백나무 스파

출처: 연구자 작성

4 트랜스포메이션 산지로서의 콘텐츠 특화

힐링이란, 모든 인간을 대상으로 심신의 안녕과 균형을 다루는 것으로 웰빙과 로하스를 잇는 새로운 문화양식이자 문화코드로 이해하고 개인적 힐링이 사회적 힐링을 이뤄내고 궁극적으로는 국가적 힐링까지 가능하게 하여 우리나라 국민 모두 건강하고 양질의 삶을 향유할 수 있는 환경을 조성하는 것에 의의를 두는 개념이다. 이미 앞에서 언급한 것처럼 인간 질병의 원인이 자연으로부터 멀어져 자연의 파괴와 질서에 반하는 과학과 문명에 빠져 있기 때문인 것처럼 힐링은 결국 자연으로부터 멀어진 인간을 자연으로 돌려보내는 과정이다.

자연으로 돌려보내는 과정뿐만 아니라 힐링은 원래 심신이 건강하던 상태로 되돌려 놓는 과정이기도 한데 이는 트랜스포메이션 재화가 갖는 특성을 그대로 반영하는 사항이 된다. 치료가 아닌 치유의 기능이 힐링의 근원이라고 한다면 트랜스포메이션 재화로서 힐링시설이 갖는 특화된 서비스나 시설 혹은 프로그램 등은 트랜스포메이션 재화를 생산해 내는 거점으로서 국내에 분포하는 힐링시설들의 특성을 분석해 본 결과 대부분 지역의 특성을 살린 힐링시설들이 존재한다는 것을 알 수 있다. 야생약초 스파 치유, 생태 치유, 숲 치유, 소금성분에 의한 치유, 면역력 강화 치유 등 힐링시설들이 존재하고 있는 지역의 특화된 재료나 배경을 치유의 수단으로 활용하고 있는 것도 알 수 있다. 자연으로 돌아가서 치유받을 때 과연 무엇을 통해 치유해야 할 것인가가 트랜스포메이션 재화가 갖는 체험적인 치유에 있어서 매우 중요한 화두임을 알 수 있는 대목이 된다. 힐링시설의 특화는 결국 해당 시설이 놓여 있는 지역성, 해당 지역의 고유 특산품에 의존하거나 근거하게 되고 소비자 입장에서는 오히려 이런 지역특화성의 반영이 트랜스포메이션 재화가 갖는 체험적인 치유에 더 긍정적인 만족을 주는 자극이 될 수 있다는 것을 주지해야 할 것이다.

참고문헌

김진술(2007). 자연치유의 학문체계와 그 개념정립에 관한 고찰. 서울장신대학교 석사학위논문.

김태혁(2009). 치유 디자인 개념을 적용한 욕실 공간 연구: 자연 이미지 디자인 연출이 뇌파에 미치는 영향을 중심으로. 경성대학교 석사학위논문.

노기배(2011). 로하스 소비양식이 로하스 소비목적과 소비행동에 미치는 영향. 숭실대학교 박사학위논문.

박종희(2009). 치유메카 경주. 경주연구. 18(2): 71-89.

박종희 · 권영미(2009). 트랜스포메이션 경제시대에 있어서 힐링의 관광 상품화 가능성에 대한 연구. 관광레저연구. 21(2): 357-374.

서경현 · 양승애(2010). 심리적 스트레스 반응과 주관적 웰빙에 대한 자기애와 자존감의 역할. 한국심리학회. 15(4): 653-671.

서한서(2008). 한국 사회의 웰빙 소비 현상 연구. 한양대학교 석사학위논문.

양정하(2005). 한국에서의 내적치유운동에 대한 연구. 고신대학교 석사학위논문.

오은택(2011). 건강운동 참여가 체력수준과 건강위기감 및 건강증진행위에 미치는 효과. 중앙대학교 박사학위논문.

이한구(2011). 중년 남성의 라이프스타일에 따른 건강증진행위에 관한 연구. 대구한의대학교 박사학위논문.

임완숙(2009). DISC행동유형과 건강증진행위 및 건강상태와의 관계. 경희대학교 석사학위논문.

장미숙(2010). 여성의 외모관리와 체형관리가 자기효능감과 자아존중감에 미치는 영향. 대구한의대학교 박사학위논문.

전영옥(2005). 웰빙 문화의 등장과 향후 전망. 삼성경제연구소.

최창환(2005). 성인의 건강지향태도와 건강통제행위가 건강증진행위에 미치는 영향. 조선대학교 박사학위논문.

하유진(2006). 자아 존중감 및 내외 통제성과 심리적 안녕감의 관계: 20, 30대 성인 남녀를 중심으로. 연세대학교 석사학위논문.

하지연(2004). 직장인의 자아개념과 여가스포츠활동 관여도 및 참여정도의 관계. 한국체육학회. 43(6): 845-862.

하지연(2005). 직장인의 여가활동유형과 자아개념, 여가태도 및 여가활동 관여도의 관계. 한국체육학회. 44(3): 721-734.

B. Joseph Pine II, & James H. Gilmore (1999). Harvard Business School Press.

Francis Macnutt (1992). *The Power to Heal.* First edition. Ave Maria Press.

John Wimber & Kevin Springer (1991). *Power Points.* Harper Collins.

Melinda Davis (2002). *The New Culture of Desire: The Pleasure Imperative Transforming Your*

Business and Your Life. 1st edition. Free Press.
고창웰파크시티 www.wellparkcity.com
대티골 www.daetigol.com
리솜포레스트 www.resomforest.com
매일신문 www.imaeil.com
삼성경제연구소 www.seri.org
조선일보 www.chosun.com
조은리조트 www.joeunresort.com
클럽모우 www.clubmow.com
한국경제 www.hankyung.com
헤럴드경제 www.heraldbiz.com
힐리언스 선마을 www.healience.com
힐링카운티 www.healingcounty.com
꽃마을경주자연치유센터 www.nisiclinic.com

제3절 힐링여행 치유체험 기술개발 및 효과측정

1 치유체험 기술과 효과측정의 필요성

여행치유를 통한 심리적 불안, 스트레스, 신체적 불균형 등을 해소하고자 하는 관광객 요구의 증대로 치유형 관광상품 및 관광프로그램을 통해 치유(healing)를 추구하는 '치유여행'이 화두로 떠오르고 있음에도 불구하고, 실질적인 여행의 치유효과 유발요인, 치유효과에 대한 과학적 검증은 미비한 실정이다. 이를 위해 이 연구는 심리/의학/정신분석 기술을 활용하여 여행 중 발생하는 어떤 요인이 치유효과를 일으키는지에 대한 검증을 실시하고, ADDIE모형 · HRV테스트 · WSRI분석, 파일럿 센터 선정 및 파일럿 프로그램 적용에 기초한 치유체험 진단도구의 개발 및 그 효과성을 측정하는 방법을 제시하여, 이를 통해 치유여행 프로그램을 개발 · 시범운영하는 방법과 여행 치유체험 기술의 사업화 가능성을 검증하는 연구개발의 틀과 계획을 제공하고자 한다.

1. 연구개발의 틀

장수의 개념이 '기대수명'에서 '건강수명'으로 바뀌고 있다고 한다면 기대수명과 건강수명의 격차가 8~9년에 달해 '삶의 연장'보다는 '삶의 질'로 소비자의 관심사가 부상하며 건강한 삶을 영위하기 위한 치유, 즉 예방과 관리의 중요성이 증대하고 있다.

세계보건기구 WHO의 정의와 같이 건강의 범위가 단순한 신체적 질환과 치료에 국한되지 않고 '정서적, 사회적으로 안녕한 상태' 그리고 예방적 차원도 포함하기 때문에 건강을 테마로 하는 관광활동의 개념도 건강관리관광(healthcare tourism), 웰니스관광(wellness tourism) 등을 포괄한다고 볼 수 있다.

연도	경제	건강개념	특성
1980	서비스 경제	Well-being	• 개인의 육체와 정신의 건강을 통해 행복한 삶을 추구
1990	체험의 경제	LOHAS	• 웰빙 + 자연의 중요성/생태계 지속가능성 • Person Wellbeing → Social Wellbeing • 건강과 환경의 지속가능성을 고려한 소비활동 • 행복한 삶의 터전이 되는 지구환경에 대한 보전과 관심
2000	트랜스포메이션	Healing	• LOHAS + 변화, 자아실현의 욕구 • 개인과 사회의 건강 그리고 지구환경보호를 실천하는 라이프스타일 외에 변화에 대한 욕구가 더해진 것

〈그림 1〉 트랜스포메이션 경제적 특성과 건강개념 변화

건강을 주목적으로 하는 건강테마형 관광은 SIT(special interest tourism) 여행치유상품의 한 유형으로 건강과 치료를 목적으로 하는 여행행위로 볼 수 있다(이경환 · 주영환, 2003). 이제 경제는 서비스경제시대에서 체험경제시대를 지나 인간의 변화하고 싶은 욕구, 달라지고 싶어 하는 욕구, 탈바꿈하고 싶은 욕구를 충족하는 방향으로 소비행태가 변화하는 트랜스포메이션 경제시대의 도래를 맞고 있다(박종희, 2009; Pine & Gilmore, 1999).

트랜스포메이션이라는 패러다임으로 인해 관광분야도 치유목적의 여행을 새롭게 관찰할 필요가 있는데, 여행 중 치유를 원하는 소비자들은 자신이 변화하는 체험 가운데서도 육체적, 심리적, 정서적 치유를 체험할 수 있는 힐링(healing)에 높은 관심을 가지고 있기 때문이다(박종희, 2009).

치유관광은 새로운 사회문화적 변화에 따른 적극적인 관광행위로써 건강상태를 개선시킬 목적으로 집을 떠나 행하는 일체의 관광활동으로 정의된다(유승각, 2011). 이러한 사회환경의 변화와 치유형 여행에 사회적 관심이 부각됨에 따라 우리나라에서는 병원치료에만 의존하는 기계론적 접근에서 벗어나 여행을 활용한 휴양과 치유에 대한 인식이 향상되고 있다.

생태탐방로, 슬로시티 등 친환경 여가활동이 확산되면서 몸소 체험하는 여행과 아울

러 환경, 지역경제 등을 고려하는 책임 있는 여가활동이 증대하고 있으며 이는 곧 신체적, 정서적으로 건강한 삶을 영위하고자 하는 여행치유에 대한 사회적 요구 증대로 연결된다고 한다(이동훈, 2010).

표 1 트랜스포메이션 경제의 특성

구분	범용품 경제	제조품 경제	서비스 경제	체험 경제	트랜스포메이션 경제
경제	농업	공업	서비스	체험	트랜스포메이션
경제적 기능	추출	제조	전달	연출	안내
상품속성	대체기능	유형	무형	기억	효과
핵심적 특징	자연적	표준화	맞춤화	개인적	개별적
공급방법	대량저장	생산 · 재고	수요에 따라 전달	지속기간 나타냄	지속적 유지
판매자	거래자	제조업체	공급자	연출자	유도자
구매자	시장	소비자	고객	손님	열망자
수요요인	특질	특색	편익	감각	개별

자료: 박종희(2009), 관광 · 레저연구, 제21권 제2호, p. 360

이와 같은 사회적 요구와 여가행태의 변화는 효과성을 보유한 여행치유 시설과 프로그램 개발 측면에서 우선적으로 고려되어야 한다. 수요자 중심의 프로그램 개발과 운영이 이루어질 때 여행치유 자원은 트랜스포메이션 경제에서 요구하는 힐링관광 즉 인간의 육체적, 심리적, 정서적 상태를 긍정적으로 변화하는 체험을 제공하는 치유시설, 치유 프로그램 등의 콘텐츠로서 그 의미와 생명력을 지속적으로 유지할 수 있음은 물론 여타 관광 매력물과의 차별성도 동시에 지니게 될 것이다.

결국 이 연구가 지향하고 있는 것처럼 치유시설과 치유 프로그램이 여행의 치유효과를 창출하는지에 대한 심리/의학/정신분석 검증을 통해 치유체험 욕구요인의 하부차원을 파악하고, 이를 통해 파악된 핵심적인 요인을 활용하여 '여행치유기술'을 개발하는 것이 중요한 과제로 부상하게 된다.

여행프로그램의 실제 효과성을 검증 · 분석하여 타당하고 신뢰할 수 있는 진단도구를 개발하고 시범적 시설과 프로그램에 적용하여 그 효과성을 측정하는 것이 필요하게 된다.

1) 연구개발과정과 결과물의 개념도

이런 필요성하에 〈그림 2〉와 같은 연구개발과정과 결과물의 개념도가 작성될 수 있다.

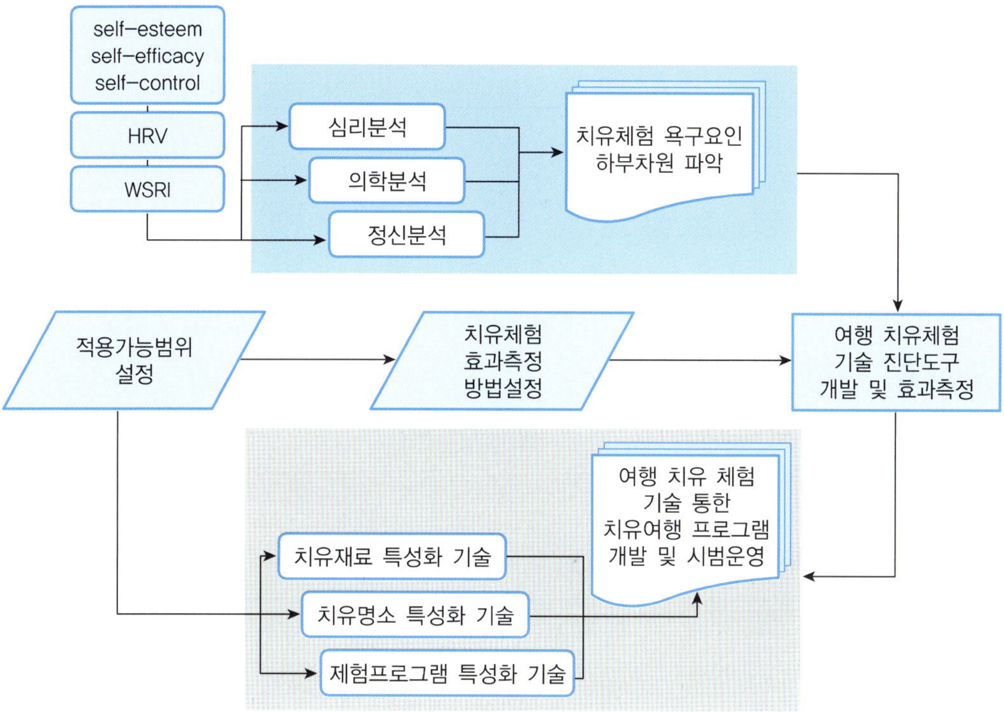

〈그림 2〉 연구개발 개념도

2. 국내외 관련 기술 및 효과측정

1) 국내현황

치유산업은 현대인들의 스트레스 해소 및 심신 치유를 위해 급격히 확산되고 있는 추세로서, 〈표 2〉와 같이 힐링 관련 브랜드 출원건수는 2008년 26건에서 2012년 7월 말 현재 86건으로 대폭적으로 증가하였다. 즉 현대인들이 살아가는 환경에서 건강에 대한 관심증대 및 생활수준 향상으로 인해 양질의 삶을 추구하는 소비자의 욕구가 높아지면서 힐링에 대한 수요를 반영하고 있음을 의미한다.

표 2 연도별 힐링 관련 출원현황

(단위: 건/류 기준)

구분	총계	2007년 이전	2008년	2009년	2010년	2011년	2012년 7월 말
합계	469	180	26	40	65	72	86
상표	228	102	10	17	33	34	32
서비스표	241	78	16	23	32	38	54

자료: 특허청 보도자료(2012)

이처럼 다양한 상품 및 서비스업에서 힐링이라는 용어로 출원 중이거나 등록된 표장이 증가하는 등 힐링 분야의 브랜드 개발 노력은 지속되고 있으나 대부분의 힐링 공급은 상업적, 그리고 브랜드적 처방이 주를 이루고 있다는 점에서 진정한 힐링을 위한 다양한 연계작업이 필요하다.

또한 출원된 힐링 브랜드들은 치유에 대한 효과성 검증이 뒷받침되지 않은 경우가 대부분이어서 치유효과를 바탕으로 한 사업화 전개가 이루어지는 연구개발이 필요한 실정이다.

표 3 국내 치유체험 기능 시설별 특성

시설명	위 치	구 분	특 화	힐링 콘텐츠
꽃마을 자연치유센터	경상북도 경주	힐링센터	자연치유	통합의학적 자연치유센터
대티골	경상북도 영양	생태마을	생태치유	황토가옥의 자연치유생태마을에서의 휴식, 체험관광프로그램
리솜 포레스트	충청북도 제천	리조트	숲치유	에코힐링프로그램, 아쿠아힐링센터, 에코가든
힐리언스 선마을	강원도 홍천	힐링센터	의료치유	정규프로그램, 상시프로그램, 사후관리
세심원	전라남도 장성	펜션	치유	자연건축자재, 술·고기·휴대폰 금지
소금동굴 힐링센터	전라남도 신안	힐링센터	염전치유	소금동굴
힐링카운티	전라북도 고창	리조트	면역력치유	자연면역증진센터
조은리조트	제주도 서귀포시	리조트	스파치유	한라산 야생약초로 천연입욕제와 차 개발, 편백나무 스파

트랜스포메이션 재화의 생산시설로서 국내에 힐링시설이 점차 증가하고 있는 추세이긴 하다. 시설의 콘셉트 자체에 힐링을 적용한 사례부터 기존의 웰빙, 로하스, 웰니스 프로그램 등을 변형하여 힐링 콘텐츠를 보유하고 있는 사례들도 있다.

시설의 위치적 특성과 프로그램의 내용 등에 따라 주요 힐링시설의 형태를 살펴보면 먹거리 자연치유형 생태마을, 산림치유형 리조트, 치유·예방·치료 병합형 마을, 복지형 힐링마을, 주변지역 자원활용형 힐링센터, 자연치유 커뮤니티형 힐링시설, 천연재료 스파형 힐링리조트, 의료관광전문형 힐링센터 등으로 나눠볼 수 있다.

2) 국외현황

독일·일본을 비롯한 해외에서는 국민 건강증진 및 치유를 목적으로 한 여행치유에 관한 연구와 사업이 활발히 진행되고 있다. 일본에서는 산림 속을 걸으면서 하는 카운슬링이나 단체작업, 산림의 지형이나 자연을 이용한 의료갱생 및 생활습관성 예방활동, 그리고 산림에서의 유아교육 등 산림환경을 종합적으로 사용하면서 건강을 증진하는 '삼림세라피(Forest Therapy)'가 적극적으로 활용되고 있다. 일본 임야청·산림세라피연구회·산림세라피 추진위원회 및 산림종합연구소는 공동으로 인증제도를 운영하고 있으며, 2007년 현재 전국적으로 세라피기지(의료, 운동, 숙박, 안내센터 등의 시설을 갖추고 운동, 식사를 진행하는 곳) 18개소, 세라피로드(치유 효과가 입증된 숲길) 6개소를 인증했다(유리화, 2007).

2 치유체험 기술개발과 효과측정의 내용

1. 연구개발의 틀이 갖는 최종목표

표 4 최종목표 및 기술수준

<table>
<tr><th rowspan="2">연구개발 목표</th><th>현재 세계 최고의 기술수준</th><th>국내 관련기술 보유수준</th></tr>
<tr><th>연구개발 최종 목표수준</th><th>기 보유기술과 차별성</th></tr>
<tr><td rowspan="2">여행 치유체험
기술개발</td><td>태국 치바쏨리조트 치유체험 상품</td><td>치유기술 보유한 치유센터와 치유프로그램의 활용</td></tr>
<tr><td>재료, 명소, 프로그램을 통한 치유센터, 치유프로그램의 치유체험 특성화 및 브랜드화</td><td>여행치유의 유형별, 목적별 구체적인 기술 보유</td></tr>
<tr><td rowspan="2">여행 치유체험 기술
진단도구 개발 및
효과측정</td><td>쿠바의 폴리클리니코 메디코 데 패밀리아</td><td>HRV 테스트와 WSRI 테스트</td></tr>
<tr><td>파일럿 치유센터, 치유프로그램의 치유기능 효과 측정(HRV 변화폭 +WSRI 감소폭)</td><td>HRV와 WSRI, 여행치유욕구 측정도구를 패키징화</td></tr>
<tr><td rowspan="2">여행 치유체험
기술을 통한
치유여행 프로그램
개발 및 시범운영</td><td>일본 시나노마치 세라피기지</td><td>성인 치유 및 청소년 치유·창의체험 및 치유형 기업 HRD 시장 치유프로그램</td></tr>
<tr><td>도출된 프로그램별로 대중성과 수익성, 치유효과성을 극대화하는 개발 및 운영 기술 결정</td><td>치유체험을 원하는 시장의 맞춤형 프로그램의 모델을 개발·보유</td></tr>
</table>

1) 여행 치유체험 기술개발

여행 치유체험 기술을 개발함에 있어 가장 중요한 요건은 개발된 기술이 트랜스포메이션 재화로서 구체성을 띤 채로 체험의 주체인 소비자들에게 얼마만큼 심신이 긍정적으로 호전되는지 그 실효성을 보일 수 있는가이다.

이때 특성화된 기술은 서비스의 부분으로서 체험하고 소비되는 시설적 특성과 재료가 무엇인지가 중요한 역할을 하게 된다. 즉 체험의 내용이 손에 잡히는 구체적인 재료나 물리적인 환경으로 인식할 수 있는 여건을 구성하는 것이 본 연구개발에 있어 성공을 담보할 수 있는 핵심기술이 되는 것이다.

따라서 치유체험 기술을 치유재료 특성화 기술, 치유명소 특성화 기술, 체험프로그램 특성화 기술로 세분화하여 각 기술파트별로 구체적인 여행치유 브랜드로서 개발을 목표로 연구개발을 수행할 수 있다.

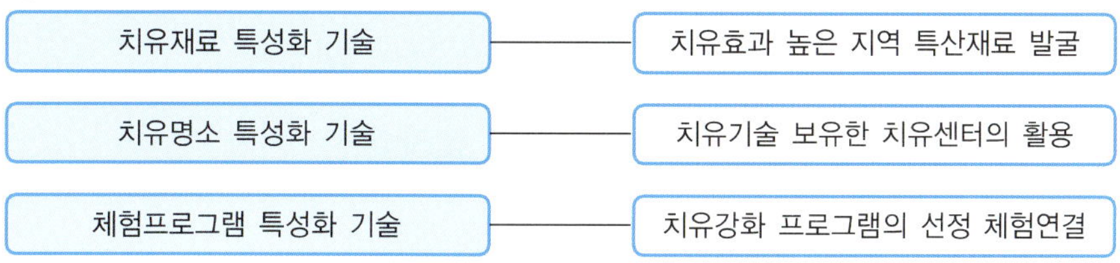

〈그림 3〉 여행 치유체험 기술 개발

(1) 심리/의학/정신분석 분야 기술을 활용한 여행 치유효과 요인 분석

치유의 영문표현으로, 하나는 Healing이며, 다른 하나는 Treatment이다. Healing의 사전적 개념은 병의 근본원인을 제거해 그 병이 없던 상태로 되돌리는 것을 의미한다. 반면에 Treatment는 수술, 약물 투여 등 직접적인 처치를 통해 병을 낫게 하는 것을 말한다. 치유(Healing)와 비슷한 용어로 치료(Curing)를 비교해 볼 수 있겠다. 치료는 High-Tech 영역으로서, 의학을 통해 질병을 고치는 것을 말하는 개념이다. 따라서 과학적이고, 테크놀로지와 환자의 신체에 초점을 맞춰 실행되는 영역이라고 할 수 있겠다.

반면에 치유는 High-Touch 영역으로서, 환경적 · 심리적 · 사회적 · 문화적인 것들을 활용하여 질병의 치료 및 질병예방과 건강증진으로까지 확대된 개념을 의미한다. 따라서 영적이면서 경험적인 특성이 강하며, 대상 역시 환자의 신체 영역이 아닌 인간 자체로서의 환자에 초점을 두고 접하는 개념이라고 할 수 있다(신혜원, 2011).

그동안 여행을 통한 육체적, 정신적 치유효과에 대해서는 개인의 경험적 결과에 의존했을 뿐, 과학적이며 증거중심의 접근이 이루어지지 않았다. 그러나 치유체험은 환경적, 심리적 영역뿐만 아니라 의학적, 정신분석적 차원 등 다면적 분야의 결합을 통한 검증이 필요하다. 따라서 개인의 심리적 상태 측정 및 신경병리학적 분석기술(HRV, WSRI 등)을 활용하여 치유효과의 요인을 분석하고자 한다.

(2) 심리적 치유효과를 준거로 한 여행 치유체험 기술 개발

여행치유는 의학적 치료와는 달리 개인의 심리적 안정과 휴식을 통해 질병의 치료뿐 아니라 질병 예방과 스트레스 관리 및 건강증진을 도모할 수 있다는 장점이 있다. 이 같은 개인의 심리적 치유효과는 여행 치유체험 기술을 개발하는 중요한 준거점이 될 수 있으며, 심리적 치유의 효과성을 확보하여 치유체험 기술 개발을 진행할 수 있다.

2. 여행 치유체험 기술 진단도구 개발 및 효과측정

1) 치유체험 프로그램의 효과체험 목표

프로그램을 수립할 때 크게는 자존, 소통, 안정에 주안점을 둔 "치유 메뉴"를 개발하여 개개인이 세상에 존재하는 이유를 근원적으로 밝혀주는 힐링 효과 체험을 주도할 필요가 있으며, 다음과 같이 12가지의 목표를 제시할 수 있겠다.

첫째, 자아, 자존, 상승 관련하여 심신 치유를 통해 자신을 사랑하는 마음을 다스리고 회복시켜 줄 필요가 있다.

둘째는 가족소통으로서 가정에서 가족구성원 간의 사랑을 확인시켜 긍정적인 쌍방향 커뮤니케이션이 가능하도록 돕는 것이다.

셋째, 심리 정신외상 치유는 정신적·육체적 힐링 콘텐츠 체험을 통해 심리적 상처를 문제가 없던 원상태로 돌려놓은 것을 의미한다.

넷째, 우울증 예방은 사람과의 관계 단절에서 나타나는 심리적 병의 가장 큰 원인인 우울증을 힐링 체험을 통해 회복시키는 것이다.

다섯째는 자살충동 제거인데 국내 자살률이 급증하고 있는 가운데 힐링 체험의 보편화 및 다양화를 통해 자살률 감소를 도모해야 한다.

여섯째는 범죄행동교정 재발방지로서 자칫 정신적·육체적 스트레스로 인한 범죄행동을 힐링이라는 치유과정을 통해 극복하도록 해야 한다.

일곱째, 사회성 증진은 사회적으로 개인적 교류가 단절된 사람들의 사회성을 회복시켜 주는 것이 필요하다.

여덟째는 리더십 향상으로 혼자가 아닌 여러 사람과의 무리 생활에서 적극적으로 대처할 수 있는 현대사회의 지도자로서의 역할 함양을 힐링을 통해 가능하도록 해야 한다.

아홉째, 면역력 증진은 힐링 콘텐츠의 보급을 통해 육체적이건 정신적이건 강한 상태로 자신을 지켜낼 수 있는 내구성 확보에 중점을 두어야 한다.

열째는 실버층 정신 · 신체 · 삶의 질 개선으로 고령화 사회가 빠르게 전이되고 있는 현대사회에서 실버세대의 삶의 질 확보는 중요한 숙제라고 할 수 있다.

열한 번째는 스트레스 대처인데 모든 병의 원인은 스트레스로서, 이를 효과적으로 대처할 수 있는 힐링 치유의 전파가 중요하다.

마지막으로 열두 번째, 상호존중 협력 능력 제고는 혼자서 살아가는 사회가 아닌 만큼 동반자적 성격에 대한 함양을 힐링을 통해 가능하도록 하여 서로 도우면서 공존할 수 있는 방법을 터득하도록 모색해야 한다.

2) 여행 치유체험 기술 진단도구 개발

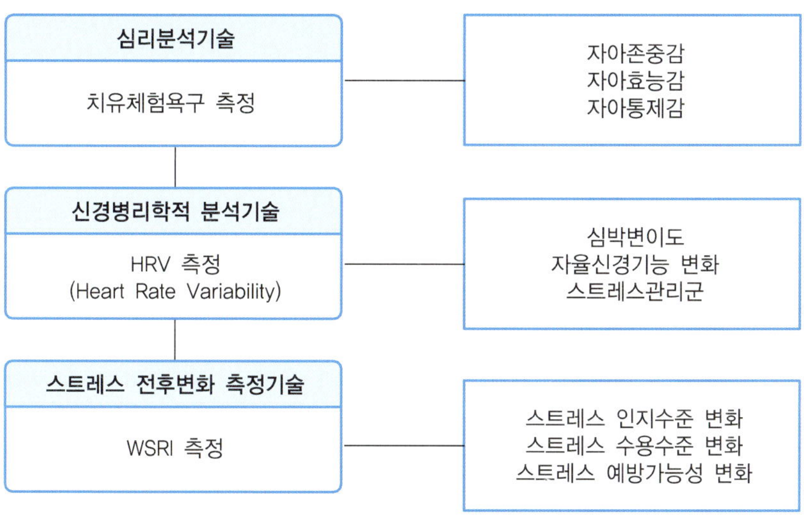

〈그림 4〉 여행 치유체험 기술 진단도구 개발

(1) 심리분석기술 도구의 내용

현대산업의 정신적 폐해를 극복하기 위해 다양한 치유시설과 프로그램이 활성화되고 있지만, 정작 치유를 주제로 한 연구가 아직 시작단계에 놓여 있기 때문에 구체적으로 치유체험욕구에 대하여 언급한 연구는 미미한 실정이다.

이 연구는 인간 행동 변화의 주요 결정인자로 작용하는(Bandura, 1977) 자기 자신에 대한 통제와 존중의 본능이 치유에 대한 체험욕구를 갖게 하는 기저가 된다는 가정하에 자아존중감(self-esteem), 자아효능감(self-efficacy), 자아통제감(self-control)을 치유체험욕구의 하부차원(양제연 · 조민숙 · 이태희, 2013)으로 보고 심리분석 및 치유효과 측정의 도구를 개발하려 한다.

자아존중감은 인간이 살아가는 데 가장 많은 영향을 미치는 것으로서(Blitzer, Peterson, & Rogers, 1993), 특히 인간 행동 심리 관련 연구에서 많이 쓰이는데 이는 자아존중감이 인간행동의 가장 기본적인 동기이고, 정신건강 및 적응과 관련성이 있기 때문이다.

자아존중감은 자신을 신뢰하고 존중하는 자기 존중의 정도이며 자신을 가치 있다고 여기는 정도다. 다음으로 자아효능감은 어떤 결과를 이루기 위하여 필요한 행동을 구성, 조직하고 수행할 수 있는 개인의 능력에 대한 판단이다.

자아효능감은 개인의 기술 자체보다는 개인의 기술을 어느 정도 발휘할 수 있는가에 대한 판단이다(김재근, 2004). 이러한 자아효능감은 활동, 과제 선택, 노력의 양, 어려운 상황에서의 인내심과 같은 행동에 영향을 끼친다(김아영, 2004).

마지막으로 자기통제감은 자신이 선택한 신념이나 목표에 대하여 일관성 있게 행동하는 것을 의미하는 개념이다(Savage, 1999).

자기통제감에 대한 의지가 강하면 성공에 자신감을 갖고 효과적인 전략으로 더욱 목표지향적인 삶을 향유하게 된다(전인자, 2002). 즉 인간은 자신의 자기통제 사실을 인지함과 동시에 만족감을 경험하고 심리적으로 건강한 사람은 의식적으로 자신의 삶을 통제하여 적절한 행동을 선택할 수 있는 자유 의지의 행위자가 된다(장혜정, 2008).

반면에 자기통제에 실패하게 되면 충동조절의 장애 또는 중독적인 증상을 보이기 쉽다. 이처럼 자아존중감, 자아효능감, 자기통제감 등의 심리적 요인들은 신체활동에 있어서 치유에 대한 욕구를 향상시킨다(김경숙, 2010; Depauw, 1998; Sherrill, 2004)는 점에서 치유체험욕구의 대표적 변인이라고 할 수 있다.

표 5 치유체험 욕구 심리분석 측정변수

측정변수	정의
자아존중감 (self-esteem)	• 자신을 신뢰하고 존중하는 자기 존중의 정도 • 자신을 가치 있다고 여기는 정도
자아효능감 (self-efficacy)	• 어떤 결과를 이루기 위하여 필요한 행동을 구성, 조직하고 수행할 수 있는 개인의 능력에 대한 판단 • 개인의 기술을 어느 정도 발휘할 수 있는가에 대한 판단
자아통제감 (self-control)	자신이 선택한 신념이나 목표에 대하여 일관성 있게 행동하는 것

(2) 신경병리학적 분석기술

대체적으로 심신이 안정되고 스트레스에 대한 면역성이 높을수록 심박의 변이(리듬)가 역동적으로 나타나는 신경병리학적인 근거하에 사용되는 분석기술로서 심장박동변이를 측정하는 HRV(Heart Rate Variability)테스트를 적용한다.

① 신경병리학적 측정도구(HRV)의 이해

표 6 HRV 측정도구의 의미 · 분류 · 해석의 기준

구분	의미	기준 및 해석
HRV	• Heart Rate Variability(심장박동 변이) • 심장박동수를 이용하여 신체의 스트레스 정도를 객관적으로 측정하는 프로그램 • 스트레스에 의한 자율신경기능의 변화를 신경생리학적으로 평가하는 검사법임	• 대체적으로 심신이 안정되고 스트레스에 대한 면역성이 높을수록 심박의 변이(리듬)가 역동적이며 녹색 막대수치(High)가 높음 • 반대로, 긴장과 스트레스가 많을수록 빨간 막대수치(Low)가 높음
HRV 수준 분류	• HRV 측정치 중 빨간막대수치(Low) 점수를 기준으로 한다. – 건강군: 20 이하 – 예방군: 21~53 – 위험군: 54~70 – 고위험군: 71 이상 • 병리학적으로 평가하는 검사법임	• HRV에서의 스트레스 관리군은 저험군과 고위험군으로 구성되어 있음 • 스트레스 관리군은 즉각적인 관리프로그램의 접근이 요구됨

② HRV 측정 분석방법

표 7 HRV 측정 분석 지표와 측정된 클러스터 구분

구분	내용
분석대상	치유프로그램 진행 중인 HRV 1, 2회 측정자
분석지표	• 1차 측정 LOW, HIGH 수치 • 2차 측정 LOW, HIGH 수치
분석결과	• 전체 LOW 평균 수치가 감소, HIGH 평균 수치가 증가하는지 여부 • 2차 측정에서 LOW 평균수치가 감소되면 신체 긴장의 완화효과가 높은 것임 • 2차 측정에서 HIGH 평균수치가 증가하면 스트레스에 대한 대응력이 향상된 것임 • 2차 측정에서 LOW수치가 감소함과 동시에 HIGH수치가 증가하게 되면 스트레스에 대한 신체적 균형과 안정도가 높아진 것임 • 연령별 LOW 평균 감소수치를 통해 스트레스를 이겨낼 수 있는 회복에 대한 탄력성이 높은 연령대를 파악 • 연령별 HIGH 평균 증가수치는 LOW 수치 감소결과와 마찬가지로 스트레스에 대한 안정성이 높아진 연령대를 구분해 냄 • 1차 HRV 수준별 분석을 통해 위험군, 예방군, 건강군, 고위험군 중 스트레스관리군(위험군과 고위험군)의 비중이 높은 그룹을 파악 • 2차 HRV 수준별 분석 시 고위험군, 건강군, 위험군, 예방군 중 스트레스관리군(위험군과 고위험군)의 감소폭을 파악 • 또한 건강군과 예방군의 1, 2차 변화폭을 파악

(3) 스트레스 전후 변화 측정기술

① 프로그램 진행 전후 스트레스 변화수치 결과분석(WSRI)

표 8 스트레스 전후 변화 측정기술

구분	내용	
분석대상	프로그램 진행 중인 여행치유 프로그램 참여자(WSRI 측정대상자)	
분석지표	측정 시 WSRI 지수분포	
의미	일상생활에서 경험할 수 있는 느낌이나 생각, 신체증상 등을 측정하여 스트레스 수준을 측정할 수 있는 척도	
기준 및 해석	• 1~9번 신체 증상 • 10~17번 우울 증상 • 18~22번 분노 증상 • 23~26번 업무관련 증상	• 0~31점: 예방적 관리군 • 32~49점: 요주의군 • 50점~: 질병 가능군

② WSRI 분석결과에 따른 클러스터링 예시

• 전체 평균(전체 16명이라고 가정했을 때의 가상적 분포도)

표 9 WSRI 분석결과 예시

	예방관리군	요주의군	질병가능군
인원	13명	3명	–
비율	81%	19%	–
평점	15점	46점	–

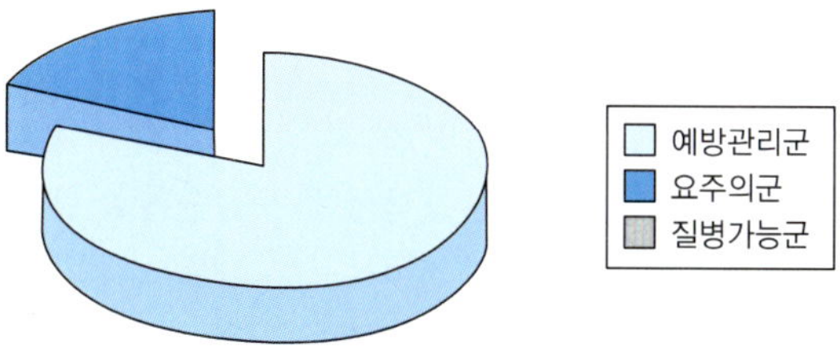

〈그림 5〉 WSRI 분석결과 클러스터링 차트 예시

3) 여행 치유효과 측정상의 문제점 파악

(1) 사전사후측정의 시간적 기간

만약 1박 2일 정도의 치유체험 기간만으로 사전사후 변화를 측정했을 때 치유여행 참가자의 정신, 심리, 신체생리적으로 긍정적인 변화 결과가 나타날지는 미지수이다. 특히 정신적인 변화의 결과치를 측정하는 경우, 예를 들어 직무 스트레스 사전사후 변화치를 측정하는 WSRI측정 등을 어느 정도의 시간여유를 두고 행할지에 대해서는 연구가 진행되면서 전문가의 조언과 자문을 통해 결정하여 측정이 이루어지도록 할 것이다.

(2) 기관측정의 의존도

HRV측정 등과 같이 해당 측정을 해주는 특정 기관이나 조직에 의존하는 현재의 상태를 치유여행에 참여하는 개인들이 개인차원에서 측정할 수 있는 가능성을 열어두고 연구를 진행하는 것도 사전사후 효과측정의 과제를 측정에 참여하는 개인이 수혜자가 될 수 있는 용이성의 수준을 높인다는 차원에서 의미가 있을 것이다.

3. 여행 치유체험 기술을 통한 치유여행 프로그램 개발 및 시범운영

1) 여행 치유체험 기술을 통한 치유여행 프로그램 개발

(1) ADDIE모형에 기초한 치유프로그램 설계

표 10 ADDIE모형에 기초한 치유체험 프로그램 개발과정

단계	내용	세부목표
분석 (Analyze)	치유체험 프로그램 내용을 수요자, 환경, 과업에 맞게 정의하는 과정	치유체험 참여자의 요구분석, 치유체험 참가자 분석, 치유체험 환경분석, 프로그램 과업분석이 이루어짐
설계 (Design)	치유체험 프로그램 방법론을 구체화하는 과정으로 수행목표를 진술하고 평가도구를 개발하며, 진행전략 및 매체선정이 진행됨	• 프로그램 목표설정: 치유체험 참가자의 신체적, 정신적, 사회적 상태를 고려하여, 요구 및 욕구에 우선순위로 함 • 프로그램 개발: 치유체험 목표설정 후 요구도 충족을 위한 프로그램 개발(정신요법, 물요법, 운동요법, 지형요법, 산림요법, 식이요법) • 프로그램 편성: 참가자의 특성, 시설상황, 기후 및 환경조건을 고려하여 단기형, 중기형, 장기형으로 구분하여 편성함
개발 (Develop)	실제로 치유체험 프로그램 자료를 제작하는 과정으로 개발한 프로그램 교재를 평가 및 수정하는 단계	운영매뉴얼: 치유체험 프로그램의 제목, 목표, 의도, 준비물, 활동(도입/전개/정리) 및 평가 등 일련과정에 대한 운영매뉴얼을 작성
실행 (Implement)	치유체험 프로그램을 실제로 현장 상황에 적용하고 실행 및 유지·관리하는 단계	• 진행과 점검: 치유체험이 운영매뉴얼에 맞게 진행되었는지를 확인하는 과정으로 운영내용, 현장상황, 개선점 등을 활동기록표로 작성하여 수정보완단계에 활용함 • 프로그램 평가: 참가자의 개선 및 회복과정을 객관적, 정량적으로 평가하기 위한 도구를 활용하여 참가자 직접서술 또는 관찰자 모니터링 방법으로 평가함
평가 (Evaluate)	총괄적으로 치유프로그램의 적절성을 평가하는 단계	목표달성 평가: 치유체험 프로그램 사전사후 평가(Pre-Post Test)

치유 프로그램 전체 모델을 투입, 과정, 산출로 이어지는 일련의 순환과정으로 보고, 프로그램에 포함된 치유 콘텐츠 각각의 구성요소들 간의 상호작용을 통해 의도된 프로그램 목표하에 참여대상으로 하여금 가능한 최선의 참여결과를 성취할 수 있도록 하는 체계적 접근방법을 도입하고자 한다.

(2) 참가 목적에 기초한 치유 프로그램의 구분

치유 프로그램을 참가자의 참가 목적, 치유영역에 따라 대상 프로그램을 다르게 편성하여, 참가자 특성을 반영한 프로그램을 개발하고자 한다.

참가자의 참가 목적의 경우는 건강증진 프로그램, 특정질환 치유 프로그램, 사회적 건강증진 프로그램의 3가지로 구성된다(〈표 11〉 참조).

표 11 참가 목적별 치유 프로그램의 구분

프로그램	내용
건강증진 프로그램	• 건강증진 프로그램 또는 건강관리관광(healthcare tourism)에 해당 • 특정한 질환이 없는 도시생활자들이 예방적 차원에서 건강을 증진하고, 면역력을 강화하는 데 목적이 있음 • 도시직장인이나 주부를 위한 스트레스관리 프로그램 등
특정질환 치유 프로그램	• 고혈압, 당뇨, 고지혈증, 대사질환 등 생활습관성 질환의 관리를 위한 프로그램 • 생활 · 식습관의 개선 및 생활 속 건강위험요소 대처방법에 대한 학습을 통해 효율적인 소비와 건강증진이 목적 • 한방병원, 일반 양방병원 등의 의료기관이 연계되어 운영하고 있는 “한방연계형 치유프로그램”이 이에 해당
사회적 건강증진 프로그램	• 치유복지 또는 복지관광 영역에 속함 • 사회 및 학교 부적응자, 알코올의존 등 각종 중독질환자, 자살 및 폭력 피해자 등을 대상으로 산림을 활용한 정서적 안정, 자극 등 적절한 사회기술 훈련 및 자아성장 교육을 제공하는 사회성 증진 프로그램으로 운영

치유영역에 따른 세부 치유체험 프로그램 사례는 〈표 12〉와 같다.

표 12 치유영역에 따른 세부 치유체험 프로그램 사례

설명	내용
치유숲길	수준 1~3에 해당하는 10개 코스의 치유숲길 탐방프로그램
치유체조	의료기관과 연계하여 치유숲길 내에 자기주도형 산림체조안내판 및 공간을 조성하여 신장 단련 및 산소운동 효과에 기여
물치유시설	기존 수계에 설치된 물치유시설을 통한 피로회복 기여
명상치유	치유숲길 내 명상프로그램으로 정서적 안정에 기여
운동치유	작업치료 및 운동치료를 통해 균형과 자세평형, 신경근 조절과 협응력, 유연성 증대 기여

자료: 치유의 숲 운영 · 관리계획(북부지방산림청, 2011)

(3) 치유체험 프로그램 개발 모델 사례 : 정서치유 프로그램의 적용

① 프로그램 목적

정서치유 프로그램의 구체적 방향을 자아에 대한 회복의 개념으로 규정하고 본 프로그램을 통해 참가자들이 자기존재의 잃어버림, 자기존재의 되돌아봄, 자기존재의 드러남, 자기존재의 채움, 자기존재의 새롭게 태어남의 과정을 거칠 수 있도록 구성한다.

② 프로그램 적용모델

'살아 있는 생명체'에 대한 치유의 특징은 감각기능과 정서능력을 되살리고 삶에 대한 희망과 의욕이 생기게 하고, '한가로운 공간 속의 여유있는 시간'으로 인도하는 데 있다.

치유의 결과로 압박감이 풀리고 편안해지거나 자신을 새롭게 인식하게 한다. 결과적으로 생기는 '받아들임'의 특성은 타인을 포용하는 태도, 삶에 순응하는 삶 및 더불어 함께하는 삶에 대한 영적인 변화를 도모한다고 하였다. 또한 '있는 그대로의 아름다움'에 대한 인정으로서의 치유의 특성은 자신 존재의 가치를 깨닫게 하는 영성을 회복하게 한다.

이 연구개발계획의 프로그램 유형개발에서는 인간의 자아발달단계 측면에서 특화요인, 예를 들면 치유와 관련한 계절별 핵심주제를 도출하여, 참가자들이 자신의 존재가치를 긍정적으로 수용하고 발전시킬 수 있는 회복의 도구로 활용한다.

가령, 봄(유년기)에서는 자신의 상처와 분노, 상실 등의 부정적 감정의 근원을 찾아 그 원인을 살펴보고 이를 극복할 수 있는 용기를 북돋아주면서 자신의 긍정성을 확인하도록 한다.

여름(청소년기)에서는 통해서는 청소년기의 자신의 모습을 탐색하면서 자신이 꿈꾸어 왔었던 삶에 대해 탐색하여 자신의 꿈을 찾아 삶에 대한 희망을 가질 수 있도록 하였고, 그러면서 잃어버렸던 자아를 찾도록 한다.

가을(성인기)을 통해서는 현재 고통의 삶 속에 있는 건 아니지만 이런 자신의 모습을 있는 그대로 인정하고 수용하여 이를 극복할 수 있는 용기를 찾고, 내 삶의 주체자로서 자신을 확인하여 자신이 매우 소중한 존재임을 깨닫게 한다.

겨울(노년기)을 통해서는 순환하는 자연처럼 나에게 다가오는 또 다른 미래를 꿈꾸며 불확실한 미래로 인해 두려움이 크지만 미래에 대한 도전을 통해 자신감을 확보하고 미래의 자신의 삶의 주체자로서 자신의 삶을 스스로 설계하여 이를 지키기 위한 지지와 격려의 시간을 갖는다.

2) 치유여행 프로그램 시범사업 운영

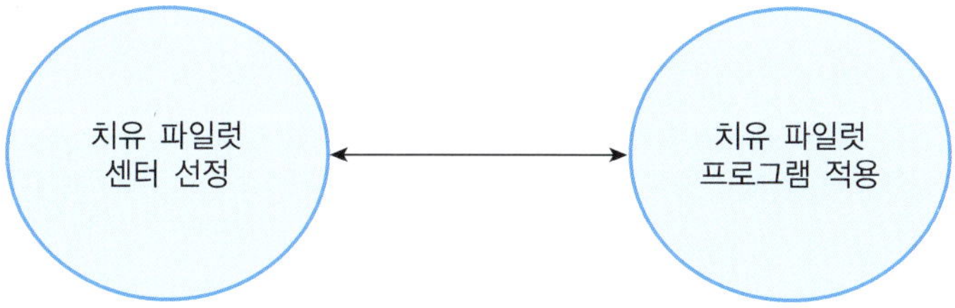

〈그림 6〉 파일럿센터와 프로그램의 적용

(1) 파일럿센터의 선정

파일럿센터의 개념은 제품 테스트를 하는 제조업 분야의 파일럿센터를 여행 치유를 위한 시범사업 수행에 적용하고자 하는 개념이다. 파일럿센터는 가장 일반적인 치유형 여행에 적합한 기능을 갖는 시설이어야 하며, 치유활동에 맞게 다양한 치유시설이 파일럿센터로 선정될 수 있다(〈표 13〉 참조).

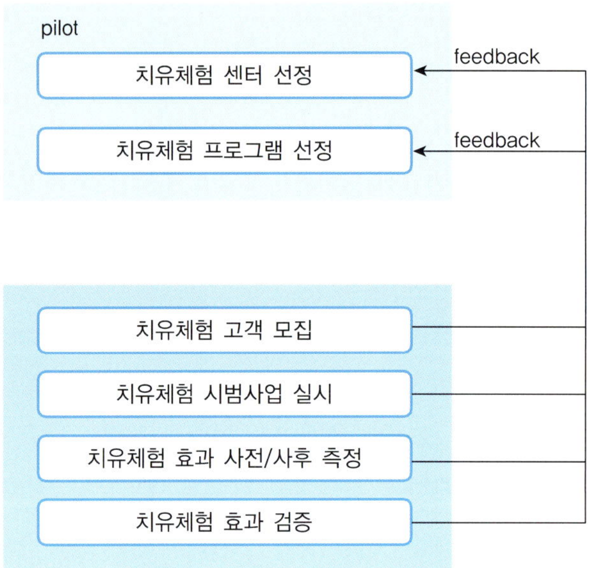

〈그림 7〉 치유체험 시범사업과 효과측정

표 13 파일럿 치유체험활동과 관련 치유프로그램 및 시설

구분	활동그룹	활동세분	시설
치유활동	산림치유	산림욕	체조시설, 삼림욕장, 산림욕로
		방향욕	방향식물원
		원예치료	방향식물원, 화훼원
	음이온	음이온산책	분수원, 노단분수원
		음이온흡입	연못, 분수대
	정적 휴양	명상 · 독서 · 사색	포켓공간
		야외수면	해먹, 와상의자
		독서	독서실
		요양음악감상	숲속 감상실, 실내 감상실
	지형요법	산보/산책	전문 산책로
		등산	등산로
	대기/수치료	일광욕	잔디광장 및 와상의자
		광천욕/온천욕	온천
		강수욕/해수욕	인근지역 활용, 해수탕

구분	활동그룹	활동세분	시설
치유활동	자연관찰	식물관찰	관찰로(산책로)
		야생조수관찰	관찰전망대
		별자리	관찰전망대
		곤충	수집소
	오락	단체/개인	야외잔디광장
관리운영	진료/상담	요양상담	요양상담실
	정보센터	프로그램 정보	프로그램 운영실
	숙박	수면	침실(1인실)
	기타	일상생활	취사장, 세탁장, 목욕실 등

자료: 김기원(2004)

(2) 파일럿 프로그램의 선정

치유여행이라는 개념 자체가 관점에 따라서는 광범위한 경우가 될 수 있는 여지가 있다. 치유여행을 위해 기존의 프로그램도 엄청난 수로 시행되고 있다. 따라서 어느 한쪽에 치우치지 않는 가장 보편적인 치유 프로그램을 선정하여 시범사업 운영에 적용할 수 있을 것이다(〈표 14〉 참조).

표 14 파일럿 프로그램 대상이 될 수 있는 여행치유요법과 세부 치유체험프로그램

구분	주요 세부 프로그램
산림요법	숲치유 산책과 삼림욕, 가벼운 오침 및 휴식, 숲가꾸기 체험
기후요법	풍욕요법
수면요법	피로회복을 위한 수면치료
색깔 · 향기요법	색깔의 파장과 진동수 치유
물요법	계곡수에 발을 담가 냉천욕
	낙수를 이용한 음이온체험
지형요법	능선을 활용한 걷기 프로그램
식이요법	휴식을 겸한 먹거리 체험장
운동요법	맨발산책, 신체수준별 체력단련시설, 홍미와 신체회복의 운동치료
정신요법	조용한 숲길 산책, 독립공간에서 명상 및 대화, 숲속의 일출과 일몰 감상
다목적프로그램	건강진단 및 실내프로그램, 공동체활동, 문화체험 프로그램

이미 국내에는 치유유형별로 희망하는 치유프로그램을 선택하는 경우(예 청태산 치유의 숲)가 존재하므로 파일럿 프로그램을 시장유형별로 구분하여 장기적으로는 맞춤형 치유 프로그램으로 정착될 수 있는 가능성을 분석할 수 있을 것이다.

(3) 파일럿센터별 파일럿 치유프로그램 시범운영 방안

① 생활습관 개선 치유센터

스트레스 강도, 운동습관, 신체상태 등을 점검해 보고 전문가의 종합적인 진단과 조언에 따라 생활 습관 자체를 근본적으로 고쳐나가 일상생활로 복귀한 이후에도 꾸준히 실천할 수 있도록 프로그램을 설계한다. 치유의 본래 개념에 맞게 프로그램 대상자는 건강하게, 젊게, 행복하게 살고 싶은 사람 누구나 참여가능하고 올바른 운동습관, 마음습관, 영양습관 등을 통하여 근본적이고 지속적으로 건강을 유지할 수 있도록 안내한다.

② 천연자원활용 치유시설(소금동굴힐링센터)

미세한 소금입자를 마시면 호흡기 염증이 완화되고 불순물도 배출되며 각종 질병의 원인이 되는 체내의 활성산소를 제거시킬 뿐 아니라 심리적 안정까지 얻을 수 있다. 천식, 기관지염, 부비강염(축농증) 등의 호흡기 감염증과 알레르기성 비염, 꽃가루과민증, 알레르기성 피부염, 신경성 피부염, 습진, 아토피 등의 피부질환, 이명(귀울림), 편두통 등의 순환기질환, 근육통, 류머티즘, 3차 신경통, 불면증, 수면장애, 만성피로증후군, 스트레스 해소 등의 효과가 있는 것으로 알려져 있다.

③ 치유 리조트

리조트 부지에 수백여 종의 수목과 야생화 군락지로 둘러싸여 숲에서 나오는 음이온, 피톤치드, 세로토닌 등과 같은 천연치료제를 통해 별도의 프로그램 없이도 자연 속에서 몸과 마음이 스스로 정화되고 치유의 효과를 체험할 수 있는 환경이 조성되어 있는 리조트 유형의 치유시설을 말한다.

④ 대체의학(니시의학) 중심 자연치유센터

단순히 신체적인 질환을 치료할 뿐만 아니라 정신적 상처도 치유하는 총체적인 심신의료를 지향하는 곳으로 한의학과 양학의 협진을 접목한 자연치유프로그램은 암, 아토피, 비만, 난치병, 불임 등과 같은 질병 치료 프로그램부터 스트레스 해소, 정화 · 해독 프로그램과 같은 건강증진프로그램까지 개인의 욕구나 상태에 맞춰 통합의학치료시스템을 근거로 한 정확한 진단을 받은 후에 참여할 수 있다.

⑤ 토털 건강관리 시스템이 갖춰진 자연면역증진센터

면역력 검사를 통하여 자연치유요법, 영양, 운동처방 등 체계적인 토털 관리시스템이 구현되며 센터에서는 면역 활성도 검사, 맞춤형 식이요법, 운동요법, 영양치료 등의 세부프로그램이 병행된다.

⑥ 힐링 전문 치유센터

주요 사업 내용으로는 치유사업을 통하여 양·한방 종합검진, 메디컬 스킨케어, 통합기능의학, 관계치유 등이 있다. 세부적으로는 MRI 등 영상의학검사, 진단의학검사, 경락, 침, 부황 등의 한방검사실과 명상, 요가, 운동치료, 항스트레스, 힐링푸드 등 양방과 한방의 결합으로 몸과 마음을 치유하는 힐링의 기능을 갖춘 다양한 시설과 프로그램들을 도입한다.

⑦ '파워스팟' 치유 체험상품

우리나라 고궁을 중심으로 관광을 하며 이들로부터 건강하고 좋은 기를 받아 심신이 충전되고 정화되는 일종의 힐링과정을 경험하는 프로그램이다(한국관광공사, 2011).

3) 향후 여행치유체험 네트워크관련 정책지원 구상

여행치유체험 서비스와 관련된 해당 시설 중 선발된 여행치유체험 1차 기지, 예를 들면 파일럿 치유센터에서 1차적으로 힐링이 필요한 사람들을 진단한 후 네트워크(가칭 '여행치유체험 기지 네트워크') 내 적합한 인증사업체 또는 조합으로 연결시켜 여행치유체험 수요자들이 제때 필요한 네트워크를 활용하여 여행치유체험 복지를 받을 수 있도록 도모한다. 대신 네트워크 기관이나 조합원들에게는 금전적 혜택(예 참여비 지원) 또는 비금전적 혜택(예 업체 인증제도 적용)을 보장하여 1차 기지, 여행치유체험 수요자와의 원활한 연결이 이루어질 수 있도록 제도화할 필요가 있을 것이다.

따라서 이러한 여행치유체험 플랫폼 및 네트워크가 원활하게 확보되기 위해서는 다음과 같은 조직 추진체계의 구성을 제안할 수 있다.

우선 여행치유체험 사업을 총괄하는 기구인 가칭 '여행치유체험 실행위원회'를 문화체육관광부에 구성하여 통합적 사업 핸들링을 도모할 필요가 있다. 이에 가칭 '여행치유체험 소사이어티'를 사무국으로 하여 여행치유체험 기지 인증 프로젝트 및 네트워크 구축 프로젝트 확보를 중점적으로 다룬다.

먼저 다각적인 평가를 통해 기지 및 로드 인증을 실시하고, 치유체험 사업에 대한 양질의 개선을 위해 심포지엄을 개최하고, 포털사이트 및 매뉴얼을 개발 · 운영하며, 치유체험기지의 품질 관리를 통해 자격 심의를 검토하는 등의 광범위한 네트워크 구축 · 관리를 맡아서 진행해야 한다. 다만 사업 진행에 있어서 기존 힐링 관련 기관들의 제휴 · 협력이 필요한 부분이 있는 만큼 가칭 '여행치유체험 모니터스'와 '여행치유체험연구소'를 조성하여 힐링복지 관련 공급–수요와 관련된 전반적인 사항의 협조를 받을 필요가 있다.

즉 치유체험 모니터스를 통해 치유체험복지사업에 참여하는 복지회원에 대한 평가 및 힐링복지의 전반적 확산 · 보급에 협조를 구할 수 있고, 힐링 연구소를 통해서는 힐링과 관련된 양적 · 질적 연구와 함께 기지 인증 및 적합성 등의 평가를 의뢰할 수 있는 장점을 확보할 수 있다. 마지막으로 이러한 구성체계에서 문화체육관광부는 직접적인 운영으로서의 개입이 아닌 조언 및 상호 간의 원활한 업무협조를 제공할 수 있도록 연락 · 조정의 매개체 역할을 맡는 것이 적절할 것으로 판단된다.

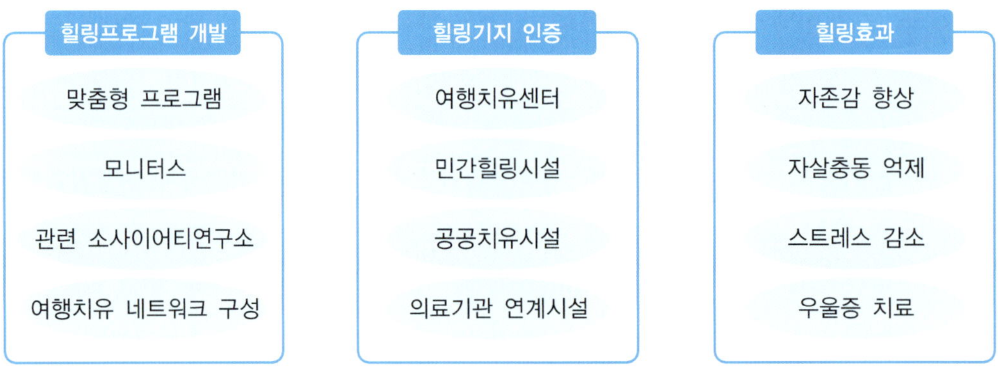

〈그림 8〉 여행치유의 정책적 구현

4. 평가항목과 평가방법

1) 평가항목

이 연구가 추구하고자 하는 여행치유체험의 효과를 측정하는 세 가지 평가항목을 목표별로 요약・제시해 보면 〈표 15〉와 같다. 해당 목표별 평가항목은 개발목표치를 설정하여 설정된 목표치가 달성되었는지 여부를 가릴 수 있을 것이다.

표 15 여행치유체험 측정목표별 평가항목의 제시

(단위 : %)

연구개발 목표	평가항목	개발목표치 가정
여행 치유체험 기술개발	재료, 명소, 프로그램을 통한 치유체험 인지도 지수 증가여부	10% 인지도 증가
	재료, 명소, 프로그램을 통한 치유체험에 대해 치유체험 고객의 만족도 지수	전후 만족도 10% 증가
여행 치유체험 기술 진단도구 개발 및 효과측정	HRV 사전사후 측정치 비교 LOW 평균수치 감소, HIGH 평균수치 증가 여부	LOW 평균수치 5% 감소 HIGH 평균수치 5% 증가
	WSRI 측정수치, 요주의군 질병관리군의 감소	10% 감소
여행 치유체험 기술을 통한 치유여행 프로그램 개발 및 시범운영	파일럿 치유센터의 치유기능 효과 측정수치(HRV 변화폭 + WSRI 감소폭)	20% 이상
	파일럿 치유프로그램의 치유기능 효과 측정수치(HRV 변화폭 + WSRI 감소폭)	20% 이상

2) 평가항목별 평가방법

여행치유체험 측정목표 달성 평가항목별 평가방법은 〈표 16〉과 같다. 해당 평가항목별 평가방법이 지수로 표현되어 설정된 목표치가 평가항목별로 적정하게 평가되었는지 여부를 가릴 수 있다.

표 16 여행치유체험 측정목표 달성 평가항목별 평가방법

평가항목	평가방법
재료, 명소, 프로그램을 통한 치유체험 인지도 지수 증가여부	잠재 치유체험 고객의 해당 콘텐츠에 대한 인지도 지수 조사
재료, 명소, 프로그램을 통한 치유체험에 대해 치유체험 고객의 만족도 지수	재료, 명소, 프로그램 3가지 치유체험 콘텐츠에 대한 치유체험 고객만족도 지수
HRV 사전사후 측정치 비교 LOW 평균 수치 감소, HIGH 평균 수치 증가 여부	• HRV 검사 및 측정 전문가 자문 • 한국신경병리연구회 등 전문가 자문을 통한 심작박동 및 신경병리지수 측정기술 적용
WSRI 측정 수치, 요주의군 질병관리군의 감소	• WSRI 검사 및 측정 전문가 자문 • 한국EAP협회 등 전문가 자문을 통한 심리 및 스트레스 관리 측정기술 적용
파일럿 치유센터의 치유기능 효과 측정수치 (HRV 변화폭 + WSRI 감소폭)	파일럿 치유센터의 치유기능시설 효과를 치유체험자의 시설체험전후 HRV 변화폭 + WSRI 감소폭의 합산지수로 측정
파일럿 치유프로그램의 치유기능 효과 측정 수치 (HRV 변화폭 + WSRI 감소폭)	파일럿 치유센터의 프로그램 체험 전후 치유기능 효과를 HRV 변화폭 + WSRI 감소폭의 합산지수로 측정

3 치유체험 효과측정의 틀

1. 여행치유체험 효과측정 추진전략 · 방법

이 연구는 여행치유체험 효과측정을 위한 방법론과 틀(frame)을 제시하는 것까지가 연구의 목적이었다. 따라서 여행치유체험 욕구의 하부요인을 규명하고 치유체험 효과를 측정하는 방법을 마련하여 치유체험을 수용가능한 시설과 프로그램에 효과측정을 시험적으로 해보는 방안을 제시하였다. 그 내용을 요약한 것이 〈그림 9〉와 〈표 17〉에 나타난 내용이다.

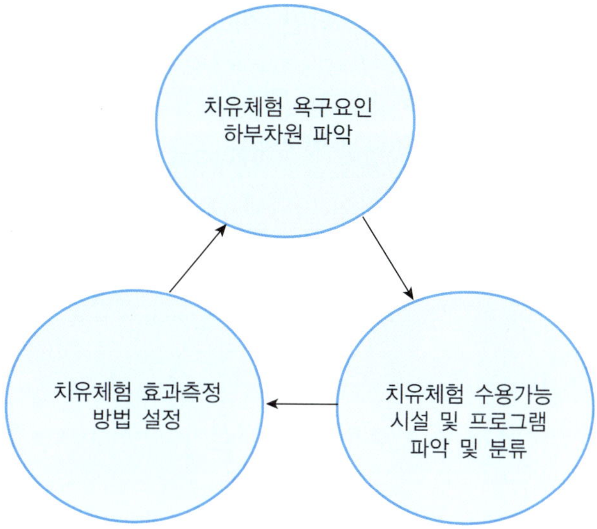

〈그림 9〉 연구의 틀 제시

표 17 여행치유체험 측정 목표별 접근방법

연구개발 목표	연구개발 방법
여행치유체험 기술개발	• 연구 세부목표 달성을 위해 치유체험을 발생시키는 욕구요인 및 그의 하부차원 구성내용을 문헌조사 및 사례지 방문조사를 통해 실시 • 실제 현장 데이터와 이용상황, 실태를 사례현장을 방문하여 벤치마킹 • (사)숲힐링문화협회, (사)숲힐링생태문화협회 등 전문가 자문 • 세부 특성화 개발 재료, 명소, 프로그램 등 기술 개발
여행치유체험 기술 진단도구 개발 및 효과측정	• HRV/WSRI 검사 및 측정 전문가 자문 • 한국 EAP협회, 신경병리연구회 등 관련전문가 자문을 통한 심리 및 스트레스 관리 측정기술 관찰 • 여행치유체험 진단에 적합한 기술 진단도구 개발
여행치유체험 기술을 통한 치유여행 프로그램 개발 및 시범운영	• ADDIE모형을 적용한 치유여행 프로그램 개발계획 수립 • 치유체험 전문가 자문을 통한 프로그램 모형 설계 • pilot센터 및 pilot프로그램 선정 • 공동연구기관의 운영참여를 통한 프로그램 시범사업 운영 • EAP전문가 자문

2. 여행치유체험 효과측정 달성을 위한 체계

1) 여행치유체험 연구수행체계

여행치유체험 효과측정을 위한 방법론과 틀(frame)을 제시하는 수행체계는 앞에서 이미 언급되었는데 해당내용을 도식화하여 나타낸 것이 〈그림 10〉이다.

구체적으로는 치유체험 기술을 치유재료 특성화 기술, 치유명소 특성화 기술, 체험프로그램 특성화기술로 세분화하여 치유브랜드로 구체적인 개발을 하는데 다음과 같은 과정을 밟는다.

- 개인의 심리적 상태 측정 및 신경병리학적 분석기술(HRV, WSRI 등)을 활용하여 치유효과의 요인을 분석
- 개인의 심리적 치유효과는 여행 치유체험 기술을 개발하는 중요한 준거점이 될 수 있으며, 심리적 치유의 효과성을 확보하여 치유체험 기술 개발을 진행
- 프로그램을 수립할 때 크게는 자존, 소통, 안정에 주안점을 둔 "치유 메뉴"를 개발하여 개개인이 세상에 존재하는 이유를 근원적으로 밝혀주는 힐링 효과 체험을 주도
- 치유 프로그램을 참가자의 참가 목적, 치유영역에 따라 대상 프로그램을 다르게 편성하여, 참가자 특성을 반영한 프로그램 개발
- 가장 일반적인 치유형 여행에 적합하며 다양한 기능을 갖는 치유시설을 파일럿 치유센터로 선정
- ADDIE모형에 기초하여 치유 프로그램 전체모델을 투입, 과정, 산출로 이어지는 일련의 순환과정으로 보고, 각 구성요소들 간의 상호작용을 통해 의도된 프로그램 목표하에 참여대상으로 하여금 가능한 최선의 참여결과를 성취
- 어느 한쪽에 치우치지 않는 가장 보편적인 치유 프로그램을 파일럿 프로그램으로 선정하여 시범사업 운영에 적용
- 대중성과 수익성, 치유효과성을 고려 선정된 치유체험 시설과 프로그램을 시범적으로 운영
- 신경병리학적 측정도구 HRV(스트레스에 의한 자율신경기능의 변화를 신경생리학적으로 평가) 검사

- 치유 프로그램진행 전후 WSRI 테스트(일상생활에서 경험할 수 있는 느낌이나 생각, 신체증상 등을 측정하여 스트레스 수준을 측정할 수 있는 척도 분석)
- 치유체험욕구 사전사후 평가를 통한 자존감 변화 분석
- 치유효과 분석결과를 토대로 향후 사업화에 피드백 제언과 시사점 도출
- 여행치유를 위한 치유센터, 치유 프로그램 등 기지선정을 위한 정책적 제언 도출

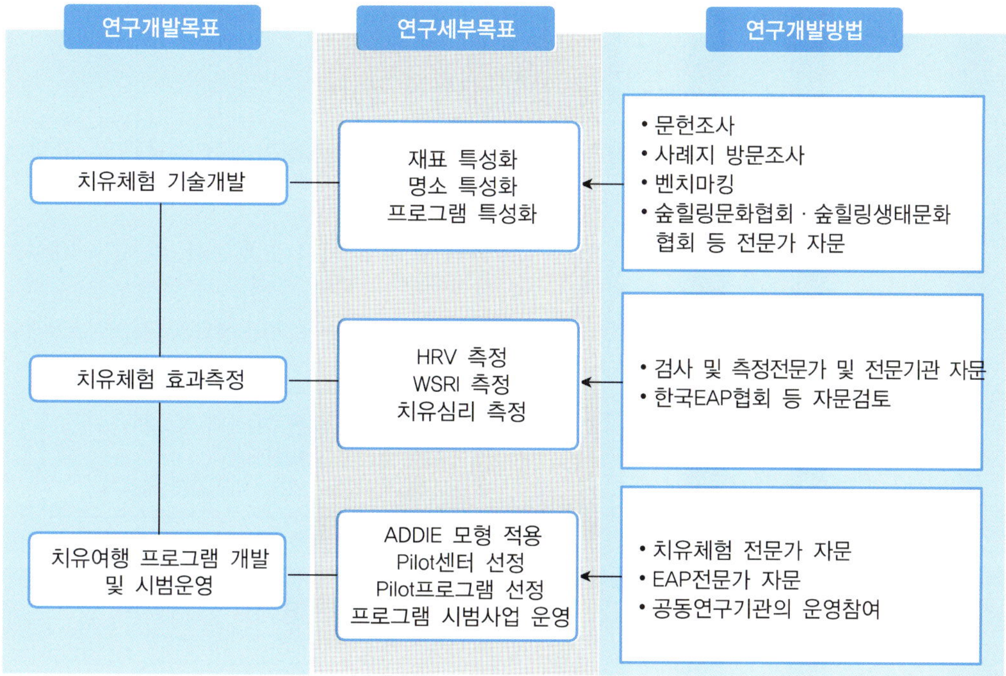

〈그림 10〉 연구의 수행체계 제시

3. 여행치유체험 효과측정 개발기술의 활용

1) 사업화 전략/목표

(1) 비즈니스 모델

① 파일럿 치유센터의 여행치유센터 기지화

- 지역의 대표 여행치유 센터로서 명소화

- 지역의 관광유인력 증대에 기여하는 지역명소 브랜드화
- 지역의 특화재료를 치유서비스 생산과정에 활용하는 방안을 제시하여 지역경제 기여방안 도출

② 파일럿 치유프로그램의 여행치유센터 기지 코아 프로그램화

- 치유체험을 원하는 시장의 맞춤형 프로그램의 모델을 3가지 이상 도출
- 도출된 프로그램별로 대중성과 수익성, 치유효과성을 고려하여 개발 및 운영 우선순위 결정

③ 여행 치유센터와 프로그램의 치유효과 측정도구의 패키징

- HRV와 WSRI, 그리고 여행치유욕구 측정도구를 패키징화해서 치유체험 고객에게 신뢰로 다가가는 여행치유 콘텐츠의 구축
- 패키징한 측정도구를 여타 치유, 힐링관련 국내외 시설에 보급할 수 있는 기술표준화 마련

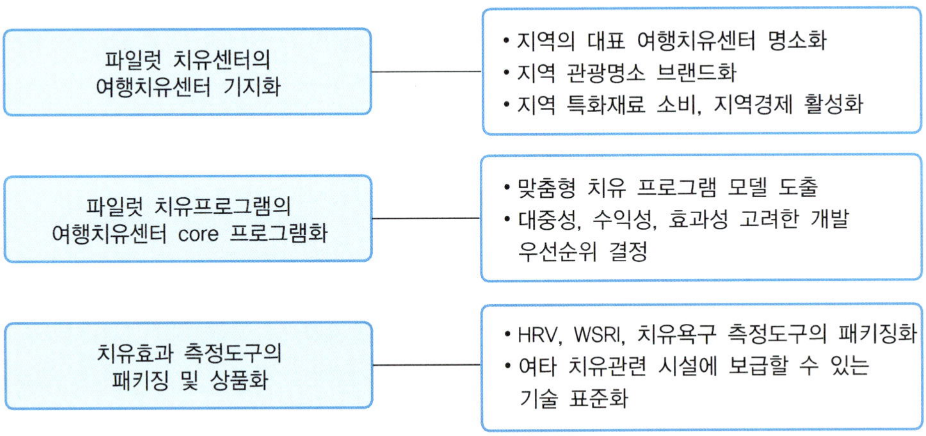

〈그림 11〉 비즈니스모델 도식화

(2) 사업화 목표

① 마케팅 수단별 추진방향

- 상품 및 서비스(Product)
  - 여행치유 활동의 가장 기본적인 핵심 콘텐츠는 치유센터와 치유프로그램 콘텐츠

- 치유 콘텐츠와 힐링센터는 우수한 인프라를 활용한 다양한 치유프로그램의 개발
- 치유유형별 맞춤형 기조를 반영한 대상별 치유프로그램, 학교폭력치유, 직무스트레스, 가족친화 프로그램의 개발
- 역내의 자연친화형 연계 관광자원을 활용한 프로그램의 개발

• 가격(Price)
- 정상가격, 할인가격, 특별판촉가격, 제휴가격 등 다양한 가격정책 고려
- 주말, 주중, 성수기, 비수기 가격 차별화 등 탄력적인 가격정책 실시
- 고객의 새로운 욕구를 창조할 수 있는 맞춤형 묶음가격(Price Bundling) 상품의 개발

• 유통 및 경로(Place)
- 지역 간 접근성 제고(주변 관광자원 연계 치유체험상품 개발, 심리적 거리해소를 위한 다양한 연계교통체계 홍보)
- 이용성 향상(교육청 및 각종 청소년단체를 통한 안내 및 정보제공, 온오프라인 안내데스크 운용)
- 비수기 및 성수기, 주중 및 주말, 계절 등 시기별 목표시장의 설정

• 홍보 및 촉진(Promotion)
- 기존 고객층(기존 역내 관광객) 대상 교육유치
- 소속군청, 소속 교육지원청 등 유관기관 및 단체를 연계하는 채널마케팅 및 홍보 수행
- TV, 신문 등 미디어매체를 연계하여 일반인대상 인지도 제고
- 청소년, 공공기관 및 기업과 연계한 제휴 마케팅 수행

② 홍보 운영방안

• 전이시장(Transitional Market)

성인 치유 및 청소년 치유·창의체험 및 기업 치유형 HRD 시장과 함께 건강테마를 하는 여행치유활동이 국민의 일상적 문화활동으로 확산되도록 육성함

- 복합시장(Multi-facet Market)

  주 이용시장으로 성인 치유 및 청소년 치유 · 창의체험 교육시장과 기업HRD 시장으로 설정하고, 시기에 따라 가족 치유 시장 및 사회복지 시장을 동시에 고려하는 복합시장을 지향함

표 18 여행치유체험 단계별 홍보 접근방법

1단계(인지도 확산)	언론홍보, 광고, 치유센터 팸(FAM)투어 기획 및 실행
2단계(지역 명소화)	역내 유관기관 및 기업과의 연계방안, 지역언론 연계 홍보
3단계(전국 명소화)	전국 기업, 학교 및 유관기관 홍보, 기존 홍보전략의 보완과 확대, 구전효과

③ 투자유치 추진방향

기업의 사회적 책임과 관련하여 대기업이 치유에 대한 사회적, 경제적 중요성을 깨닫게 하여 대기업 관계자들이 여행치유의 고객이면서 동시에 여행치유 콘텐츠를 생산해내는 생산자가 될 수 있는 투자의 필요성을 투자유치 브로슈어로 작성하여 향후 여행치유산업에 대한 투자유치의 의향을 높일 수 있도록 함.

(3) 사업화 문제점과 극복방안

① 치유효과 측정에 대해 기존 치유시설이나 기관 측에서 거부감을 느끼지 않는 문화가 조성되어야 할 것임

② 지역주민 토착산업과의 조화유지가 관건

③ 산림청, 문화체육관광부 등 다양하게 걸쳐 있는 정책지원부서의 중복행정이나 갈등구조해결이 우선되어야 함

●●✓ 참고문헌

김진술(2007). 자연치유의 학문체계와 그 개념정립에 관한 고찰. 서울장신대학교 석사학위논문.

김태혁(2009). 치유 디자인 개념을 적용한 욕실 공간 연구: 자연 이미지 디자인 연출이 뇌파에 미치는 영향을 중심으로. 경성대학교 석사학위논문.

노기배(2011). 로하스 소비양식이 로하스 소비목적과 소비행동에 미치는 영향. 숭실대학교 박사학위논문.

박종희(2009). 치유메카 경주. 경주연구. 18(2): 71-89.

박종희 · 권영미(2009). 트랜스포메이션 경제시대에 있어서 힐링의 관광 상품화 가능성에 대한 연구. 관광레저연구. 21(2): 357-374.

서경현 · 양승애(2010). 심리적 스트레스 반응과 주관적 웰빙에 대한 자기애와 자존감의 역할. 한국심리학회. 15(4): 653-671.

서한서(2008). 한국 사회의 웰빙 소비 현상 연구. 한양대학교 석사학위논문.

양정하(2005). 한국에서의 내적치유운동에 대한 연구. 고신대학교 석사학위논문.

오은택(2011). 건강운동 참여가 체력수준과 건강위기감 및 건강증진행위에 미치는 효과. 중앙대학교 박사학위논문.

이한구(2011). 중년 남성의 라이프스타일에 따른 건강증진행위에 관한 연구. 대구한의대학교 박사학위논문.

임완숙(2009). DISC행동유형과 건강증진행위 및 건강상태와의 관계. 경희대학교 석사학위논문.

장미숙(2010). 여성의 외모관리와 체형관리가 자기효능감과 자아존중감에 미치는 영향. 대구한의대학교 박사학위논문.

전영옥(2005). 웰빙 문화의 등장과 향후 전망. 삼성경제연구소.

최창환(2005). 성인의 건강지향태도와 건강통제행위가 건강증진행위에 미치는 영향. 조선대학교 박사학위논문.

하유진(2006). 자아 존중감 및 내외 통제성과 심리적 안녕감의 관계: 20, 30대 성인 남녀를 중심으로. 연세대학교 석사학위논문.

하지연(2004). 직장인의 자아개념과 여가스포츠활동 관여도 및 참여정도의 관계. 한국체육학회. 43(6): 845-862.

하지연(2005). 직장인의 여가활동유형과 자아개념, 여가태도 및 여가활동 관여도의 관계, 한국체육학회. 44(3): 721-734.

한국녹색문화재단(2010). 알콜의존자를 위한 숲치유프로그램 개발 및 효과연구.

한국녹색문화재단(2010). 산림기반형 현대문명병치유상품개발.

케이와이엠(2012). 광치자연휴양림 힐링프로그램 개발.

B. Joseph Pine II, & James H. Gilmore (1999). *Experience Economy*, Harvard Business School Press.

Francis Macnutt (1992). *The Power to Heal*. First edition. Ave Maria Press.

John Wimber & Kevin Springer (1991). *Power Points*. Harper Collins.

Melinda Davis (2002). *The New Culture of Desire: The Pleasure Imperative Transforming Your Business and Your Life*. 1st edition. Free Press.

제4절 감성적 웰니스체험과 삶의 질 국가 간 비교

1 웰니스의 수단

온천관광지란 일상생활권에서 떨어져 있는 곳에서 온천을 통한 보양을 위한 목적으로 체재하는 관광지이다(김시중, 2005). 원래 온천은 일하는 사람들이 여가를 이용해 신체의 보양을 위해 가는 관광지였다. 실제로 한국과 일본에서는 옛날부터 보양지로서 이용해 온 기록이 남아 있으며, 사람들에게 많은 사랑을 받아왔다. 최근 웰빙에 대한 관심이 높아지면서 요양, 휴양, 스트레스 해소 등을 위한 관광지를 찾는 관광객이 점차 증가하는 추세이다. 이러한 요인에 의해 과거에서 현재에 이르기까지 꾸준히 개발되어진 관광목적지 가운데 하나가 바로 온천관광지이다(박정열, 2008). 이를 반영하듯 안전행정부에서는 '보양온천'을 법적으로 지정하고 있고, 온천 이미지 개선을 위해 로고 또한 변경하였다.

〈사진 1〉 보양온천 로고

〈사진 2〉 보양온천시설

〈사진 3〉 일본보양온천

현대사회에 있어서도 온천을 이용하는 사람들은 온천지를 방문해 평소의 피로를 풀고, 가족이나 친구들과 단란한 시간을 보내고, 심신의 재충전을 최대의 목적으로 하고 있다고 해도 과언이 아니다. 왜냐하면 박재모(1998)가 조사한 관광욕구분석에 의하면 온천관광에 있어 가족끼리의 휴양과 신체적 휴식을 가장 중요한 이용 동기로 보고 있으며, 여기서 신체적 휴식에 속하는 내용으로는 질병치료, 건강유지 및 회복을 들고 있다.

서구의 경우 이미 1960년부터 국민의 성인병 예방을 위한 대책 마련과 건강증진에 정책적 지원을 하고 있으며, 일본도 1985년부터 후생성에서 건강유지증진과 질병예방(제1차 예방)에 의거한 건강조성을 골자로 하는 제2차 국민건강조성 대책운동을 전개하고 있다. 즉 선진국에서는 국민보건증진 정책의 일환으로 온천지에서의 요양이나 보양에 대해 일반적으로 사회보험이 적용되고 있으며, 이를 통해 저렴한 비용으로도 체재가 가능하다.

서구나 일본에서는 전 국민 건강증진관련 정책의 일환으로 국민의 성인병 치료나 예방을 위한 자연치유 수단으로서의 온천을 만들기 위해 많은 온천을 보양온천으로 전환함과 동시에 보양온천 내에서 일정기준의 의료행위까지 시행하고 있다(김인순, 2003). 한국에서도 온천자원의 효율적인 활용을 극대화할 수 있도록 치료나 보양, 요양 등의 시설을 갖춘 보양온천에서의 사회보험 적용에 대한 정책 입안을 진행하고 있는 상태이다(이재훈, 2001). 이들이 의미하는 바는 현대사회는 이미 Wellness 사회로 변화하고 있다는 것이다. 산업의 고도화 및 발달은 사람들로 하여금 육체적 스트레스뿐만 아니라 과도한 정신적 스트레스를 야기한다. 그와 상응하여 사람들은 육체적 · 정신적 건강의 향상에 많은 관심을 쏟게 되었다.

인구의 고령화현상이나 성인병 증가와 같은 경우 한국과 일본의 공통적인 문제이지만 국가마다 이러한 현상에 대처하는 모습은 많은 차이를 보이고 있다. 유럽이나 일본과 같이 전 국민의 건강증진을 위해 오래전부터 자연치유적 방안을 준비하고 있는 경우와 달리 한국은 국민 개인의 문제로 방치하고 개별적으로 치료하도록 하고 있다.

그러나 이제는 정부가 앞장서 이러한 사회구성원의 질병에 대한 대처방안을 모색하여야 한다고 본다(김인순, 2003). 이와 관련한 대처방안 중 온천은 하나의 대안이 될 수 있다고 생각한다. 요양과 보양을 위한 온천여행이라는 형태는 사람들의 정서적, 신체적 건강에 많은 영향을 줄 것이라 예상이 된다. 그럼에도 불구하고 지금까지 온천과 삶의 질에 관련된 논문은 거의 전무하다고 말할 수 있다.

이 연구는 온천이용을 통한 Wellness의 질과 삶의 질의 변화를 파악할 것과 Wellness를 통한 삶의 질의 변화를 연구하는 것에 연구의 목적을 두고 있다. 온천을 통해 Wellness의 질이 높을수록 삶의 질도 높을 것으로 예상되며, 아울러 국가별(한국, 일본) 이용객의 인식에는 분명 차이가 있을 것으로 예상되기 때문에 그 차이를 비교해 보고자 했다. 이러한 접근은 건강관광(Health Tourism) 관점에서 의미있는 시사점을 줄 수 있다는 점에서 의의가 있을 것으로 기대된다.

2 온천 웰니스의 이론적 배경

1. 온천

'온천'이란 말의 사전적 의미는 ① 지열로 뜨거워져서 솟아나는, 평균기온 이상의 온도를 가진 지하수, 또는 ② 온천이 있는 지역(온천장). 즉 솟아나는 따뜻한 물과 뜨거운 물이 솟아나는 지역 등의 의미를 가지고 있다. 두 정의의 공통점은 어느 쪽이나 〈사진 4〉와 같이 '따뜻한 물'을 가지고 있음을 의미하며(白水晴雄, 1994), 현대에 와서는 〈사진 5〉와 같이 종합휴양시설처럼 온천수를 받쳐주는 부대시설이 존재하게 된 것이다.

〈사진 4〉 감성온천

〈사진 5〉 테마파크적인 온천

온천수의 종류는 국가별로 다소 차이가 있는데, 일본의 경우 온천이 함유하고 있는 주요 화학성분에 따라 분류(예 단순천, 중탄산 염천, 염화물천 및 유산염천 등)하며, 한국의 경우에는 온천수에 함유된 음이온을 기준으로 온천을 분류하고 있다.

이런 온천의 건강효과는 크게 온천 자체의 효과와 온천 이외의 효과로 구분할 수 있다. 온천 자체의 효과에는 입욕해서 얻어진 '물리적 효과'와 여러 온천의 질에 의해 다르게 나타난 '화학성분에 의한 효과', 그리고 신경계기 등에 효과가 있는 변조효과의 3종류가 있는 반면에 온천 이외의 효과요인에는 일상생활을 벗어난 환경에서 느낄 수 있는 '전지효과', 균형 잡힌 식사를 통한 '식사효과', 그리고 산책이나 운동에 의한 '운동효과', 마지막으로 입욕 또한 운동 후의 휴양에 의한 '요양효과' 등이 있다.

한편 〈그림 1〉을 보면 알 수 있듯이 한국 및 일본을 중심으로 온천의 분포가 많은 것을 볼 수 있고, 특히 일본은 세계유수의 온천국이라고 할 수 있을 정도로 수많은 온천시설과 숙박자 수를 보유하고 있다. 우리나라의 경우 〈그림 2〉와 같이 69개소의 온천지를 확보하고 있지만, 일본과 비교해 보면 약 330분의 일 정도밖에 되지 않는다는 점에서 일본에서 온천의 비중은 크다고 볼 수 있다.

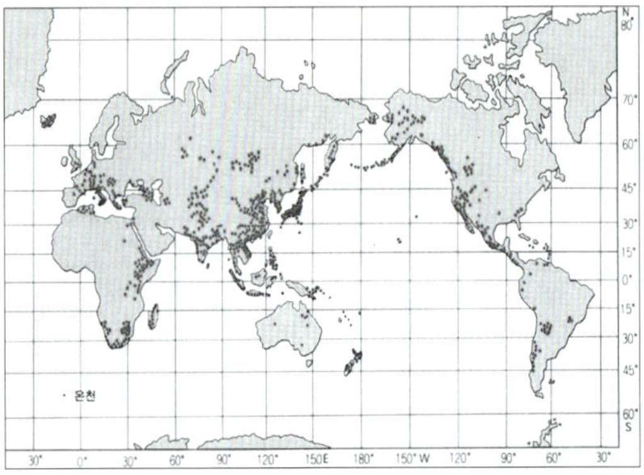

〈그림 1〉 세계의 온천분포도(이현기, 2007)

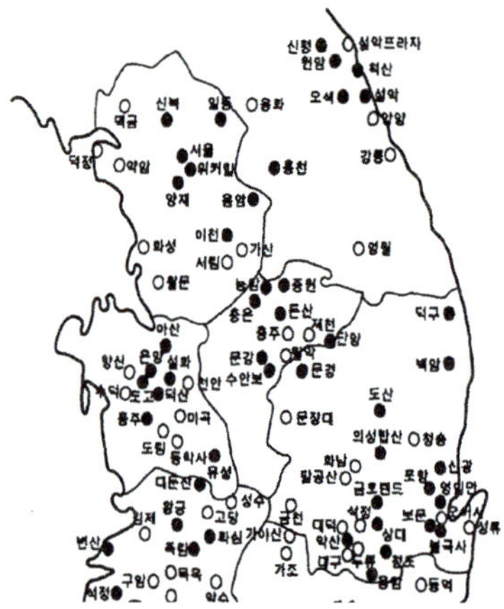

〈그림 2〉 한국의 주요 온천분포도(허만자, 2002)

2. 웰니스

웰니스(Wellness)는 삶의 질을 높이기 위한 일련의 총체적 행위이며 몸과 마음, 정신이 균형을 잘 이루는 상태를 의미한다(오길창, 2010). 종래의 건강에 대한 개념은 단순히 질병이 없는 상태로 이해하여 왔지만 최근의 건강에 대한 새로운 개념은 건강에 관련되는 모든 요소들을 다 포함시킨 능동적, 총체적인 의미를 뜻한다. 이러한 개념을 구체화시켜 놓은 단어가 웰니스(Wellness)이다(김상국, 2000).

웰니스란 인간들이 최적의 건강상태(optimal wellbeing)를 향하여 그들의 생활양식을 변화하도록 돕는 학문의 새로운 영역으로서, 이론적 토대에 의해 5가지 영역으로 구체적으로 제시될 수 있다. 먼저 신체적 Wellness는 일과 업무를 수행할 수 있는 몸의 기능적 능력을 의미하고, 정서적 Wellness는 인간이 삶을 영위하는 감정상태를 의미하며, 스트레스를 조절하고, 감정을 적절하고 편안하게 표현할 수 있는 능력을 말한다.

정서적 Wellness의 경우 개인의 삶에 대하여 열정적이며 긍정적인 느낌의 정도를 포함하고 있다(Hettler, 1984; Anspaugh, Hamrick, & Rosato, 1994). 한편 사회적 Wellness는 사람들(가족, 친구, 동료, 이웃)과 주위환경이 성공적으로 상호작용을 할 수 있는 능력을 의미한다. 이는 신체적 · 정서적 건강에 영향을 주는 스트레스를 감소시키고 질병과 사망률을 감소시키는 데 있어 매우 중요한 요소이다(O'Donnel & Harris, 1994).

다음으로 정신적 Wellness는 인간을 결속시키는 어떠한 힘에 대한 믿음을 의미하며, 이러한 힘은 자연, 과학, 종교나 더욱 고귀한 것을 포함한다. 마지막으로 지적 Wellness는 개인, 가족과 직업적 발전을 위하여 정보를 효과적으로 배우고 사용할 수 있는 능력을 의미하는 것으로서, 개인이 지속적으로 발전을 추구하며 효과적으로 새로운 도전을 하는 것을 익혀가는 것을 뜻한다(Hettler, 1984; Anspaugh et al., 1994). 많은 학자들이 웰니스의 하위요인을 다소 다르게 설명하고 있으나(Roscoe, 2003), 거의 모든 연구들이 위의 5개 요인을 포함하고 있다.

웰니스는 인간이 가능한 한 최적상태가 되기 위하여 매일 노력하는 수행능력이 필요하고, 〈사진 6〉과 같은 유형적 도구를 이용하여 정기적으로 운동을 하며, 적절한 영양과 최적의 신체 구성도를 유지하고, 개인적인 필요에 대한 자각과 긍정적인 방법으로 이들 필요량을 충족하려는 노력과 총체적으로 건강한 행동을 수반하는 것을 의미한다. 예를 들면 〈사진 7〉과 같은 웰니스 테라피는 신체적 균형감을 충족시켜 이후 질병이나 사기 및 삶의 질 저하를 예방하고, 성취감 및 생활만족도 증진의 결과를 도모할 수 있다. 이처럼 웰니스의 가장 큰 혜택은 각 사람들이 인생의 가능성을 보고 개인적으로 성취해야 할 가장 중요한 것 한 가지를 위하여 열중하는 태도를 갖게 하는 것이다(김상국, 1996).

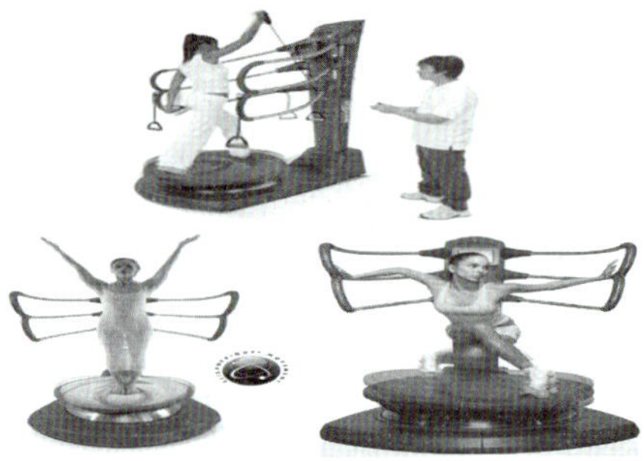

〈사진 6〉 웰니스용 의료기기

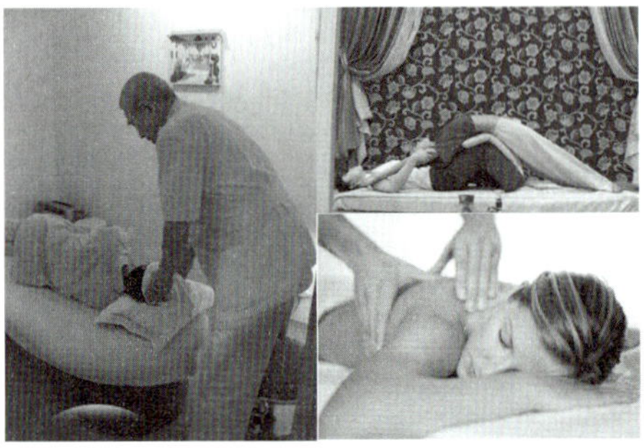

〈사진 7〉 웰니스 테라피(Wellness Therapy)

3. 삶의 질

삶의 질(QOL: Quality of Life)이란 사람들이 자신이 생활하고 있는 문화와 가치체계의 맥락에서 그리고 그들의 목표, 기대, 기준 및 관심과 관련하여 삶에서 자신들이 차지하고 있는 위치에 대한 개인적 인식이라고 정의된다. 즉 삶의 질은 각 개인의 신체적 건강, 심리적 상태, 독립할 수 있는 수준, 사회적 관계, 개인의 신념 및 환경의 특징적 양상에 대한 관계 등이 아주 복잡하게 얽혀 있는 광범위한 개념이라고 할 수 있다.

이에 삶의 질에 대한 개념은 크게 두 가지의 측면에서 연구되어 왔는데(김혜원 · 김명소, 2000; 서대경, 2008), 하나는 개인의 삶의 질을 물질적 풍요나 사회적 신분과 같은 외적 기준이나 조건에 의해 정의될 수 있다고 보는 것이고, 다른 하나는 한 사회의 구성원 개개인이 주어진 삶의 상황에 대하여 어떻게 생각하고 있고 어떠한 경험을 하는가를 의미하는 것이다.

일반적으로 삶의 질에 대한 정의는 명확히 규정되어 있지 않지만, 삶의 질 측정과 관련된 기존의 연구들은 3가지 관점을 가지고 있다. 첫째는 삶의 질은 통계적으로 객관화하는 것이 가능해야 한다는 것이고, 둘째는 개인이 자신의 삶에 대하여 내리는 인지적 평가를 중시하는 입장으로 생활만족감을 강조하는 주관적 관점이며, 셋째는 종합적 접근법으로서, 주관적 입장과 객관적 입장을 종합하는 것을 의미한다.

대부분의 삶의 질은 삶의 모든 영역에서 객관적 조건에 대한 개인별 평가라고 할 수 있으며, 사람들이 느끼는 주관적 의식이라고 할 수 있다. 이러한 삶의 질은 시대나 종교 등에 의해 좌우되는 상대적인 가치지향적 개념이기 때문에 무수히 존재하는 가치관을 일률적으로 정하는 것이 곤란하고 또한 포괄적인 개념이기 때문에 측정지표 또한 학자들마다 다양하게 제시되는 것이 특징이다(강수균 · 김동연 · 석동일 · 조홍중 · 최경희, 2001; 김향미, 2005; 박승희, 2002).

3 웰니스와 삶의 질 연구가설

1. 웰니스와 삶의 질 관련 연구모형 및 연구가설

본 연구는 김미란(2009)의 연구에서 제안한 삶의 질과 Wellness와의 관계를 토대로 설정하였고, 구체적으로 5가지 Wellness가 삶의 질에 미치는 영향관계를 파악한 후 국가별(한국, 일본) Wellness의 질 및 삶의 질의 차이를 살펴보기 위해 〈그림 3〉과 같은 연구모형을 선정하였다. 이에 다음과 같은 연구가설을 설정한 후 검증해 보고자 한다.

- H_1: Wellness의 질은 삶의 질에 영향을 미칠 것이다.
  - $H_{1\text{-}1}$: 신체적 Wellness의 질은 삶의 질에 영향을 미칠 것이다.
  - $H_{1\text{-}2}$: 정서적 Wellness의 질은 삶의 질에 영향을 미칠 것이다.
  - $H_{1\text{-}3}$: 사회적 Wellness의 질은 삶의 질에 영향을 미칠 것이다.
  - $H_{1\text{-}4}$: 정신적 Wellness의 질은 삶의 질에 영향을 미칠 것이다.
  - $H_{1\text{-}5}$: 지적 Wellness의 질은 삶의 질에 영향을 미칠 것이다.
- H_2: 국가별(한국인, 일본인)로 Wellness의 질과 삶의 질의 평균에는 차이가 있을 것이다.

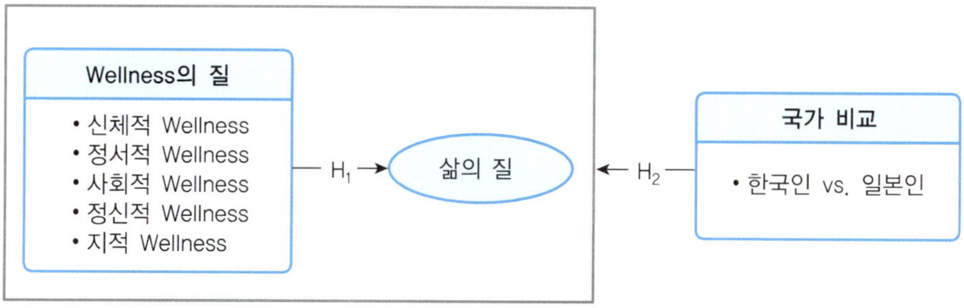

〈그림 3〉 연구모형

2. 웰니스와 삶의 질 측정항목 도출

먼저 Wellness의 질은 Anspaugh et al.(1994)이 고안한 Wellness 생활양식을 토대로 한국에서 개발된 측정도구(KWLISS: Korean Wellness Life Style Scale)를 적용하였다. 구체적으로 신체적 Wellness, 사회적 Wellness, 정신적 Wellness, 정서적 Wellness, 지적 Wellness 등 총 42문항으로 구성하였다. 삶의 질의 경우 강현욱(2008)과 노유자(1988) 등이 사용한 척도를 바탕으로 김현태(2009)가 수정한 항목을 적용하였다. 구체적으로 경제적 측면, 정서적 측면, 사회적 측면, 신체적 측면의 4가지 범주를 11개 측정항목으로 구성하였다. 한편 Wellness의 질과 삶의 질은 Likert 5점 척도(1 = 전혀 그렇지 않다~5 = 매우 그렇다)로 측정하였다. 기타 인구통계학적 특성은 성별, 연령, 학력, 결혼여부, 직업, 월평균소득 등 6개 항목을 명목척도로 구성 · 측정하였다.

3. 온천 웰니스 자료수집 및 분석

이 연구는 한국 온천을 방문한 경험이 있는 한국인과 일본 온천을 방문한 경험이 있는 일본인을 대상으로 현지조사를 통해 진행되었다. 구체적으로 동경과 서울을 중심으로 2010년 4월 25일부터 5월 25일까지 총 1달간 설문조사에 의해 수집되었다. 총 400부(한국: 200부, 일본: 200부)를 조사하였고, 이 중 375부(한국: 182부, 일본: 193부)가 회수되었으며, 설문지상에 누락된 응답이나 불성실한 응답을 보인 25부(한국: 4부, 일본: 21부)를 제외한 350부(한국: 172부, 일본: 178부)를 활용하여 실증분석을 하였다.

이후 실증분석은 SPSS 통계 패키지를 활용하여 다음과 같이 진행하였다. 첫째, 응답자의 기본적 특성을 빈도분석을 통해 살펴보았다. 둘째, 구성개념(Wellness의 질, 삶의 질)의 신뢰성 및 타당성을 확인하기 위해 신뢰도분석(Cronbach's α 계수)과 요인분석을 실시하였다. 셋째, Wellness의 질이 삶의 질에 미치는 영향을 알아보기 위해 회귀분석을 실시하였다. 넷째, 국가별(한국인, 일본인) 구성개념(Wellness의 질, 삶의 질) 간 평균 차이를 확인하기 위해 독립표본 t-검증을 실시하였다.

4 웰니스와 삶의 질 조사결과

1. 표본의 인구통계학적 특성

본 연구의 인구통계학적 설문은 성별, 연령, 최종학력, 결혼여부, 직업, 월평균소득으로 구성하였고, 이를 파악하기 위하여 빈도분석을 실시한 결과는 〈표 1〉과 같다.

표 1 빈도분석에 의한 응답자 특성 비교

구분		일본		한국		구분		일본		한국	
		n	%	n	%			n	%	n	%
성별	여	82	47.7	92	51.7	월평균 소득	100만 원 미만	72	20.6	16	9.3
	남	90	52.3	86	48.3		100~199만 원	124	35.4	64	37.2
연령	20세 미만	7	4.1	6	3.4		200~299만 원	98	28	61	35.5
	20~29세	100	58.1	92	51.7		300만 원 이상	56	16	31	18
	30~39세	35	20.3	49	27.5	직업	생산/노무직	6	3.5	4	2.2
	40~49세	11	6.4	20	11.2		기능직	21	12.2	4	2.2
	50~59세	14	8.1	11	6.2		판매직	22	12.8	15	8.4
	60세 이상	5	2.9	0	0		사무/관리직	28	16.3	42	23.6
결혼 여부	미혼	112	65.1	125	70.2		전문직	40	23.3	24	13.5
	기혼	56	32.6	53	29.8		학생	12	7	51	28.7
최종 학력	고졸 이하	77	44.7	32	18		주부	8	4.7	4	2.2
	전문대	38	22.1	11	6.2		기타	35	20.4	34	19.1
	대학교	53	30.8	81	45.5	합계(N)		172	100.0	178	100.0
	대학원	4	2.3	54	30.3						

2. 구성개념의 신뢰성 및 타당성 검증

우선 Wellness의 질과 관련된 측정문항에 대한 요인분석결과 전체 표본적합도(KMO) 값이 .666~.757, Bartlett의 구형성 검정값이 통계적으로 유의한 값(신체적 Wellness = 1700.479, 정서적 Wellness = 726.855, 사회적 Wellness = 826.884, 정신적 Wellness = 406.783, 지적 Wellness = 461.082, $p < .001$)을 보이고 있다. 요인분석은 Varimax회전을 이용해 고유값

(eigen-value) 1.0 이상, 요인적재량과 공통성 .4 이상, 신뢰계수(α) .6 이상의 기준치를 상회하는 측정항목들을 바탕으로 요인을 추출하였다.

요인분석 결과, 신체적 Wellness는 4개의 요인(분산설명력=67.813%)이 도출되었고, 정서적 Wellness는 1개의 요인(분산설명력=70.772%), 사회적 Wellness는 2개의 요인(분산설명력=66.576%), 정신적 Wellness는 1개의 요인(분산설명력=61.499%), 지적 Wellness는 2개의 요인(분산설명력=71.096%)이 도출되었다.

삶의 질의 경우에도 동일한 방식으로 요인분석을 실시하였고, KMO=.776, Bartlett의 구형성 검정값 역시 통계적으로 유의한 값(x^2=1139.000, p<.001)을 보여 사용된 측정

표 2 Wellness의 질과 삶의 질의 구성개념에 대한 신뢰도분석 및 요인분석 결과

구분		요인명	요인적재량	공통성	분산설명력(%)	α 계수
Wellness의 질	신체적 Wellness	체력관리	.739~819	.589~.722	28.402	.771
		약물관리	.688~.869	.525~.807	16.742	
		영양관리	.751~.876	.632~.782	11.430	
		음주관리	.732~.873	.702~.776	11.239	
		KMO=.750, Bartelett의 구형성 검정(근사 x^2=1700.479, df=78, p<.001)				
	정서적 Wellness	긍정적 상황대처	.762~.882	.581~.779	70.772	.851
		KMO=.723, Bartelett의 구형성 검정(근사 x^2=726.855, df=21, p〈.001)				
	사회적 Wellness	사회봉사	.872~.896	.763~.803	33.687	.750
		대인관계	.736~.804	.544~.647	32.889	
		KMO=.716, Bartelett의 구형성 검정(근사 x^2=826.884, df=21, p<.001)				
	정신적 Wellness	정신적 측면	.762~.809	.580~.654	61.499	.851
		KMO=.757, Bartelett의 구형성 검정(근사 x^2=406.783, df=6, p<.001)				
	지적 Wellness	자아개발과 지식습득	.712~.819	.587~.672	36.663	.814
		의료지식의 관심도	.861~.910	.794~.841	34.433	
		KMO=.666, Bartelett의 구형성 검정(근사 x^2=461.082, df=10, p<.001)				
삶의 질		경제적 측면	.684~.879	.534~.815	20.857	.847
		정서적 측면	.695~.781	.600~.705	18.142	
		사회적 측면	.618~.811	.625~.699	15.536	
		신체적 측면	.794~.866	.730~.776	14.034	
		KMO=.776, Bartelett의 구형성 검정(근사 x^2=1139.000, df=55, p<.001)				

항목들은 요인분석을 하기에 적합함을 알 수 있다. 이후 도출된 요인은 총 4개(경제적 측면, 정서적 측면, 사회적 측면, 신체적 측면)로서 총 분산설명력은 68.569%로 나타났다. 한편 Wellness의 질과 삶의 질의 신뢰계수는 .750~.851로서, 비교적 높은 신뢰수준을 확보하고 있음을 알 수 있다.

3. 가설검증

신체적 Wellness가 삶의 질에 미치는 영향을 살펴보면, 경제적 측면은 6.8% 설명하고 있으며, 음주관리가 체력관리보다 경제적 측면을 설명하는 데 더 많은 영향을 미치는 것을 알 수 있다. 정서적 측면의 경우 11.6% 정도 설명되고 있으며, 체력관리가 음주관리보다 경제적 측면을 설명하는 데 더 많은 영향을 미치는 것을 알 수 있다. 또한 사회적 측면의 경우 7.3%가 설명되는 가운데 약물관리가 체력관리보다 조금 더 많은 영향을 미치는 것을 알 수 있으며, 신체적 측면은 18.6%가 설명되는 가운데 체력관리, 약물관리, 영양관리 순의 영향력 크기를 확인할 수 있다.

다음으로 정서적 Wellness가 삶의 질에 미치는 영향을 살펴보면 경제적 측면, 정서적 측면, 사회적 측면, 신체적 측면을 각각 6.7%, 10.8%, 25.7%, 7.4% 정도 설명하고 있으며, 그중 사회적 측면이 정서적 Wellness를 설명하는 데 있어서 중요한 것임을 알 수 있다.

세 번째로 사회적 Wellness가 삶의 질에 미치는 영향에서 경제적 측면과 신체적 측면에서는 사회봉사가 영향을 미치는 가운데 정서적 측면과 사회적 측면은 대인관계가 사회봉사보다 더 큰 영향을 미치는 사회적 Wellness임을 알 수 있다. 그중에서 대인관계가 사회적 측면에서 큰 기여를 하는 것으로 나타났다.

네 번째로 정신적 Wellness가 삶의 질에 미치는 영향에서 모든 관계가 유의한 것으로 나타났고, 그중 정신적 측면이 삶의 질 중 사회적 측면을 설명하는 데 큰 기여를 하는 것을 알 수 있다.

마지막으로 지적 Wellness가 삶의 질에 미치는 영향에서 의료지식의 관심도가 경제적 측면과 신체적 측면을 설명하는 데 기여하는 것으로 나타난 가운데, 사회적 측면을 설명함에 있어서 자아개발과 지식습득이 의료지식의 관심도보다 더 큰 영향을 미치는 것을 알 수 있다. 반면에 정서적 측면을 설명하는 지적 Wellness는 없는 것으로 나타났다.

이러한 회귀분석 결과에 따라 연구가설 1인 "Wellness의 질은 삶의 질에 영향을 미칠 것이다."는 모두 채택되지는 않았으나 공통적으로 Wellness의 질 중 신체적 Wellness와 정서적 Wellness가 삶의 질 중 정서적 측면에 관련되어 있고, 반면에 사회적 Wellness, 정신적 Wellness, 지적 Wellness는 사회적 측면과 관련되어 있음을 확인할 수 있다.

표 3 Wellness의 질이 삶의 질에 미치는 영향관계 검증(연구가설 1: H_1)

독립변수		종속변수							
		경제적 측면		정서적 측면		사회적 측면		신체적 측면	
		β	t값	β	t값	β	t값	β	t값
신체적 Wellness	체력관리	.185	3.544***	.305	5.989***	.162	3.110**	.299	6.124***
	약물관리	−.035	−.623	−.005	−.096	.167	2.973**	.197	3.752***
	영양관리	−.011	−.193	.053	1.007	−.056	−1.022	.119	2.341*
	음주관리	.190	3.378***	.111	2.038*	.098	1.752	.066	1.264
	R^2(F값)	.068(6.262***)		.116(11.356***)		.073(6.770***)		.186(19.714***)	
정서적 Wellness	긍정적 생활대처	.259	4.996***	.329	6.500***	.512	11.123***	.272	5.279***
	R^2(F값)	.067(24.965***)		.108(42.249***)		.257(120.571***)		.074(27.866***)	
사회적 Wellness	사회봉사	.159	3.018**	.114	2.153*	.080	1.766	.273	5.317***
	대인관계	.097	1.839	.147	2.794**	.531	11.731***	.105	2.038*
	R^2(F값)	.035(6.329***)		.035(6.314***)		.290(70.699***)		.086(16.376***)	
정신적 Wellness	정신적 측면	.258	4.986***	.303	5.929***	.507	10.981***	.129	2.421*
	R^2(F값)	.067(24.856***)		.092(35.150***)		.257(120.571***)		.017(5.860*)	
지적 Wellness	자아개발과 지식습득	.029	.516	.054	.932	.392	7.688***	.024	.427
	의료지식의 관심도	.294	5.279***	.046	.784	.181	3.546***	.256	4.528***
	R^2(F값)	.094(18.059***)		.007(1.232)		.243(55.704***)		.071(13.248***)	

주) *p<.05, **p<.01, ***p<.001

다음으로 국가별(일본인, 한국인) Wellness의 질/삶의 질의 차이를 살펴보기 위해 독립표본 t-검증을 실시하였다. 분석결과 신체적 Wellness 중 약물관리와 음주관리, 정서적 Wellness(긍정적 생활대처), 사회적 Wellness(사회봉사, 대인관계), 정신적 Wellness(정신적 측면), 지적 Wellness(자아개발과 지식습득, 의료지식의 관심도), 삶의 질 중 경제적 측면과 사회적 측면에서 두 집단 간 평균값 차이가 통계적으로 유의한 것을 알 수 있다. 공통적으로 한국인이 일본인에 비해 상대적으로 높다는 것을 확인할 수 있다.

표 4 국가별 구성개념(Wellness의 질/삶의 질)에 대한 평균 차이 비교(연구가설 2: H_2)

종속변수		독립변수	M	t값	종속변수		독립변수	M	t값
신체적 Wellness	체력관리	일본인	2.79	−.055	정신적 Wellness	정신적 측면	일본인	3.20	−5.954***
		한국인	2.79				한국인	3.63	
	약물관리	일본인	3.07	−2.319*	지적 Wellness	자아개발과 지식습득	일본인	3.41	−7.276***
		한국인	3.30				한국인	3.90	
	영양관리	일본인	2.82	1.030		의료지식의 관심도	일본인	2.83	−5.057***
		한국인	2.73				한국인	3.30	
	음주관리	일본인	2.40	−2.165*	삶의 질	경제적 측면	일본인	2.53	−2.789**
		한국인	2.65				한국인	2.78	
정서적 Wellness	긍정적 생활대처	일본인	3.20	−6.229***		정서적 측면	일본인	2.86	−1.869
		한국인	3.65				한국인	3.00	
사회적 Wellness	사회봉사	일본인	1.95	−3.745***		사회적 측면	일본인	3.16	−7.731***
		한국인	2.29				한국인	3.69	
	대인관계	일본인	3.58	−2.872**		신체적 측면	일본인	2.70	−1.355
		한국인	3.77				한국인	2.83	

주) p<.05, **p<.01, ***p<.001

5 웰니스체험과 삶의 질의 관계

건강한 삶 및 스트레스 해소에 대한 욕구가 많아지면서 웰니스관광(Wellness Tourism), 건강관광(Health Tourism), 의료관광(Medical Tourism)이 발전해 왔으며, 그중 하나인 온천관광이 Wellness와 삶의 질에 얼마나 효과가 있는지를 이해하여, 온천관광을 발전시켜 나갈 필요가 있다. 이 연구는 온천 이용자의 Wellness와 삶의 질의 영향관계를 검증하고, 아울러 일본인과 한국인 간 두 개념의 지각 차이를 살펴보았으며, 다음과 같은 시사점을 도출할 수 있었다.

첫째, 신체적 Wellness가 삶의 질에 미치는 영향을 검증한 결과, 공통적으로 신체적 Wellness의 4개 요인 중 '체력관리' 요인이 삶의 질(경제적 측면, 정서적 측면, 사회적 측면, 신체적 측면)에 영향을 미치는 것으로 나타났으며, 운동과 관련된 부분이 삶의 질에 영향을 주는 것으로 나타났다.

사회적 Wellness가 삶의 질에 미치는 영향을 분석한 결과도 긍정적인 영향을 미치는 것으로 나타났다. 공통적인 요소로 '사회봉사' 요인과 '대인관계' 요인이 사회적 Wellness 요인으로서 '정서적 측면' 요인과 '신체적 측면' 요인이 삶의 질 요인에 영향을 미치는 것으로 나타났다. 정신적 Wellness의 경우 전체적으로 큰 영향을 주는 것으로 나타났다. 이는 지각된 생활의 보람과 기쁨, 인생의 가치와 신념, 가족과 화사에 대한 애정, 미래를 위한 노력 등이 삶의 질의 경제적, 정서적, 사회적, 신체적 측면에 큰 영향을 미치는 것을 의미한다.

다음으로 지적 Wellness가 삶의 질에 미치는 영향관계는 긍정적으로 나타났고, 공통적으로 지적 Wellness 요인 중 '의료지식의 관심도' 요인이 삶의 질 요인 중 '경제적 측면'과 '사회적 측면', '신체적 측면'에 영향을 미치는 것으로 나타났다. 마지막으로 정서적 Wellness가 삶의 질에 미치는 영향을 분석한 결과를 보면, 모두 큰 영향을 미치는 것으로 나타났다.

긍정적인 사고, 삶의 기복의 대처능력이 삶의 질에 영향을 미치는 것으로 나타났다. 전체적인 Wellness를 볼 때 삶의 질에 큰 영향을 주는 것으로 나타났다. 따라서 온천의 질(예 수질, 효능, 온도 등)을 관리하여 방문객의 Wellness의 질에 대한 인식을 향상시키는 것이 결국 삶의 질 향상으로 이어질 수 있다는 점을 기억해야 할 것이다. 즉 온천관광지의 시설이나 볼거리가 좋다고 해도 온천 자체의 질이 낮으면 사용빈도가 낮아질 것이기 때문에 무엇보다도 온천 자체의 품질 개선이 핵심이라는 점을 의미한다. 결국 온천 주변에 있는 관광지나 부대시설, 그리고 온천지의 접근성과는 상관없이 얼마나 질이 좋은 온천을 제공할 수 있느냐가 중요하다.

둘째, 국가별(일본인, 한국인) 구성개념(Wellness의 질, 삶의 질)의 평균값 차이를 살펴보면, 두 집단 간 통계적으로 유의한 차이가 발견되었으며, 공통적으로 일본인보다 한국인의 평균값이 높은 것을 알 수 있다.

특히 정신적, 지적, 정서적 Wellness에서 큰 차이가 발견되었다. 이는 한국인이 일본인보다 긍정적인 사고를 가지고 살고 있다는 것을 의미한다. 즉 온천이 일본인보다 한국인에게 큰 정신적인 영향을 준다는 것을 의미하여, 온천이 한국인의 스트레스 해소에 긍정적 영향을 미치는 자원임을 예상해 볼 수 있는 대목이다.

따라서 앞서 언급한 대로 품질개선 및 기타 연계자원을 확보하는 것이 무엇보다 중요할 것이다. 전국 어디에 가든 온천이 있는 일본과 달리 분포가 적은 한국에 있어서 온천의 품질은 중요하게 생각된다. 즉 한국인이 일본인보다 온천의 수질, 효능, 온도에 많은 관심을 가질 수 있음을 의미한다. 아울러 품질 이외에 오락시설, 운동시설, 수영장, 커피숍 등과 같은 부대시설의 연계를 통해 충성고객을 확보하는 것이 무엇보다 중요함을 기억할 필요가 있다.

지금까지의 선행연구에는 온천과 Wellness 및 삶의 질에 대한 실증연구가 없었기 때문에 본 연구의 결과가 온천 운영을 위한 차별화를 도모할 수 있었다는 점에서 의의를 가질 수 있지만, 몇몇 연구한계점을 가지고 있는 것 또한 사실이다. 먼저 표본의 연령이 다소 젊은 층에 분포되었다는 점과 한국과 일본의 일부 도시에서 설문조사가 진행되어 연구대상의 제약이 있다는 점은 향후연구에서 고려해야 할 부분이다. 이에 향후연구에서는 이러한 한계점을 포함하여 Wellness와 삶의 질을 높일 수 있는 효과적 측면에서의 접근이 이루어질 필요가 있을 것이다.

참고문헌

강수균 · 김동연 · 석동일 · 조홍중 · 최경희(2001). 노인성 질환자의 삶의 질 제고를 위한 의사소통 문제 연구. 특수교육재활과학연구. 40(2): 109-134.

강현욱(2008). 복지관 노인의 건강증진을 위한 가설적 구조모형 분석. 연세대학교 박사학위논문.

김미란(2009). 정신간호사의 삶의 질과 웰니스에 관한 연구. 이화여자대학교 석사학위논문.

김상국(1996). 웰니스 개념과 적용: 삶의 질과 건강증진 지침서. 서울: 21세기교육사.

______(2000). 한국인 웰니스(wellness)에 대한 생활양식 측정도구 개발. 한국체육학회지. 39(4): 963-982.

김시중(2005). 온천관광지 이미지, 속성 및 선호도 분석. 한국지역지리학회지. 11(4): 497-510.

김인순(2003). 보양온천을 중심으로 한 수치료 시설의 비교연구. 건국대학교 박사학위논문.

김향미(2005). 직장근무형태에 따른 여가만족도 및 삶의 질 차이에 관한 연구. 경희대학교 석사학위논문.

김현태(2009). 방송종사자의 여가몰입과 삶의 질에 대한 관계 분석. 연세대학교 석사학위논문.

김혜원 · 김명소(2000). 우리나라 기혼여성들의 심리적 안녕감의 구조분석 및 주관적 안녕감과의 관계분석. 한국심리학회지: 여성. 5(1): 27-41.

노유자(1988). 서울지역 중년기 성인의 삶의 질에 관한 분석연구. 연세대학교 박사학위논문.

박승희(2002). 한국장애인의 삶의 질 측정도구 개발연구. 특수교육학연구. 37(2): 53-93.

박재모(1998). 참여동기에 따른 보양온천리조트 공간구성에 관한 연구. 경기대학교 석사학위논문.

박일우 · 이태희(2011). 전라북도 체험 가치의 성공화 전략을 위한 러브마크 모니터링 항목도출. 한국사진지리학회지. 21(2): 17-32.

박정열(2008). 온천수요의 결정요인 및 시장세분화 연구: 동래온천을 중심으로. 세종대학교 석사학위논문.

서대경(2008). 관광자의 관광 전(前)과 관광 후(後)의 삶의 질 차이에 관한 연구. 경기대학교 석사학위논문.

양제연 · 이태희(2011). 재방문 여부에 따른 동남아시아 리조트 선택속성 IPA 평가에 관한 연구. 한국사진지리학회지. 21(2): 159-172.

오길창(2010). 여가활동 중요도 인식이 Wellbeing태도, Wellbeing 지향행동과 Wellness지향행동에 미치는 구조관계연구. 경희대학교 박사학위논문.

이재훈(2001). 치료적 개념을 도입한 보양온천리조트의 실내디자인 계획에 관한 연구. 건국대학교 석사학위논문.

이태희(2011a). 러브마크감성행동론. 서울: 새로미.

이태희(2011b). 축제러브마크화전략론. 서울: 한올출판사.

이태희 · 김려은(2011). 지리적 격리형 강원랜드 카지노 종사원의 직무만족도에 관한 연구: 서울 소재 카지노와의 비교를 중심으로. 한국사진지리학회지. 21(3): 75-85.

이태희 · 정민채(2011). 역사 · 관광학적 관점을 통한 강화도 전적지에 관한 연구: 병인양요, 신미양요, 운양호 사건을 중심으로. 한국사진지리학회지. 16(1): 47-59.

이현기(2007). 유황온천수의 수질특성 및 효율적인 불소제거방법에 관한 연구. 전북대학교 박사학위논문.

허만자(2002). 月岳山 溫泉 觀光開發 硏究. 경희대학교 석사학위논문.

白水晴雄 (1994). 温泉のはなし. 技報堂.

Anspaugh, D., Hamrick, M., & Rosato, F. (1994). *Instructor's manual and testbank wellness: Concepts and applications* (2nd ed.). St. Louis, MO: Mosby Yearbook Inc.

Hettler, W. (1984). Wellness: Encouraging a lifetime pursuit of excellence. *Health Values: Achieving High Level Wellness*. 8(4): 13-17.

O'Donnel, M. P., & Harris, J. J. (1994). *Health promotion in the workplace* (2nd ed.). New York: Delmar Pudlisher Inc.

Roscoe, L. J. (2003). The creation and validation of a wellness assessment: The Wellness Card Sort (WCS). Unpublished Ph.D Dissertation, Carbondale, Southern Illinois University, USA.

제6장 반감성적 관광영향 평가

제1절 관광개발에 따른 반감성적 지지도 평가성

1 관광개발에 대한 지지도

생활수준이 향상되고 삶의 양식이 변화하면서 개인의 시간적 여유를 관광과 같은 필요적 기능에 소비하고자 하는 욕구가 발생하였고, 이에 도시는 관광 기능의 중요성과 역할에 조금 더 적극적인 대응을 할 필요가 생겼다(이영주, 2003). 이러한 필요에 의해 서울 역시 도시관광의 메카로 자리 잡기 위해 수많은 개발사업들을 진행하고 있다.

그중에서도 주목할 만한 것은 서울에서 개발된 일부 사업들은 도시민들뿐만 아니라 관광객들에게 사회 · 문화적, 환경적으로 긍정적 인식을 제공했다는 점이다. 예를 들면 〈사진 1〉과 같이 청계천은 복원 후 개통과 함께 서울 도심의 관광벨트 역할뿐만 아니라

〈사진 1〉 복원된 청계천

〈사진 2〉 뚝섬 서울숲

〈사진 3〉 길동자연생태공원

도심생태축을 대표하는 관광목적지가 되었다. 아울러 서울의 100년 역사에서 외형적 환경변화를 단적으로 가장 잘 보여주는 곳 역시 청계천을 포함하여 〈사진 2〉와 〈사진 3〉과 같은 서울에 위치한 공원들을 꼽을 수 있다(서울신문, 2005).

이처럼 서울에서 개발된 사례들이 100% 긍정적이라고 말할 수는 없겠지만, 적어도 도시민이나 관광객들에게 좋은 인상을 주는 유인요인(pull factor)이라는 것은 부정할 수 없을 것이다. 이에 본 연구에서는 이러한 관광개발이 가진 관광영향을 중심으로 연구를 진행해 보고자 한다. 현대사회에서 말하는 관광개발은 버려져 있거나 쓸모가 없는 곳을 개발하여 아름답고 유용한 곳으로 변화시키는 것을 말하지만(윤병국, 2010), 지역마다 다양한 조건이나 역사 등을 보유하고 있고, 개발경험 및 개발수준, 수용력, 사회·문화적, 정치적, 경제적 문제 등이 다르기 때문에 관광에 대해 인식하는 정도는 지역마다 상이할 것이다(Tosun, 2002). 공통적인 것은 관광개발에 의해 나타나는 긍정적 또는 부정적 효과를 크게 고려하지 않은 상황에서 개발을 할 경우 환경문제의식 유발, 이해관계자의 의견 양분 등의 부정적 효과가 유발된다는 점이다(Lee & Back, 2003). 이에 관광개발에 따른 관광영향을 방문객들이 긍정적으로 지각하는지, 그리고 긍정적으로 지각된 요소를 토대로 향후 개발에 대한 지속적 지지의사를 가지는지 파악하는 것은 중요한 숙제가 되었다.

이러한 관점에서 최근에는 관광영향 지각과 관련된 연구가 이론적·방법론적으로 서서히 발전되어 왔고(Ramikissoon & Nunkoo, 2011), 이와 관련하여 선행연구에서도 관광개발을 촉진하는 데 있어서 지지도의 중요성이 증가하고 있음이 언급되면서(Gursoy & Rutherford, 2004; Teye, Sönmez, & Sirakaya, 2002), 관광개발에 대한 관광영향과 지지도 간 영향관계를 지속적으로 모색해 왔다. 하지만 대부분의 연구들이 지지도의 관점을 단 일차원에서 단순하게 적용할 뿐 복합적으로 고민해 보고 있지는 못한 실정이다. 몇몇 선행연구(예 Gursoy, Chi, & Dyer, 2010; Nicholas, Thapa, & Ko, 2009; Oviedo-Garcia, Castellanos-Verdugo, & Martin-Ruiz, 2008)에서 지지도의 관점을 세분화해서 살펴보았다.

이 연구에서는 서울시의 관광개발 사례들을 토대로 사회·문화적, 환경적으로 긍정적인 관광영향의 결과변수로 지지도를 두 가지 관점(추가개발, 개발계획)에서 접근해 보고자 했다. 아울러 관광영향과 지지도 간 영향관계를 고찰하는 것 이상으로 실제 서울시 관광개발이 사회·문화적, 환경적으로 긍정적인지, 긍정적이라면 어떠한 요소가 긍정적이라고 판단하게 된 원인인지에 대한 관광영향의 효과를 분석할 필요가 있을 것이다.

보통 골프장, 카지노, 리조트 등의 관광개발 또는 축제, 메가 이벤트 등의 이벤트 개최는 방문객 입장에서 보았을 때 새로운 볼거리를 제공하기 때문에 긍정적 측면의 역할을 하게 된다(이태희 · 윤설민 · 김지흔, 2010). 따라서 방문객들이 지각한 관광영향의 정도를 파악하여 개발된 사례나 개발될 사례에 적용하는 것은 긍정적 관광개발사업을 도모할 수 있다는 측면에서 중요할 것이다.

이 연구는 사회 · 문화적, 환경적으로 긍정적 영향을 준 서울시 관광개발 사례지(예 청계천, 뚝섬 서울숲, 길동자연생태공원 등)를 방문해 본 관광객들을 대상으로 관광영향 효과를 분석해 보고자 실시되었다.

2 영향과 지지도의 이론적 고찰

1. 관광영향

관광영향(tourism impact)은 관광자원/시설에 대한 물리적 개발 및 관광객–지역주민 간 접촉 등으로 인해 발생하는 관광의 모든 결과를 의미하는 것으로서, 관광개발영향(tourism development impact)이라고도 할 수 있고(조배행 · 박종진, 2007), 관광효과(tourism benefit)라 불리기도 한다(함석종 · 박선희, 2009). 즉 관광영향에 대한 지각은 관광으로 인해 발생하는 영향을 지각하는 것을 의미하는데, 일반적으로 관광목적지를 중심으로 연구가 진행되어 왔다(권현택, 2011). 이는 지각과 태도가 시간이 흐름에 따라 변화될 것이기 때문에 관광영향에 대한 태도나 지각은 지속적으로 평가되어야만 했음을 의미한다(Gursoy et al., 2010).

한편 지각된 영향에는 2가지 특징이 있는데, 하나는 지각된 영향이 경제적, 사회 · 문화적, 환경적 영향 등으로 다차원으로 구성되었다는 것과 다른 하나는 각 영향 차원이 긍정적과 부정적 요소들로 설명된다는 것이다(Chen & Chen, 2010). 하지만 본 연구에서는 다차원의 관광영향 요소 중 경제적 영향은 고려하지 않았다. 본 연구의 대상과 같이 사회 · 문화적, 환경적 관광개발을 시도한 사례의 경우 공공여가공간으로서 관광 비즈니스 활동이 타 관광목적지에 비해 크게 이루어지지 않아(최승담 · 오훈성, 2008) 경제적인 이점의 발생이 뚜렷하게 나타나지 않기 때문이다. 아울러 각 영향 차원을 긍정적으로만 바라보았는데, 이는 서울이라는 도시에 자연이라는 테마의 개발을 통해 환경적 영향이 개선되었고, 그 위에 사회·문화적 요소가 가미되었기 때문에 사회·문화적 영향과 환경적 영향이 긍정적으로 비춰질 수 있음을 고려하였다.

관광개발에 있어서 긍정적인 사회·문화적 영향을 살펴보면 문화의 현대화 및 교류 촉진, 교육과 전통문화의 보전, 문화시설의 다양화 등을 들 수 있고(함석종·박선희, 2009), 긍정적 환경영향으로는 환경 보호, 지역의 외관/경관 개선, 생활환경 및 도로사정 개선 등을 들 수 있다(구정대·손호기·손은호, 2004). 이처럼 사회·문화적, 환경적 관광영향의 긍정적 요소는 서울시의 관광개발 사례를 통해서도 살펴볼 수 있다. 예를 들면 서울시는 운영·관리 대상 주요 공원(서울숲, 중랑숲, 남산공원, 서울대공원 등) 12곳에서 계절별로 다양한 문화행사 및 생태 체험프로그램을 운영하고 있다(〈사진 4〉~〈사진 6〉 참고).

〈사진 4〉 청계천 생태탐방 프로그램

〈사진 5〉 서울숲 재미있는 숲속이야기

〈사진 6〉 길동자연생태공원 체험프로그램

이처럼 서울시 도시관광의 테마와 달리 환경 복원 및 개발된 관광목적지는 환경적으로 긍정적 영향을 미치며, 아울러 환경적 요소를 배가시키기 위해 사회·문화적으로 다양한 프로그램을 기획·운영하여 사회·문화적, 환경적으로 긍정적 관광영향을 방문객들에게 제공해 주고 있다.

2. 관광영향과 지지도 간 영향관계

관광영향을 중심으로 하는 방법론적 접근은 크게 인과관계 연구와 차이연구로 볼 수 있으며, 상당수의 연구들이 추가적 개발 또는 관광개발계획 등의 지지도를 최종 내생변수로 포함하는 인과관계 연구(예 Kang, Lee, Yoon, & Long, 2008; Lee & Back, 2006; Lee, Kang, Long, & Reisinger, 2010; Lee, Kang, & Reisinger, 2010)로 접근하고 있다.

본 연구는 관광영향을 중심으로 인과관계 연구로 진행하였다. 많은 선행연구들(예 Chen & Chen, 2010; Kang et al., 2008; Lee & Back, 2006; Lee et al., 2010; NunKoo & Gursoy, 2011; Nunkoo & Ramkissoon, 2010, 2011; Oviedo-Garcia et al., 2008)에 의하면 관광영향은 지지도에 영향을 미치는 형태로 나타난다고 제시되고 있다. 그중에서도 긍정적인 관광영향이 관광개발을 위해 더 지지될 것이다(Chen & Chen, 2010).

이와 관련하여 관광영향과 지지도 간 영향관계를 살펴본 선행연구를 살펴보면, 먼저 Yoon, Gursoy와 Chen(2001)은 관광개발에 대한 지지도를 관광영향과 전체 영향을 토대로 살펴보았고, 구체적으로 관광영향이 전체 영향에 영향을 미치고, 전체 영향은 관광개발에 대한 지지도에 영향을 미친다는 실증분석 결과를 제시하였다. Ramkissoon과 Nunkoo(2011)는 도시 이미지 속성, 관광개발의 전반적 영향, 도시관광 개발에 대한 지지도 간 영향관계를 검증하였고, 관광개발의 전반적 영향 정도가 지지도 수준을 결정하는 데 고려되어지는 요소라고 제시하였으며, Nunkoo와 Ramkissoon(2010)은 관광개발에 따른 지역사회 지지도를 탐구하는 연구에서 관광에 대한 지역사회 행동에 폭넓게 적용되지 않았던 계획행동이론을 접목하여 이론적 프레임워크를 제시하였고, 구체적으로 연구모형은 관광영향이 전반적인 영향에 대한 태도에 영향을 미치고, 이후 지지도로 연결되는 것으로 나타났다. 이처럼 선행연구에 의해 제시된 영향관계를 바탕으로 본 연구에서는 아래와 같은 연구가설을 설정한 후 실증분석을 통해 이를 통계적으로 검증해 보고자 한다.

- **연구가설 1(H_1)**: 긍정적인 사회·문화적 영향은 전체 영향에 정(+)의 영향을 미칠 것이다.
- **연구가설 2(H_2)**: 긍정적인 환경적 영향은 전체 영향에 정(+)의 영향을 미칠 것이다.
- **연구가설 3(H_3)**: 전체 영향은 추가개발에 대한 지지도에 정(+)의 영향을 미칠 것이다.
- **연구가설 4(H_4)**: 관광영향 중 개발계획에 대한 지지도에 정(+)의 영향을 미칠 것이다.

3 반감성적 지지도 평가 연구모형

1. 관광영향 측정 연구모형 설정

〈그림 1〉과 같이 2가지 관점에서 연구모형을 제시해 볼 수 있는데, 먼저 관광개발에 있어서 나타날 긍정적 사회·문화적, 환경적 영향에 대한 중요도 정도와 실제 성취도 간 차이가 있는지를 비교하여 서울시 관광개발의 유지 및 개선 사항을 도출한다. 이후 사회·문화적, 환경적 영향과 전체적 관광영향, 그리고 지지도(추가개발, 개발계획) 간 구조적 관계를 규명하였다. 구조적 관계의 모형을 도출하기 위해 관광영향과 지지도 간 영향관계를 제시한 선행연구들(Nunkoo & Ramkissoon, 2010; Ramkissoon & Nunkoo, 2011; Yoon et al., 2001)을 토대로 연구모형을 재정립하였다.

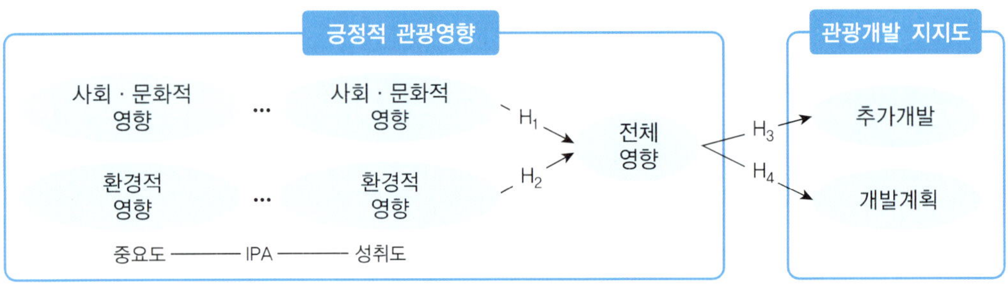

〈그림 1〉 연구모형

2. 관광영향과 지지도 측정항목 도출

관광영향은 긍정적 요소에 대해서만 살펴보았고, 구체적으로 Jackson(2008), Ko와 Stewart(2002), Lee와 Back(2006), Lee et al.(2010), Lim과 Lee(2006), McGehee과 Andereck(2004)의 연구를 토대로 사회·문화적 영향과 환경적 영향으로 분류하였다. 이러한 관광영향에 대한 측정항목들은 연구진이 1차 번역한 후 이를 원어민 및 관광학 분야 실무진(예 교수, 연구원)에게 의뢰하여 적절하게 번역되어 응답자들이 이를 제대로 인지하여 평가할 수 있는지를 확인한 후 관광 전공 박사과정생들을 대상으로 예비조사를 실시하였다.

이러한 검증과정을 통해 이해하기 어렵거나 모호한 항목들은 수정 및 보완 작업을 거쳤다. 먼저 관광영향 중 사회·문화적 영향은 서울시의 관광개발을 통해 방문객들이나 지역주민들이 얻을 수 있는 사회적·문화적·교육적·관광적 가치를 의미하며, 이를 5개 항목으로 구성하였다.

전체 영향에 대한 항목들은 Yoon et al.(2001)의 연구에서 제시한 2개 항목을 일부 변형하여 사용하였으며, 이러한 전체 영향은 관광개발을 통해 인지된 긍정적인 사회·문화적, 환경적 가치에 대한 전반적 평가를 의미하도록 측정항목을 구성하였다. 지지도 항목들은 기존 연구에서 접근한 단일 차원이 아닌 다차원(추가개발 지지도, 개발계획 지지도)으로 구성하였고, 이에 대한 의미를 구분하기 위해 관광영향의 최종 내생변인으로 지지도를 사용한 선행연구들(Gursoy & Rutherford, 2004; Lee & Back, 2006; Lee et al., 2010; McGehee & Andereck, 2004; Yoon et al., 2001)을 토대로 도출하였다.

구체적으로 추가개발 지지도는 지금까지 서울의 사회·문화적, 환경적 개발사례를 토대로 이와 유사한 개발을 추가하는 것에 대해 지지하는 정도를 의미하며, 3개 항목으로 측정하였다. 반면에 개발계획 지지도는 근본적으로 관광개발에 대해 자신이 가지고 있는 지지의사를 의미하며, 3개 항목으로 측정하였다.

이처럼 인과관계에 사용된 구성개념(사회·문화적 영향, 환경적 영향, 전체 영향, 추가개발 지지도, 개발계획 지지도)의 측정항목들은 Likert 5점 척도(1 = 전혀 그렇지 않다, 3 = 보통, 5 = 매우 그렇다)로 측정하였다. 마지막으로 응답자의 기본적 정보를 제공하는 인구통계학적 특성은 성별, 연령, 교육수준, 직업 등 4개의 항목을 명목척도로 측정하였다.

3. 관광영향과 지지도 측정 자료수집 및 분석방법

구체적 연구모형을 제시하고, 그에 대한 타당성을 구체적으로 검토하기 위해 서울시 개발사업 중 사회·문화적, 환경적 관광개발에 해당할 수 있는 사례 대상지(예 청계천, 서울숲, 길동자연생태공원 등)를 방문한 경험이 있는 관광객을 대상으로 설문조사를 실시하였다.

관광객들에게는 설문응답 전 스크리닝 문항을 통해 서울시의 주요 사회·문화적, 환경적 개발사례에 대한 지문(예 기사 등)과 사진을 보여주고, 방문유무를 확인한 후 방문

경험이 있는 관광객에 한에서 설문지를 배포하였다. 구체적으로 설문조사의 연령은 20세 이상의 성인남녀를 대상으로 2010년 9월 21일부터 26일까지 6일간 편의표본추출법을 이용하여 자기기입방식으로 실시했다. 총 450부를 배포 · 회수한 가운데 문제가 있다고 판단된 51부의 설문지를 제외하고 총 399부를 유효표본으로 확보하여 실증분석에 사용하였다.

이렇게 수집된 자료는 다음과 같은 실증분석을 적용하였다. 첫째, 응답자의 기본적인 인구통계학적 특성을 살펴보기 위해 빈도분석을 실시하였다. 둘째, 측정모형에 포함된 구성개념의 내적 일관성 및 측정변수들의 타당성을 확인하기 위해 신뢰도분석(Cronbach's α 계수)과 확인적 요인분석을 실시하였다. 셋째, 사회 · 문화적, 환경적 관광개발 사례에 대한 관광영향의 중요도와 성취도 간 평균값 차이를 살펴보기 위해 대응표본 t-검증을 실시하였고, 이후 중요도와 성취도를 토대로 IP Matrix를 작성하였다.

중요도－성취도분석(IPA: Importance-Performance Analysis)은 속성별 중요도와 성취도 간 측정된 값의 차이를 바탕으로 전략적 우선순위를 판단하는 접근방법으로서(Deng, 2007), 중요도를 수직축(Y축), 성취도를 수평축(X축)으로 한 2차원 격자를 기준에 따라 접점을 바탕으로 사분면의 영역을 구분하고, 그 위치별 의미를 부여하게 된다(한승엽 · 김홍렬 · 윤설민, 2008). 먼저 높은 중요도와 높은 성취도를 의미하는 1사분면(유지)은 강점 항목으로 볼 수 있고, 2사분면(집중)은 높은 중요도와 낮은 성취도로서 1사분면과 반대로 약점 항목이 된다. 한편 3사분면(저우선순위)은 낮은 중요도, 낮은 성취도로 나타나며, 4사분면(불필요 강점)은 낮은 중요도, 높은 성취도로 도출된다. 이 중에서 2사분면에 해당되는 항목들이 우선적 개선이 필요한 대상이 되며(Zhang & Chow, 2004), 반면에 1사분면은 비교적 잘 지켜지고 있는 속성들로서 SWOT분석으로 치면 강점(S)에 해당되는 영역이라고 할 수 있다. 넷째, 이론적 모델에 의한 인과관계 검증(관광영향－전체 영향－지지도)을 위해 구조방정식모델링을 실시하였다.

4 관광영향 및 지지도관련 가설 검증

1. 응답자의 기본적 특성

유효표본 399명에 대한 기본적 특성을 살펴보면, 먼저 성별에서 여성이 56.0%로 남성(44.0%)보다 더 조사되었고, 이들의 연령은 20대(28.3%), 30대(24.8%) 순으로 나타났다. 교육수준의 경우 주로 대학교(49.7%)가 많은 가운데 고졸 이하(23.7%)도 상당수 포함되어 있으며, 직업은 전문직/사무직이 115명으로 가장 많은 분포를 나타냈다.

표 1 유효표본에 대한 인구통계학적 특성

구분		빈도(명)	비율(%)	구분		빈도(명)	비율(%)
성별	남성	175	44.0	연령	20대	113	28.3
	여성	223	56.0		30대	99	24.8
직업	전문직/사무직	115	29.3		40대	66	16.5
	서비스직	18	4.6		50대	58	14.5
	학생	69	17.6		60대 이상	63	15.8
	공무원/교직원	26	6.6	교육수준	고졸 이하	93	23.7
	생산/기술직	17	4.3		전문대	67	17.0
	자영업	31	7.9		대학교	195	49.6
	주부	73	18.6		대학원	38	9.7
	기타	44	11.2	합계(N)		399	100.0

2. 측정모형의 요인구조, 신뢰성 및 타당성 검증

다음으로 측정모형에 대한 개념신뢰성과 수렴타당성을 검증하기 위해 확인적 요인분석을 실시하였는데, 모든 모형적합도〔p값, Q값(x^2/df), GFI, NFI, CFI, RMR〕, 개념신뢰도(CR), 평균분산추출값(AVE), 표준화계수, 신뢰계수(α)는 일반적 기준($p > .05$, $Q \leq 3$, GFI · NFI · CFI$\geq$.9, RMR$\leq$.05, CR$\geq$.7, AVE$\geq$.5, Cronbach's $\alpha \geq .7$)을 상회하는 것으로 나타나 측정모형의 요인구조, 신뢰성 및 타당성은 확보되었음을 알 수 있다.

표 2 측정모형에 대한 확인적 요인분석과 모형적합도 분석

요인(α)	변수명	Ma	표준화계수	t값	R^2	CR	AVE
사회 · 문화적 영향 (α =.899)	환경보존에 대한 교육적 가치	3.90	.861	15.873	.742	.916	.687
	자연생태체험에 대한 교육적 가치	3.87	.852	16.027	.727		
	문화/엔터테인먼트 제공에 도움이 됨	3.81	.759	14.814	.577		
	관광객 유치에 도움이 됨	4.08	.801	18.123	.641		
	외지인들과의 교류에 도움이 됨	3.91	.781	–	.609		
환경적 영향 (α =.898)	자연환경/경관 개선에 도움이 됨	3.72	.827	19.079	.684	.901	.646
	생태계 보존에 도움이 됨	3.59	.738	15.525	.545		
	도시미관에 도움이 됨	3.96	.774	17.539	.599		
	깨끗한 하천에 도움이 됨	3.71	.748	18.439	.560		
	환경친화적 도시개발에 도움이 됨	3.88	.842	–	.709		
전체 영향 (α =.846)	전반적으로 긍정적인 영향을 미침	3.93	.871	21.069	.759	.882	.789
	사회 · 문화적, 환경적으로 큰 편익을 제공함	3.88	.842	–	.710		
추가개발 지지도 (α =.917)	추가 관광개발은 서울을 더 좋은 장소로 만들 것	3.94	.885	21.434	.784	.909	.769
	추가 관광개발은 올바른 선택임	3.85	.854	26.890	.729		
	추가 관광개발은 서울의 미래를 밝게 할 것	3.90	.872	–	.760		
개발계획 지지도 (α =.890)	관광객에게 매력적인 새로운 관광개발	3.96	.901	20.216	.812	.890	.729
	자연친화적 관광개발	4.07	.785	20.577	.616		
	부정적 영향보다 긍정적 영향이 큰 관광개발	4.07	.821	–	.674		
Q(x^2/df: 257.194/108) = 2.381, p = .000, GFI = .935, NFI = .958, CFI = .975, RMR = .023							

주) Likert 5-point scale(1 = 전혀 그렇지 않다, 3 = 보통, 5 = 매우 그렇다)

한편 상관관계를 바탕으로 구성개념 간 판별타당성은 2가지 방법(① AVE값 > 상관자승치, ② 구성개념 간 상관계수의 신뢰구간: $\Phi \neq 1$)을 통해 검증해 보았고, 검증결과 본 연구의 구성개념들 간 판별타당성은 확보되어 있다고 판단할 수 있다.

표 3 구성개념 간 상관관계 행렬 및 판별타당도 검증

구성개념	M(S.D)	①	②	③	④	⑤
① 사회·문화적 영향	3.92(.797)	(.687)	.599[a]	.576	.415	.448
② 환경적 영향	3.77(.796)	.774**	(.646)	.622	.476	.414
③ 전체 영향	3.91(.802)	.759**	.788**	(.789)	.429	.422
④ 추가개발 지지도	3.89(.895)	.645**	.690**	.655**	(.769)	.559
⑤ 개발계획 지지도	4.03(.846)	.669**	.643**	.650**	.748**	(.729)

주) *p<.05, **p<.01, (　): 구성개념별 AVE값. [a] higher-half matrix에 투입된 자료는 상관자승치임

3. 관광영향에 따른 관광개발평가: 중요도-성취도 분석(IPA)

관광영향의 측정항목에 대한 IP Matrix를 작성하기 전에 중요도와 성취도 간 평균값의 차이 유무를 대응표본 t-검증을 통해 살펴보았는데, 여기서 통계적 차이가 없다고 IP Matrix에 도출된 결과가 무의미하다는 것은 아니다. 즉 중요도–성취도의 평균값 차이가 통계적으로 의미 있는지를 알아보는 것을 의미한다.

한편 IP Matrix 작성을 위한 격자는 중요도와 성취도의 전체 평균값을 사용하였다(Martilla & James, 1977; O'Neill & Palmer, 2004). 이후 IP Matrix를 도출하면 지속적으로 유지해야 할 부분인 I 사분면에는 3개 항목(변수명: 관광객 유치에 도움이 됨, 도시미관에 도움이 됨, 환경친화적 도시개발에 도움이 됨)이 위치한 반면에 집중적인 개선이 필요한 II 사분면은 1개 항목(변수명: 깨끗한 하천에 도움이 됨)이 포함되었다.

표 4 관광영향별 대응표본 t-검증 결과 및 IPA 결과

구분	평균		t값
	I	P	
1. 환경보존에 대한 교육적 가치	3.90	3.90	-.058
2. 자연생태체험에 대한 교육적 가치	3.92	3.87	-1.126
3. 문화/엔터테인먼트 제공에 도움이 됨	3.85	3.81	-.933
4. 관광객 유치에 도움이 됨	4.04	4.08	.767
5. 외지인들과의 교류에 도움이 됨	3.94	3.91	-.825
6. 자연환경/경관개선에 도움이 됨	3.89	3.72	-4.052***
7. 생태계 보존에 도움이 됨	3.86	3.59	-5.743***
8. 도시미관에 도움이 됨	4.01	3.96	-1.040
9. 깨끗한 하천에 도움이 됨	3.96	3.71	-5.791***
10. 환경친화적 도시개발에 도움이 됨	4.02	3.88	-3.303**
전체 평균	3.94	3.84	

주) *$p<.05$, **$p<.01$, ***$p<.001$

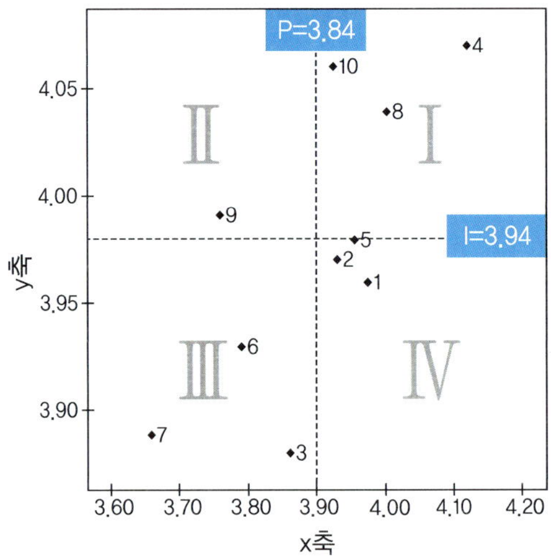

〈그림 2〉 관광영향 IP Matrix

4. 연구가설 검증 및 수정모형

마지막으로 연구가설에 의해 제시된 이론적 모델을 검증해 보기 위해 구조방정식모델링을 실시하였다. 하지만 분석결과 연구가설에 의한 이론적 모델에 수정지수를 통해 모형적합도가 증가하는 추가경로(개발계획 지지도 → 추가개발 지지도, MI = 15.136)가 발견되었다. 수정지수(MI: Modification Indices)의 경우 모형에 하나의 미지수가 추가될 경우 모형적합도의 최소 증가분을 보여주는 값을 의미하는데(김계수, 2008), 일반적으로 연구모형의 적합도 개선에 많이 적용되고 있다.

본 연구에서는 연구모형에서 나타난 x^2값인 363.065(df = 114)와 수정모형에서 나타난 x^2값인 288.730(df = 113) 간 차이가 통계적으로 유의($\triangle x^2$ = 74.335, △df = 1)한 것으로 보아 간명한 모형(즉 연구모형)보다 경로가 추가된 모형(즉 수정모형)이 더 적합하다는 것을 알 수 있다(김계수, 2006). 그리고 연구모형에서 나타난 모형적합도(Q = 3.185, GFI = .912, NFI = .941, CFI = .958, RMR = .037)보다 수정모형에서 나타난 모형적합도(Q = 2.555, GFI = .927, NFI = .953, CFI = .971, RMR = .027)가 더 향상된 것을 알 수 있다. 즉 기존의 지지도는 단일 차원으로 전반적인 관광개발에 대한 지지의사를 의미하지만, 본 연구에서는 전반적인 관광개발에 대한 지지의사(즉 개발계획에 대한 지지의사) 이외에 추가개발에 대한 지지도를 포함하여 세분화하였다는 점에 주목할 필요가 있다.

이에 개발계획 지지도가 추가개발 지지도에 영향을 미친다는 추가경로가 도출되었다. 이러한 추가경로는 Oviedo-Garcia et al.(2008)의 연구결과에서 그 배경을 찾아볼 수 있겠다. 그들의 연구에서도 관광개발에 대한 지지도가 새로운 관광활동을 위한 관광개발계획의 지지도에 영향을 미친다는 결과가 도출되었는데, 본 연구의 결과를 비춰보았을 때 상식적으로 기본적인 의미의 개발계획에 대해 사람들의 지지가 있어야만 추가적인 개발에 대한 지지가 발생할 수 있다는 점에서 개발계획에 대한 지지도가 선행조건이 된다는 추가경로의 타당성을 찾아볼 수 있다.

이후 수정모형을 토대로 연구가설에 대한 영향관계를 검증해 보면 모든 연구가설은 통계적으로 유의한 결과가 도출되어 채택되었음을 알 수 있다. 구체적으로 긍정적인 관광영향이 전체 관광영향을 95.8% 정도 설명하는 가운데 사회 · 문화적 영향보다 환경적 영향이 전체 영향을 설명하는 데 더 기여하는 구성개념임을 알 수 있다. 또한 전체 영향은 추가로 설정된 경로의 설명변인인 개발계획 지지도와 함께 추가개발 지지도를 약 73.8% 정도 설명함을 확인할 수 있었다. 전체 영향이 개발계획 지지도보다 추가개발 지지도를 설명함에 있어서 더 기여하는 변인임을 알 수 있다.

마지막으로 전체 영향은 개발계획 지지도를 약 63.6% 정도 설명하고 있음을 밝혀냈다. 한편 인과효과 중 간접효과를 살펴보면, 사회 · 문화적 영향과 환경적 영향은 지지도(추가개발, 개발계획)에 간접적으로 영향을 미치는 것을 알 수 있고, 특히 환경적 영향이 사회 · 문화적 영향보다 응답자의 지지도 형성에 더욱 중요한 변인임을 알 수 있다.

아울러 전체 영향은 직접적으로 추가개발 지지도에 영향을 미치기도 하지만 개발계획 지지도를 통해 추가개발 지지도에 간접적 영향을 미치는 것을 알 수 있다. 결과적으로 개발계획에 있어서 환경적으로 나타날 영향 요소에 대한 1차적인 고려가 향후 개발계획의 전체적 영향을 좌지우지할 수 있다는 점을 주목해야 할 것이며, 이는 방문할 사람들의 지지도에 밀접하게 영향을 미칠 것으로 예상된다는 점에서 중요한 부분이라고 할 수 있다.

표 5 수정지수에 의한 연구모형 추정결과

가설	가설경로	경로계수	표준화계수	표준오차	R^2	C.R.값	p값
H_1	사회 · 문화적 영향 → 전체 영향	.231	.253	.091	.958	2.550	.011*
H_2	환경적 영향 → 전체 영향	.662	.751	.094		7.051	.000***
H_3	전체 영향 → 추가개발 지지도	.864	.798	.061	.738	14.164	.000***
추가경로	개발계획 지지도 → 추가개발 지지도	.753	.629	.086		8.749	.000***
H_4	전체 영향 → 개발계획 지지도	.349	.269	.088	.636	3.957	.000***

주) Goodness of fit: Q(x^2 =288.730/113) = 2.555, p = .000, GFI = .927, AGFI = .889, NFI = .953, CFI = .971, RMR = .027

구분		사회 · 문화적 영향	환경적 영향	전체 영향	추가개발 지지도	개발계획 지지도
간접효과	전체 영향	–	–	–	–	–
	추가개발 지지도	.195*	.579**	.502**	–	–
	개발계획 지지도	.202*	.599**	–	–	–

주) *p<.05, **p<.01, p<.001

5 지지도가 결정하는 방향성

세계 각국이 관광산업의 지속적인 잠재력을 바탕으로 관광산업의 육성 및 관광개발에 관심을 가지고 있는(김윤영 · 신용석, 2010) 현재 국내의 수도권은 거주지, 관광지, 그리고 투자목적지로서의 중요한 역할을 하는 곳으로서, 도시 간 경쟁이 심화되어 도시 브랜드를 어떻게 하면 차별화시킬 수 있는지가 중요한 요소가 되었다(한은경 · 오현정 · 이용진, 2007).

이러한 국내외적 상황을 고려해 보았을 때 우리나라의 관광개발은 서울을 중심으로 빠르게 움직이고 있다. 즉 관광목적지로서 도시의 가치와 의미가 극대화되면서 도시관광이 가지는 중요성 또한 증가하였고(유명희, 2010), 이에 도시관광의 많은 부분이 개발되었지만, 그 이면에는 도시민들이나 관광객들을 위한 문화적 · 자연적인 도심휴식공간들이 상당수 개발되기도 하였다. 이에 본 연구는 사회 · 문화적, 환경적으로 중요한 의미를 가지는 서울시 내 관광개발에 대해 다각도로 평가해 보고자 실시되었다. 이를 위해 두 가지 정량적 방법(중요도-성취도 분석, 구조방정식모델링)이 사용되었고, 다음과 같은 시사점을 제시할 수 있다.

첫째, 중요도-성취도 분석에서 지속적인 유지(Ⅰ사분면)가 필요한 항목은 3개, 향후 개선(Ⅱ사분면)이 필요한 항목은 1개가 도출되었다. 구체적으로 문화적 · 환경적 영향을 고려한 서울시의 관광개발은 관광객 유치, 도시미관, 환경친화적 도시개발 등에 도움이 된다고 관광객들은 인식하고 있었다.

서울은 도시라는 이미지가 뚜렷한 지역이자 대단위 인구가 결집된 지역이기도 하다. 이러한 곳에서 모든 개발이 도시지향적 개발로만 이루어진다면 도시민들뿐만 아니라 관광객들은 서울의 특별한 이미지에 대해 강한 지각을 얻지 못할 것이다.

항상 우리는 '닭이 먼저냐 달걀이 먼저냐'라는 딜레마 속의 상황을 겪곤 한다. 하지만 관광개발의 입장에서 얻을 수 있는 것은 어떤 것을 먼저 선택하더라도 부수적으로 나머지가 따라올 수 있는 방향으로 개발을 진행하는 것이 바람직하다. 예를 들면 청계천의 경우 자동차 매연, 탁한 공기, 고가도로 등의 어둡고 지저분한 이미지를 가지고 있었기에 복원사업을 시작하였고, 이를 계기로 청계천 주변 도시미관이 정비되었다(〈사진 7〉 참조). 이는 자연스레 구전 마케팅을 통해 관광객을 유치하는 계기가 되었고, 여러 문제점도 제기되었지만 도심에서의 환경친화적 개발이라는 긍정적인 시사점 또한 제시할 수 있게 되었다.

따라서 향후 서울시가 가져가야 할 방향은 도시지향적 모습의 재현이 아닌 환경지향적 모습으로 개발 방향을 유지하는 것이 바람직할 것이며, 이러한 공간 속에 다양한 프로그램 및 이벤트 등의 문화적 요소를 가미하는 방식이 도시민 및 관광객에게는 긍정적 영향을 미치게 될 것이다. 다만 개선이 필요한 항목으로 도출된 깨끗한 하천 유지는 염두에 두어야 할 것이다.

대부분의 자연친화적 개발에는 수변공간이 포함되는데, 이를 유지하는 것이 분명 중요함을 의미한다. 예를 들면 서울에서 개발사업을 진행할 때 한강과 같은 수변자원을 주변으로 개방방향을 이끌게 되는데, 이때 가장 우선적으로 생각해야 할 부분이 바로 수질오염에 대한 지각된 위험이다. 따라서 심미적이고 쾌적한 환경을 유지하는 것 이상으로 하천의 수질과 같은 시각적 부분을 유지·개선하는 것이 절대적으로 필요하다. 즉 〈사진 8〉과 같이 수질의 안전성을 확보하여 최대한 활용하는 것이 중요함을 의미한다.

〈사진 7〉 청계천 주변 미관 개선

〈사진 8〉 한강에서 개최된 2008 서울국제트라이슬론대회 장면

둘째, 관광영향(문화적·환경적)-전체 영향-지지도(추가개발, 개발계획) 간 영향관계를 검증한 결과 모든 영향관계(연구가설 1~4)는 통계적으로 유의한 것을 알 수 있었으며, 이러한 결과는 기존 선행연구(Nunkoo & Ramkissoon, 2010; Ramkissoon & Nunkoo, 2011; Yoon et al., 2001)의 결과를 뒷받침해 준다. 먼저 관광영향에 포함된 사회·문화적 영향과 환경적 영향은 전체 영향에 긍정적 영향을 미치는 것을 알 수 있다. 특히 환경적 영향이 사회·문화적 영향보다 전체 영향을 설명함에 있어서 더 기여하는 구성개념인 것

으로 나타났다. 즉 관광의 지속가능성 차원에서 활발하게 논의되고 있는 최근의 트렌드를 보았을 때, 환경에 대한 영향의 관심이 증가하였음을 의미한다(이혁진 · 임근욱, 2011).

앞서 언급한 대로 서울시의 사회 · 문화적, 환경적 영향을 고려한 개발에 있어서 사회 · 문화적 요소와 환경적 요소 모두 중요하지만, 개발 당시 테마는 환경부분에 초점을 맞추는 것이 바람직하다는 것을 의미한다. 아울러 모든 개발이 관광목적지화가 목적이 아니겠지만, 환경적 영향을 고려한 개발을 토대로 형성된 하드웨어에 사회 · 문화적 영향을 고려한 소프트웨어를 결합시키는 방식은 분명 개발의 결과를 긍정적으로 만들 것이다.

서울시의 사회 · 문화적, 환경적 관광개발에 대한 전체적인 영향은 서울시의 추가적인 개발계획이나 전반적인 관광개발계획에 대한 지지도에 긍정적인 영향을 미치는 것으로 나타났다. 다시 말해서 사회 · 문화적, 환경적 관광개발이라고 인지되는 관광목적지를 방문한 사람들은 사회 · 문화적인 요소와 환경적 요소가 가미된 관광개발이 서울시에서 다시 계획되는 것을 찬성하고 있고, 아울러 그러한 관광개발계획에 대해 긍정적인 생각을 가지고 있음을 의미한다.

거기에 전반적인 개발계획의 지지도가 서울시의 추가개발 지지도에 영향을 미친다는 추가경로가 도출되었는데, 이는 Oviedo-Garcia et al.(2008)의 연구결과를 통해서 그 근거를 찾아볼 수 있다. 이들의 연구에서는 경제적, 문화적, 환경적 영향이 관광개발과 계획에 대한 태도의 결정인자라고 제시하면서, 관광개발에 대한 지지도가 새로운 관광활동에 대한 관광개발계획의 지지도에 영향을 미친다는 것을 연구모형을 통해 밝혔다. 즉 관광개발계획에 대한 지지도는 새로운 개발에 대한 계획의 지지로 이어질 수 있음을 의미한다. 따라서 사회 · 문화적, 환경적으로 긍정적인 영향을 미칠 수 있는 관광개발 사례를 기획 · 개발하는 것이 중요할 것이며, 이러한 노력이 관광개발에 대해 부정적인 시각을 가지고 있는 사람들에게는 좋은 전환 계기를 제공해 줄 것이다.

수도 서울은 우리나라 대표적인 도시관광의 메카로서, 이곳의 긍정적인 개발사례에 대해 사회 · 문화적, 환경적 요소가 부각되는 관광개발의 효과를 살펴보았다는 점에서 본 연구는 향후 개발계획을 위한 시사점을 제공할 수 있었다. 그럼에도 불구하고 사회 · 문화적, 환경적 영향의 긍정적 요소만을 고려하였기 때문에 부정적 현상과의 복합적인 고려를 하지 못하였고, 아울러 관광영향에 대한 지각을 관광객 입장에서만 알아보았기에 지역주민들에 대한 고려는 포함시키지 못하였다는 한계점을 가지고 있다. 이에 향후 연구에서는 서울시 관광개발의 긍정적 방향을 도출하고, 이를 평가하기 위한 복합적 관광영향의 효과를 검증할 필요가 있을 것이며, 그러기 위한 방법론적 모색 또한 포함되는 것이 중요하다.

참고문헌

구정대 · 손호기 · 손은호(2004). 관광개발이 지역주민 만족도에 미치는 영향. 컨벤션연구. 6: 137 −149.

권현택(2011). 산악형 국립공원 지역주민의 관광영향지각이 갈등과 관광태도에 미치는 영향. 청주대학교 박사학위논문.

김계수(2006). 성공적인 논문작성을 위한 Amos/Lisrel 이용 인과분석 연구방법론. 서울: 청람.

김계수(2008). AMOS 16.0 구조방정식모형 분석. 서울: 한나래출판사.

김윤영 · 신용석(2010). 대안적 광역관광권 개발계획으로서의 네트워크형 관광개발에 대한 탐색적 연구. 서울도시연구. 11(3): 123−138.

서울신문(2005). [확바뀐 야간문화] 청계천 · 공원 변천사. 7월 18일자 기사.

유명희(2010). 관광지의 랜드마크, 관광지의 이미지, 관광자 행동의 영향관계: 인천의 사례를 중심으로. 한국사진지리학회지. 20(4): 65−76.

윤병국(2010). 태안관광레저도시 개발에 따른 지역주민의 영향요인 및 개발지지도에 관한 연구. 관광연구저널. 24(4): 23−41.

이영주(2003). 관광목적지로서 도시공간의 개발방향. 서울도시연구. 4(2): 43−56.

이태희 · 윤설민 · 김지흔(2010). 축제 개최에 대한 방문객들의 관광영향 인식에 관한 연구: 광주세계김치문화축제를 방문한 지역주민들을 대상으로. 관광학연구. 34(8): 341−360.

이혁진 · 임근욱(2011). 새만금 개발에 대한 김제시민의 관광개발 영향요인과 개발지지도에 관한 연구. 한국사진지리학회지. 21(2): 63−76.

조배행 · 박종진(2007). 지역축제의 영향에 대한 지역주민의 지각 차이 분석. 한국지역지리학회지. 13(1): 68−81.

최승담 · 오훈성(2008). 청계천 방문이 서울시 관광 이미지에 미치는 영향. 서울도시연구. 9(4): 41−2.

한승엽 · 김홍렬 · 윤설민(2008). 중요도−성취도 분석을 이용한 영화관 선택속성 평가에 관한 연구: 서울시 주요 멀티플렉스를 중심으로. 호텔관광연구. 10(1): 252−271.

한은경 · 오현정 · 이용진(2007). 도시평판 척도개발에 관한 연구. 서울도시연구. 8(4): 31−51.

함석종 · 박선희(2009). 지역축제의 영향에 대한 지역주민 인식: 동해 수평선축제를 사례로. 관광연구저널. 23(1): 191-206.

Chen, C. F., & Chen, P. C. (2010). Resident attitudes toward heritage tourism development, *Tourism Geographies*. 12(4): 525-545.

Deng, W. (2007). Using a revised importance-performance analysis approach: The case of Taiwanese hot spring tourism. *Tourism Management*. 28(5): 1274-1284.

Gursoy, D., Chi, C. G., & Dyer, P. (2010). Locals' attitudes toward mass and alternative tourism: The case of Sunshine Coast, Australia. *Journal of Travel Research*. 49(3): 381-394.

Gursoy, D., & Rutherford, D. G. (2004). Host attitudes toward tourism: An improved structural model. *Annals of Tourism Research*. 31(3): 495-516.

Jackson, L. A. (2008). Residents' perceptions of the impacts of special event tourism. *Journal of Place Management and Development*. 1(3): 240-255.

Kang, S. K., Lee, C. K., Yoon, Y., & Long, P. T. (2008). Resident perception of the impact of limited stakes community-based casino gaming in mature gaming communities. *Tourism Management*. 29(4): 681-694.

Ko, D. W., & Stewart, W. P. (2002). A structural equation model of residents' attitudes for tourism development. *Tourism Management*. 23(5): 521-530.

Lee, C. K., & Back, K. J. (2003). Pre-and post-casino impact of residents' perception. *Annals of Tourism Research*. 30(4): 865-885.

Lee, C. K., & Back, K. J. (2006). Examining structural relationships among perceived impact, benefit, and support for casino development based on 4 year longitudinal data. *Tourism Management*. 27(3): 466-480.

Lee, C. K., Kang, S. K., Long, P., & Reisinger, Y. (2010). Residents' perceptions of casino impacts: A comparative study. *Tourism Management*. 31(2): 189-201.

Lee, C. K., Kang, S., & Reisinger, Y. (2010). Community attachment in two rural gaming communities: Comparisons between Colorado gaming communities, USA and Gangwon gaming communities, South Korea. *Tourism Geographies*. 12(1): 140-168.

Lim, S. T., & Lee, J. S. (2006). Host population perceptions of the impact of mega-events. *Asia Pacific Journal of Tourism Research*. 11(4): 407-421.

Martilla, J. A., & James, J. C. (1977). Importance-performance analysis. *Journal of Marketing*. 41(1): 77-79.

McGehee, N. G., & Andereck, K. (2004). Factors influencing rural resident's support of tourism. *Journal of Travel Research*. 43(2): 131-140.

Nicholas, L. N., Thapa, B., & Ko, Y. J. (2009). Residents' perspectives of a world heritage site: The Pitons Management Area, St. Lucia. *Annals of Tourism Research*. 36(3): 390-412.

Nunkoo, R., & Gursoy, D. (2011). Residents' support for tourism: An identity perspective. *Annals of Tourism Research*. Published online in Pergamon(doi:10.1016/j.annals.2011.05.006).

Nunkoo, R., & Ramkissoon, H. (2010). Gendered theory of planned behaviour and residents' support for tourism. *Current Issue in Tourism*. 13(6): 1-16.

Nunkoo, R., & Ramkissoon, H. (2011). Residents' satisfaction with community attributes and support for tourism. *Journal of Hospitality & Tourism Research*. 35(2): 171-190.

O'Neill, M. A., & Palmer, A. (2004). Importance-performance analysis: A useful tool for directing continuous quality improvement in higher education. *Quality Assurance in Education*. 12(1): 39-52.

Oviedo-Garcia, M. A., Castellanos-Verdugo, M., & Martin-Ruiz, D. (2008). Gaining residents' support for tourism and planning. *International Journal of Tourism Research*. 10(2): 95-109.

Ramkissoon, H., & Nunkoo, R. (2011). City image and perceived tourism impact: Evidence from Port Louis, Mauritius. *International Journal of Hospitality & Tourism Administration*. 12(2): 123-143.

Teye, V., Sönmez, S., & Sirakaya, E. (2002). Residents' attitudes toward tourism development. *Annals of Tourism Research*. 29(3): 668-688.

Tosun, C. (2002). Host perceptions of impacts: A comparative tourism study. *Annals of Tourism Research*. 29(1): 231-253.

Yoon, Y., Gursoy, D., & Chen, J. S. (2001). Validating a tourism development theory with structural equation modeling. *Tourism Management*. 22(4): 363-372.

Zhang, H. Q., & Chow, I. (2004). Application of importance-performance model in tour guides' performance evidence from Mainland Chinese outbound visitors in Hong Kong. *Tourism Management*. 25(1): 81-91.

제2절 축제 방문객들의 관광영향 인식

1 축제의 영향인식

일반적으로 축제는 지역의 문화뿐만 아니라 관광매력 자산 역할을 하고(Getz, 1997), 이러한 관심은 지속적인 축제 연구로 이어졌다. 그 중심에는 지역주민이 아닌 주로 외지 방문객에 초점이 맞춰지고 있는데, 이는 축제 경쟁력 강화라는 측면에서 외지 방문객이 중요한 역할을 차지하기 때문이라고 해석할 수 있다(함석종 · 박선희, 2009).

결국 축제연구에 있어서 주체자인 지역주민에 대한 연구는 비교적 제한적으로 진행되었다(Gabr, 2004; Zyl & Botha, 2004). 지역축제에서 지역주민이 중심이 되지 못하고, 이들이 자발적으로 참여하지 못한다면, 그 축제는 생명력 고갈이라는 부정적인 현상을 초래할 수 있다(서용석 · 이훈 · 임동일, 2008). 즉 지역관광의 중심에 지역주민이 필요한 것처럼, 지역축제도 지역주민이 즐겁게 참여해야만 발전할 수 있다는 것을 의미한다(Mitchell & Reid, 2001).

지역주민은 축제의 발전과 성공에 핵심요소이지만, 지금까지 지역축제의 개최에 대한 영향 인식의 대상으로 지역주민이 고려된 연구는 많이 진행되지 않고 있다. 그중에서도 직접적으로 축제를 방문하는 지역주민의 경우 일반 지역주민들보다 축제 개최에 더 관심을 가지는 집단이기 때문에 이들을 대상으로 자신이 거주하는 지역에서 개최되는 축제의 관광영향 인식을 파악하는 것은 중요하고, 그러기 위해서는 그들이 인식한 관광영향 인식을 토대로 방문한 지역주민의 특징을 살펴볼 필요가 있다. 예를 들면 관광개발(예 골프장, 카지노, 리조트 등)이나 이벤트(예 축제, 메가 이벤트 등) 개최는 외지 방문객 입장에서는 볼거리 등장이라는 긍정적 측면의 역할을 하지만, 지역주민들은 개발 및 개최로 인한 부정적 영향을 우선적으로 생각하게 된다.

따라서 축제 개최의 경우 지역의 변화를 우선적으로 고려하는 지역주민의 인식을 최우선적으로 고려하여 장기적인 차원의 관리 방안을 도출하는 것이 필요하기 때문에 지역주민, 특히 축제 장소를 직접 방문한 지역주민의 객관적인 관광영향에 대한 지각을 살펴보는 것은 의의가 있다. 한편 초기 지역주민의 영향지각에 관한 연구들은 인구통계학적 특성(예 성별, 연령, 소득, 교육수준 등)을 독립변수로 하여 종속변수인 관광영향 인식 차이를 살펴본 연구가 대다수를 차지하고 있지만, 이는 서로 상반된 결과를 초래한다는 점에서 이론적 접근의 한계를 보이고 있다(조배행 · 지봉구, 2005). 따라서 본 연구에서는 반대로 관광영향에 대한 지각요인을 기준변수로 하여 분류된 축제 방문 지역주민들의 특성을 종속변수인 인구통계학적 변수들을 토대로 살펴보고자 했다.

지역의 관광산업과 밀접한 관계를 보이는 지역축제는 한시적 기간 동안 개최되더라도 지역사회 및 관광에 영향을 미치게 되기 때문에 관광개발에 대한 지역주민의 관광영향 인식을 살펴보는 것과 마찬가지로 지역축제 개최에 따른 지역주민의 관광영향 인식을 살펴보는 것은 축제의 지속가능성을 도모할 수 있는 전제조건이라고 말할 수 있겠다(조배행 · 박종진, 2007).

결과적으로 연중 천 개 이상의 축제가 개최되고 있는 상황에서 음식문화축제가 살아남기 위해서는 방문객 파악이 우선적으로 필요하고(이경모 · 손선미, 2006), 특히 인지도가 비교적 낮아 결과에 대한 기대단계에 머물고 있는 축제의 경우라면, 우선적으로 연구의 대상으로 지역주민을 고려해야 할 것이다(함석종 · 박선희, 2009). 이에 본 연구는 1994년부터 시작되었지만, 수년간 문화관광축제 중 가장 낮은 등급의 지원을 받는 유망축제인 광주 세계김치문화축제를 방문한 지역주민들을 대상으로 축제 개최로 인한 관광영향을 방문객 입장에서 지역주민들이 어떻게 인식하고 있는지 그 특징을 살펴보고자 실시되었다.

2 관광영향인식의 이론적 배경

1. 음식축제

음식관광의 한 형태인 음식축제는 지역의 고유 음식문화를 자원으로 활용하여 방문객을 유치하는 축제로서(이경모 · 손선미, 2006), 향토음식의 관광상품화를 도모할 수 있는 특별 이벤트 성향이 강하다고 할 수 있다(진영재, 2009). 축제 및 이벤트가 관광객 유치의 목적으로 활용되는 자원인 만큼, 음식이 주제인 축제의 경우도 음식자원이 풍부한 나라 또는 지역에서 관광객을 유치하는 좋은 관광자원으로 활용된다(김주연 · 안경모, 2009). 이에 음식 관련 주제의 축제는 지속적으로 파생되고 있다. 예를 들면 국외의 경우 싱가포르는 매년 7월 한 달 동안 싱가포르 음식축제(Singapore Food Festival)를 개최하여 다양한 프로그램(예 스카이다이닝, 나이트 사파리, 블랙 앤 화이트 어페어 등)을 통해 65만 명 정도의 관광객을 유치하고 있다(www.korean.visitkorea.or.kr).

국내의 경우 포털 사이트 검색에서 전국에 음식과 관련된 축제 및 박람회가 200여 건 이상 개최되는 것으로 조회되고 있고, 문화체육관광부(2010)의 보고서에서도 2009년 문화관광축제로 선정된 57개 축제 중 음식 주제 축제는 본 연구의 대상 축제인 광주 김치대축제(現 광주 세계김치문화축제)를 포함하여 경주 한국의 술과 떡잔치, 하동 야생차문화축제, 산청 한방약초축제, 금산 인삼축제, 양양 송이축제, 영주 풍기인삼축제, 강경 발효젓갈축제, 이천 쌀문화축제, 남도 음식문화큰잔치, 파주 장단콩축제 등 상당히 많은 축제가 음식과 관련되어 있는 것을 알 수 있다. 그중에서도 경주 한국의 술과 떡잔치, 남도 음식문화큰잔치, 광주 세계김치문화축제가 가장 대표적인 음식문화 관련 축제로 알려져 있다(이경모 · 손선미, 2006).

한편 김치 관련 축제가 광주지역에서 개최되는 이유는 넓은 호남평야에서 생산되는 풍부한 농산물과 서남해안에서 발견되는 수많은 해산물이 모이는 곳으로서 예전부터 음식 관련 문화가 발달되었기 때문이다(김승희 · 김성국, 2000). 하지만 광주 세계김치문화축제는 〈표 1〉과 같이 매년 유망축제의 등급에 머물러 있고, 문화관광축제 평가보고서의 평가 대상이 되었던 전체 축제의 평균과 비교했을 때 크게 경쟁력을 갖지는 못하고 있으며, 방문객 수, 경제효과, 소비액이 다른 축제에 비해 상대적으로 낮은 것으로 나타났다. 주목할 점은 축제 만족도에서 '접근용이'가 가장 높은 평균을 보이고 있는 것인데, 이는 광주 내 지역주민 또는 인접 시 · 도에서의 방문객이 많다는 것을 통해 유추할 수 있는 부분이다.

표 1 광주 세계김치문화축제의 시대별 변화 현황

〔단위: 방문객(명), 경제효과(백만 원), 1인당 소비(원)〕

연도(등급)	만족도 평가(기준: 7점 척도)[a]			전체 축제평균	방문객	경제효과	1인당 소비
	Min.	Max.	평균				
'04(육성)	4.22(주차편리)	5.57(접근용이)	4.74	4.70	687,300	5,600	32,933
'05(유망)	3.73(상품다양)	5.12(접근용이)	4.39	4.71	426,388	30,198	30,975
'06(유망)	4.00(주차편리)	5.40(접근용이)	4.71	4.69	448,000	27,530	53,658
'07(유망)	정량적 축제평가대상에서 제외			4.68	486,460	30,806	-
'08(유망)	4.28(상품가격)	4.99(안내책자)	4.68	4.70		35,500	-

주) 선행연구를 바탕으로 연구자 재구성. [a] 1점 = 전혀 아니다, 7점 = 매우 그렇다

2. 관광영향 인식

관광영향(tourism impact)은 물리적 개발과 인적 자원(관광객, 지역주민)의 접촉 등 관광에 의해 발생되는 유·무형의 긍정적·부정적 결과로서(고동완, 2001), 관광개발에 대한 지역주민의 영향지각을 파악하는 연구들은 30년간 꾸준히 진행되고 있다(Gursoy, Jurowski & Uysal, 2002).

관광에 있어서 지역주민이 관광의 영향을 지각한다는 것은 지역주민의 자발적 참여가 성공적인 관광정책에 중요한 요소로 작용할 수 있기 때문이다(서용석·이훈·임동일, 2008). 관광개발과 마찬가지로 지역축제에 대한 지역주민의 영향 인식을 파악하는 것은 지역축제의 성공가능성을 가늠할 수 있는 중요 척도가 될 수 있다(고승익·오상운·고경실·조문수, 2007). 이는 축제 개최지역의 가장 중심에 있는 사람들은 지역주민들이고, 이들은 축제와는 큰 이해관계가 없다는 점에서 객관적으로 축제효과에 대한 인식을 살펴볼 수 있다는 장점이 있기 때문이다.

한편 〈표 2〉와 같이 관광영향 지각을 다룬 선행연구들을 살펴보면 관광영향을 크게 경

표 2 관광영향에 대한 국내외 선행연구

연구자	대상	관광영향 요인(방향)	분석방법
고민규·김남조(2008)	개발	경제적(+, −), 사회·문화적(+, −), 환경적(+, −)	인과
부숙진(2008)	축제	경제적(+), 사회적(+), 문화적(+), 환경적(−)	영향
이후석·오민재(2006)	축제	경제적(+), 문화적(+), 환경적(−), 사회적(+)	차이
함석종·박선희(2009)	축제	경제적(+, −), 사회·문화적(+, −), 환경적(+, −)	차이
Gursoy & Kendall(2006)	이벤트	사회적(+, −), 문화적(+, −), 경제적(+, −)	인과
Kang, Lee, Yoon & Long(2008)	개발	사회적(−), 경제적(+, −), 환경적(−)	인과
Lee, Kang & Reisinger(2010)	개발	사회적(+, −), 경제적(+, −), 환경적(−)	인과
Lim & Lee(2006)	이벤트	경제적(+, −), 문화적(+, −), 사회적(+), 환경적(+)	차이

주) 국내외 선행연구를 바탕으로 연구자 작성

제적, 사회 · 문화적, 환경적으로 구분하고 있는데(고민규 · 김남조, 2008; Andereck, Valentine, Knopf & Vogt, 2005; Jurowski & Gursoy, 2004), 연구대상에 따라 관광영향의 인식을 긍정적 요인과 부정적 요인으로 구분해서 진행하고 있는 것이 특징이다.

관광영향에 대한 연구방법은 관광영향 요인과 선행변인 및 결과변인과의 관계를 살펴보는 인과관계 연구(Kang et al., 2008; Lee & Back, 2006; Lee, Kang, Long & Reisinger, 2010; Lee, Kang & Reisinger, 2010)와 관광영향 요인의 지각 차이(이후석 · 오민재, 2006; 함석종 · 박선희, 2009; Kim & Petrick, 2005; Lim & Lee, 2006)를 살펴보는 연구로 구분되고 있는데, 주로 인과관계를 규명하는 연구들이 많이 진행되고 있고, 최종 내생변수로 지지도(예 추가적인 개발, 관광개발계획 등)(Gursoy & Kendall, 2006; Kang et al., 2008; Lee & Back, 2006; Lee et al., 2010; Lee, Kang & Reisinger, 2010)를 사용하고 있다.

대부분의 관광영향에 대한 인과관계 연구들은 연구대상이 관광개발, 응답자는 지역주민으로 구성되는 것이 일반적인데, 이는 지역주민들이 거주지역에서 일어나는 관광개발에 민감할 수밖에 없기 때문이다. 아울러 지역주민들이 관광개발이나 축제 및 이벤트 개최로 인한 영향인식에 대해 경제적, 사회 · 문화적, 환경적 등 복합적인 관점에서 긍정적인지 부정적인지 인식하고 판단할 수 있다는 점에서 연구대상으로 적합하다고 볼 수 있다.

하지만 이벤트 개최의 경우 지역주민이지만 방문한 경험이 없다면, 개최에 따른 영향효과를 경험적으로 판단하지 못할 것이다. 더 나아가 지역주민이더라도 지역에 오래 거주한 사람들이 지속적으로 개최되는 축제에 대한 영향을 판단할 수 있다. 메가 이벤트의 장기간에 걸친 영향효과를 조사하는 것은 다른 종류의 메가 이벤트와 비교가 가능할 뿐만 아니라 관광객을 위한 매력적 개발의 변화측면을 관찰할 수 있다는 장점을 가진다(Lim & Lee, 2006). 따라서 이러한 오랜 조사는 당연히 지역주민의 의견이 우선시되는 것이 바람직할 것이고, 그중에서도 지역축제에 방문한 경험이 있는 지역주민들의 영향인식은 중요한 자료라고 볼 수 있다.

한편 영향관계 연구 이외에 차이 연구는 주로 인구통계학적 특성에 따른 관광영향 인식 차이를 살펴보는 것이 주된 목적이었다. 인구통계학적 특성은 분명 특별한 관리전략을 수립함에 있어서 기본적이면서 중요한 정보를 제공하는 특징을 보이지만, 대부분의 선행연구 결과를 보면 일관성의 문제가 언급되고 있다(조배행 · 지봉구).

따라서 기준변수로 인구통계학적 변수를 사용하기에는 적합하지 않기 때문에 이러한 문제점을 극복하기 위해 제대로 설명할 수 있는 기준변수 적용이 시도될 필요가 있다. 이에 본 연구에서처럼 관광영향 인식을 기준변수로 집단의 특징을 살펴보는 연구들이 시도되었다. 먼저 박덕병(2009)은 농촌관광마을 지역주민들을 대상으로 관광영향을 기준변수로 하여 집단을 나누어 영향인식 집단별로 성별, 연령, 수입 등의 변수에 대한 특징을 비교하였고, Lim과 Lee(2006)는 경주엑스포와 대전엑스포를 대상으로 지역주민들의 특징을 관광영향(사회적 · 경제적 · 문화적 · 환경적) 인식을 기준변수로 집단을 나누어 그 특징을 비교하였다.

3 축제 개최에 따른 관광영향 측정방법

1. 축제 개최에 대한 관광영향 인식 조사설계

축제에 방문한 지역주민의 축제 개최에 대한 관광영향 인식을 살펴보고, 이에 따라 응답자 특성을 관광영향 인식별로 비교 · 파악하기 위해 선행연구를 토대로 관광영향 인식에 대한 보편적 항목들을 도출한 다음 관광영향 인식요인(사회 · 문화적, 경제적, 환경적)과 응답자 특성 간 관련성을 파악하고, 관광영향 인식별 집단 간에 어떠한 특징을 가지고 있는지를 비교하는 순으로 조사 · 실증분석을 실시하였다.

2. 측정항목 개발 및 설문지 구성

설문은 크게 두 가지 부분으로 구성되었다. 구체적으로 관광영향 인식은 크게 3가지 요인으로 구분하였고, 국내외 선행연구를 토대로 요인별 4개씩 총 12개 항목으로 구성하였다. 이에 대한 측정은 Likert 5점 척도(1 = 전혀 그렇지 않다, 3 = 보통, 5 = 매우 그렇다)에 의해 실시되었다. 인구통계학적 항목들은 성별, 연령, 결혼여부, 최종학력, 월평균소득, 직업 등 6개 항목을 명목척도로 구성하였다.

표 3 선행연구를 통한 설문지 항목 구성

구분(항목)	조작적 정의	선행연구	척도
사회 · 문화적(4)	축제 개최가 주는 문화 · 여가 · 관광관련 긍정적 효과	고민규 · 김남조(2008), 부숙진(2008), Yoon, Gursoy & Chen(2001), Ko & Stewart (2001), Andereck, Valentine, Knopf & Vogt(2005)	Likert 5점
경제적(4)	축제 개최로 인한 긍정적 금전효과		
환경적(4)	축제 개최로 인해 개최 지역에서 발생할 수 있는 환경파괴의 부정적 현상		
인구통계학적(6)	성별, 연령, 결혼여부, 최종학력, 월평균소득, 직업		명목

3. 축제 개최에 대한 관광영향 인식 자료수집 및 분석

모집단은 축제 개최 지역 내 지역주민으로 구체적으로 광주 세계김치문화축제를 방문한 지역주민(재방문객만으로 한정)으로 선정하였고, 조사방법은 편의표본추출법에 의해 축제 개최 장소에서 2009년 10월 31일~11월 1일 동안 대인면접법에 의한 설문조사를 실시하였다. 우선 축제 방문객 중 지역주민만을 대상으로 추출하기 위해 설문지에 스크리닝 문항(3개)을 이용하였다.

첫 번째로 응답자들의 거주지가 광주인지를 묻고, 두 번째로 광주 이외 지역에서의 거주 여부를 물은 후, 마지막으로 거주지가 광주인 사람들에게 광주 세계김치문화축제를 방문한 경험이 있는지를 물었다. 이 중 광주에서 태어나서 지금까지 광주에서 거주하는 사람들 중 광주 세계김치문화축제를 재방문한 방문객에게만 설문지를 배포 · 조사하였다. 한편 설문조사를 위해 8명의 관광관련 학과 대학생들이 조사원으로 구성되었고, 조사목적 · 방법 · 내용 등을 충분히 숙지한 다음 조사지점(염주체육관, 다목적체육관, 광주월드컵경기장 등)에 나누어 배치되었다. 설문대상은 만 19세 이상의 성인 남 · 여(단 가족, 학교 등 단체로 방문한 경우 대표 한 사람만을 선정)로 한정하였고, 출입구에서 나오는 3번째 방문객을 대상으로 조사를 실시하였고, 설문작성은 주로 자기기입식과 개별면접방식을 병행하였다. 이러한 과정을 통해 300부의 설문지가 회수되었고, 측정변수의 정규성과 이상값(outlier)을 확인하여 최종적으로 278부를 실증분석에 사용하였다.

한편 설문조사를 통해 획득된 자료는 SPSS 15.0과 AMOS 7.0을 이용하여 분석하였다. 먼저 조사된 자료의 입력오류를 빈도분석 및 기술통계분석을 통해 제거한 후 다음과 같은 분석방법을 사용하여 실증분석을 실시하였다. 첫째, 응답자의 일반적 특성을 확인하기 위해 빈도분석을 실시하였다. 둘째, 연속형 변수인 관광영향 인식관련 항목에 대한 평균값과 정규분포성을 확인하기 위해 기술통계분석을 실시하였다. 셋째, 구성개념별 내적 일관성과 단일차원성을 확인하기 위해 신뢰도 분석과 확인적 요인분석을 실시하였다. 넷째, 관광영향 인식과 응답자 특성 간 응답 비교를 위해 카이스퀘어 검증과 대응일치분석을 실시하였다. 다섯째, 축제를 방문한 지역주민을 집단별로 제시하기 위해 2단계 군집분석을 사용하였다.

4 축제 개최에 대한 관광영향 인식 분석

1. 응답자의 기본적 특성

표 4 응답자(N=278)의 인구통계학적 특성에 대한 빈도분석 결과

구분		빈도(n)	비율(%)	구분		빈도(n)	비율(%)
성별	남성	99	35.6	월평균 소득	100만 원 미만	151	54.3
	여성	179	64.4		100~199만 원	42	15.1
연령	20대	112	40.3		200~299만 원	64	23.0
	30대	48	17.3		300만 원 이상	21	7.6
	40대	66	23.7	직업	전문직/사무직	44	15.8
	50대 이상	52	18.7		서비스직	26	9.4
최종 학력	고졸 이하	75	27.0		학생	91	32.7
	전문대	39	14.0		공무원/교직원	16	5.8
	대학교	156	56.1		자영업	28	10.1
	대학원	8	2.9		주부	52	18.7
결혼 여부	미혼	128	46.0		생산/기술직	10	3.6
	기혼	150	54.0		기타	11	4.0

본 연구의 표본에 대한 전반적인 특성을 살펴보면, 〈표 4〉와 같다. 먼저 성별은 여성(179명)이 남성(99명)보다 많이 조사되었고, 최종학력은 주로 대학교(156명)로 나타났으며, 결혼여부는 비교적 비슷한 응답(미혼: 128명, 기혼: 150명) 분포를 보이고 있었다. 월 평균소득은 100만 원 미만이 151명으로 가장 많았고, 직업의 경우 학생(91명), 주부(52명), 전문직/사무직(44명) 순으로 나타났다.

2. 축제 개최에 대한 관광영향 인식 측정변수에 대한 기술통계 및 신뢰도

관광영향 인식의 12개 평가항목에 대한 특징을 살펴보기 위해 기술통계분석과 신뢰도 분석을 실시한 결과를 살펴보면 〈표 5〉와 같다. 분석결과, 12개 항목의 최소 평균값은 3.18(지역 내 일자리 창출), 최대 평균값은 3.62(지역주민의 문화·여가활동 증진)로 나타났으며, 전반적으로 보통 이상의 평균값을 보이고 있다.

표 5 관광영향 인식에 대한 변수의 기술통계 및 신뢰도 분석결과

구분	변수명	M^a	왜도	첨도	신뢰계수(α)	
					제거 시	전체
사회·문화적 (social·cultural) (M=3.53)	지역의 매력·이미지 향상	3.59	−.239	.100	.858	.875
	지역주민의 문화·여가활동 증진	3.62	−.241	−.052	.819	
	지역주민들의 생활의 질 향상	3.50	−.263	−.354	.834	
	관광객·지역주민 간 교류증진	3.39	−.269	−.183	.837	
경제적 (economical) (M=3.37)	지역의 관광소득 증가	3.48	−.321	−.221	.873	.902
	지역 내 일자리 창출	3.18	−.235	−.722	.872	
	지역의 경제활성화에 도움이 됨	3.45	−.532	.047	.873	
	지역의 생활기반 확충	3.37	−.304	−.059	.873	
환경적 (environmental) (M=3.36)	쓰레기 증가	3.49	−.246	−.336	.808	.845
	환경오염 증가	3.22	−.083	−.086	.806	
	교통체증 증가	3.44	−.168	−.369	.779	
	소음공해 증가	3.29	.076	−.671	.820	

주) Likert 5-point scale(1 = 전혀 그렇지 않다, 3 = 보통, 5 = 매우 그렇다), 전체 항목 신뢰도 = .889

또한 12개 관측값들의 정규분포성을 살펴보면, 왜도(기울기)의 경우 0보다 크거나 작으면 분포의 기울어짐이 심한 것을 알 수 있고, 첨도(뾰족함)의 경우 0에 가까울수록 중첨이라고 할 수 있는데(이훈영, 2004), 본 연구의 관측값들은 비교적 정규분포와 비슷한 기울기와 뾰족함을 보이고 있었다. 한편 측정변수들의 내적 일관성을 의미하는 Cronbach's α 계수에서 모든 요인의 신뢰도는 높은 값을 보이고 있었고, 요인 내 전체 신뢰도를 저해하는 항목은 없는 것으로 나타났다.

3. 관광영향 인식 관련 변수에 대한 확인적 요인분석

다음으로 관광영향 인식 측정항목에 대한 요인별 단일차원성을 확인하고, 이에 대한 통계적 검정을 위해 확인적 요인분석을 실시하였다. 먼저 측정모형에 대한 적합성 여부는 x^2, GFI, AGFI, NFI, RMR 등을 사용하였다. 이에 대한 확인적 요인분석 결과, x^2의 확률치인 p값이 .000으로 기준에 합당하지 않은데, x^2은 표본 수가 커질수록 모형이 적합하다는 귀무가설을 기각할 확률이 높아진다는 점에서 대안적으로 Q값(x^2/df)을 비교해

표 6 관광영향 인식에 대한 구성개념별 확인적 요인분석 결과

요인	변수명	표준화 요인부하량	C.R.값	개념신뢰도	AVE
사회 · 문화적	social · cultural1	.659	11.012	.879	.648
	social · cultural2	.781	14.376		
	social · cultural3	.829	15.432		
	social · cultural4	.848	-		
경제적	economical1	.836	16.561	.896	.682
	economical2	.846	16.860		
	economical3	.826	16.285		
	economical4	.836	-		
환경적	environmental1	.743	6.042	.837	.562
	environmental2	.768	6.197		
	environmental3	.780	11.052		
	environmental4	.668	-		
x^2 = 84.866, df = 46, p = .000, Q(x^2/df) = 1.845, GFI = .952, AGFI = .919, NFI = .958, RMR = .028					

보았고, 본 연구에서는 1.845로 3보다 작은 것으로 나타나 모형이 적합함을 알 수 있다. 또한 나머지 적합지수들은 기준치 이상의 적합지수를 보이는 것으로 나타나 측정항목의 단일 차원성이 수렴되었음을 알 수 있다.

한편 모든 요인에 대한 개념신뢰도(CR)나 평균분산추출값(AVE)이 각각 .7, .5 이상의 임계치를 보이고 있고, 각 항목의 표준화 요인부하량이 .5 이상으로 나타났기에 관광영향 인식 요인의 신뢰도 및 집중타당도는 확보되었음을 알 수 있다.

4. 관광영향 인식 요인과 방문객 특성 간 응답 비교

다음으로 요인분석에 의해 도출된 요인의 점수(factor score)와 응답자 특성 간 응답비교를 파악하기 위해 x^2 검증을 실시하였다. x^2 검증을 사용한 것은 요인분석을 통한 Bi-plot에서처럼 요인점수를 사용하여 요인에 대한 각 응답자들의 위치 표시가 가능하기 때문이다(안광호 · 임병훈, 2008). 구체적으로 요인분석 시 요인점수(연속형 변수)를 변수로 저장한 값으로 도출하여 요인의 상대적 크기에 따라 범주형 변수로 재코딩을 해주는데(이태희 · 김홍렬 · 윤설민, 2008), 이러한 방식은 많은 국내외 선행연구(윤설민 · 김홍렬, 2008; 이태희 · 김홍렬 · 윤설민, 2008; Kim & Agrusa, 2005; Kim, Chun & Petrick, 2005; Kim & Prideaux, 2005)의 분석결과에서도 찾아볼 수 있다.

따라서 범주형(즉 명목화)으로 재구성한 관광영향요인을 '열(column)'에, 인구통계학적 변수들을 '행(row)'에 대입하여 각 셀의 실제빈도, 기대빈도, 비율, 5보다 작은 기대빈도를 가지는 셀, x^2값, p값, 최소 기대빈도 등을 도출하였다. 분석결과, 성별(p = .747)과 최종학력(p = .329)을 제외한 나머지 변수와 관광영향 인식 요인 간에 응답 분포의 차이가 있음이 발견되었다.

구체적으로 연령은 20대와 사회 · 문화적 요인, 50대는 환경적 요인과 관계가 있는 것으로 나타났고, 직업은 주부, 기타가 환경적 요인, 학생, 전문직/사무직, 서비스직은 사회 · 문화적 요인과 연관이 있는 것으로 나타났다. 월평균소득은 100만 원 미만이 사회 · 문화적 요인, 100만 원대가 환경적 요인, 200만 원대가 경제적 요인과 연관이 있는 것으로 나타났고, 결혼여부는 미혼이 사회 · 문화적 요인과 연관이 있고, 기혼은 경제 · 환경적 요인과 관련이 있는 것으로 나타났다.

표 7 관광영향 인식요인과 지역주민 특성 간 응답관계 비교 분석

구분[a]		사회 · 문화적	경제적	환경적	x^2(p값/최소기대빈도)
연령	20대	53(40.9/52.0)[b]	29(35.3/33.0)	29(34.9/33.3)	13.756 (.032*/15.08)
	30대	17(17.7/16.7)	19(15.2/21.6)	12(15.1/13.8)	
	40대	16(24.3/15.7)	25(21.0/28.4)	25(20.7/28.7)	
	50대 이상	16(19.1/15.7)	15(16.5/17.0)	21(16.3/24.1)	
직업	전문직/사무직	17(16.2/16.7)	13(14.0/14.8)	14(13.8/16.1)	25.180 (.033*/3.14)
	서비스직	14(9.6/13.7)	6(8.3/6.8)	6(8.2/6.9)	
	학생	38(33.1/37.3)	27(28.6/30.7)	25(28.3/28.7)	
	공무원/교직원	1(5.9/1.0)	8(5.1/9.1)	7(5.0/8.1)	
	자영업	11(10.3/10.8)	12(8.9/13.6)	5(8.8/5.8)	
	주부	16(19.1/15.7)	15(16.5/17.1)	21(16.3/24.1)	
	생산/기술직	2(3.7/2.0)	6(3.2/6.8)	2(3.1/2.3)	
	기타	3(4.1/2.9)	1(3.5/1.1)	7(3.5/8.1)	
월평균 소득	100만 원 미만	58(55.2/56.9)	45(47.7/51.1)	47(47.1/54.0)	12.947 (.044*/6.60)
	100~199만 원	16(15.5/15.7)	8(13.3/9.1)	18(13.2/20.7)	
	200~299만 원	21(23.6/20.6)	30(20.3/34.1)	13(20.1/14.9)	
	300만 원 이상	7(7.7/6.9)	5(6.7/5.7)	9(6.6/10.3)	
결혼 여부	미혼	58(46.8/56.9)	37(40.3/42.0)	32(39.9/36.8)	8.377 (.015*/39.89)
	기혼	44(55.2/43.1)	51(47.7/58.0)	55(47.1/63.2)	

주) *$p<.05$, **$p<.01$, ***$p<.001$

[a] 5보다 작은 기대빈도의 셀은 25% 미만임

[b] 실제빈도(기대빈도/비율)

이후 관광영향 인식요인과 응답자 특성 사이에 유의한 관계를 시각적으로 분석하기 위해 대응일치분석을 추가적으로 실시하였다. 일반적으로 대응일치분석은 2차원 맵상에 점으로 표시하여 명목화된 범주들을 행과 열로 배치하여 통계적으로 유의한 상관관계를 분석하는 기법으로서, 변수 간 카이스퀘어 검증이 유의하고, 행과 열의 수가 3개 이상일 때 의미있는 해석이 가능하다. 따라서 앞선 카이스퀘어 검증 결과가 통계적으로 유의했지만, 결혼여부는 2개의 범주로 대응일치분석에서는 제외하였다.

첫 번째로 관광영향 인식요인과 연령 간 분석결과, 2차원으로 설명하는 누적설명분산

은 100.0%로 2차원 공간상 정보손실 없이 두 범주 간 관계를 설명하고 있음을 알 수 있다. 2차원상의 관계를 살펴보면, 젊을수록 축제 개최로 인한 사회·문화적인 긍정적 효과를 인식한 반면에 나이가 많을수록 축제 개최로 인한 환경의 부정적 영향을 인식하고 있음을 알 수 있다.

표 8 관광영향 인식과 연령 비교

좌표점	차원 1	차원 2
사회·문화적	-.584	.035
경제적	.292	-.410
환경적	.389	.374
20대	-.504	.075
30대	.030	-.578
40대	.582	-.055
50대 이상	.308	.444
비정착값	.200	.098
설명력(%)	.808	.192

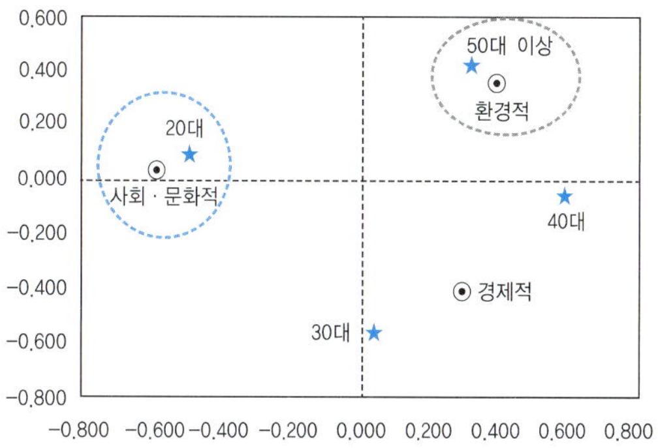

〈그림 1〉 관광영향 인식과 연령 간 상관관계

주) *p<.05, **p<.01, ***p<.001, x^2 = 13.756, p = .032*

다음으로 관광영향 인식요인과 직업 간 관계를 살펴보면, 차원 1(.222)과 차원 2(.204)의 상관관계는 미약하지만 관계가 있는 것으로 나타났고, 2차원상에 정보손실 없이 행과 열의 관계를 설명하고 있음이 나타났다. 분석결과 학생들이 사회·문화적 요인의 긍정적 부분에서 축제가 지역에 개최되는 효과를 인지하고 있지만, 주부들은 개최로 인한 환경 파괴를 인식하고 있음을 알 수 있다.

한편 관광영향 인식과 월평균소득 간 상관관계를 보면, 소득이 적은 경우는 축제 개최를 통한 사회·문화적 요인에 긍정적 인식을 가지고 있는 반면 소득이 100만 원대인 경우 환경적 부작용에 대한 효과와 관련이 있었고, 200만 원대인 경우에는 축제개최로 인한 경제적 긍정적 효과에 대해 인식하고 있음을 알 수 있다.

표 9 관광영향 인식과 직업 비교

좌표점	차원 1	차원 2
사회 · 문화적	.584	−.190
경제적	−.151	.647
환경적	−.532	−.431
전문직/사무직	.053	−.096
서비스직	.708	−.258
학생	.241	−.030
공무원/교직원	−1.226	.601
자영업	.315	.613
주부	−.355	−.225
생산/기술직	−.362	1.290
기타	−.871	−1.307
비정착값	.222	.204
설명력(%)	.540	.460

주) *p<.05, **p<.01, ***p<.001, x^2 = 25.180, p = .0332*

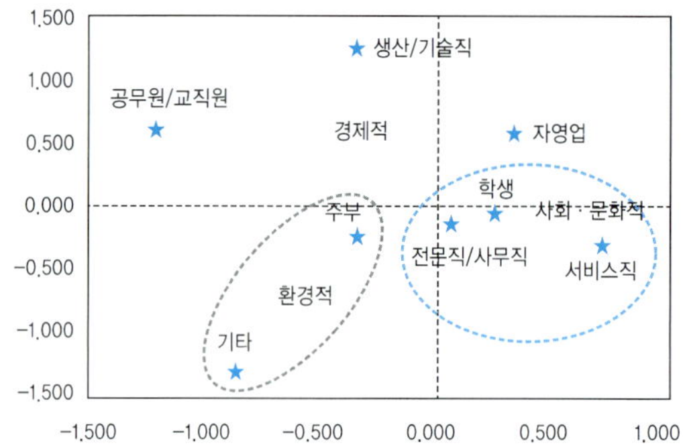

〈그림 2〉 관광영향 인식과 직업 간 상관관계

표 10 관광영향 인식과 소득 비교

좌표점	차원 1	차원 2
사회 · 문화적	−.094	.268
경제적	.624	−.116
환경적	−.520	−.197
100만 원 미만	−.058	.166
100~199만 원	−.661	−.103
200~299만 원	.735	−.148
300만 원 이상	−.500	−.529
비정착값	.212	.043
설명력(%)	.961	.039

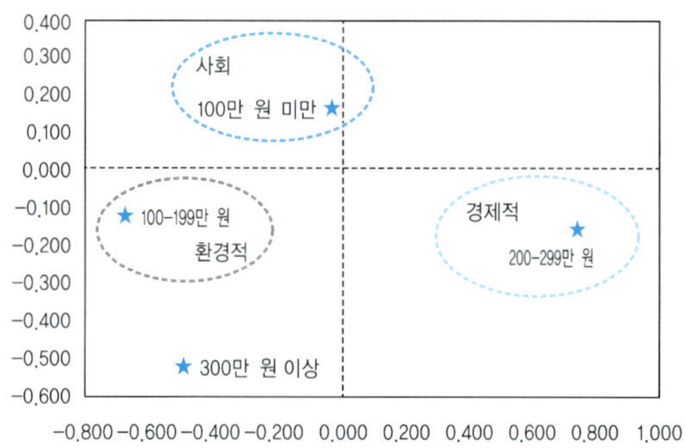

〈그림 3〉 관광영향 인식과 소득 간 상관관계

주) *p<.05, **p<.01, ***p<.001, x^2 = 12.947, p = .044*

5. 2단계 군집분석에 따른 방문객 특징 비교

앞선 결과를 토대로 연속형 자료인 관광영향 인식요인(사회 · 문화적, 경제적, 환경적)과 카이스퀘어 검증에서 통계적으로 유의했던 범주형 자료인 인구통계학적 특성(연령, 월평균소득, 결혼여부)을 동시에 활용하여 2단계 군집분석을 실시하였다. 본 연구에서 군집분석을 추가적으로 살펴본 것은 카이스퀘어 검증과 대응일치분석에 사용된 관광영향 인식요인과 인구통계학적 특성은 변수 간의 관계를 살펴본 것이기 때문이다. 즉 동등한 선상에서 변수 간의 관계가 아닌 방문객이라는 집단을 기준으로 그 특징을 살펴보는 것이 필요함을 의미한다.

구체적으로 2단계 군집분석은 2단계 방식(계층적 군집분석 후 K-means 군집분석 활용)의 군집분석과 달리 연속형 변수(예 관광영향)와 범주형 변수(예 인구통계학적 특성)를 동시에 고려하는 방식으로서, 군집 간 통계적 유의성을 높여 집단을 나누는 연구의 논리적 부분을 강화시킬 수 있는 잠재력을 보이기 때문에 유용하다(심성우 · 송학준 · 이충기, 2009). 군집분석의 관건은 군집의 수를 합리적 · 타당적으로 분류하는 것인데, 2단계 군집분석의

표 11 2단계 군집분석에 따른 응답자 특성비교 결과

구분		군집 1	군집 2	구분		군집 1	군집 2
		n(%)	n(%)			n(%)	n(%)
관광 영향 인식(M)	사회 · 문화적	4.12	3.14	직업	전문직/사무직	0(0.0)	44(22.9)
	경제적	4.22	2.85		서비스직	0(0.0)	26(13.5)
	환경적	3.92	3.02		학생	86(100.0)	5(2.6)
연령	20대	85(98.8)	27(14.1)		공무원/교직원	0(0.0)	16(8.3)
	30대	0(.0)	48(25.0)		자영업	0(0.0)	28(14.6)
	40대	0(.0)	66(34.4)		주부	0(0.0)	52(27.1)
	50대 이상	1(1.2)	51(26.6)		생산/기술직	0(0.0)	10(5.2)
월평균 소득	100만 원 미만	84(97.7)	67(34.9)		기타	0(0.0)	11(5.7)
	100~199만 원	2(2.3)	40(20.8)	결혼 여부	미혼	81(94.2)	47(24.5)
	200~299만 원	0(.0)	64(33.3)		기혼	5(5.8)	145(75.5)
	300만 원 이상	0(.0)	21(10.9)	합계(N=278)		86(30.9)	192(69.1)

주) *p<.05, **p<.01, ***p<.001: 사회 · 문화적(t = 13.273***), 경제적(t = 19.278***), 환경적(t = 10.893***), 연령(x^2 = 177.502***), 월평균소득(x^2 = 94.636***), 직업(x^2 = 255.883**), 결혼여부(x^2 = 116.170***)

경우 BIC값의 변화를 통해 군집 수를 결정할 수 있다. 본 연구에서는 군집 수가 2에서 가장 낮은 수(BIC = 2282.025)를 보였고, 거리측도 비율이 군집 수 2에서 증가(1.422)한 후 군집 수 3에서 다시 감소(1.060)하기에 2단계 군집분석의 알고리즘을 통해 자동적으로 도출된 군집 수 2개가 최적인 것을 알 수 있다.

이후 2개의 집단 특성을 살펴보면, 군집 1과 2의 관광영향 인식은 통계적으로 차이가 있는 것으로 나타난 가운데, 군집 1은 관광영향 인식요인의 평균값이 높은 반면에 군집 2는 사회 · 문화적, 환경적 요인은 보통(3점)이지만 경제적 요인은 보통 이하로 나타났다. 한편 연령에서 군집 1은 대부분이 20대이고, 군집 2는 40~50대가 주로 분포하고 있었다. 직업의 경우 군집 1은 전체가 학생 집단으로 나타난 반면에 군집 2는 주부와 전문직/사무직을 바탕으로 구성되었고, 월평균소득과 결혼여부도 군집 1은 100만 원 미만, 미혼이 대다수였고, 군집 2는 100만 원 미만, 200~299만 원, 기혼이 많이 분포하고 있었다.

5 관광영향 인식의 방향성

축제에 방문한 지역주민들이 축제 개최에 따른 관광영향을 어떻게 인식하고 있는지, 그리고 영향 인식에 따른 집단별 특성을 파악해 보고자 관광영향 인식과 관련된 요인을 3가지(사회 · 문화적, 경제적, 환경적)로 구분하였고, 실증분석을 토대로 관광영향 인식요인과 인구통계학적 특성 간 상관관계, 그리고 2단계 군집분석을 통해 집단별 특성을 비교하는 순으로 연구를 진행하였다. 이러한 과정을 통해 도출된 정보를 토대로 몇 가지 시사점을 살펴보면 다음과 같다.

첫째, 카이스퀘어 검증과 대응일치분석 결과를 토대로 사회 · 문화적 요인과 관련 있는 응답자 특성을 살펴보면, 연령은 20대, 월평균소득은 100만 원 미만, 직업은 학생인 것으로 나타났으며, 결혼여부에서는 미혼임을 알 수 있다. 결국 광주 세계김치문화축제를 방문한 지역주민 중 비교적 젊은 층에 해당하는 사람들의 경우 광주 세계김치문화축제가 지역에 사회 · 문화적으로 긍정적 영향을 미친다고 인식하고 있음을 알 수 있다. 20대의 학생, 그리고 100만 원 미만의 소득으로서 이들이 광주 세계김치문화축제에서 많은 소비를 주도하는 집단은 아니지만, 광주라는 지역과 김치라는 소재가 결국 문화, 여가나 관광 차원에서 광주 지역에 도움이 될 수 있다고 인식하기 때문에 여러 방문객 중 젊은 계층을 사로잡기 위해서 일부 프로그램을 고려할 때 광주와 김치의 브랜드 이미지를 일치시킬 수 있는 김치 관련 행사가 필요할 것이다. 특히 음식과 관련된 축제이기 때문에 오감 중에서도 미각과 관련이 있다는 점에서 식도락 관광 소재들을 계속 갖춰나가야 할 것이다.

현재 광주는 관광의 이미지가 약한 지역이기 때문에 여러 가지 관광관련 행사들을 발굴해서 가꾸는 것은 중요한 문제라는 점에서 광주 세계김치문화축제에 대한 적극적인 개발 · 투자가 필요하다. 2004년까지는 육성축제, 2005년부터는 유망축제로 선정되어 정부 지원을 받고 있지만, 지속적인 발전 없이 제자리걸음으로 축제가 유지되고 있는 부분은 분명 문제점으로 지적될 수 있다. 분명 김치라는 소재의 음식을 100% 체험한다는 것은 현실적으로 불가능하지만, 최대한 방문객들이 만들고(make), 먹고(eat), 냄새를 맡고(scent), 보는(see) 등의 체험감각을 활용해야 할 것이다. 예를 들면 방문객들이 직접 참여하는 퓨전 김치 요리경연대회, 김치 데커레이션 경연대회, 김치 재료 맞추기 등 기존의 김치 관련 프로그램을 확대하는 방향을 모색하여 콘텐츠의 다양화를 추구하는 것 등을 모색해 볼 수 있다.

둘째, 경제적 요인과 관련 있는 응답자 특성으로 결혼여부는 기혼, 월평균소득은 200~299만 원, 환경적 요인은 결혼여부 중 기혼, 연령 중 50대, 직업 중 주부와 관련이 있는 것으로 나타났다. 광주 세계김치문화축제를 방문하는 지역주민들 중 연령대가 중장년층에 해당되는 지역주민들은 광주 세계김치문화축제의 개최가 광주라는 지역에 경제적으로는 도움이 되지만, 환경적으로 부정적임을 인식하고 있다는 것이다.

결국 젊은 층이 사회 · 문화적 관광영향에 대해 긍정적으로 광주 세계김치문화축제를 바라보고 있는 것과는 상반되는 결과라고 할 수 있겠다. 이들은 축제가 지역에 소득이나 경제 활성화 측면에서 도움을 주는 것은 사실이지만, 많은 사람들의 방문으로 인한 쓰레기 증대 및 환경오염, 소음공해 등이 발생할 수 있기 때문에 지역의 환경을 지키기 위한 노력이 필요함을 인식하고 있었다. 따라서 축제를 개최하는 입장에서는 축제 개최 시, 그리고 개최 후 지역 환경에 물리적 변화를 줄 수 있는 원인들을 찾아 조기에 해결하는 방안을 모색해야 할 것이다.

특히 음식과 관련된 축제이기 때문에 발생할 수 있는 음식물 쓰레기에 주목할 필요가 있을 것이며, 축제 프로그램 중 환경친화적 음식 체험 프로그램을 구성하여 김치 소재의 축제가 환경적으로 부정적인 이미지가 아니라는 점을 지속적으로 관리해야 할 것이다. 예를 들면 묵은 김치를 활용한 요리 활용 세미나, 음식물 쓰레기를 줄이는 방법에 대한 노하우 강좌 등을 통해 음식물 쓰레기의 재해석에 방문객들이 참여하고 공감할 수 있도록 인식 고취를 도모할 필요가 있겠다.

셋째, 관광영향 인식요인(사회 · 문화적, 경제적, 환경적)과 인구통계학적 특성(연령, 직업, 월평균소득, 결혼여부)을 적용한 2단계 군집분석 결과를 종합해 보면 〈표 12〉와 같다. 군집 1은 모든 관광영향 인식요인의 평균값이 높은 것으로 보아 광주 세계김치문화축제 개최에 대해 긍정적인 시각으로 바라보는 것을 알 수 있다.

따라서 축제 입장에서 축제를 방문하는 지역주민 중 군집 1에 해당되는 사람들이 목표시장이라고 볼 수 있다. 이들을 적극적으로 활용하는 것이 향후 축제 발전에 도움이 될 것이다. 하지만 축제 개최에 대한 긍정적인 인식보다 중도적이거나 부정적 인식을 가진 군집 2의 분포가 많은 것을 보아 앞으로 축제 개최가 가진 긍정적인 영향 인식을 고취시키는 것 또한 중요한 문제라고 볼 수 있다. 결국 축제의 내실화를 위해서는 축제를 방문하는 지역주민들의 마음을 먼저 사로잡는 것이 중요하다는 것을 확인할 수 있는 대목이다.

표 12 광주 세계김치문화축제를 방문한 지역주민의 시장별 특성

집단	연령	직업	소득	결혼여부	관광영향 요인
군집 1 (n=86)	20대	학생	100만 원 미만	미혼	高(사회 · 문화적, 환경적, 경제적)
군집 2 (n=192)	40~50대	주부, 전문직/사무직	100만 원 미만, 200~299만 원	기혼	中(사회 · 문화적, 환경적), 低(경제적)

이처럼 축제를 방문하는 지역주민들이 본인들의 거주지에서 개최되고 있는 축제가 미칠 수 있는 긍정적 또는 부정적 영향에 대한 인식이 상이하기 때문에 방문하는 지역주민들의 인식을 토대로 집단별 특징을 도출하고, 그에 맞는 집단별 맞춤 마케팅을 실시할 필요가 있겠다.

본 연구의 결과에서처럼 축제를 방문하는 지역주민들을 포괄적으로 만족시키기 위해

서는 정확한 표적시장(예 사회·문화적 영향 인식을 중시하는 집단, 경제적 영향 인식을 중시하는 집단, 환경적 영향 인식을 중시하는 집단)을 파악하여 그에 맞는 프로그램 개발 및 행사 운영 전략을 수립해야 한다. 즉 축제는 1년에 한번 개최되는 일회성의 특징을 가지고 있는 반면에 매년 개최되는 지속성이라는 양면적 특징 또한 보유하고 있다. 따라서 관광영향 인식 중 긍정적인 효과(예 사회·문화적, 경제적)는 최대화시키고 부정적인 효과(예 환경적)를 최소화시키는 것이 중요할 것이며, 이를 위해 방문객의 관광영향 인식을 종단적 관점에서 연구하는 것이 앞으로의 과제라고 본다.

이러한 시사점에도 불구하고 본 연구는 지역주민 이외에 외지 관광객들을 표본에서 제외하였기에 축제 개최가 가져온 관광영향 인식을 모든 방문객에게 적용하지 못하였다. 또한 표본으로 선정된 집단들이 비교적 고른 분포(예 연령 및 직업군)를 보이지 못하기 때문에 셀의 빈도가 낮은 부분들이 발생했다는 점은 향후연구에서 보완되어야 할 것이다. 특히 본 연구에서 카이스퀘어 검증결과, 5보다 작은 기대빈도를 가지는 셀이 모두 25% 미만이기에 통계적으로는 문제가 없다고 판단되지만, 특정 셀의 빈도가 극단적으로 낮았기 때문에 세부집단의 적절한 대표성의 문제는 해결하지 못하였다. 따라서 향후 연구에서는 모든 방문객(예 외지 방문객과 지역 주민 비교, 내국인 방문객과 외국인 방문객 비교 등)을 고려함과 동시에 인구통계학적 특성들을 비교적 균등하게 조사하여 축제 개최의 긍정적·부정적 효과를 파악해 보고, 이러한 효과가 갖는 선행·결과변수와의 영향관계를 검증하여 축제 개최의 긍정적 방향을 도출하는 연구가 이어지는 것이 바람직할 것이다.

참고문헌

고동완(2001). 인구통계학적 특성과 상황적 특성에 따른 관광영향 인식의 차이. 관광학연구. 25(3): 63-80.

고민규·김남조(2008). 지역주민의 관광영향 지각과 주민참여 관계. 관광연구논총. 20(1): 181-201.

고승익·오상운·고경실·조문수(2007). 지역주민의 지역축제 평가에 관한 연구: 지역사회 애착도, 지역축제 영향인식 차이를 중심으로. 관광학연구. 31(4): 177-198.

김승희·김성국(2000). 광주 김치축제의 지역주민 인식에 관한 연구. 한국조리학회지. 6(3): 409-423.

김주연 · 안경모(2009). 음식문화축제 방문객의 동기에 따른 세분화와 만족도: 전주 천년의 맛축제를 중심으로. 국제지역연구. 13(2): 617-634.

문화체육관광부(2010). 2009 문화관광축제 종합평가보고서.

박덕병(2009). 농촌관광마을 지역주민의 관광개발에 대한 영향인지 결정요인. 관광연구. 24(4): 307-331.

부숙진(2008). 축제개최 지역주민의 축제효과요인 인식이 축제참여도 및 만족도에 미치는 영향: 한국 보령시를 중심으로. 국제지역연구. 12(3): 567-588.

서용석 · 이훈 · 임동일(2008). 신생 도시축제의 지역영향인식 구조모형: 하이서울페스티벌을 대상으로. 한국콘텐츠학회논문지. 8(10): 328-341.

심성우 · 송학준 · 이충기(2009). 비무장지대 외래관광객의 시장세분화와 가치 연구. 호텔경영학연구. 18(3): 191-210.

안광호 · 임병훈(2008). SPSS를 활용한 사회과학조사방법론(개정판). 파주: 학현사.

윤설민 · 김홍렬(2008). 라이프스타일을 바탕으로 한 잠재신혼여행객 특성에 관한 탐색적 연구. 관광 · 레저연구. 20(4): 49-67.

이경모 · 손선미(2006). 방문객특성에 따른 음식문화축제 방문 의도 차이분석: 문화관광부 지정 3대 음식문화축제를 중심으로. 외식경영연구. 9(4): 209-226.

이태희 · 김홍렬 · 윤설민(2008). 여가태도에 따른 영화 관람객 특성에 관한 연구. 관광 · 레저연구. 20(2): 313-331.

이후석 · 오민재(2006). 방문객 특성에 따른 관광영향인식 차이. 관광연구저널. 20(2): 45-56.

이훈영(2004). 이훈영 교수의 통계학. 서울: 청람.

조배행 · 박종진(2007). 지역축제의 영향에 대한 지역주민의 지각 차이 분석. 한국지역지리학회지. 13(1): 68-81.

조배행 · 지봉구(2005). 골프장 개발에 대한 관광지주민의 영향지각 차이분석. 관광연구저널. 19(3): 163-178.

진영재(2009). 음식 축제 시스템 구성 요인이 방문객 평가 및 재방문 의도에 미치는 영향: 제15회 남도음식큰잔치를 대상으로. 한국조리학회지. 15(2): 188-204.

함석종 · 박선희(2009). 지역축제의 영향에 대한 지역주민 인식: 동해 수평선축제를 사례로. 관광연구저널. 23(1): 191-206.

Andereck, K. L., Valentine, K. M., Knopf, R. C., & Vogt, C. A. (2005). Residents' perceptions of community tourism impacts. *Annals of Tourism Research*. 32(4): 1056-1076.

Gabr, H. S.(2004). Attitudes of residents and tourists towards the use of urban historical sites for festival event. *Event Management*. 8(4): 231-242.

Getz, D. (1997). *Event management and event tourism*. Elmsford, NY: Cognizant Communication Corporation.

Gursoy, D., & Kendall, K. W. (2006). Hosting mega events: Modeling locals' support. *Annals of Tourism Research.* 33(3): 603–623.

Gursoy, D., Jurowski, C., & Uysal, M. (2002). Resident attitudes: A structural modeling approach. *Annals of Tourism Research.* 29(1): 79–105.

Jurowski, C., & Gursoy, D. (2004). Distance effects on residents' attitudes toward tourism. *Annals of Tourism Research.* 31(2): 296–312.

Kang, S. K., Lee, C. K., Yoon, Y., & Long, P. T. (2008). Resident perception of the impact of limited-stakes community-based casino gaming in mature gaming communities. *Tourism Management.* 29(4): 681–694.

Kim, S. S., & Agrusa, J.(2005). The positioning of overseas honeymoon destinations. *Annals of Tourism Research.* 32(4): 887–904.

Kim, S. S., & Petrick, J. F. (2005). Residents' perceptions on impacts of the FIFA2002 World Cup: The case of Seoul as a host city. *Tourism Management.* 26(1): 25–38.

Kim, S. S., Prideaux, B. (2005). Marketing implications arising from a comparative study of international pleasure tourist motivations and other travel-related characteristics of visitors to Korea. *Tourism Management.* 26(3): 347–357.

Kim, S. S., Chun, H., & Petrick, J. F. (2005). Positioning analysis of overseas golf tour destinations by Korean golf tourists. *Tourism Management.* 26(6): 905–917.

Ko, D. W., & Stewart, W. (2001). A structural equation model of residents' attitudes for tourism development. *Tourism Management.* 23(5): 521–530.

Lee, C. K., & Back, K. J. (2006). Examining structural relationships among perceived impact, benefit, and support for casino development based on 4 year longitudinal data. *Tourism Management.* 27(3): 466–480.

Lee, C. K., Kang, S. K., Long, P., & Reisinger, Y. (2010). Residents' perceptions of casino impacts: A comparative study. *Tourism Management.* 31(2): 189–201.

Lee, C. K., Kang, S., & Reisinger, Y. (2010). Community attachment in two rural gaming communities: Comparisons between Colorado gaming communities, USA and Gangwon gaming communities, South Korea. *Tourism Geographies.* 12(1): 140–168.

Lim, S. T., & Lee, J. S. (2006). Host population perceptions of the impact of mega-events. *Asia Pacific Journal of Tourism Research.* 11(4): 407–421.

Mitchell, R. E., & Reid, D. G. (2001). Community integration: Island tourism in Peru. *Annals of Tourism Research.* 28(1): 113–139.

Yoon, Y., Gursoy, D., & Chen, J. S. (2001). Validating a tourism development theory with structural equation modeling. *Tourism Management.* 22(4): 363–372.

Zyl, C. V., & Botha, C. (2004). Motivational factors of local residents to attend the Aardklop National Arts Festival. *Event Management.* 8(4): 213–222.

www.korean.visitkorea.or.kr: T2지식마당. 「음식」을 이용한 관광 마케팅 사례 분석.

제7장 직무감성과 조직몰입

제1절 직업가치관, 조직몰입, 직무성과 차이

1 직업가치관과 조직몰입

서비스 접점에서 고객과 접촉하는 종업원은 고객과의 상호작용을 하는 기업의 대표역할자로서, 서비스 제공에 있어서 종업원의 역할이 전체 서비스의 품질을 좌우하기 때문에 종업원의 서비스 제공 정도는 서비스 기업의 질을 결정짓는 중요한 기준이 된다(Bienstock, Caro & Smith, 2003). 따라서 서비스 관련 산업의 구성원 채용과정에서 서비스 제공자에게 맞는 자질을 가지고 있는 사람을 선발하는 것은 무엇보다도 중요한 문제이다(김두라 · 강재호, 2007). 혹은 교육훈련을 바탕으로 구성원들의 성격 변화를 유도하여 기업의 독특한 문화 형성을 도모하기도 한다(유희경 · 김미연 · 정희경, 2007). 즉 서비스 구성원과 고객 간 접촉 빈도가 높은 서비스 산업의 경우 구성원이 맡은 직무와 개인적 특성(예 성격) 간 높은 적합성이 요구되며, 이는 직무만족이나 직무성과에 긍정적인 영향을 미칠 수 있다는 것이다(김두라 · 강재호, 2007). 이에 조직 내 구성원을 선발함에 있어서 성격검사를 실시하는 사례들이 증가하고 있는 추세를 보이고 있다(유태용, 2007).

하지만 관광학 분야에서는 기업 내 구성원에 대한 성격 연구는 거의 이루어지지 않은 상태였다(Kim, Shin & Umbreit, 2007). 비록 국내 관광분야에서 다루어진 성격 관련 선행 연구들을 살펴보면, 주로 성격과 관련된 선행 · 결과변수의 구조적 관계를 규명하기 위한 접근이 시도되었고, 그중에서 직무관련 변수들(예 직무만족, 직무성과, 이직의도 등)과의 영향관계를 살펴보는 데 초점을 두고 있다(윤설민 · 김홍렬, 2008). 따라서 개인의 성격에 따라 차이가 발생할 수 있는 구성원의 특성을 파악하는 연구들이 필요하다는 점에서 본 연구는 의의를 두고 있다.

결국 개인의 성격유형을 올바르게 파악할 수만 있다면 성격을 생활에 적용할 수 있을 것이고(이원령 · 이한우, 2008), 만약 조직이 구성원의 성격을 제대로 파악하고 있다면, 구성원의 자기개발에 도움이 될 뿐만 아니라 조직의 목표달성에 도움을 줄 수 있을 것이다(김충수 · 안준용, 2007). 따라서 개인의 직무성과를 개선함과 동시에 개인 및 조직 발전을 달성할 수 있도록 조직 내 구성원의 성격특성을 잘 관리하는 노력이 필요할 것이다(이형주 · 최계봉, 2008). 즉 개인 성격에 따라 기업의 성과가 달라질 수 있다는 점에서 구성원들의 성격 파악은 기업성과 제고에 필요한 작업이라고 할 수 있겠다(유희경 · 박선숙 · 박행묵 · 김효상, 2007).

이 연구는 항공분야 구성원들을 대상으로 개인의 성격에 따른 직무 특성(조직몰입, 직무성과) 및 직업 선택(직업가치관)의 차이를 검증하여 현재 직원들에게는 효율적인 프로파일을 제시하고, 항공 분야 입사에 대한 전략적 계획을 수립할 수 있는 내부 마케팅 방안을 도출하기 위해 실시되었다.

2 성격유형별 조직몰입의 이론적 배경

1. 성격유형과 6요인(HEXACO)

성격은 자신의 특징적인 행동과 사고를 결정하는 요소로서, 성격에 대한 정의는 다양하지만 개인이 타인과 구별되는 감정 · 사고 · 행동양식 등의 개인적 특징으로서, 개인이 다른 사람에게 드러내 보이는 종합적인 인상으로 표현할 수 있다(유희경 · 김미연 · 정희경, 2007). 현재까지 성격에 대한 측정 도구는 MBTI모형, Holland모형, Egogram모형, Enneagram모형, MMTIC모형 등이 있지만, 그 외에 성격 5요인과 성격 6요인 또한 환대산업 분야에서 많이 사용되고 있다.

표 1 성격 5요인과 6요인 간 비교

성격 5요인		성격 6요인	구성요소
–	➜	Honesty–Humility	Sincerity, Fairness, Greed Avoidance, Modesty
Emotional Sensitivity	➜	Emotionality	Fearfulness, Anxiety, Dependence, Sentimentality
Extraversion	➜	Extraversion	Social Self-Esteem, Social Boldness, Sociability, Liveliness
Agreeableness	➜	Agreeableness	Forgiveness, Gentleness, Flexibility, Patience
Conscientiousness	➜	Conscientiousness	Organization, Diligence, Perfectionism, Prudence
Openness to Experience	➜	Openness to Experience	Aesthetic Appreciation, Inquisitiveness, Creativity, Unconventionality

자료: http://hexaco.org: The HEXACO personality inventory-revised를 바탕으로 연구자 작성

먼저 FFM(Five-Factor Model), FFT(Five-Factor Theory), BFM(Big Five Model) 등으로 표현되는 성격 5요인은 각 학자들마다 5요인의 명칭[1)]을 상이하게 다루고 있지만, 요인이 내포하고 있는 근본적 내용은 동일하다(윤설민 · 김홍렬, 2008). 하지만 5요인이 인간의 다양한 성격을 파악하는 데 가장 포괄적이면서 간명한 모델인지에 대한 문제점이 제기된 후(Lee & Ashton, 2004), 성격 6요인(HEXACO 모델)으로 변화되었다. HEXACO 모델의 성격검사는 24개의 하위 성격특성으로 측정되며(유태용 · 이기범 · Ashton, 2004), 국제적 성격어휘 검사(Lee & Ashton, 2004)를 통해 6개의 요인이 공통적으로 발견되었고, 6개 차원의 정직/겸손성, 정서성, 외향성, 원만성, 성실성, 개방성의 요인명을 근거로 HEXACO라는 모델을 명명하게 되었다(윤설민 · 김홍렬, 2008).

2. 직업가치관

경제발전에 따른 사회 · 문화 · 경제적 환경 변화, 그리고 2차 산업과 3차 산업이 혼합

---

1) 예를 들어 agreeableness의 경우 친화성, 수용성, 원만성, 호감성 등으로 해석되어 사용됨.

된 2.5차 산업의 등장 등 시대가 변하면서 일에 대한 활동에 따라 가지게 되는 직업가치관도 빠르게 변화하게 되었다(최학수 · 장병수, 2002). 이에 기업의 경우 사회 · 문화적 환경 변화에 적극적으로 대응 · 적응하지 못하게 되면, 시장퇴출이라는 부정적 결과를 맞이할 수 있기 때문에 기업은 종업원이 가지고 있는 직업가치관 변화에 특별히 관심을 가지게 되었고(이용규 · 정석환, 2005), 개인의 경우에도 다양화 · 전문화되고 있는 복잡한 직업세계에 개인이 쉽게 적응하고 성공적으로 직장생활을 하기 위해서는 무엇보다 개인의 특성을 정확하게 파악하고 특성에 맞는 진로를 선택하는 것이 우선적이라는 것을 알게 되었다(박보경 · 이종승, 2002).

한편 직업가치관에 대한 측정도구는 국외에서 Super(1970)의 WVI(Work Value Inventory), Wollack, Goodale, Wijting & Smith(1971)의 SWV(Survey of Work Value), Mietus(1977)의 MWVI(Maryland Work Value Inventory), Dawis & Lofquist(1984)의 MIQ (Minnesota Importance Questionnaire) 등이 존재하고, 국내에서는 한국직업능력개발원의 임언 · 정윤경 · 상경아(2001)가 직업가치관 검사에 대한 측정항목을 개발하여 사용하고 있으며, 한국직업능력개발원 커리어넷(http://www.career.go.kr)에서도 직업생활을 통해 어떤 가치를 만족시키고 싶은지를 직접 확인할 수 있도록 직업가치관 검사를 웹사이트에서 무료로 제공하고 있다.

직업가치관 측정척도 개발과 관련된 연구들을 살펴보면 직업활동의 어느 측면에 가치를 둘 것인가에 따라 여러 유형 분류가 가능하며, 직업활동 자체에 관심을 둘 것인지 아니면 직업활동의 결과 또는 부수적 효과에 가치를 두느냐에 따라 다시 특유의 직업가치관으로 범주화가 가능한데(장경혜, 2008), 일반적으로 내적 직업가치관과 외적 직업가치관으로 구분할 수 있겠다. 여기서 말하는 내적인 부분은 자신이 좋아하는 일과 관련된 가치를 의미하는 반면에 외적인 부분은 일을 하면서 수반되는 성과 또는 주어진 일 자체에 대한 개인 가치를 의미한다(Prediger & Staples, 1996).

3. 조직몰입과 직무성과

조직몰입은 직무만족과 함께 조직 관련 연구에서 가장 많이 적용된 개념 중 하나로서 (Bellou, 2008), 조직구성원의 조직에 대한 애착 및 충성도, 그리고 다양한 동기에 따라 다르게 표출될 수 있기 때문에 조직몰입 관련 연구는 장기간 진행되어 왔으며, 조직구성원의 태도 및 행동 간 관계를 파악할 수 있다는 점에서 그 중요성이 높다고 할 수 있겠다(오경택 · 이철진, 2008).

조직몰입은 기대적 · 태도적 · 행동적 등 세 가지 차원의 접근방법에 따라 각각 정의 · 연구되고 있고, 다른 한편으로는 교환적 · 심리적 접근 차원에서도 이루어지고 있다(홍경옥 · 강도용, 2005). 다시 말해서 조직몰입에 대한 개념 정의가 학자들마다 일치하지 않고, 그 유형 또한 학자들마다 차이가 있다는 것이다(최철수, 2002). 예를 들어 조직몰입을 세 가지 차원으로 분류(affective commitment, normative commitment, behavioral commitment)하거나 두 가지 차원으로 분류(attitudinal commitment, behavioral commitment)한다.

이처럼 정의 및 분류에서도 다양하게 적용되고 있는 직무몰입이지만, 조직몰입 수준이 높은 사람들은 외적 보상(예 보수, 수당, 승진 등)이나 내적 보상(예 직무만족, 동료와의 원만한 관계 형성 등)을 받을 수 있고, 조직도 구성원의 생산성을 향상시킬 수 있기 때문에 조직차원에서의 조직몰입은 주목받고 있는 것이다(이상희, 2005).

한편 직무성과는 직무만족과 함께 산업 · 조직심리학, 인사관리 · 조직행동 관련 분야에서 가장 중요한 변수로서(오인수 · 김광현 · Darnold · 황종오 · 유태용 · 박영아 · 박량희, 2007), 누구를 채용하고, 승진이나 해고, 또는 보상할 것인지 등의 인적자원관리 활동의 기본틀을 제공하는 것으로서, 개인 또는 집단이 담당한 직무에 대한 성취도나 달성도를 의미한다(전수진 · 박경규, 2007).

일반적으로 조직 내 구성원의 직무성과는 곧 조직 전체의 성과로 이어질 수 있다는 신념은 과거부터 지금까지 이론 연구가 · 실무자들에 의해 지배적으로 제기되고 있는 부분으로서(방희봉 · 임인숙, 2005), 직무성과는 개인수준을 넘어 집단수준에서의 생산성을 의미한다(Kirkman & Rosen, 1999). 따라서 많은 연구에서 직무성과의 측정은 문제해결을 위한 자발성, 고객과의 커뮤니케이션, 대인관계 기술, 업무지식, 회계관리, 전반적 성과 등의 다차원 측면에서 고려되고 있는데(Strauss, 2005), 이를 구체적으로 보면 직무성과는 생산된 단위변수를 의미하는 양적 측면과 측정 · 판단이 어려운 인간적 오류를 의미하는 질적 측면으로 설명할 수 있겠다(이성호, 2007).

3 성격유형별 조직몰입 조사방법

1. 조사설계

항공사 직원들의 성격에 따라 직업가치관, 조직몰입, 직무성과 등이 어떻게 차이가 있는지 살펴보기 위한 연구절차를 살펴보면, 먼저 선행연구를 통해 성격(HEXACO), 직업가치관, 조직몰입, 직무성과 등의 항목을 도출하였다. 그 다음에 성격을 집단으로 세분화시킨 다음 집단별 직업가치관, 조직몰입, 직무성과가 어떠한 차이가 있는지를 분석하였다. 이러한 연구절차를 토대로 환대산업에서의 인적자원관리(HRM)에 대한 시사점을 제공하고자 한다.

2. 설문지 구성

본 연구의 설문은 크게 성격유형, 직업가치관, 조직몰입, 직무성과, 그리고 인구통계적·일반적 특성 등 5개 부분으로 구분할 수 있겠다. 구체적으로 Likert 5점 척도(1=전혀 그렇지 않다, 3=보통, 5=매우 그렇다)로 조사된 연속형 변수들(성격, 직업가치관, 조직몰입, 직무성과)은 선행연구를 토대로 각각 구성(성격: 24개 항목, 직업가치관: 18개 항목, 조직몰입: 6개 항목, 직무성과: 3개 항목)하였다. 한편 기타는 인구통계적·일반적 특성에 해당하는 변수로서, 성별, 연령, 결혼여부, 최종학력, 월평균소득, 직위, 근무연수 등 7개 항목을 명목척도와 비율척도로 측정하였다.

표 2 측정항목에 대한 선행연구

구분	선행연구	척도
성격	유태용·이기범·Ashton(2004), 윤설민·김홍렬(2008), Ashton et al.(2006)	Likert 5점
직업가치관	이용규·정석환(2005), 최학수(2006), Wollack et al.(1971)	
조직몰입	이용기·이두진·정규엽(2006), 이정란·이경국(2006), Meyer & Allen(1997), Low, Cravens, Grant & Moncrief(2001), Valentine Godkin & Lucero(2002)	
직무성과	김성곤(2006), 이성호(2007), Babin & Boles(1996)	
기타	성별, 연령, 결혼여부, 최종학력, 월평균소득, 직위, 근무연수	명목, 비율

표 3 구성개념별 변수명

구분(항목)	변수명
성격 (24)	인생에서 도움이 된다 하더라도 타인에게 아부하지는 않을 것이다. 많든 적든 간에 뇌물은 받지 않을 것이다. 나는 사치스러운 물건이나 재산을 추구하지 않고, 검소한 편이다. 나는 잘난 척하지 않고, 겸손한 편이다. 기상이 나쁜 악천후에 여행을 하게 된다면 두려울 것 같다. 중요한 결과를 기다릴 때면, 걱정을 많이 하는 편이다. 문제/걱정거리가 있으면 타인과 상의하거나 조언을 받는 편이다. 친한 사람과 오랫동안 떨어져 있어야 한다면 매우 슬플 것 같다. 나는 모든 일에 적극적인 편이다. 나는 다른 사람과 어울리는 것을 좋아하는 편이다. 나는 사교적인 편이다. 나는 생기 있고 활동적인 편이다. 나에게 잘못한 사람을 잘 용서하는 편이다. 나는 성격이 온화하고 부드러운 편이다. 나는 고집이 세지 않고, 융통성이 있는 편이다. 나는 다른 사람들보다 화를 잘 내지 않는 편이다. 나는 평소 정리 정돈을 잘하고, 과제완수를 위해 계획을 세우는 편이다. 나는 목표를 이루기 위해서 노력하는 편이다. 나는 매사에 철저하고 세심한 편이다. 나는 계획적/효율적으로 일을 진행하는 편이다. 나는 자연과 예술에 대한 아름다움을 즐기는 편이다. 나는 지적 호기심이 많은 편이다. 나는 창의성이 많은 편이다. 나는 다양한 경험을 추구하는 편이다.
직업 가치관 (18)	아이디어를 건의하는 것은 당연하며 활성화되어야 한다. 한가로운 직업보다는 바쁘게 일하는 직업이 좋다. 직장에서 게으름을 피우는 것은 금방 지겨워질 것이고, 열심히 일하면 보다 만족할 수 있다. 어려운 일을 피하기보다는 적극적으로 하는 것이 개인의 발전에 도움이 된다. 보다 높은 임금을 준다면, 그 직업을 선택해야 한다. 사람들이 직업을 선택할 때 임금수준이 가장 중요한 요소이다. 돈을 벌 수 있다는 것이 일을 하는 중요한 목적이다. 사회적 명성이나 지위가 있는 직업이 좋은 직업이다. 좋은 직업을 가지고 있는 사람을 부러워하는 것은 매우 당연한 것이다. 주변사람들 중에서 좋은 직업을 가지고 있는 사람이 존경받는다. 월급이 높아도 승진기회가 적다면 좋은 직업이라고 할 수 없다. 사람은 자신의 지위향상에 관심을 가져야 하고, 보다 높은 지위로 승진하기 위해 열심히 일해야 한다. 직업을 선택할 때는 승진의 기회를 고려해야 한다.
조직몰입 (6)	나는 내가 일하는 회사에 대해 강한 애착을 가지고 있다. 나는 내가 일하는 회사에서 가족 같은 감정을 느낀다. 나는 내가 일하는 회사에 대해 강한 소속감을 가지고 있다. 나는 내가 일하는 회사가 훌륭한 곳이라고 친구들에게 말할 수 있다. 나는 내가 일하는 회사에서 계속 일할 수 있다면 어떤 일이 주어져도 할 것이다. 나는 회사가 성공하는 데 나의 도움이 필요하다면 최선을 다할 것이다.
직무성과 (3)	나는 주어진 업무를 수행하는 데 착오가 없게 처리한다. 나는 고객 또는 상사 및 동료로부터 업무를 요청받으면 가능한 신속하게 처리한다. 나는 업무수행에 있어서 목표달성을 위해 높은 열정을 가지고 있다고 생각한다.

3. 성격유형별 조직몰입의 자료수집 및 분석

모집단은 항공사에서 근무하고 있는 직원들로서, 그중에서 표본은 우리나라 국적 항공사 두 곳(A항공사, K항공사)에 근무하고 있는 구성원으로 한정하였다. 조사방법은 편의표본추출법에 의해 두 곳 항공사의 구성원들이 직접 자사 직원들을 대상으로 2009년 9월부터 11월까지 대인면접에 의해 설문조사를 실시하였다. 조사원들은 각각 3명씩 총 6명으로 구성하였고, 이들은 조사목적, 조사방법, 조사내용 등 충분히 교육받은 후 투입되었다. 설문은 항공사 직원들의 특성을 고려하여 배치되어 있는 공간(예 사무실, 휴게실, 카운트 등)에서 실시되었고, 설문작성방법은 주로 자기기입식과 개별면접방식을 병행하였다. 이러한 과정을 통해 300부의 설문지를 배포 · 조사하였고, 이 중 290부가 회수되었다. 이후 이상값(outlier)을 보이거나 응답 내용의 정확도가 떨어지는 설문지 22부를 제외하고, 최종적으로 268부의 유효 표본을 확보 · 분석에 이용하였다.

설문조사를 통해 획득된 자료는 AMOS 7.0과 SPSS 15.0을 이용하여 분석하였다. 먼저 조사된 자료의 입력오류 등 시스템적 문제가 있는지 확인하기 위해 모든 측정변수의 빈도분석 및 기술통계분석을 실시하여 오류값을 제거하고, Likert 5점 척도로 조사된 변수들의 정규분포 및 왜도, 첨도를 확인하여 측정변수의 정규분포성을 확인하였다. 이러한 절차 후에 사용된 분석방법을 살펴보면, 첫째, 응답자의 인구통계적 · 일반적 특성을 확인하기 위해 빈도분석을 실시한다. 둘째, 연속형 변수들(성격, 직업가치관, 조직몰입, 직무성과)에 대한 기술통계 분석, 신뢰도 분석과 확인적 요인분석을 실시한다. 셋째, 성격 요인을 특정 집단으로 세분화시키기 위해 2단계 방식의 군집분석을 실시한다. 즉 계층적 군집분석을 통해 타당한 군집의 수를 파악한 후에 K-means 군집분석을 실시하는 방식을 의미한다. 넷째, 군집분석의 분류가 타당하게 이루어졌는지를 확인하기 위해 다변량분산분석과 판별분석을 이용한다. 다섯째, 성격 군집 간 직업가치관, 조직몰입, 직무성과에 대한 평균값 차이를 비교하기 위해 다변량분산분석과 일변량분산분석을 실시한다.

4 성격유형별 조직몰입의 분석결과

1. 응답자의 인구통계적 · 일반적 특성

<표 4>는 본 연구의 표본 268명에 대한 기본적인 정보로서, 먼저 성별은 여성(232명)이 남성(35명)보다 많이 조사되었고, 이들의 최종학력은 주로 대학교(186명)인 것으로 나타났다. 결혼여부는 미혼이 191명으로 기혼(75명)보다 많았고, 월평균소득은 150~250만 원 미만(35.4%), 250~350만 원 미만(28.7%) 순으로 나타났으며, 이들의 직위는 주로 사원(187명)임을 알 수 있었다. 한편 비율척도로 조사된 연령과 근무연수의 특징을 살펴본 기술통계분석 결과, 이들의 평균 연령은 28.8세였고, 근무연수는 61.8개월(약 5년 1개월) 정도임을 알 수 있었다.

표 4 응답자의 인구통계적 · 일반적 특성에 대한 결과

구분		n	%	구분		n	%
성별 (결측: 1)	남성	35	13.1	결혼여부 (결측: 2)	미혼	191	71.3
	여성	232	86.6		기혼	75	28.0
최종학력 (결측: 2)	전문대	74	27.6	직위 (결측: 3)	사원	187	69.8
	대학교	186	69.4		대리	42	15.7
	대학원 이상	6	2.2		과장	31	11.6
월평균 소득 (결측: 2)	150만 원 미만	67	25.0		차장 이상	5	1.9
	150~250만 원 미만	95	35.4	연령(세)		M = 28.8	
	250~350만 원 미만	77	28.7	근무연수(개월)		M = 61.8	
	350만 원 이상	27	10.1	합계(N)		268	100.0

2. 연속형 측정항목에 대한 기술통계 및 신뢰도 분석

구성개념 내 측정항목들에 대한 기술통계 및 신뢰도 분석결과를 살펴보면 <표 5>와 같다. 기술통계 분석결과, 구성개념 4개의 최소 평균값은 보통(3점) 이상으로 나타났고, 분포의 기울기를 의미하는 왜도, 분포의 뾰족함을 의미하는 첨도에서는 대체적으로 정규분포에 크게 벗어나지 않은 분포를 보이고 있었다. 한편 신뢰도 분석의 경우 구성개념

의 측정변수에 대한 내적 일관성을 의미하는 크론바하 알파계수로 구하였다. 분석결과, 구성개념 4개의 신뢰도는 0.7 이상으로 나타났고, 전체 신뢰도를 저해하는 항목들은 없는 것으로 나타났다.

표 5 연속형 측정항목에 대한 기술통계 및 신뢰도 분석결과

구분	항목 수	평균[a]		왜도		첨도		신뢰계수(α)
		Min	Max	Min	Max	Min	Max	
성격	24	3.11	3.90	−.548	.260	−.696	.384	.830
직업가치관	18	3.15	4.22	−.895	−.254	−.502	.596	.842
조직몰입	6	3.17	3.50	−.386	−.058	−.458	−.198	.940
직무성과	3	3.52	3.74	.008	.413	−.378	−.263	.766

주) [a] Likert 5-points scale(1 = 전혀 그렇지 않다, 3 = 보통, 5 = 매우 그렇다)

3. 연속형 측정변수에 대한 확인적 요인분석

〈표 6〉은 각 연구단위에 대한 개념신뢰도와 수렴타당도를 검증하기 위해 실시한 측정모형의 확인적 요인분석 결과로서, 모형의 적합성 여부는 x^2 이외에 GFI, AGFI, NFI, RMR 등을 사용하였다. 확인적 요인분석 결과, 카이자승의 확률치인 p값의 임계치는 조직몰입(p = .078)을 제외하고는 기준치에 미치지 못하는 것으로 나타났고, 성격(AGFI = .897)과 직업가치관(AGFI = .896)의 AGFI도 0.9에 다소 미치지 못하였지만, 다른 적합지수들(GFI, NFI, RMR)에서는 측정항목의 단일 차원성을 수렴할 정도의 수준으로 나타났다. 한편 모든 요인에 대한 개념신뢰도(CR: 0.7 이상), 평균분산추출값(AVE: 0.5 이상)이 임계치 이상으로 보여 신뢰도 및 수렴타당도는 확보되었음을 알 수 있다(Gefen, Straub & Boudreau, 2000).

표 6 각 요인별 확인적 요인분석 결과

구성개념[a]		최초(최종)	GFI (AGFI)	NFI	RMR	x^2/d.f	p	개념 신뢰도	AVE
성격	겸손성	4(2)	.924 (.897)	.905	.036	229.359 /154	.000	.787	.665
	정서성	4(2)						.726	.571
	외향성	4(4)						.937	.791
	호감성	4(4)						.860	.608
	성실성	4(4)						.883	.657
	경험에 대한 개방성	4(4)						.860	.606
직업 가치관	업무자부심	3(3)	.931 (.896)	.924	.034	170.946 /102	.000	.892	.735
	조직관심	3(3)						.928	.812
	활동선호성	3(3)						.831	.625
	경제적 수입	3(3)						.869	.689
	사회적 신분	3(3)						.810	.592
	신분상승	3(2)						.837	.721
조직 몰입	감정적 몰입	3(3)	.983 (.956)	.990	.015	14.135 /8	.078	.926	.806
	행동적 몰입	3(3)						.886	.721
직무성과[b]		3(3)	1(−)	1	−	−	−	.884	.721

주) [a] 삭제항목 −0.5 이하의 R^2값(배병렬, 2007)

- 겸손성: 인생에서 도움이 된다 하더라도 타인에게 아부하지는 않을 것이다. 많든 적든 간에 뇌물은 받지 않을 것이다.
- 정서성: 기상이 나쁜 악천후에 여행을 하게 된다면 두려울 것 같다. 중요한 결과를 기다릴 때면, 걱정을 많이 하는 편이다.
- 신분상승: 월급이 높아도 승진기회가 적다면 좋은 직업이라고 할 수 없다.

[b] 포화모형임

4. 연속형 측정변수에 대한 확인적 요인분석

앞서 확인적 요인분석 결과에 따라 성격의 각 요인들의 총합평균척도를 구한 후, 유클리드 제곱거리를 이용하여 계층적 군집분석을 실시하였다. 군집화 일정표의 단계별 계수값을 비교한 결과, 군집화 계수값은 3개의 군집에서 급격히 증가(559.399→641.524)하였기 때문에 이를 토대로 군집 수를 3개로 결정하였다. 이후 계층적 군집분석에서 도출된 군집평균값을 초기값으로 설정하고, 군집 수를 3개로 선택한 후 K-means 군집분석을 실시하였다.

분석결과, 6개 성격 요인의 평균값은 세 집단 간 유의한 차이가 있는 것으로 나타났다. 군집 1의 경우 정서성 요인이 가장 높은 가운데 나머지 요인은 보통(3점) 이상을 보이는 집단으로 「감성적 성격추구 집단」이라 명명하였고, 군집 2는 정서성을 제외하고 나머지 요인이 모두 보통 정도 수준을 보이는 집단으로 「중도적 성격표출 집단」으로 명명하였으며, 마지막으로 군집 3은 모든 성격 요인에서 높게 나타나는 집단으로 「다양성·적극적 활동 중시 집단」으로 명명하였다.

한편 군집들이 적절히 분류되었는지를 확인하기 위해 6개의 성격 요인들을 이용하여 다변량분산분석을 실시하였는데, 통계적으로 1% 유의수준에서 군집 간 차이가 있는 것

표 7 성격요인에 따른 군집분석 및 군집의 타당성 검증결과

구분	겸손성	정서성	외향성	호감성	성실성	경험에 대한 개방성
K-means						
군집 1(n=111)[a]	3.11	4.23	3.69	3.28	3.30	3.43
군집 2(n=81)[b]	3.36	3.02	3.17	3.19	3.19	3.07
군집 3(n=76)[c]	3.98	3.89	4.13	4.16	3.87	4.06
F값	52.236***	102.660***	56.380***	81.885***	28.720***	57.991***
Pillai's Trace: 1.134***, Wilk's Lambda: .180***, Hotelling's Trace: 2.808***, Roy's Largest Root: 1.881***						
	분산설명력	판별력	판별력	판별함수의 유의성		
	고유값	분산비율(%)	정준상관	Wilk's λ	x^2	sig.
함수 1	1.881	67.0	.808	.180	449.995	.000***
함수 2	.927	33.0	.694	.519	172.236	.000***
판별적재값	겸손성	정서성	외향성	호감성	성실성	경험에 대한 개방성
함수 1	.373	.293	.452	.559	.336	.481
함수 2	-.378	.813	.212	-.178	-.071	.060

주) *p<.05, **p<.01, ***p<.001
[a] 감성적 성격추구 집단, [b] 중도적 성격표출 집단, [c] 다양성·적극적 활동 중시 집단
적중률(hit ratio)=95.5%, 교차유효성(cross-validation)=94.4%

으로 나타났고, 이는 6개의 성격 요인을 이용하여 실시한 군집분석 결과에서 군집이 3개로 분류된 것이 적절함을 의미한다.

다음으로 군집의 구별에 있어서 6개의 성격 요인들 중 어떠한 요인이 군집 판별에 더 영향을 미치는지를 파악하기 위해 판별분석을 실시하였다. 분석결과, 함수 1의 분산은 67.0%(고유값=1.881), 함수 2의 분산은 33.0%(고유값=.927)로 총분산의 100.0%를 설명하는 2개의 판별함수는 1% 유의수준에서 통계적으로 유의한 것으로 나타났지만, 함수 2의 경우 고유값이 1.0 이하인 것으로 나타나 해석에서 제외하기로 하였다. 먼저 판별함수와 집단 간 관련 정도를 의미하는 정준상관계수는 .808로 높은 판별력을 보이고 있고, 판별적재값은 호감성(.559), 경험에 대한 개방성(.481), 외향성(.452) 등의 순으로 나타났다. 또한 군집이 적절히 분류되었는지를 파악하기 위해 판별분석의 결과를 이용하여 분류정확도를 도출하였고, 적중률(hit ratio)과 교차유효성(cross-validation)이 각각 95.5%, 94.4%로 각 케이스가 올바르게 분류되었고, 이러한 결과를 토대로 군집분석의 결과가 타당하다는 것을 알 수 있었다.

5. 성격집단 간 차이 비교

〈표 8〉은 성격 군집에 따라 직업가치관의 차이를 살펴보기 위해 실시한 다변량 분산분석(MANOVA) 결과로서, ANOVA(일변량 분산분석) 대신 MANOVA를 실시한 것은 오차의 확률을 줄이면서 종속변수 간 상관관계를 고려하였기 때문이다.

분석결과, 4개(Pillai, Lambda, Hotelling, Roy's Largest Root)의 통계량 값이 유의수준 $p < .05$에서 유의미한 것으로 나타났다. 구체적으로 직업가치관 중 '경제적 수입'과 '사회적 신분'을 제외한 나머지 종속변수에 대해 집단 간 차이가 있음을 발견할 수 있었다. 이후 사후분석을 통해 집단 간 차이를 살펴보았고, 직업가치관 중 '업무자부심', '조직관심', '활동선호성'에서 세 집단(군집 3>군집 1>군집 2) 간 차이가 있는 것으로 나타났고, '신분수준'의 경우 두 집단(군집 1>군집 2) 간에 차이가 있는 것으로 나타났다.

표 8 성격 군집별 직업가치관에 대한 차이분석 결과(MANOVA)

요인명		집단[a]	빈도	평균	F값	사후검증(Scheffe)			
							군집 1	군집 2	군집 3
직업가치관	업무 자부심	군집 1	111	4.06	10.441***	군집 1		▲	
		군집 2	81	3.73		군집 2	▲		▲
		군집 3	76	4.23		군집 3		▲	
	조직 관심	군집 1	111	4.23	18.885***	군집 1		▲	
		군집 2	81	3.76		군집 2	▲		▲
		군집 3	76	4.37		군집 3		▲	
	활동 선호성	군집 1	111	3.84	8.670***	군집 1		▲	
		군집 2	81	3.50		군집 2	▲		▲
		군집 3	76	3.94		군집 3		▲	
	경제적 수입	군집 1	111	3.40	.240	군집 1			
		군집 2	81	3.35		군집 2			
		군집 3	76	3.44		군집 3			
	사회적 신분	군집 1	111	3.65	2.205	군집 1			
		군집 2	81	3.46		군집 2			
		군집 3	76	3.67		군집 3			
	신분 상승	군집 1	111	3.64	3.624*	군집 1		▲	
		군집 2	81	3.37		군집 2	▲		
		군집 3	76	3.61		군집 3			
Pillai's Trace = .154***, Wilks's Lambda = .847***, Hotelling's Trace = .180***, Roy's Largest root = .173***									

주) *p<.05, **p<.01, ***p<.001, ▲: 사후분석 결과가 유의한 집단을 의미함

[a] 군집 1: 감성적 성격추구 집단, 군집 2: 중도적 성격표출 집단, 군집 3: 다양성 · 적극적 활동 중시 집단

다음으로 성격 군집별 조직몰입에 대한 다변량분산분석의 결과로서, Pillai's Trace, Wilk's Lambda, Hotelling's Trace, Roy's Largest root 값이 통계적으로 유의한 것으로 나타나 성격 군집별 조직몰입에는 차이가 있음을 알 수 있었다. 이후 사후분석을 통해 집단 간 차이를 살펴보았고, 감정적 몰입의 경우 각각 두 집단들(군집 3>군집 1, 군집 2) 간 차이가 있음을 확인하였고, 행동적 몰입은 두 집단(군집 3>군집 2) 간 차이가 있음을 알 수 있었다.

표 9 성격 군집별 조직몰입에 대한 차이분석 결과(MANOVA)

요인명		집단[a]	빈도	평균	F값	사후검증(Scheffe)		
							군집 1	군집 2	군집 3
조직몰입	감정적 몰입	군집 1	111	3.19	5.742**	군집 1			▲
		군집 2	81	3.14		군집 2			▲
		군집 3	76	3.57		군집 3	▲	▲	
	행동적 몰입	군집 1	111	3.32	6.546**	군집 1			
		군집 2	81	3.11		군집 2			▲
		군집 3	76	3.64		군집 3		▲	
Pillai's Trace = .062**, Wilks's Lambda = .939**, Hotelling's Trace = .065**, Roy's Largest root = .050**									

주) *p<.05, **p<.01, ***p<.001, ▲: 사후분석 결과가 유의한 집단을 의미함
[a] 군집 1: 감성적 성격추구 집단, 군집 2: 중도적 성격표출 집단, 군집 3: 다양성 · 적극적 활동 중시 집단

마지막으로 성격 군집 간 직무성과의 차이를 분석한 결과, 세 집단 간 직무성과는 차이가 있는 것으로 나타났다. 그러나 이러한 차이가 어떠한 집단 간 차이에서 기인하는 것인지 검토하기 위해서 개별적 성격 집단 간 추가적인 통계분석을 해야 하는데, 이러한 추가분석을 사후분석(Post Hoc Multiple Comparisons) 또는 다중비교(Multiple Comparison)라 한다. 본 연구에서는 사후분석으로 각 집단의 케이스 수에 상관없이 적용할 수 있는 Scheffe법을 적용하였다. 분석결과, 성격 군집에 따른 직무성과의 차이는 군집 3>군집 1>군집 2 순으로 나타났다.

표 10 성격 군집별 직무성과에 대한 차이분석 결과(ANOVA)

요인명	집단[a]	빈도	평균	F값	사후검증(Scheffe)			
						군집 1	군집 2	군집 3
직무성과	군집 1	111	3.59	18.719***	군집 1		▲	▲
	군집 2	81	3.37		군집 2	▲		▲
	군집 3	76	3.88		군집 3	▲	▲	

주) *p<.05, **p<.01, ***p<.001, ▲: 사후분석 결과가 유의한 집단을 의미함
[a] 군집 1: 감성적 성격추구 집단, 군집 2: 중도적 성격표출 집단, 군집 3: 다양성 · 적극적 활동 중시 집단

5 성격유형별 조직몰입의 차이

성격유형에 따라 직원을 세분화시켜 이들의 직업가치관, 조직몰입, 직무성과에는 어떠한 차이가 발생하는지를 파악하여 입사 전·후에 직원들 관리를 위한 내부 마케팅 방안 도출에 활용할 정보를 도출하는 것이 본 연구의 궁극적인 목적이라고 할 수 있겠다. 이러한 연구목적 아래에서 실증분석을 실시하였고, 몇 가지 시사점을 도출할 수 있었다.

첫째, 성격 유형은 기존의 성격 5요인이 아닌 성격 6요인에 초점을 맞추어 실시하였고, 그 결과 '겸손성', '정서성', '외향성', '호감성', '성실성', '경험에 대한 개방성' 등의 6가지 요인이 도출되었다. 이에 성격 6요인(HEXACO)을 토대로 집단을 세분화시킨 결과, 3개의 군집이 도출되었고, 도출된 3개의 군집은 통계적으로 유의미한 차이를 보이고 있는 것으로 나타났다. 군집 1의 경우 6요인 중 정서성이 높은 가운데, 나머지 5개 요인이 보통 정도의 수준을 보이고 있는 것으로 나타나 「감성적 성격추구 집단」으로 명명하였다. 즉 문제가 발생하면 혼자서 문제에 맞서지 않고, 주변 사람들에게 조언을 구하는 것을 우선시하는 등 주변 사람과의 관계를 중요하게 생각하기 때문에 이로 인한 심리적 변화가 나타나는 집단이다. 따라서 심리적 변화가 발생할 수 있는 상황(예 업무, 동료 등)에 민감할 수 있는 집단으로 구분할 수 있겠다.

군집 2의 경우 6요인 모두 보통(3점) 정도를 보이는 것으로 나타나 「중도적 성격표출 집단」으로 명명하였다. 즉 너무 소극적이거나 너무 활동적이지 않은 가운데 어느 정도 내성적이며 수동적인 형태의 성격을 보여주는 집단이라고 볼 수 있겠다.

군집 3은 성격 6요인이 모두 높은 가운데 특히 외향성, 호감성, 경험에 대한 개방성이 높은 것으로 나타났다는 점에서 「다양성·적극적 활동 중시 집단」으로 명명하였다. 즉 모든 성격 요인에서 평균값이 높은 것으로 나타났다는 점에서 군집 1과 군집 2와는 다른 성격을 보이고 있다. 전형적으로 외향적인 성격을 가지고 있으면서, 남에 대한 배려나 긍정적인 사고 등을 중요시여기는 특징을 보이고 있다. 동시에 다양한 경험을 중시하기 때문에 적극적인 참여가 가능하다는 점에서 군집 1과 군집 2와는 비교되는 특징을 보이고 있다,

둘째, 성격 유형에 따라 세분화된 집단 간 직업가치관의 차이를 살펴본 결과, 6개의 직업가치관(업무자부심, 조직관심, 활동선호성, 경제적 수입, 사회적 신분, 신분상승) 중 내적

요인에 해당되는 '업무자부심', '조직관심', '활동선호성'이 집단 간 차이가 있는 것으로 나타났다.

공통적으로 군집 3(다양성 · 적극적 활동 중시 집단), 군집 1(감성적 성격추구 집단), 군집 2(중도적 성격표출 집단) 순으로 직업가치관에 대한 평균값이 높다는 것을 알 수 있었다. 즉 긍정적이고, 융통성 있고, 다양한 경험을 중시하는 성격을 가진 직원일수록 본인의 업무에 대해 자부심을 더 느끼고, 조직의 발전을 위해 적극적인 자세를 취하며, 활동적으로 조직 내 업무에 대처하는 성향을 가진 것을 알 수 있었다.

한편 '경제적 수입', '사회적 신분', '신분상승' 등과 같은 외적인 직업가치관이 상대적으로 내적인 직업가치관보다 평균값이 낮고, 집단 간 차이가 거의 없는 것으로 나타났다는 점에 주목할 필요가 있겠다. 즉 본인의 적성에 맞는 업무에서의 자부심을 찾고, 활동적으로 업무를 수행할 수 있는 여건이라면, 사회적 · 경제적 관련 외적 요인이 내적 직업가치관을 긍정적으로 유지할 수 있게 하는 관리 프로세스가 필요할 것이다.

셋째, 성격 집단별 조직몰입의 차이를 살펴본 결과, 조직몰입(감정적 몰입, 행동적 몰입)에 있어서 성격 집단별 차이가 있음이 발견되었고, 그중에서 군집 3(다양성 · 적극적 활동 중시 집단)이 군집 1(감성적 성격추구 집단), 군집 2(중도적 성격표출 집단)보다 조직몰입에 대한 평균값이 더 높다는 것을 알 수 있었다. 즉 위에서 언급한 직업가치관과 비슷하게 외향적이면서, 적극적이고, 상대방에 대한 친화력이 있는 성격을 보유한 직원일수록 내면적이든 외면적이든 조직에 더 빠져든다는 것을 의미한다. 따라서 군집 3(다양성 · 적극적 활동 중시 집단)과 같은 유형의 성격을 보이는 직원일수록 내부 마케팅을 통해 조직에 대한 충성도를 높일 수 있을 것이다.

넷째, 성격 집단 간 직무성과의 차이를 살펴본 결과, 3개의 성격 집단 간 직무성과의 평균값의 차이는 있는 것으로 나타났고, 사후분석 결과를 통해 군집 3(다양성 · 적극적 활동 중시 집단), 군집 1(감성적 성격추구 집단), 군집 2(중도적 성격표출 집단) 순으로 평균값이 높고, 통계적으로 유의미한 차이가 있음을 파악하였다. 즉 성격적으로 쾌활하며, 매사에 성실한 모습을 보이고, 아울러 활발한 활동을 통해 다양한 경험을 추구하는 직원일수록 업무의 효율성이 높고, 자신과 업무 또는 조직을 동일시하는 현상을 보이기 때문에 직무에 대한 성과가 높음을 의미한다.

이처럼 성격 유형별 직업가치관, 조직몰입, 직무성과의 평균값 차이에서 볼 수 있듯이 군집 3(다양성 · 적극적 활동 중시 집단)과 같이 성격이 긍정적인 면으로 다양하고, 활발한 모습을 보이면서, 상대방에 대한 배려를 잊지 않고, 맡은바 업무를 성실하게 수행하는 직원일수록 내적인 직업가치관을 중요시여기고, 조직에 더 헌신하며, 맡은바 직무에 있어서 결과를 만족하는 순환구조를 갖는 것으로 나타났다.

관광, 호텔 등의 호스피탤리티 산업에서 직원 채용을 위해 성격 검사를 실시하는 경우가 다소 있지만, 외적인 영역(예 외국어, 성적 등)이 채용에 더 많은 비중을 차지하는 것이 사실이다. 따라서 성격과 같이 사람의 심리적인 부분을 적극적으로 활용한다면, 보다 적합한 구성원을 선발할 수 있고, 채용 후 내부 마케팅을 통해 적합한 업무 배치가 가능할 것이다. 따라서 직원 채용에 있어서 성격 6요인과 같이 검증된 성격 측정 도구를 이용하여 예비 구성원의 성격을 미리 파악한다면, 적절한 직무에 배치함과 동시에 적당하지 않은 구성원에 대한 사전대비를 병행할 수 있을 것이다. 즉 성격과 관련된 프로파일을 통해 직원 고용 · 배치에 대한 다양한 견해를 제시했다는 점에서 의의를 둘 수 있겠다.

이러한 시사점에도 불구하고 본 연구는 몇몇 연구한계를 내포하고 있다. 첫째, 사람의 심리를 좌우하는 변수가 성격 이외에 많이 존재(예 라이프스타일, 동기 등)하기 때문에 성격 이외의 다양한 심리적 변수를 동시에 고려할 필요성이 있다. 둘째, 성격 집단의 차이를 비교하기 위해 적용한 변수들(직업가치관, 조직몰입, 직무성과) 간의 영향관계를 살펴봄으로써 구성개념 간 상호관계를 파악하지 못하였다. 셋째, 성격 6요인 중 '정직(honesty)'에 해당되는 변수들이 0.5 이하의 R2값을 보여 탈락되었기 때문에 성격과 관련된 보완연구가 필요하다. 따라서 향후 연구에서는 연구한계에 제시된 세 가지 관점을 고려하여 확장된 연구로 이어가는 것이 바람직할 것이다.

참고문헌

김두라 · 강재호(2007). 외식 산업 종사자의 성격 특성과 직업 선호도와의 관계. 한국조리학회지. 13(4): 67-79.

김성곤(2006). 호텔식음료 팀장의 리더십이 종사원의 직무성과에 미치는 영향에 관한 연구: 부산지역 특1급 호텔을 중심으로. 영산대학교 박사학위논문.

김충수 · 안준용(2007). 철도종사원의 성격유형과 직무만족에 관한 실증적 연구 II. 한국철도학회논문집. 10(2): 161-166.
박보경 · 이종승(2002). 직업성격유형과 적성 및 직업가치관의 관계. 교육개발논총. 23(2): 59-83.
방희봉 · 임인숙(2005). 미용인의 직무만족이 직무성과에 미치는 영향에 관한 실증적 연구: 헤어 디자이너를 중심으로. 한국인체예술학회지. 6(1): 133-160.
배병렬(2007). AMOS 7에 의한 구조방정식모델링: 원리와 실제. 서울: 청람.
오경택 · 이철진(2008). 중저가호텔 종사원의 서비스 실패 귀인과 직무만족, 조직몰입의 관계 연구. 관광경영학연구. 12(1): 69-93.
오인수 · 김광현 · Darnold · 황종오 · 유태용 · 박영아 · 박량희(2007). 직무만족, 조직몰입, 성과, 이직의도 간의 관련성: 문헌고찰 및 메타분석. 인사 · 조직연구. 15(4): 43-86.
유태용 · 이기범 · Ashton(2004). 한국판 HEXACO 성격검사의 구성타당화 연구. 한국심리학회지: 사회 및 성격. 18(3): 61-75.
유태용(2007). 성격의 6요인(HEXACO) 모델에 의한 성격특성과 조직구성원 직무수행 간의 관계. 한국심리학회지: 산업 및 조직. 20(3): 283-314.
유희경 · 김미연 · 정희경(2007). 외식기업 종업원의 Big 5 성격 요인, 조직지원인식과 고객성과의 관계분석. 호텔경영학연구. 16(5): 201-219.
유희경 · 박선숙 · 박행묵 · 김효상(2007). 패밀리레스토랑 종업원의 성격 요인, 조직응집성, 조직성과의 관계 분석. 관광학연구. 31(5): 9-28.
윤설민 · 김홍렬(2008). 20-30대 관광객의 성격유형과 관광활동에 관한 탐색적 연구: HEXACO를 적용하여. 관광연구저널. 22(3): 5-21.
이상희(2005). 외식업체의 비정규직 종사원 임파워먼트가 직무만족, 조직몰입 및 이직의도에 미치는 영향. 경원대학교 박사학위논문.
이성호(2007). 호텔조직의 서비스지향성과 집단응집력 및 직무성과와의 관계에 관한 연구. 마케팅관리연구. 12(2): 105-124.
이원령 · 이한우(2008). 예비특수교사의 성격유형에 따른 자기효능감과 직업가치에 관한 분석. 정서 · 행동장애연구. 24(3): 123-142.
이용규 · 정석환(2005). 공무원 근로가치관이 직무만족과 조직몰입에 미치는 영향에 대한 실증적 분석. 행정논총. 43(1): 71-98.
이용기 · 이두진 · 정규엽(2006). 개인-환경 적합이 직무만족과 조직몰입에 미치는 영향: 특1급 호텔 식음료 레스토랑을 중심으로. 관광학연구. 30(5): 277-297.
이정란 · 이경국(2006). 항공사 종사원의 심리적 임파워먼트가 직무만족, 조직몰입과 친사회적 행동에 미치는 영향. 호텔관광연구. 8(3): 147-161.
이형주 · 최계봉(2008). 호텔 종업원의 성격특성이 직무성과에 미치는 영향에 관한 연구: 직무자원활용성과 종업원서비스지향성의 매개역할을 중심으로. 마케팅연구. 22(3): 117-140.
임언 · 정윤경 · 상경아(2000). 직업가치관 검사 개발 보고서. 서울: 한국직업능력개발원.
장경혜(2008). 대학생들의 직업가치관에 관한 연구: 패션 관련 전공 학생을 중심으로. 한국의류학회지. 32(1): 110-122.

전수진 · 박경규(2007). 사회 네트워크가 개인의 직무성과 및 경력의 지각에 미치는 영향에 대한 연구. 인사관리연구. 31(1): 147-171.

최철수(2002). 여행사 종사원의 조직몰입에 관한 연구. 관광품질시스템연구. 8(1/2): 213-237.

최학수(2006). 우리나라 카지노 종사원의 근로가치관이 직무만족과 조직몰입에 미치는 영향. 관광연구. 21(3): 147-166.

최학수 · 장병수(2002). 여행사 종사원의 근로가치관이 조직몰입에 미치는 영향: 부산지역 여행사를 중심으로. 관광 · 레저연구. 13(2): 129-146.

홍경옥 · 강도용(2005). 여행업의 임파워먼트가 조직몰입 및 직무성과에 미치는 영향에 관한 연구: 여행상품개발자를 중심으로. 관광학연구. 29(2): 507-522.

Ashton, M. C., Lee, K., de Vries, R. E., Perugini, M., Gnisci, A., & Sergi, I. (2006). The HEXACO model of personality structure and indigenous lexical personality dimensions in Italian, Dutch, and English. *Journal of Research in Personality*. 40(6): 851-875.

Babin, B., & Boles, J. (1996). The effects of perceived co-worker involvement and supervisor support on service provider role stress, performance and job satisfaction. *Journal of Retailing*. 72(1): 57-75.

Bellou, V. (2008). Exploring civic virtue and turnover intention during organizational changes. *Journal of Business Research*. 61(7): 778-789.

Bienstock, C. V., Caro, W. D., & Smith, R. K. (2003). Organizational citizenship behavior and service quality. *Journal of Service Marketing*. 17(4): 357-378.

Dawis, R. V., & Lofquist, L. H. (1984). *A psychological theory of work adjustment*. Minneapolis: University of Minnesota Press.

Gefen, D., Straub, D., & Boudreau, M. (2000). Structural equation modeling and regression: guidelines for research practice. *Communications of the AIS*. 4(7): 1-70.

Kim, H. J., Shin, K. H., & Umbreit, W. T. (2007). Hotel job burnout: the role of personality characteristics. *International Journal of Hospitality Management*. 26(2): 421-434.

Kirkman, B. L., & Rosen, B. (1999). Beyond self-management: antecedents and consequences of team empowerment. *Academy of Management Journal*. 42(1): 58-74.

Lee, K., & Ashton, M. C. (2004). Psychometric properties of the HEXACO personality inventory. *Multivariate Behavioral Research*. 39(2): 329-358.

Low, G. S., Cravens, D. W., Grant, K., & Moncrief, W. C. (2001). Antecedents and consequences of salesperson burnout. *European Journal of Marketing*. 35(5/6): 587-611.

Meyer, J. P., & Allen, N. J. (1997). *Commitment in the workplace: theory, research, and application*. Thousand Oaks, CA.: Sage Publishing, Inc.

Mietus, W. S. (1977). The development of an instrument measuring values associated with work. *Journal of Industrial Teacher Education*. 14(4): 63-72.

Prediger, D. J., & Staples, J. G. (1996). Liking occupational attribute preference to occupation. *American Call Testing Research Report*. 96(3): 1-96.

Strauss, J. P. (2005). Multi-source perspectives of self-esteem, performance ratings, and source agreement. *Journal of Managerial Psychology*. 20(6): 464-482.

Super, D. E. (1970). *Manual for work values inventory*. Palo Alto: Houghton Mifflin Company.

Valentine, S., Godkin, L., & Lucero, M. (2002), Ethical context, organizational commitment, and person-organization fit. *Journal of Business Ethics*. 41(4): 349-360.

Wollack, S., Goodale, J. G., Wijting, J. P., & Smith, P. C. (1971). Development of the survey of work values. *Journal of Applied Psychology*. 55(4): 331-338.

http://hexaco.org: The HEXACO personality inventory-revised.

http://www.career.go.kr: 한국직업능력개발원 커리어넷.

제2절 카지노 종사원의 직무만족도 비교

1 카지노와 직무만족

관광산업에서 중요한 역할을 하는 카지노업을 발전시키기 위해서는 인적의존성이 높은 카지노업의 특징에 관심을 가질 필요가 있다. 특히 카지노 종사원들의 직무만족과 관련하여 개개인의 조직구성원이 본인의 직무에 대한 만족도가 크면 조직생활에 있어서 원활하고 효율적인 업무를 수행할 수 있게 되고, 그에 따른 개인 인생에 대한 질적인 향상을 가져올 수 있을 것으로 생각된다. 이러한 카지노 종사자들의 질적인 삶을 향상시킬 수 있는 동기요인을 선별해 보면 외적으로는 높은 급여수준, 업무의 전문화, 원만한 대인관계 등이 직무만족에 대한 최고의 가치를 가져올 수 있고, 내적으로는 직무취향과 우수한 근무여건이 종사원에 대한 높은 직무긍지와 만족을 가져올 수 있다.

그러므로 하나의 조직이 발전적이고 창조적인 기업 가치를 실현하기 위해서는 우수한 인력의 확보와 조직원들의 능력 발전을 기하는 것도 중요하지만 이에 못지않게 조직구성원의 근무의욕과 직무만족도를 높이는 것도 대단히 중요한 일이라 하겠다.

따라서 본 연구는 같은 전문직을 가진 카지노 종사원들이지만 내국인을 대상으로 하며 종합 리조트의 성격을 갖는 강원랜드의 카지노 종사자들과 서울소재 외국인 전용 카지노 종사자들의 직무만족도가 어떠한지 비교해 보고 이들에 대한 보다 정확한 이해와 필요사항을 파악하여 카지노 인력에 대한 보다 나은 근무 개선책을 세우는 데 도움을 주고자 한다.

2 직무만족의 이론적 배경

1. 직무만족의 개념

직무만족(employment satisfaction)의 개념은 직무에 대한 태도로서, 개인이 평상시에 직무나 직무경험의 평가에서 오는 유쾌하고 긍정적인 정서 상태 또는 직무를 통해서 경험하거나 얻게 되는 욕구충족의 정도에 대한 함수관계라고 말할 수 있다(민경호, 2005). 또한 조직구성원 개인의 직무 자체 또는 주위의 환경과 관련하여 개인이 가지고 있는 욕구와 가치, 그리고 태도나 신념 등의 수준이나 차원에 따라 얼마나 긍정적으로 느끼고 있는지의 감정적 상태라고 할 수 있다. 직무만족에 대한 학자들의 정의는 다양한데 살펴보면 다음과 같다.

Locke(1976)는 직무만족이란 어떤 직무상황에 대한 정서적인 반응이라고 하였다. 즉 만족은 관찰할 수 없는 것이며, 다만 자기 관찰에 의해서 이해될 뿐이라고 하였다.

Porter & Steers(1982)는 직무만족을 어떤 차이로서 이해하였다. 직무만족의 개념을 개인이 그 직무에 대해서 기대하는 결과와 그가 실제로 받게 되는 결과 간의 차이라고 지적하고 있다. 사람들은 직무에 대하여 다양한 수준의 기대를 갖고 있는데, 이러한 기대는 그들이 직무에 대하여 갖는 가치가 질적인 면이나 강도에 있어서 차이가 있음을 의미하는 것이다.

Reitz(1981)는 직무만족이란 행동, 정보, 그리고 정서의 3요소로 구성되어 있고, 강도가 다양함은 물론 근원은 개개인의 많은 기능에 의하여 이루어진다고 보고 구체적인 개념은 직무에 대한 개인의 느낌이나 감정의 반응이라고 정의하고 있다.

이렇게 여러 가지 정의를 통해 알아본 직무만족은 다음과 같이 요약할 수 있다. 직무만족은 내재적 만족과 외재적 만족으로 구분되는데, 내재적 만족(intrinsic satisfaction)이란 직무의 난이도, 도전감, 중요성, 다양성 등 직무 자체의 내재적 가치에서 오는 만족감을 말하며, 외재적 만족(extrinsic satisfaction)이란 보상, 복리후생, 작업환경 등 직무수행의 결과에 따라서 외부로부터 부여되는 보상가치에 대한 만족감을 의미한다. 따라서 직무만족을 높이기 위해서는 내재적 만족과 외재적 만족 모두를 달성하도록 노력하여야 할 것이다.

이러한 직무만족을 결정하는 요인으로는 직무 자체, 급여수준, 승진기회, 감독방법, 동료관계, 작업환경 등 다양한 요인들이 있다. 하지만 이들 중 특히 관리영역에서 중요하게 고려되는 요인들을 예시하면 다음과 같다(손태원, 2004).

첫째, 일(직무)의 특성이다. 맡고 있는 일의 자율성이 높고, 처리기술이 다양하며 자신의 성과에 대해 피드백을 자주 받는지 등에 따라 직무에 대한 태도가 달라지며, 목표가 높은 도전적인 업무일수록 자신의 직무에 대해 만족하게 된다.

둘째, 자신의 업무성과에 대한 보상이 충분하고 공정한가에 따라 직무만족의 정도에 커다란 차이를 보인다.

셋째, 작업조건이나 직무환경이 직무만족에 영향을 미친다.

넷째, 동료들과의 인간관계나 상사와의 관계 등도 직무만족에 영향을 미치며, 승진과 승급의 기회, 자신의 직장에 대한 고객이나 사회의 평판 등도 직무만족을 결정짓는 중요한 요인들이다.

사람들이 자신의 직무를 좋아하거나 싫어하게 만드는 것은 환경적 측면이 가장 큰 영향을 준다는 대답에 일치를 보이고 있다(홍용기, 2004). 또한 몇몇 연구에서는 동일직무를 가지고 있는 종업원과 매우 유사한 작업조건을 가진 종업원들의 직무만족에 매우 다양한 차이가 있는 것으로 나타났다. 이는 사람들의 개인적(personality) 유형에 따라 자기 일을 좋아하거나 싫어할 수도 있다는 결론이 유도되었다. 따라서 인간과 직무와의 적합 측면, 즉 환경적 측면과 개인적 측면의 상호작용적 측면에 관심이 쏠리고 있는 것이다.

직무만족의 환경적 요인으로는 직무특성, 역할변수, 작업-가족갈등, 임금이며, 직무만족의 개인적 선행요인은 개인적(personality), 성, 연령, 문화와 인종의 차이 등이라고 볼 수 있다. 또한 직무만족의 환경적 요인과 개인요인 간의 상호작용적 접근이 필요한데 개인-직무 적합이란 종업원이 자신의 직무에서 원하는 것이 자신의 직무와 얼마나 일치하는지의 정도로 파악할 수 있다(최윤숙, 2007).

2. 직무만족의 요인

개인이 직무나 경험에 대하여 즐겁다고 생각하는 긍정적인 상태를 직무만족도라고 하며 이것은 개인의 욕구나 동기 등 다양한 요인들에 의해 영향을 받는다고 할 수 있다(도복름, 1976). 조직이 처해 있는 상황이나 대상에 따라 직무만족의 종류와 개별적인 직무만족의 상대적인 중요성은 달라질 수 있다. 또한 그 조직의 특성이나 시대적 배경, 조직 내의 직능, 계층에 따라서 직무만족의 요인 자체도 달라지며, 조직구성 개개인의 욕구와 흥미, 성격적인 특성에 따라 달라질 수 있다.

직무만족에 영향을 미치는 요인들은 직무 자체를 대하는 태도를 통해 그 직무를 구성하는 요소를 분석하는 것으로 복잡한 상호관계를 이해하는 것이 쉬울 것으로 본다.

Locke(1976)는 업무, 임금, 승진, 인정, 복리후생, 작업환경, 감독, 동료관계, 회사 경영방침 등을 직무만족의 요인으로 제시하였다. 국내에서는 직무만족의 요인을 심리적 요인과 물리적 요인으로 이기옥(1981)은 보고 있다. 여기에서 심리적 요인은 인간 내부의 요인으로서 소속감, 안정감, 성공감, 인정감 등이며, 물리적 요인은 인간 외부의 요인으로서 보수, 업무, 승진, 업무환경 등이다. 결국 직무만족의 결정요인은 직무 자체와 관련된 요인, 승진기회에 관한 요인, 작업조건과 관련된 요인, 동료에 관한 요인, 감독자에 관한 요인, 회사 및 회사방침에 관한 요인, 급여에 관한 요인 등으로 분류할 수 있다.

본 연구에서는 이상의 논의를 토대로 직무만족의 요인으로 크게 근무환경, 복리후생, 직업지속성, 자기계발성으로 선정하였으며 그 세부 내용을 살펴보면 아래와 같다(조선희, 2002).

1) 근무환경

근무환경은 근로자가 근무하고 있는 곳의 시설 환경적인 요인으로 물적 요소와 환경적 요소로 구분할 수 있다. 물적 요소로는 안전장비, 기계 설계 및 구조, 사무기기 등이 있을 수 있고, 이런 것과 함께 안전한지, 편리한지에 따라 만족도가 달라진다. 환경적 요소로는 작업계 기기의 배치, 작업계의 구조, 채광, 조명, 환기시설, 복장, 먼지, 소음 등을 들 수 있다(김식현, 2000). 이러한 환경적 요소가 근무하는 환경에 최적화되어 있어야 근무를 하는 동안 쾌적감을 느끼게 되어 작업능률도 오르고 만족감도 상승시킬 수 있을 것이다.

2) 복리후생

(1) 보수 및 임금

보수는 조직원의 직무에 대한 금전적 보상을 말한다. 어떻게 보면 가장 중요한 요소라 해도 과언이 아닌 금전적인 측면은 근무의 보상이며 생활유지의 수단이 되는 조직원의 소득인 것이다. 여기서 말하는 보수는 넓은 의미의 보수로서 여러 종류 및 형태의 금전 지급을 포함한다(조선희, 2002).

보수는 자신과 가족을 위해 생활을 유지할 수 있게 하는 원천이고 부를 축적하며 자신의 사회적인 위치 및 미래의 더 나은 삶을 위한 가장 중요한 도구로 사용된다. 이에 근로자는 급여의 인상이나 사회생활을 하면 할수록 임금의 증대와 관련된 기대도 하게 되는데 이러한 모든 것들이 여기에 포함된다(김호준, 2001).

(2) 후생복지

'조직원의 물질적 · 정신적 생활을 안정 · 향상시키려는 모든 활동을 가리키는 것으로 여기에는 건강, 안전, 주택, 공제금융, 오락 및 체육활동 등이 포함된다.'라고 복리후생에 대하여 신두범(1987)은 정의하고 있다(오인숙, 1999).

3) 직업지속성

(1) 업무

조직구성원들의 개인적인 성향과 업무 능력이 어떻게 조직체 안에서 유기적으로 잘 조화를 이루느냐가 효율성을 기하는 데 중요한 요소라 할 수 있다. 즉 업무량이 지나치게 많다거나 적성에 맞지 않는다거나 또는 업무를 중요하게 여기지 않거나 업무의 결과에 대해서 책임감이 없으면, 업무대행 의욕이 떨어지게 되어 직무에 대해 불만을 갖게 될 것이다. 이를 위해 조직구성원들 중 담당책임자 또는 전결권자, 인사담당자는 조직구성원들의 적성과 업무능력, 개인의 성향 등을 잘 파악하여 적재적소에 배치함으로써 그 효과를 톡톡히 누릴 수 있다고 하겠다(오인숙, 1999).

(2) 자율성

직무만족에 영향을 주는 관리감독은 조직원들의 복지에 관심을 가지고 그들의 애로사항, 불만사항들을 파악하여 적절하게 조치하거나 도와주는 것이며, 조직의 중대한 의사결정에 있어서 그 조직구성원을 참여시켜 정책이나 조직의 제도를 능동적으로 결정하는 데 중요한 요소라는 생각이 들게 하는 것이 중요한 사항으로 여겨진다(조길영, 1998).

조직의 지도자가 의사결정을 내리고 어떻게 리더십을 발휘하느냐에 따라 그 조직의 성패가 결정되므로 지도자의 역할은 매우 중요하며, 조직구성원들의 의욕이 높아도 리더가 잘못된 목표나 방향을 제대로 파악하지 못하고 있다면 조직구성원들은 그들의 직무를 효과적으로 수행하기 어렵게 된다. 그러므로 조직의 목표달성을 위하여 지시, 명령

보다는 자발적으로 적극 참여할 수 있도록 하는 지도기술 및 지도자의 영향력이 중시되며 또한 부하들을 이해하려는 자세와 끊임없는 동기부여가 요구된다고 하겠다(조선희, 2002).

4) 자기계발성

(1) 대인관계

집단생활이 계속되는 동안 성원 상호 간에 형성되는 어떤 특징적인 심리적 관계나 상호작용의 유형에는 협력·경쟁·지배·복종 등의 여러 종류가 있다. 이것들은 성원의 적응이나 동기부여(動機賦與) 등에 영향을 미치는 동시에 집단 전체의 특성에도 영향을 끼치는데 이러한 것을 대인관계라고 제한한다. 조직구성원들 간의 친목이나 단결의 정도는 직장 내의 응집력이나 개인의 직장적응과 밀접한 관계를 맺고 있다고 할 수 있다(신두범, 1985).

호손(Hawthorne)은 인간의 복잡한 심리와 인력관리의 중요성이 조직에서 중요한 부분을 차지한다고 그의 연구에서 언급했으며, 조직의 생산성을 높이기 위해서는 조직구성원들의 행태연구가 중요하게 인식되고 있다. 이에 본격적으로 인간관계의 복잡성이 분석되기 시작했다.

조직구성원들끼리의 끈끈한 유대관계, 즉 친밀도, 이해와 배려 등의 인간관계가 높을수록 직무만족이 높아지고 서로가 서로를 신뢰하는 분위기가 형성될 때 직무만족도는 훨씬 상승하는 것으로 나타난다(김정길, 1997).

(2) 승진

승진은 직위에 있어서 상향적인 변화를 의미하고, 타인에 의해 주어지는 외적 보상으로 보다 나은 심리적 성장욕구를 의미하며 사기에 영향을 미쳐 전반적인 직무만족과 밀접한 관계를 갖는다고 할 수 있다. 승진의 기회가 공평하게 주어지지 않는다면 조직구성원들은 사기충전, 능력발휘, 우수인력 확보, 인적 자원의 활용 등에 영향을 미치며, 행정능률의 향상을 위해서는 재직자에 대한 승진절차나 제도의 운영이 공정하게 이루어져야 한다.

구성원들은 다른 동종업계 혹은 비슷한 사정이 있는 다른 직장과의 비교를 통해 자신이 속해 있는 처지와 일치시키려고 하는데 리더는 이러한 정황을 고려하여 승진의 기회나 운영 등을 폭넓게 파악하고 있어야 한다. 그리고 적정한 승진기회가 보장되는 경우 직원들은 직무에 열중하게 되고 직원의 성취 욕구에 따라 승진을 위한 노력에도 차이가 있을 것이다(조선희, 2002).

3 직무만족도 측정 연구방법

1. 연구대상

국내에서 운영되고 있는 카지노는 서울에 3개, 인천에 1개, 강원도에 2개, 경주에 1개, 부산에 2개, 제주에 8개로 총 17개의 카지노가 운영 중에 있다. 카지노 운영실태를 살펴보면 매출액〔기금부과 기준〕은 1조 8,188억 원(외국인카지노 7,529억, 내국인카지노 1조 659억), 입장객 수는 419만 명(외국인카지노 128만명, 내국인카지노 291만명), 종사원 수는 5,814명(외국인카지노 4,202명, 내국인카지노 1,612명), 관광기금 납부금액은 1,749억 원으로 추정되며, 게임시설은 블랙잭 156대, 바카라 366대, 룰렛 66대 등이 있고 테이블 666대, 머신게임 1,756대로 조사되었다.[2)]

이 연구의 업체 선정은 국내 업체 중 규모가 크고 종사원 수가 많은 P사의 워커힐 카지노(이하 P사)와 공공부문에 의해 시작된 카지노 S사, 그리고 강원랜드를 비교연구 카지노로 선정하였다.

이 연구의 대상은 국내 카지노업체 S사, P사, 강원랜드 카지노 근무자들로 하였으며, 업체별 약 120부씩 총 360부를 2009년 4월 1일부터 2주일간 배포하여 카지노 내의 영업팀 및 그 외 부서를 대상으로 설문지를 이용하여 응답자가 자기기입 방식으로 조사를 실시하였고 이 중 303부를 실제 분석에 사용하였다.

---

2) 문화체육관광부 홈페이지 참조.

2. 연구변수

1) 독립변수

이 연구의 독립변수는 종사원 개개인의 상황 및 업무적 수준에 따른 항목으로 개인적 항목과 이직도 항목으로 나누었고 세부적으로는 개인적 항목의 인구통계학 수준으로 나누어보았을 때 성별, 연령, 결혼여부, 학력으로 선정하였고, 업무적 수준은 근무경력, 연봉, 근무부서로 하였다. 이직도 항목으로는 이직경험과 이직 희망수준으로 선정하였다.

2) 종속변수

직무만족에 관한 만족도를 측정하기 위하여 선행연구를 검토한 결과 채영병(2005)은 인간관계, 근무환경, 전문성 신장, 보상체계, 행정체제, 사회적 인식, 담당직무 등을 제시하였고, 홍승만(2000)은 직무 그 자체, 임금 수준, 승진, 인정, 복리후생, 작업조건, 동료관계, 회사정책, 상사의 관리능력이 직무만족의 구성요소라고 보았다. 이러한 선행연구들을 토대로 본 연구자가 직무만족도의 구성요소로 크게 근무환경, 복리후생, 직업지속성, 자기계발성의 네 가지로 구성하여 연구를 진행하였다.

3. 설문문항

이 연구에서 사용한 질문지는 문헌연구 결과를 토대로 연구자가 직접 제작하여 사용하였다. 문헌연구 결과 직무만족도는 크게 근무환경, 복리후생, 직업지속성, 자기계발성 등의 네 가지 하위항목으로 이루어져 있음을 확인하였다.

연구자는 직무만족도의 근무환경 3문항, 복리후생 6문항, 직업지속성 4문항, 자기계발성 4문항으로 총 17문항으로 질문지를 개발하였으며, '전혀 아니다', '아니다', '보통이다', '그렇다', '매우 그렇다'로 구성된 5단계 Likert 척도를 사용하였다.

4 카지노 직무만족 실증분석 결과

1. 응답자의 일반적 특성

이 연구의 목적을 구명하기 위해 최종적으로 303명의 자료가 분석에 사용되었다. 연구대상자의 일반적인 사항을 알아보기 위하여 빈도분석을 실시한 결과는 〈표 1〉과 같다.

분석결과 성별에 따라서는 여자가 63.7%로 남자의 36.3%보다 더 높게 나타났고 연령에 따라서는 20대가 55.1%로 30대의 44.9%보다 더 높았다. 이러한 결과는 카지노 종사자들이 대체로 여자가 많으며 20대와 30대로 구성되어 있음을 알 수 있다.

결혼여부에 따라서는 미혼이 79.9%로 기혼의 20.1%보다 압도적으로 높게 나타났고 학력에 따라서는 전문대졸이 49.2%, 대졸이 42.2%, 대학원 이상이 6.6%, 고졸이 2.0% 순으로 전문대졸과 대졸이 높게 나타났다. 따라서 카지노 종사자들은 대체로 전문대졸, 대졸인 미혼 여성들이 많은 것을 알 수 있다.

표 1 응답자의 일반적 특성

구분		빈도(명)	퍼센트(%)
성별	남	110	36.3
	여	193	63.7
연령	20대	167	55.1
	30대	136	44.9
결혼여부	미혼	242	79.9
	기혼	61	20.1
학력	고졸	6	2.0
	전문대졸	149	49.2
	대졸	128	42.2
	대학원 이상	20	6.6
경력	2년 미만	44	14.5
	2~5년 미만	135	44.6
	5~10년 미만	106	35.0
	10년 이상	18	5.9

구분		빈도(명)	비율(%)
연 소득수준	2,000~3,500만 원 미만	136	44.9
	3,500~5000만 원 미만	167	55.1
현 근무부서	영업팀	240	79.2
	그 외 부서	63	20.8
현 근무회사	S사	100	33.0
	P사	103	34.0
	강원랜드	100	33.0
직종 내 이직 경험	예	71	23.4
	아니오	232	76.6
타 업종에서 이직 경험	예	72	23.8
	아니오	231	76.2
합계(N)		303	100.0

경력에 따라서는 2~5년 미만이 44.6%로 과반수 가까이 되었으며 5~10년 미만이 35.0%, 2년 미만이 14.5%, 10년 이상이 5.9% 순으로 나타났고, 연 소득수준에 따라서는 3,500~5,000만 원 미만이 55.1%로 2,000~3,500만 원 미만의 44.9%보다 더 높게 나타났다.

부서에 따라서는 영업팀이 79.2%로 그 외 부서의 20.8%보다 압도적으로 높았고 현 근무회사에 따라서는 P사가 34.0%로 가장 높게 나타났으며 다음으로 S사와 강원랜드가 33.0%로 같게 나타났다.

타 카지노업체에서의 이직 경험에 대해서는 이직 경험이 없다는 응답이 76.6%로 이직 경험이 있다의 23.4%보다 압도적으로 높았고 타 업종에서 이직 경험의 경우에는 이직 경험이 없다는 응답이 76.2%로 이직 경험이 있다의 23.8%보다 높게 나타났다.

2. 종속변인 항목의 신뢰성

신뢰도 분석결과 〈표 2〉와 같이 전체 신뢰도가 .881로 높게 나타났다.

표 2 종속변인 항목의 신뢰성검증

항목	Cronbach's α 계수
근무환경	.613
복리후생	.701
직업지속성	.818
자기계발성	.770
전체	.881

3. 소속 직장별 직무만족도

응답자가 근무하는 직장에 따라 직무만족도에 차이가 있는가를 알아보기 위해 차이검증을 실시한 결과, 〈표 3〉에 제시된 바와 같이 유의한 차이가 존재했다.

표 3 소속 직장별 직무만족도에 대한 변량분석

변량원	자승합	자유도	평균자승합	F값	p값
집단 간	4.598	2	2.299	9.124	.000**
집단 내	75.601	300	0.252		
전체	80.200	302			

주) *: $p<.05$, **: $p<.01$

차이를 알아보기 위해 사후검증을 실시한 결과 S사 근무자들의 직무만족도가 2.880으로 가장 낮게 나타났으며, P사의 직무만족도가 가장 높은 것으로 나타났다.

이러한 결과는 다음과 같은 두 가지 측면에서 좀 더 구체적으로 살펴볼 필요가 있다.

첫째, 전체적인 직무만족도가 너무 낮다는 점이다. 직장에 관계없이 응답자 전체의 직무만족도가 낮은 것도 사실이지만 직장별로 가장 높은 직무만족도를 보이는 곳도 평균이 3.176 정도인 것으로 나타났다. 이러한 사실은 카지노업체의 종업원들의 직무만족도가 전반적으로 낮다는 것을 의미하는 것이며, 모든 업체들이 직원들의 직무만족도를 높이기 위한 노력이 절실히 요구된다고 하겠다.

둘째, 다른 업체에 비해 S업체의 직무만족도는 매우 낮은 수준을 보이고 있다. 따라서 어떤 부분에서 낮은 직무만족도를 나타내고 있는지를 확인하고 이에 따른 조치가 요구되는 상황임을 알 수 있다.

표 4 소속 직장별 직무만족도에 대한 사후검증

집단	사례 수	평균	표준편차	사후검증			
					1	2	3
S사	100	2.880	0.482	1	\		
P사	103	3.176	0.544	2	*	\	
강원랜드	100	2.979	0.475	3		*	\

주) *: $p<.01$

4. 직무만족도와 이직의 관계

직무만족도가 높은 경우 그 회사에 계속하여 근무하게 되지만, 직무만족도가 낮은 경우 이직, 퇴사 등으로 이어질 수 있을 것으로 예측된다. 따라서 직무만족도와 이직 희망 정도와의 관계를 살펴보았다.

표 5 개인적 항목별 이직 희망 정도

구분		사례 수	평균	표준편차	t/F	p
현 근무회사	S사	100	2.085	0.674	62.63	.000*
	P사	103	2.481	0.714		
	강원랜드	100	3.224	0.790		

주) *: $p<.01$

한편 경력과 근무회사에 따라서는 높은 수준에서 유의미한 차이가 존재했다. 경력이 2~5년 정도인 종사자들의 이직 희망 정도가 가장 높게 나타났다. 이러한 결과로 직무만족도와 이직 희망 정도와는 매우 밀접한 관련을 맺고 있는 것을 알 수 있다.

그리고 현재 근무하는 업체에 따라 이직 희망 정도에 큰 차이가 있었다. 〈표 6〉은 이를 좀 더 구체적으로 살펴보기 위해 〈표 4〉에서 제시했던 소속 직장별 직무만족도에 대한 사후검증 결과와 비교한 것이다.

표 6 소속 직장별 직무만족도와 이직 희망 정도 비교

집단	사례 수	직무만족도		이직 희망 정도	
		평균	표준편차	평균	표준편차
S사	100	2.880	0.482	2.085	0.674
P사	103	3.176	0.544	2.481	0.714
강원랜드	100	2.979	0.475	3.224	0.790

위의 표에서 알 수 있듯이 업체별로 직무만족도와 이직 희망 정도가 반드시 동일한 양상을 보이는 것은 아니었다. S사의 경우 직무만족도는 2.880으로 가장 낮았으나 이직 희망 정도 역시 2.085로 가장 낮게 나타났다. 일반적으로 직무만족도와 이직 희망 정도가 반비례한다고 알려져 있는 것과 비교할 때 특징 있는 결과라고 할 수 있다. P사의 경우에는 직무만족도가 가장 높은 3.176으로 나타났으나 이직 희망 정도는 2.481로 나타났다. 강원랜드의 경우에는 직무만족도가 2.979로 중간 정도였으나, 이직 희망 정도는 3.224로 매우 높게 나타났다.

그리고 직무만족도의 경우 집단 간의 평균 차이가 최대 0.30이었으나, 이직 희망 정도의 경우에는 1.14점으로 매우 큰 차이가 존재했다. 따라서 업체별로 이직 희망 정도가 매우 차이가 나고 있음을 확인할 수 있었다. 이처럼 특징적인 차이가 발생하는 이유에 대해서는 추가적인 연구를 통해 좀 더 자세히 살펴볼 필요가 있다.

5. 직무만족도와 이직 희망 정도의 관련성

직무만족도와 이직 희망 정도와의 관련성을 알아보기 위해 상관분석을 실시한 결과는 〈표 7〉과 같다. 분석결과 직무만족도와 이직 희망 정도는 역상관계가 있었으며 직업지속성 영역과 관련성이 많은 것으로 나타났다.

이러한 결과는 직무만족도와 이직 희망 정도가 관련성을 가지고 있으며 특히 직업지속성과 많이 관련되어 있음을 의미한다. 직업지속성의 내용으로는 담당직무만족도, 업무수행 만족도, 상사와의 관계, 직책 만족도 등이 있으며 이러한 요인 때문에 이직을 희망하는 경우가 많을 수도 있음을 의미한다.

표 7 하위 항목과 전체 직무만족도의 상관관계

	근무환경	복리후생	직업지속성	자기계발성	직무만족도(전체)	이직희망 정도
근무환경						
복리후생	0.516**					
직업지속성	0.518**	0.479**				
자기계발성	0.487	0.506**	0.664**			
직무만족도(전체)	0.79**	0.755**	0.838**	0.830**		
이직 희망 정도	−0.110*	−0.022	−0.238**	−0.101	−0.152**	

주) **p<.01

6. 직무만족 수준별 이직 희망 정도

직무만족 점수를 기준으로 상위 25%, 중위 50%, 하위 25%의 3개 집단으로 나누어 이직 희망 정도에 대한 차이 검증을 실시한 결과, 〈표 8〉과 같이 유의미한 차이가 없는 것으로 나타났다.

표 8 직무만족 수준별 이직 희망 정도에 대한 변량분석

변량원	자승합	자유도	평균자승합	F	p
집단 간	2.786	2	1.393	1.938	0.146
집단 내	207.717	289	0.719		
전체	210.503	291			

그러나 평균 점수를 비교한 결과 〈표 9〉와 같이 직무만족 수준이 높아질수록 이직 희망 정도는 낮아지는 것으로 나타났다. 이러한 결과는 일반적인 보고와 일치하는 것으로, 자신의 직무에 대한 만족도가 낮아지면 이직 희망 정도는 높아짐을 알 수 있다.

따라서 직무만족도가 상대적으로 낮은 종사자들의 만족도를 높일 수 있는 방안을 회사는 강구할 필요가 있으며, 개인은 보다 적극적으로 직무만족도를 높일 수 있는 노력이 요구된다.

표 9 직무만족수준별 이직 희망 정도

직무만족수준	사례 수	평균	표준편차
낮음	73	2.719	0.862
중간	144	2.604	0.777
높음	75	2.447	0.957

5 카지노업체별 직무만족도 비교

본 연구는 국내에서 대표할 만한 카지노 3업체(S사, P사, 강원랜드)에 종사하는 사람들이 자신이 근무하는 카지노에 대하여 근무환경, 복리후생, 직업지속성, 자기계발성 등에 직무만족도가 어떠하고 그에 따른 이직 희망도가 어떠한지 알아보았다.

직무만족도에 관한 이론적인 연구를 위하여 직무만족의 개념과 직무만족과 관련 있는 하위항목들을 연구한 선행이론들을 살펴보았고, 직무만족에 영향을 미치는 항목들을 제 이론을 바탕으로 선정하여 설문조사하였다. 실증 분석의 결과는 다음과 같다.

첫째, 응답자가 근무하는 직장에 따라 직무만족도의 차이가 매우 큰 것으로 나타났다. 소속별 종사원들의 직무만족도를 살펴보면 P사 종사원들이 자사에 대한 직무만족도가 높게 평가되었다. 이는 30년이 넘는 오랜 역사를 지녔기 때문에 타 업체에 비해 만족스런 조직문화가 이미 형성되어 있다고 보여진다. 이에 비해 S사의 직무만족도가 상대적으로 가장 낮았는데 이는 S사는 신생업체이므로 아직 체계적으로 조직문화가 형성되지 못하여 이런 결과가 도출되었다고 사료된다.

둘째, 직무만족도와 이직 희망 정도는 반비례하는 것으로 나타났다. 이러한 결과는 현재 카지노업계에 근무하는 종사자들의 직장별 직무만족도가 다르다는 점과 직무만족도가 낮은 경우 곧바로 이직 희망으로 이어질 수 있음을 보여주고 있다. 따라서 각 업체에서는 근무만족도가 낮은 원인을 찾아 이를 해결하기 위한 방안을 마련할 필요가 있다.

전체적으로 강원랜드뿐만 아니라 현재 카지노업체 종사자들은 현재의 직장에 대체로 만족하지 못하고 있으며, 직무만족도가 상대적으로 낮은 종사자들의 이직 희망 정도가 높은 것으로 나타났다. 이에 따른 불만족의 주요 원인은 직무 자체에 대한 본질적인 요인들과 근무환경, 동료와의 관계, 복리후생, 급여 등이며, 직장과 자신에 대한 직무만족 수준에 따라 개인의 만족도가 달라질 수 있음을 알 수 있었다. 기업의 입장에서는 사원의 복지와 기업의 이윤 추구에 큰 영향을 미칠 수 있음을 깨닫고 이를 개선하기 위한 노력이 필요한 것으로 나타났다. 따라서 강원랜드를 포함한 카지노업체 최상의 가치를 실현시키기 위해서는 업체별 종사원들의 불만사항과 개선점들을 적극 고려하고 이에 따른 실행이 우선시되어야 할 것이다.

참고문헌

권길자(2007). 직무순환이 동기부여 및 직무만족에 미치는 영향에 관한 연구: 서울 특1급 호텔 F&B 종사원 중심으로. 경희대학교 석사학위논문.

김정길(1997). 대학교 행정직원의 직무만족에 관한 연구. 성균관대학교 석사학위논문.

김혜령(2003). 사회복지기관 사회복지사의 직무만족에 관한 연구. 청주대학교 석사학위논문.

김호준(2001). 장애인과 비장애인 공무원의 직무만족에 관한 비교 연구. 한국외국어대학교 석사학위논문.

박찬용(2007). 사립중등교사와 공립중등교사의 직무만족도 비교연구. 아주대학교 석사학위논문.

박희섭(1991). 조직내 커뮤니케이션과 직무만족에 관한 실증적 연구. 조선대학교 석사학위논문.

배정희(2002). 카지노 조직문화와 직무만족 비교연구. 세종대학교 석사학위논문.

송덕종(2006). 산업연관분석을 통한 카지노산업의 경제적 파급효과에 관한 연구. 경희대학교 석사학위논문.

오인숙(1999). 사립대학 행정직원의 직무만족도에 관한 연구. 한양대학교 석사학위논문.

원융희(1992). 호텔 종사원의 직무만족과 서비스 제공 수준 및 성과에 관한 연구. 세종대학교 석사학위논문.

윤연희(2008). 학교장의 변혁적 지도성과 직무만족도 및 조직효과성의 관계에 관한 메타분석. 이화여자대학교 박사학위논문.

이기옥(1981). 한국 행정 효율화 방안 모색 (I) : 행정인 활용여건을 중심으로. 행정문제논집. (2): 149-174.

이동아(2007). 기관유형과 보육교사의 특성에 따른 직무만족도 비교연구. 경기대학교 석사학위논문.

이승부(2008). 정신요양시설 종사자의 근무환경이 직무만족도에 미치는 영향요인 연구. 한성대학교 박사학위논문.

정효현(2001). 갈등관리 전략에 관한 연구. 고려대학교 박사학위논문.

조길영(1998). 소방공무원의 직무만족에 관한 연구. 경상대학교 석사학위논문.

조선희(2002). 군 병원 간호장교와 일반병원 간호사의 직무만족 요인 비교연구. 건국대학교 석사학위논문.

채영병(2005). 고등학교 교사의 개인배경, 역할갈등, 학교조직풍토, 자아효능감과 직무만족의 관계. 서울대학교 박사학위논문.

최복경(1999). 직무만족과 조직몰입에 관한 연구. 경상대학교 석사학위논문.

최윤숙(2007). 정부산하기관 조직구성원의 직무만족에 관한 연구. 연세대학교 석사학위논문.

홍승만(2000). 직무스트레스와 직무만족 간 영향요인의 전략적 활용방안. 배재대학교 박사학위논문.

황희정(2001). 카지노업 인식에 따른 카지노 종사원의 직무태도에 관한 연구. 경희대학교 석사학위논문.

Deal T. E., & Kennedy, A. A. (1982). *Corporate cultures: The rites and rituals of corporate life*. Reading, MA: Addison-Wesley.

Locke E. A. (1976). The nature and causes of job satisfaction. In M. D. Dunnette (Eds.). Handbook of industrial & organizational psychology (pp. 1297-1349). Chicago: Rand McNally College Publishing Company.

Porter L. W., & Lawler III, E. E. (1968). *Managerial attitudes and performance*. Homewood, Il: Irwin-Dorsey.

Reitz, H. J. (1984). *Organization theory: The structure and design of organization*, Englewood Cliffs, NJ: Prentice-Hill.

Herzberg, F. (1966). *Work and the nature of man*. Cleveland: Ohio World Publishing Co.

Herzberg, F., Mausner, B., & Synderman, B. (1959). *The motivation to work*. NY: John Wiley & Sons Inc.

http://www.grandkorea.com: (주)그랜드코리아레저 세븐럭 카지노

http://www.kangwonland.com: (주)강원랜드

http://www.mcst.go.kr: 문화체육관광부

http://www.seoulcasino.co.kr: (주)파라다이스 워커힐 카지노

저자 소개

이태희

- 서울대학교 조경학과 학사, 서울대학교 대학원 생태조경학과 석사
- 미국 Texas A & M University 관광자원개발학박사 Ph. D.
- 미국 텍사스주 관광정보연구소 연구원
- 교통부 산하 교통개발연구원 관광정책연구센터 책임연구원
- 명지대학교 교통관광대학원 문화관광학과 교수
- 현재, 경희대학교 호텔관광대학 관광학부 관광학과 교수
- 민주평통 15대 자문위원
- 문화체육관광부 정책심사위원, 문화체육관광부 문화관광진흥 자문위원
- 문화체육관광부 상설공연상품 심사위원, 문화체육관광부 관광지 리모델링 위원
- 문화체육관광부 으뜸명소 선정위원, 관광의 별 선정 심사위원, 관광특구 심사위원
- 서울시 관광특구 심사위원
- 문화체육관광부 국제협력사업 ESCAP 전문위원, APEC 전문위원
- 교과부 BK21 관광브랜드개발사업 책임교수, 행안부 공기업선진화 평가위원
- 한국관광공사 마케팅전략위원회 위원, 글로벌 관광컨설팅추진 자문위원
- 경기관광공사 자문위원, 인천도시개발공사 자문위원
- 용인시 관광진흥자문위원, 동두천시 도시계획위원
- 세계한민족축전 평가위원, 관광통역안내원 국가자격시험 면접위원
- 고등학교 관광영어 교과서 편찬집필위원
- 관광발전국민연대 공동대표
- 일본 미야자키현 관광홍보대사, 중국 내몽고 호론보르시 관광홍보대사
- 한국관광학회 정책포럼위원장
- 서울시 인재개발원 관광마케팅 교수, 지방행정연수원 관광상품마케팅 교수
- 중앙공무원교육원 연수 심사위원, 독립기념관 활성화사업 자문위원
- 한화국토개발 뉴브랜드 리조트 개발 자문교수, 대명콘도 2단계 개발 자문위원

〈주요 단독저서〉

관광산업발전론(일신사), 관광상품기획론(백산출판사), 축제브랜드경영론(대왕사), 에코 브랜드 매니지먼트(대왕사), 관광브랜드분석론(대왕사), 관광브랜드기획론(대왕사), 러브마크감성행동론(새로미, 2011), 축제러브마크화 전략론(한올, 2011), 리조트개발의 이해와 전략(새로미, 2013)

감성소비행동분석론

2014년 2월 5일 초판 1쇄 인쇄
2014년 2월 10일 초판 1쇄 발행

저 자 이 태 희
발행인 寅製 진 욱 상

발행처 백산출판사

서울시 성북구 정릉로 157(백산빌딩 4층)
등 록 : 1974. 1. 9. 제 1-72호
전 화 : 914-1621, 917-6240
FAX : 912-4438
http://www.ibaeksan.kr
editbsp@naver.com

값 25,000원
ISBN 978-89-6183-843-6